DES MATIÈRES   CONTENUTO

Erläuterungen zu den Verzeichnissen außerhalb Wiens   177
Explanation of the index outside Vienna
Explication de l'index en dehors de Vienne
Spiegazione dell'indice fuori Vienna

Achau 178
Baden 179-181
Bad Fischau-Brunn 182
Bad Sauerbrunn 183
Bad Vöslau 184-185
Biedermannsdorf 186
Bisamberg 187
Breitenfurt bei Wien 188
Brunn am Gebirge 189-190
Deutsch Wagram 191
Eggendorf 192
Felixdorf 193
Gablitz 194
Gainfarn .... siehe Bad Vöslau
Gerasdorf 195
Gießhübl 196
Groß Enzersdorf 197
Gumpoldskirchen 198
Günselsdorf 198
Guntramsdorf 199-200
Hennersdorf 200
Hinterbrühl 201
Höflein a.d. Donau .... siehe Klosterneuburg
Kaltenleutgeben 202
Katzelsdorf 202
Kierling .... siehe Klosterneuburg
Kledering .... siehe Schwechat
Klein Engersdorf .... siehe Bisamberg
Klosterneuburg 203-206
Korneuburg 207-208
Kottingbrunn 209
Kritzendorf .... siehe Klosterneuburg
Laab im Walde 210
Langenzersdorf 211
Laxenburg 212
Leobersdorf 213
Leopoldsdorf 214
Mannswörth .... siehe Schwechat
Maria Enzersdorf am Gebirge 215
Maria Gugging .... siehe Klosterneuburg

Maria Lanzendorf 216
Matzendorf-Hölles 216
Mauerbach 217
Mödling 218-219
Möllersdorf .... siehe Traiskirchen
Neudörfl 220
Oberwaltersdorf 221
Oeynhausen .... siehe Traiskirchen
Perchtoldsdorf 222-224
Pfaffstätten 225
Purkersdorf 226
Raasdorf 227
Rannersdorf .... siehe Schwechat
St. Andrä-Wördern 228
Scheiblingstein .... siehe Klosterneuburg
Schönau a. d. Triesting 229
Schwechat 230-232
Sollenau 233
Sooß 234
Südstadt .... siehe Maria Enzersdf. a. Geb.
Theresienfeld 235
Traiskirchen 236-238
Tribuswinkel .... siehe Traiskirchen
Trumau 238
Vösendorf 239
Weidling .... siehe Klosterneuburg
Weikersdorf am Steinfelde 240
Wr. Neudorf 241
Wr. Neustadt 242-245
Wöllersdorf-Steinabrückl 246

BLATTÜBERSICHT
KEY PLAN
PLAN D'ASSEMBLAGE
QUADRO D' UNIONE

Wöllersdorf-Steinabruck 85/87

● **Polit. Bezirk WR.NEUSTADT (Stadt):**
Wr. Neustadt 85/87
88/90–92

● **Polit. Bezirk WIEN UMGEBUNG:**
Gablitz 103
Gerasdorf b.W. 10/11/12
Klosterneuburg 4–7/95–97/99–101
Leopoldsdorf 57/68
Maria Lanzendorf 68
Mauerbach 15
Purkersdorf 27/103
Schwechat 58–62

Traiskirchen 74–76/78–80
Trumau 80

● **Polit. Bezirk GÄNSERNDORF:**
Aderklaa 13
Deutsch Wagram 14
Groß-Enzersdorf 38/50
Raasdorf 26

● **Polit. Bezirk KORNEUBURG:**
Bisamberg 98
Langenzersdorf 102
Korneuburg 97/98

● **Polit. Bezirk MÖDLING:**
Achau 67/68
Biedermannsdorf 66/67/71/72
Breitenfurt b.W. 51/52
Brunn am Gebirge 64/65
Gaaden 73
Gießhübl 63/64
Gumpoldskirchen 69/70/74/75
Guntramsdorf 70/71/75/76
Hennersdorf 67
Hinterbrühl 67
Kaltenleutgeben 51/52
Laab im Walde 39/51
Laxenburg 71/72
Maria Enzersdorf a.G. 64/65
Mödling 64/65/69/70
Perchtoldsdorf 53/54/64
Vösendorf 55/56
Wiener Neudorf 65/66/70/71

● **Polit. Bezirk TULLN:**
St.Andrä-Wördern 95

In Zusammenarbeit mit der Magistratsabteilung 41 (Stadtvermessung) der Stadt Wien.
In cooperation with Department 41 (City-survey) of the City of Vienna.
Etabli en coopération avec la section 41 de la Municipalite de la Ville de Vienne
(service du cadastre).
In collaborazione con la Sez. municipale 41 (rilievi topografici)

Alle Angaben ohne Gewähr. Änderungen vorbehalten.
All information subject to alteration without prior notice.
Toutes les indications sous réserve de modifications.
Informazioni non garantite. Con riserva di modifiche.

04/96   1696

© FREYTAG - BERNDT u. ARTARIA, WIEN

Printed in Austria

Auflage 606.-666. Tausend

ISBN 3-85084-103-0

freytag & berndt

STÄDTEATLAS

WIEN mit

GROSS

RAUM

1:20.000

**Mit Straßenverzeichnissen · Umgebungskarte und Durchfahrtsplan Wien
Post · Krankenhäusern · Apotheken · Hotels · Pensionen
Buchhandlungen · Galerien · Mode · Kaffeehäusern · Auto · Industrie
wichtige Adressen · usw. usw. usw.**

KARTOGRAPHISCHE ANSTALT FREYTAG - BERNDT u. ARTARIA, 1071 WIEN

INHALT CONTENTS TABLE

Blattübersicht 2-3
Key plan
Plan d'assemblage
Quadro d'unione

Wien und Umgebung 1:300 000 8-9
and Environs
et Environs
e Dintorni

WIEN, Durchfahrtsplan 10-11
Through roads
Plan de traversee
Pianta degli attraversamenti

Wien, Schnellverbindungen 12-13
Rapid traffic system
Lignes de communication rapide
Lineas di communicazione veloce

Regionalverbindungen 14
Local connections
Communication régionale
Collegamento regionale

Zeichenerklärung 15
Conventional signs
Signes conventionnels
Simboli

Wien, Innere Stadt 1:12 500 01
City
La Cité
Centro della città

Plan 1:20 000 1-103
Maps
Plans
Plante

Erläuterung zum Straßenverzeichnis Wien 121
Explanations to the street-index
Explication de l'index des rues
Spiegazioni dell'indice stradale

WIEN, Straßenverzeichnis 122-154
Street-index
Index des rues
Indice stradale

WIEN, Brücken 155
Bridges
Ponts
Ponti

WIEN, Bezirkspolizeikommissariate 155
Police
Police
Polizia

WIEN, Postämter 156-157
Post offices
Bureaux de poste
Uffici postali

WIEN, wichtige Bahnhöfe 157
Important railway stations
Gares importantes
Stazioni ferrovie importanti

WIEN, Krankenanstalten 158
Hospitals
Hôpitaux
Ospedali

WIEN, Friedhöfe 159
Cemeteries
Cimetières
Cimiteri

WIEN, wichtige Adressen 160-172
Important addresses
Adresses importantes
Indirizzi importanti

WIEN
und Umgebung   and Environs
et Environs   e Dintorni
1:300 000

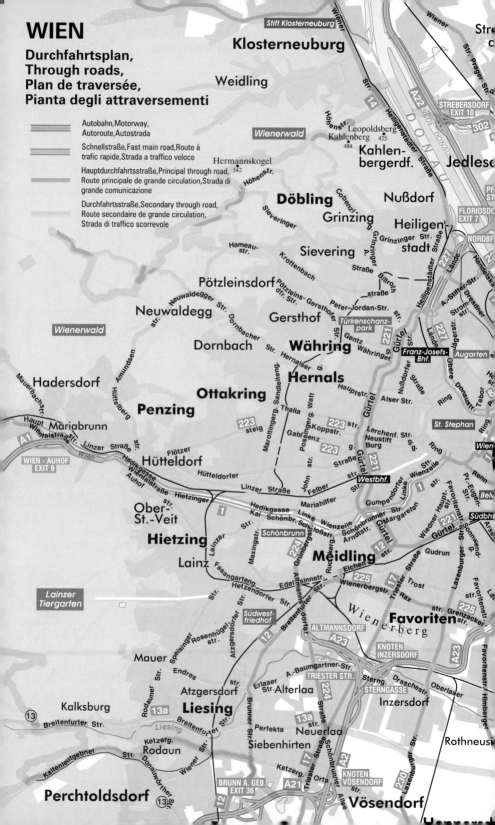

WIEN

Durchfahrtsplan,
Through roads,
Plan de traversée,
Pianta degli attraversementi

Autobahn,Motorway,
Autoroute,Autostrada

Schnellstraße,Fast main road,Route à
trafic rapide,Strada a traffico veloce

Hauptdurchfahrtsstraße,Principal through road,
Route principale de grande circulation,Strada di
grande comunicazione

Durchfahrtsstraße,Secondary through road,
Route secondaire de grande circulation,
Strada di traffico scorrevole

Stift Klosterneuburg

Klosterneuburg

Weidling

Wienerwald

Höhenstr.

Leopoldsberg 425
Kahlenberg
484

**Kahlen-
bergerdf.**

Jedlese

STREBERSDORF
EXIT 10

302

DONAU

NEUE DONAU

A22

Str. 14

Heiligenstädter Straße

Wiener

Wiener

Str. Prager Str.

Str

FLORIDSD
EXIT 7

PF
ST

NORDBF.

221

Hermannskogel

Höhenstr. 542

Döbling

Grinzing

**Heiligen-
stadt**

Nußdorf

Cobenzl

g. Grinzinger Str.

Grinzinger Str.

Sieveringer Str.

Sievering

Krottenbach

Straße

Billroth

straße

Hameau-
str.

Peter-Jordan-Str.

*Türkenschanz-
park*

Pötzleinsdorf

Pötzleins- Gersthofer
dlf. Str.

Heiligenstädter Straße

Lände Obere

Stromstr.

A.-Stifter-Dresdner

Jägerstr.

*Franz-Josefs-
Bhf.*

Augarten

221

227

Neuwaldegger Str.

Dornbacher Str.

Neuwaldegg

Gersthof

Währing

Gentz

Währinger

g.

Hernalser

Str.

221

Ring

Lände

Donaustr.

He

Tabor

Wienerwald

Amundsen

Hüttelberg

Mauerbach-str.

Hadersdorf

Ottakring

Hernals

Hauptstr.

Alser Str.

Nußdorfer Straße

Gürtel

g.

St. Stephan

Penzing

223
steig

Thalia

Marollingerg. Sandleiteng.

Possingerg. Watt

Gablenz

223

Koppstr.

223

Lerchenf. Str.
Neustift
Burg

Gürtel

Str. Wienzeile

221

Ring

Wien

A1

Haupt-

Wientalstraße

Mariabrunn

Linzer Straße

str.

Wien

Flötzer

Hadikgasse

Aufhof

Hietzinger

Linzer Straße

Hütteldorf

Hütteldorfer

John Felber

Mariahilfer

Westbhf.

Gürtel

Gumpendorfer

Linke

g. g.

str. Wienzeile

1

Renn

Pr.-Eugen-

Favoritenstr.

Bel

WIEN - AUHOF
EXIT 9

**Ober-
St.-Veit**

Hadikgasse
Kai Schönbr. Schloßstr.

Linke Wienzeile

Schönbrunner

Arndtstr.

Margareten

Wiedner Haupt-

Gürtel

221

Sonnweng.

Südbh

Arse

Hietzing

Schönbrunn

Maxingstr.

Grünbergstr.

224

12

Gürtel

Meidling

Gudrun

Lainzer

Str.

Fasangarten-

Hetzendorfer Str.

Edelsinnstr.

Altmannsdorfer

Ruckergg.

Eichen

225

Wienerbergstr.

Triester

Straße

Trost

str.

Rax

Laxenburger g.

Favoritenstr.

Lainz

*Lainzer
Tiergarten*

*Südwest-
friedhof*

12

Wiener berg

Favoriten

str. Grenzacker

225

str.

Favoritenstr. / Himberger

A23

Mauer

Speisinger

Rosenhügel-
str.

Atzgersdorfer

str.

Erlaaer
Str.

Alterlaa

ALTMANNSDORF

A23

KNOTEN
INZERSDORF

A.-Baumgartner-Str.

TRIESTER STR.

224

Sterng.

STERNGASSE

Draschestr.

Oberlaaer

Inzersdorf

Kalksburg

13

Breitenfurter Str.

Rodauner

str.

Liesing

13a

Liesing

Endres

str.

Brunner Str.

Breitenfurter

Str.

13a
str.

Schönbrunner Straße

A2

Laxenburger Straße

230

Rothneus

Perfekta

Neuerlaa

Siebenhirten

Ketzerg.

Rodaun

Wiener

Str.

Kaltenleutgebnet

Donauwör Str.

12

BRUNN A. GEB.
EXIT 36

13a

A21

Ketzerg.

Triester

Orts-

str.

KNOTEN
VÖSENDORF

A2

Perchtoldsdorf

Vösendorf

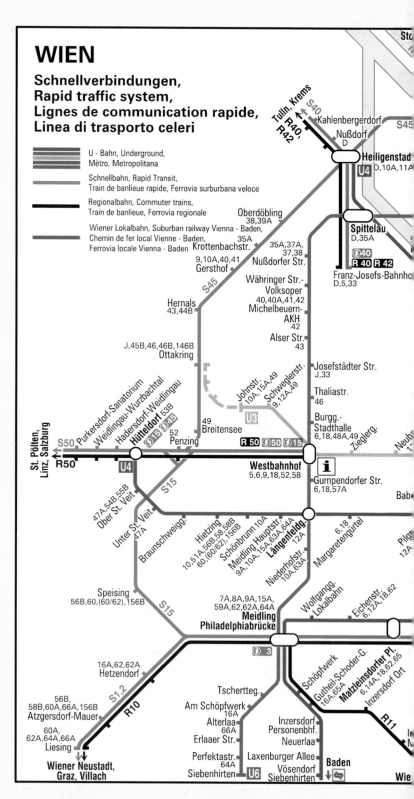

WIEN

**Schnellverbindungen,
Rapid traffic system,
Lignes de communication rapide,
Linea di trasporto celeri**

U - Bahn, Underground,
Mètro, Metropolitana

Schnellbahn, Rapid Transit,
Train de banlieue rapide, Ferrovia surburbana veloce

Regionalbahn, Commuter trains,
Train de banlieue, Ferrovia regionale

Wiener Lokalbahn, Suburban railway Vienna - Baden,
Chemin de fer local Vienne - Baden,
Ferrovia locale Vienna - Baden

Tulln, Krems
R40, R42
S40

Kahlenbergerdorf
Nußdorf
D
S45

Heiligenstadt
U4 D,10A,11A

Spittelau
D,35A

Oberdöbling
38,39A

Krottenbachstr.
35A,37A,
37,38
Nußdorfer Str.

9,10A,40,41
Gersthof

$§40$
R 40 R 42

Franz-Josefs-Bahnhof
D,5,33

Währinger Str.-
Volksoper
40,40A,41,42
Michelbeuern-
AKH
42

Hernals
43,44B

Alser Str.
43

J,45B,46,46B,146B
Ottakring

Josefstädter Str.
J,33

Johnstr.
10A,15A,49

Schweglerstr.
9,12A,49

Thaliastr.
46

Purkersdorf-Sanatorium
Weidlingau-Wurzbachtal
Hadersdorf-Weidlingau

Hütteldorf S45 53B

52

Penzing

49
Breitensee

U3

Burgg.-
Stadthalle
6,18,48A,49

Zieglerg.

Neuh

St. Pölten,
Linz, Salzburg

S50

R50

U4

S15

R 50 S50 S15

Westbahnhof
5,6,9,18,52,58

i

Gumpendorfer Str.
6,18,57A

Bab

47A,54B,55B
Ober St. Veit

Unter St. Veit
47A

Braunschweigg.

Hietzing
10,51A,56B,58,58B
60,(60/62),156B

Schönbrunn 10A

Meidling Hauptstr.
9A,10A,15A,63A,64A

Längenfeldg.
12A

Niederhofstr.
10A,63A

6,18

Margaretengürtel

Pilg
12A

Speising
56B,60,(60/62),156B

S15

7A,8A,9A,15A,
59A,62,62A,64A
Meidling
Philadelphiabrücke

Wolfgangg.,
Lokalbahn

Eichenstr.
6,12A,18,62

S 3

Schöpfwerk

Gutheil-Schoder-G.
16A,65A

Matzleinsdorfer Pl.
6,14A,18,62,65
Inzersdorf Ort

16A,62,62A
Hetzendorf

S1,2

R10

Tschertteg.

Am Schöpfwerk
16A

56B,
58B,60A,66A,156B
Atzgersdorf-Mauer

60A,
62A,64A,66A
Liesing

Alterlaa
66A
Erlaaer Str.

Inzersdorf
Personenbhf.
Neuerlaa

Perfektastr.
64A
Siebenhirten

U6

Laxenburger Allee
Vösendorf
Siebenhirten

Baden

Wiener Neustadt,
Graz, Villach

R11

Wie

Sto

S45

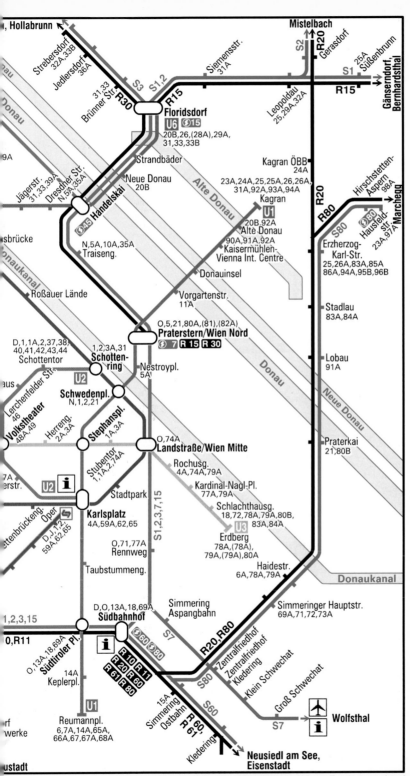

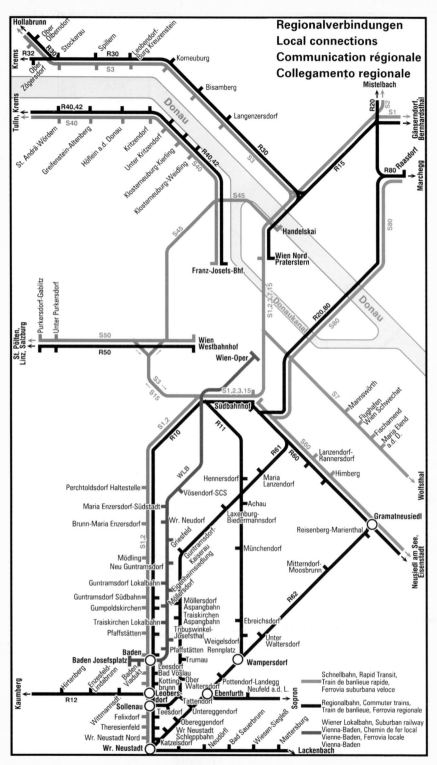

Regionalverbindungen
Local connections
Communication régionale
Collegamento regionale

14

ZEICHENERKLÄRUNG   CONVENTIONAL SIGNS
SIGNES CONVENTIONNELS   SIMBOLI

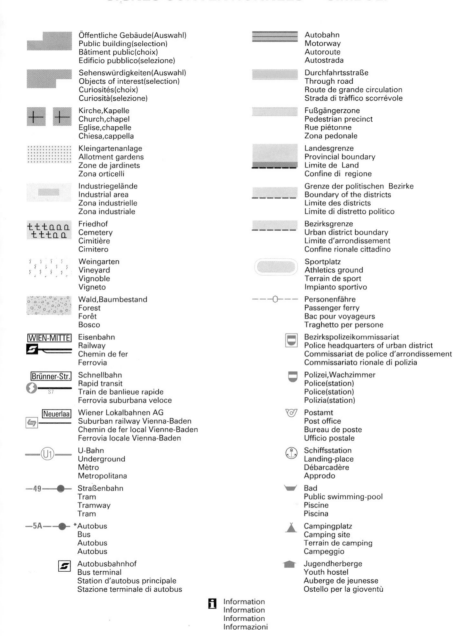

Öffentliche Gebäude(Auswahl)
Public building(selection)
Bâtiment public(choix)
Edificio pubblico(selezione)

Sehenswürdigkeiten(Auswahl)
Objects of interest(selection)
Curiosités(choix)
Curiosità(selezione)

Kirche,Kapelle
Church,chapel
Eglise,chapelle
Chiesa,cappella

Kleingartenanlage
Allotment gardens
Zone de jardinets
Zona orticelli

Industriegelände
Industrial area
Zone industrielle
Zona industriale

Friedhof
Cemetery
Cimitière
Cimitero

Weingarten
Vineyard
Vignoble
Vigneto

Wald,Baumbestand
Forest
Forêt
Bosco

Eisenbahn
Railway
Chemin de fer
Ferrovia

Schnellbahn
Rapid transit
Train de banlieue rapide
Ferrovia suburbana veloce

Wiener Lokalbahnen AG
Suburban railway Vienna-Baden
Chemin de fer local Vienne-Baden
Ferrovia locale Vienna-Baden

U-Bahn
Underground
Mètro
Metropolitana

Straßenbahn
Tram
Tramway
Tram

*Autobus
Bus
Autobus
Autobus

Autobusbahnhof
Bus terminal
Station d'autobus principale
Stazione terminale di autobus

Autobahn
Motorway
Autoroute
Autostrada

Durchfahrtsstraße
Through road
Route de grande circulation
Strada di tràffico scorrévole

Fußgängerzone
Pedestrian precinct
Rue piétonne
Zona pedonale

Landesgrenze
Provincial boundary
Limite de Land
Confine di regione

Grenze der politischen Bezirke
Boundary of the districts
Limite des districts
Limite di distretto politico

Bezirksgrenze
Urban district boundary
Limite d'arrondissement
Confine rionale cittadino

Sportplatz
Athletics ground
Terrain de sport
Impianto sportivo

Personenfähre
Passenger ferry
Bac pour voyageurs
Traghetto per persone

Bezirkspolizeikommissariat
Police headquarters of urban district
Commissariat de police d'arrondissement
Commissariato rionale di polizia

Polizei,Wachzimmer
Police(station)
Police(station)
Polizia(station)

Postamt
Post office
Bureau de poste
Ufficio postale

Schiffsstation
Landing-place
Débarcadère
Approdo

Bad
Public swimming-pool
Piscine
Piscina

Campingplatz
Camping site
Terrain de camping
Campeggio

Jugendherberge
Youth hostel
Auberge de jeunesse
Ostello per la gioventù

Information
Information
Information
Informazioni

1 : 20 000   0 200 400 600 800m   1 cm ≙ 200 m

*Die innerstädtischen Autobuslinien werden nur auf den Seiten 01 dargestellt.
 The Inner-City-buses can be found on pages 01 exclusively.
 Les linges d'autobus qui déservent le centre-ville figurent uniquement sur la page 01.
 Le linee autobus del Centro sono riportate solamente in il pagena 01.

15

APOTHEKEN

Zum gold. Reichs -
apfel
0 1 12b

Zum roten Turm
N 2 12b

Internat. Apotheke
0 2 12a

Opern-Apotheke
0 2 12a

Schweden Apotheke
Pharmacie
International
N 2 12b

Werdertor - Apotheke
N 1 12a

BUCHHANDLUNGEN

Freytag & Berndt
N 2 12a ❺

Hartleben - Dr. Rob
0 2 12a ❷

Morawa Buchhandlung
N 2 12b ❶

Wolfrum
0 1 12a ❶

CAFES, TREFFS

Cafe Sperl
0 2 11b ❹

FRISUREN, KOSMETIK

Schiff
N 2 12a ❾

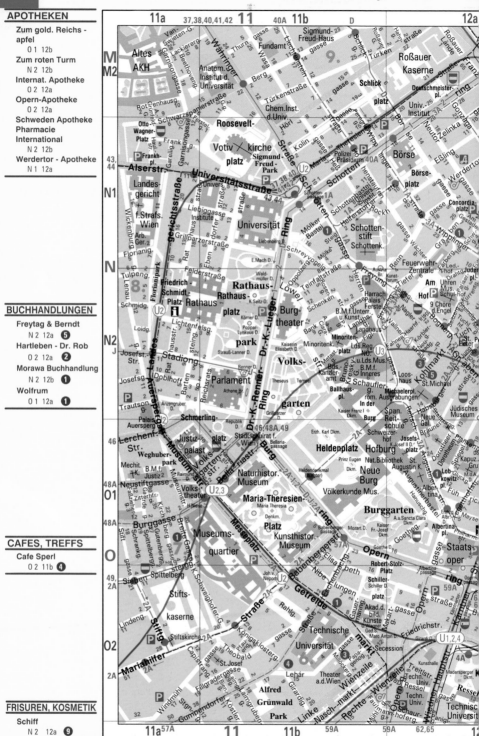

1 : 12 500

0 100 200 300 400 m

P Parkgarage (Gebühr)
Parking garage (fee)
Garage parking (taxe)
Autorimessa (a pagamento)

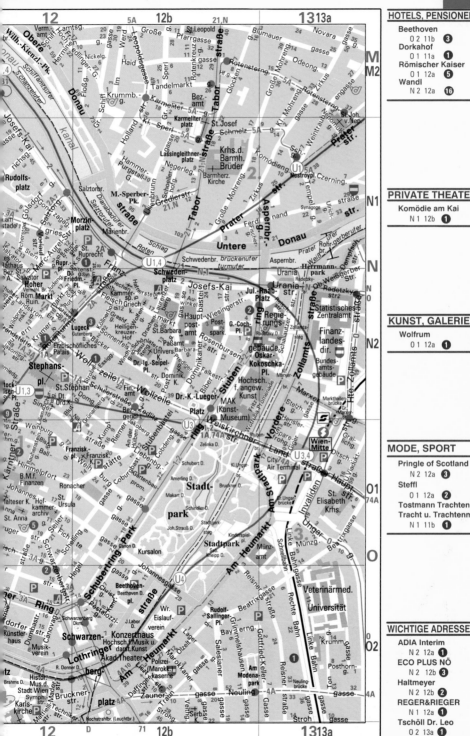

HOTELS, PENSIONEN

Beethoven
O 2 11b ❸
Dorkahof
O 1 11a ❶
Römischer Kaiser
O 1 12a ❺
Wandl
N 2 12a ⓰

PRIVATE THEATER

Komödie am Kai
N 1 12b ❶

KUNST, GALERIEN

Wolfrum
O 1 12a ❶

MODE, SPORT

Pringle of Scotland
N 2 12a ❸
Steffl
O 1 12a ❷
Tostmann Trachten Tracht u. Trachtenmode
N 1 11b ❶

WICHTIGE ADRESSEN

ADIA Interim
N 2 12a ❶
ECO PLUS NÖ
N 2 12b ❸
Haltmeyer
N 2 12b ❷
REGER&RIEGER
N 1 12a ❶
Tschöll Dr. Leo
O 2 13a ❶

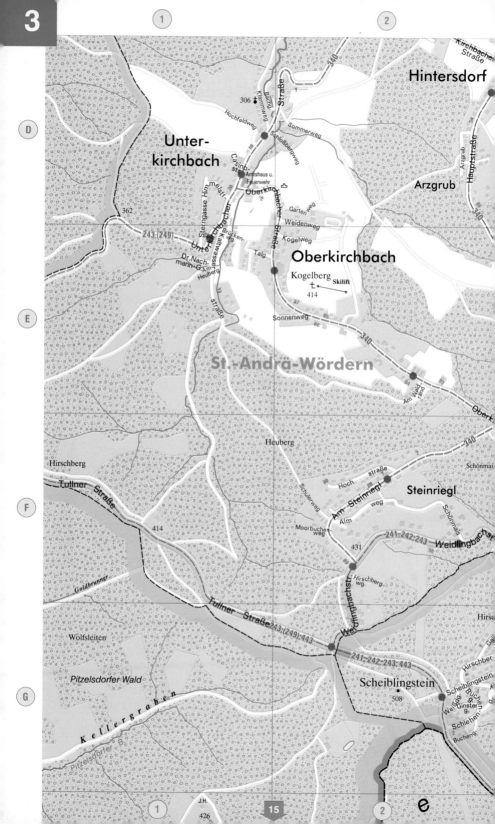

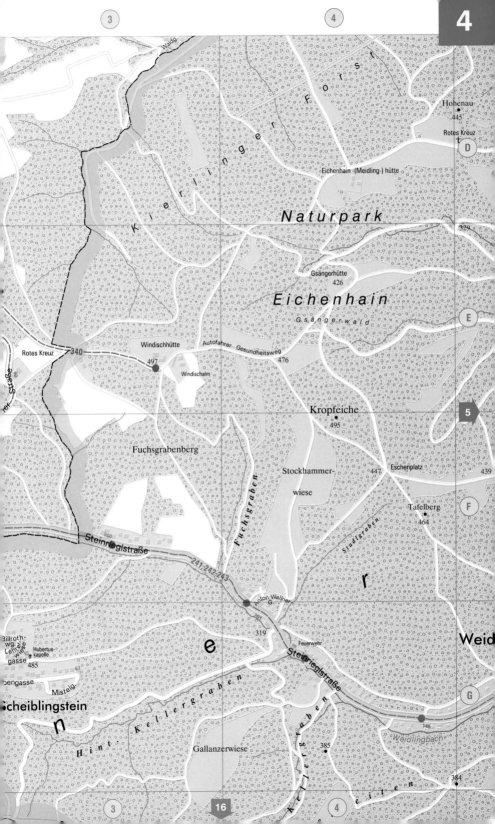

Waldg.

Hohenau
.445

Rotes Kreuz
✝ **D**

K i e r l i n g e r   F o r s t

Eichenhain -(Meidling) hütte

329

Naturpark

Gsängerhütte
426

E

Eichenhain

Gsängerwald

Windischhütte

Autofahrer- Gesundheitsweg

476

Rotes Kreuz

340

497

Windischalm

5

Kropfeiche
495

Ruther Straße

Fuchsgrabenberg

Stockhammer-
wiese

447   Eschenplatz

439

Fuchsgraben

Tafelberg
464

F

Stadigraben

Steinriegistraße

500

241,242,243

r

241

Anton-Wallner-
G.

Weid

Billroth-
wg.
Lehr-
wiese

Hubertus-
kapelle

319

Feuerwehr

Steinriegistraße

gasse

485

67

G

bengasse

Mistelg.

e

146

Weidlingbach

cheiblingstein

n

Hint. Kellergraben

385

Kellergraben

Gallanzerwiese

384

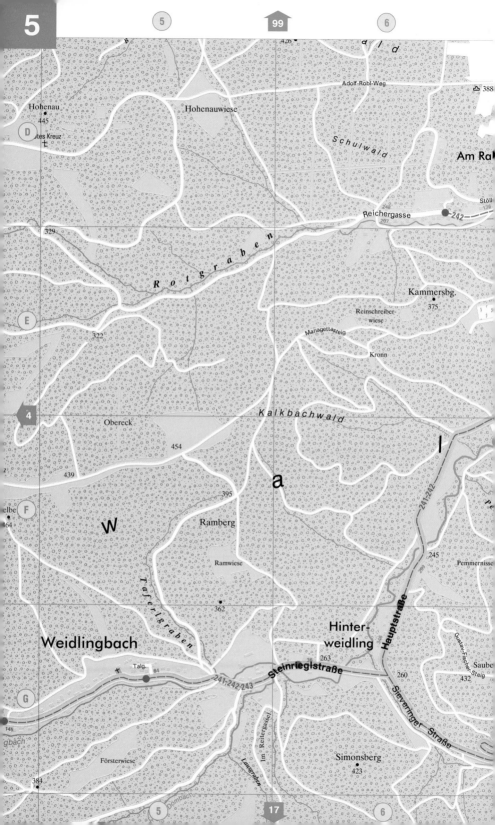

Hohenau
445

D
tes Kreuz

Hohenauwiese

Adolf-Robl-Weg

388

Schulwald

Am Ra

248
Reichergasse
207

242

Stöll
176

329

Rotgraben

Kammersbg.
375

Reinschreiber-
wiese

E

322

Managettasteig

Kronn

Kalkbachwald

Obereck

454

l

241-242

4

439

395

a

245

Pemmernisse

elbe

F

464

W

Ramberg

Ramwiese

pe

Taferlgraben

362

Hinter-
weidling

Hauptstraße

Gustav-Tischler-Steig

Saube

Weidlingbach

Talg

84

241-242-243

Steinrieglstraße

263

260

432

Sieveringer Straße

G

145

gbach

Försterwiese

Im Reitergasse!

Langgraben

Simonsberg
423

384

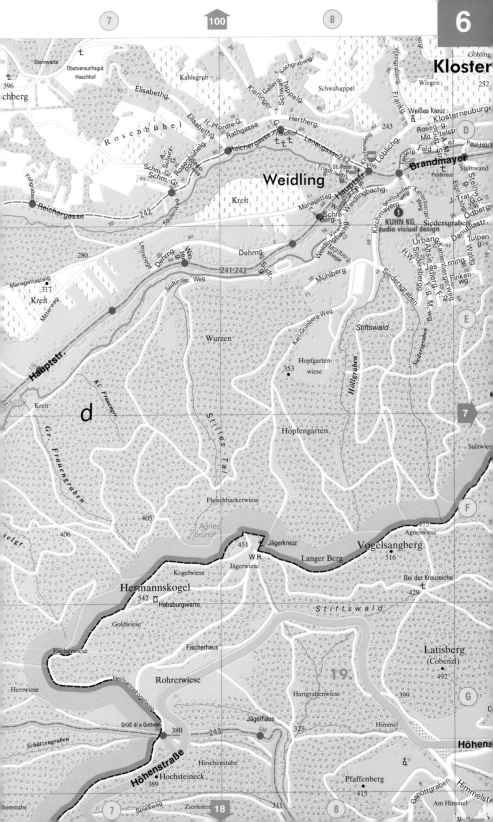

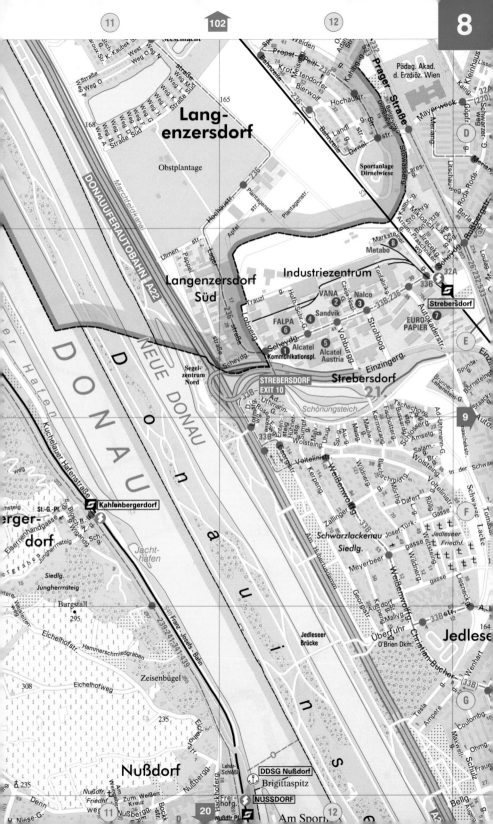

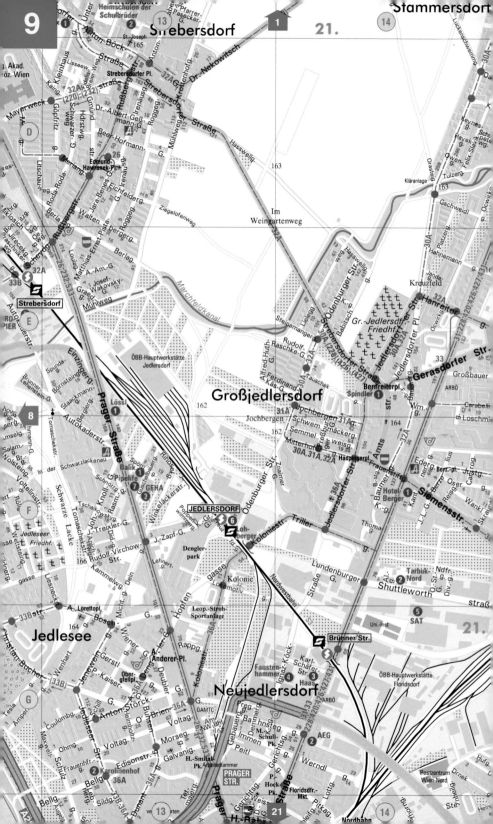

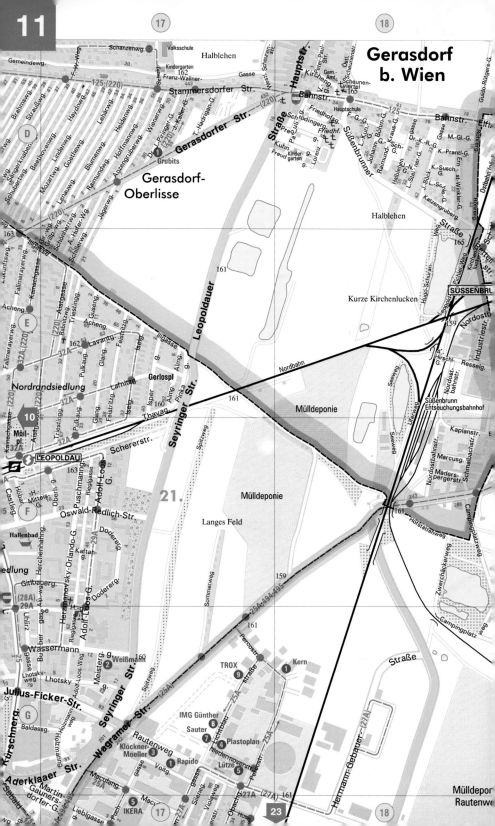

Im langen Feld

Spar-
kassag.

Oberes Ried

GERASDORF

Ostbahng.

weg 27
36
Martnlg. 29

D

Schießstätten

Im langen Feld

Kugelkreuz
157

S1

Alte Neurisse

Weingartenallee

Lamplkreuz

Golf-

platz

An der Wiener Straße

E

Schoog.
Scheichg.
Pru ng.
Larisch-
ng.
Stallarng.

Siedlg.
Neu-Süßenbrunn

Weißes Kreuz
159

494;4

Gründ.ung.
Stallaring.
chung.
demanng.
tig.
stig.

Bettelheimstr.

Weingartenallee

Süßenbrunn

13

Schloß

K-g.

nlage

Wagramer Str.

Süßenbr.

Süßenbr.
Pl.

Gerichtsfeld

Inneres

Spind.A.d.H.
B. A. ng.
G.-T. P.han
Gi.-.ng.
25A

Hauptstr.
27
38

Alte Straße

Friedhofweg

Süßenbrunner
Friedhf.

Mühlfeld

Äußeres

F

Badeteich

Alte Straße

95-

Gatterkreuz

Schöpfleutner
Kapelle

Feld gegen

Breitenlee

Spitzried

In Breiteln

160

22.

Kurzried

G

Am Bergl

Im Breitenfeld

Mittl.-Feld

Axelerm

159

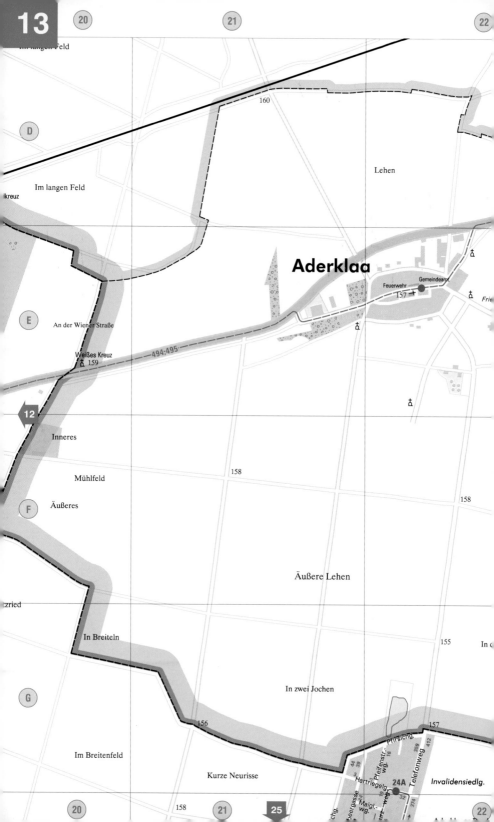

Im langen Feld

160

D

Lehen

Im langen Feld

ikreuz

Aderklaa

Feuerwehr   Gemeindeamt

157

E

An der Wiener Straße

Weißes Kreuz

494;495

159

Frie

12

Inneres

Mühlfeld

158

158

F

Äußeres

Äußere Lehen

zried

In Breiteln

155

In G

In zwei Jochen

G

156

157

Im Breitenfeld

Pfirsich.

24A   Telefonweg   Invalidensiedlg.

Kurze Neurisse

Hartriegelg.

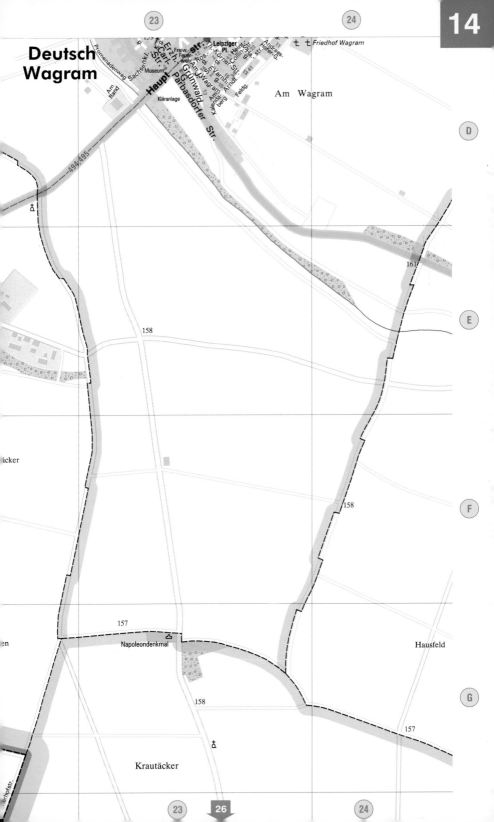

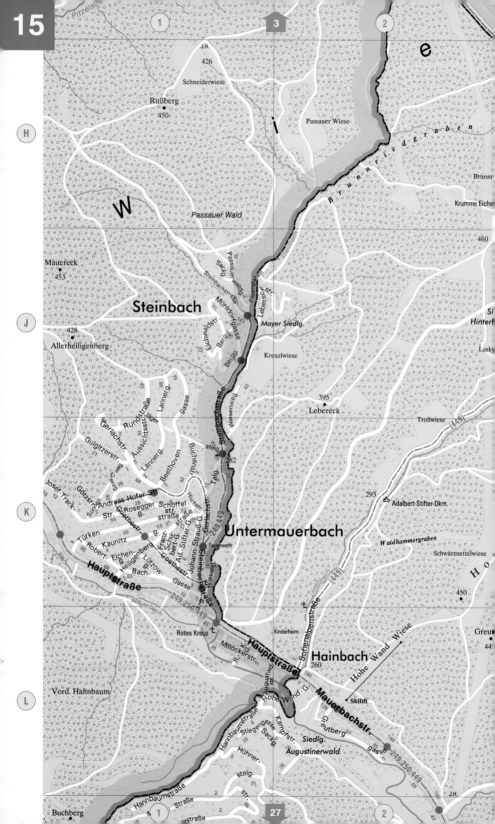

Tullner Straße

Schutzengelberg
508

vord. Kette

Asperleiten

Toiflhütte
393

Spanglweg

Scheiterplatzl

243-443

Dornbach

Roßkopfwiese

Moosbrunner Boden

1466

Artilleriestr.

Mi

Wildpretwiese

Waldlehrpfad

H

Rotes Kreuz
497

Millisteig

Hainbach

Hainbachg.

wiesengasse

Lasky

Roßkopfgasse

penstraße

Hinterhainbach

352

Sofienalpenstraße

Waldlehrpfad

507

Roßkopf

Sofienalpe
477

Richtfunkturm
(Gegenstelle)

Exelberg
516

J

Hahnengraben

Dahaberg
507

(449)

Mostalpenstraße

17

14.

Franz-Karl-Fernsicht
488

Rieglerhütte
342

Wand

Mamsellenwiese

Karl-Bekehrty-Str.

40

K

H.
stalm

Hochbruckenbg.
497

448

Safranwiese

Hällenbach

398

Baumgartner Wald

388

Steixferne

274

L

Spitalwiese

raben

talwald

Scheiblinggmein

Jägerwald
Siedlg.

Ausj

3   4

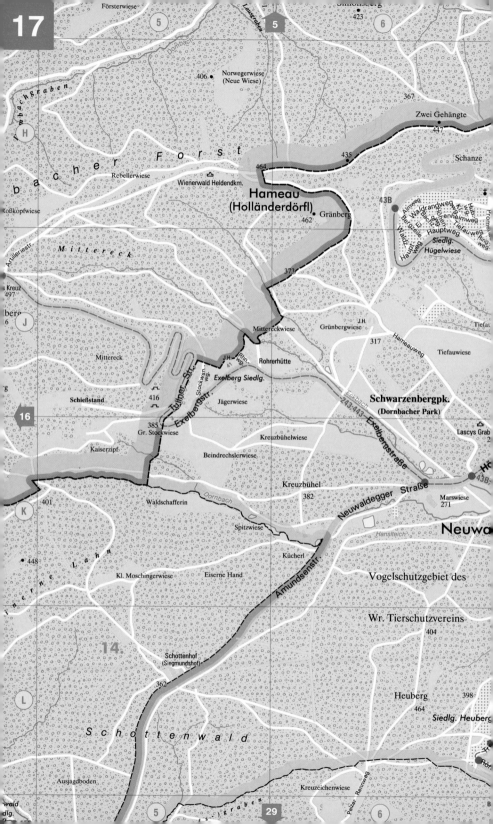

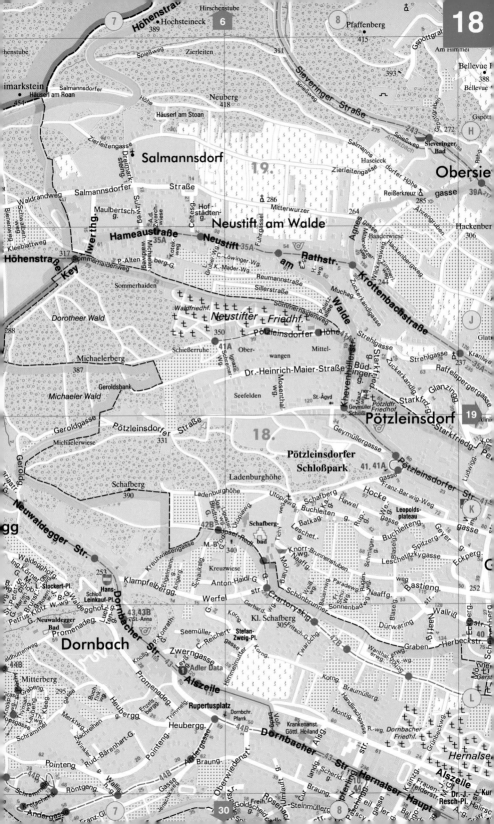

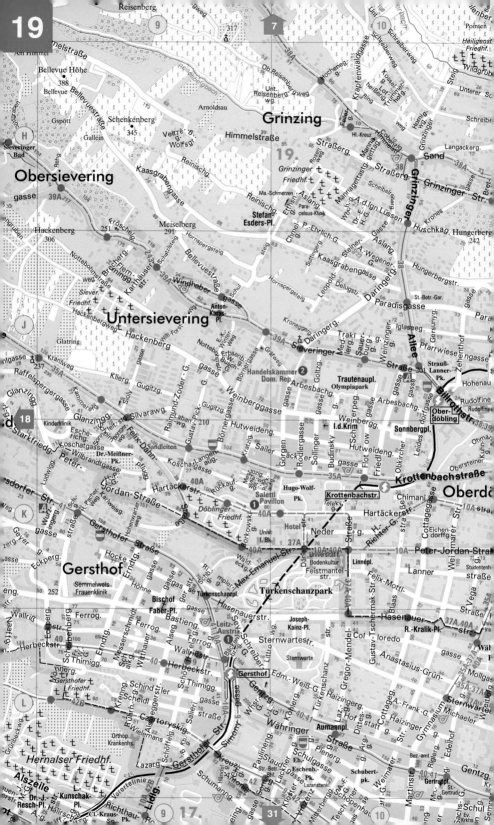

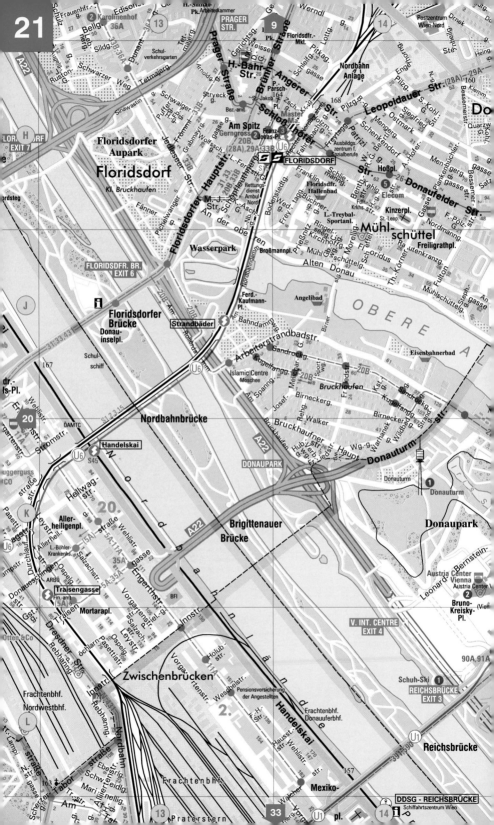

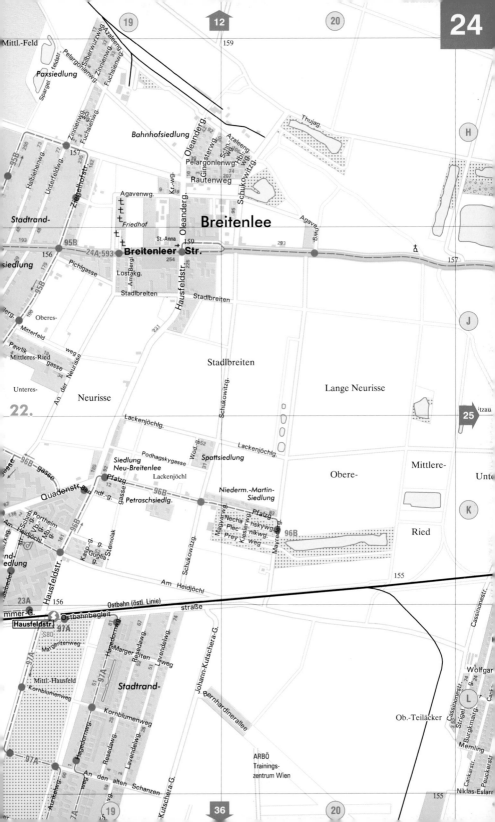

21 Kurze Neurisse 13
22

Invalidensiedl

158

Aderklaaer Ried

H

Lange Neurisse

Thujag.

159

Teufelsfeld

Schöpfleithner-
siedlung

E.-wg.

Kienastsiedlung

Thujag.

159

Viehtrift

Neueßling

Maßholderg.

157

24A;593 † Theuringerkreuz

Weißes Kreuz

Breitenleer Str.

J

22.

Neurisse

157

Hufl.wg.

Teufelsfeld-
siedlung

24

Spitzau

Pfingstrosen-wg.

Bodenneusiedl

Asparaguswg.

Ambrosigasse

Obere-

Mittlere-

Untere-

Heidäcker

Schafweide-Neurissen

Beim Zi

Ambrosigasse

K

Ried

155

99B

Röbbelingg.

Schafflerhof

Röbbelingg.

Teiläckergasse

155

Heringg.

Brosamer g.

Telefonweg

Mittl.-Teiläcker

Steinbühelg.

Kautzmanng.

Wolfgang-Mühlwanger-Str.

L

Knoller

Strigel

Kaschauer
Pl.

Wolff

Ob.-Teiläcker

Burgkmairg.

Memling g.

Käsmayerg.

Ziffererg.

Hasnerg.

Junkg.

Cankarstr.

Peuckertstr.

Lehen g.

155   Niklas-Eslarn-Str.

154

21 37

99B

22 Niklas

Bussong

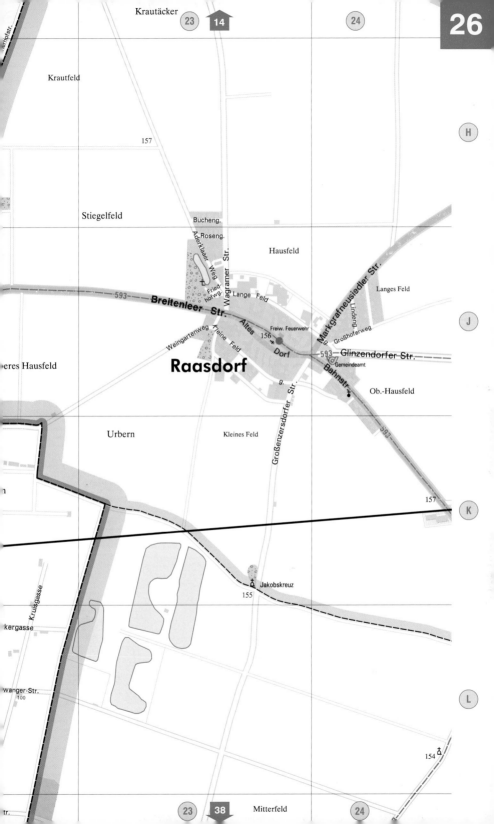

Krautfeld

157

Stiegelfeld

Bucheng.

Roseng.

Hausfeld

Aderklaaer Weg

Wagramer Str.

Fried-
hofwg.

Lange Feld

Langes Feld

593 — Breitenleer Str.

Markgrafneusiedler Str.

Lindeng.

Altes

Weingartenweg

Kleine Feld

Freiw. Feuerwehr

Großhoferweg

156

Dorf

593

Glinzendorfer Str.

eres Hausfeld

Raasdorf

Gemeindeamt

g.

Bahnstr.

Ob.-Hausfeld

593

Urbern

Kleines Feld

157

Kruisgasse

Jakobskreuz

155

kergasse

wanger-Str.

100

154

tr.

H

J

K

L

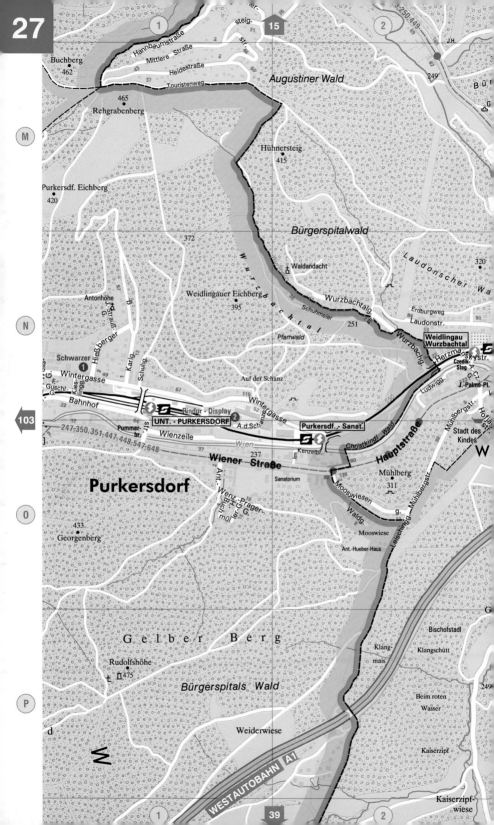

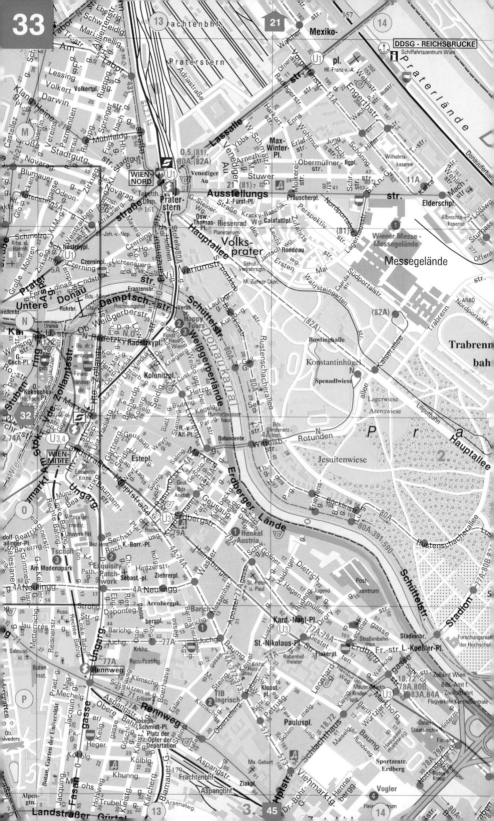

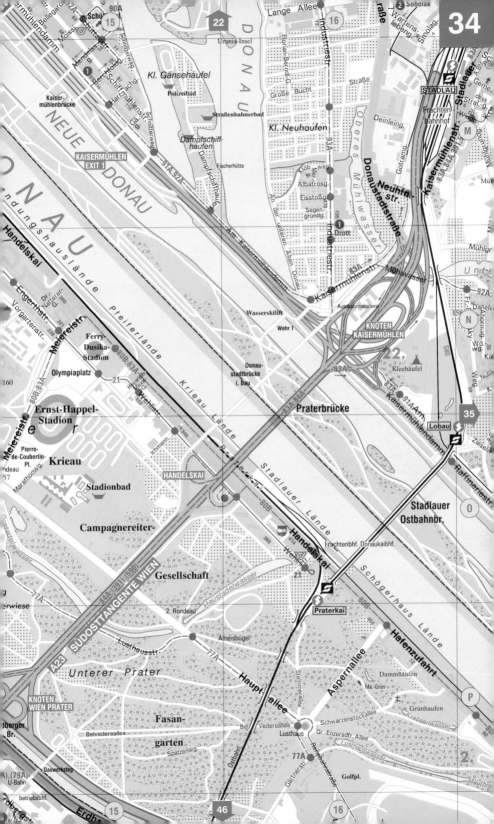

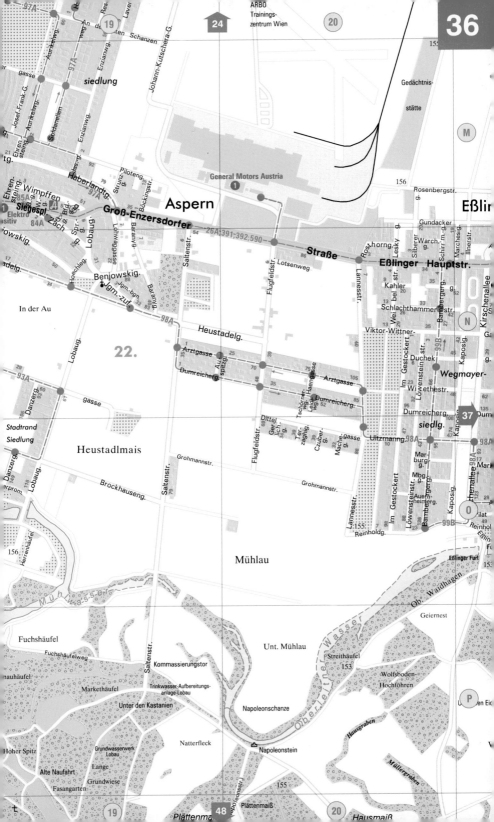

Mitterfeld

Oberfeld

tr.

Mitterfeld

Marchfeld

154 weg

Winklerkreuz 155

Pyrsdorfer Str.

Oberfeld 154

Unt.-Feld

Smola-Kaserne

155 Wiener Straße

Kirchenpl.

B.-Berthold-Pl.
Ma.-Schutz

Hauptpl.
Dr.-A.-Krabichler-Pl.

Unterfeldgasse

Rutzendorfer Str.

Groß-Enzersdorf

391.(496)

Marchsee

Marchsee

Marchsee

Kanal

Ziehrerg.
Schrammelg.

Neuoberhausen

Schubertg.

Volksschule

Bez. Ger.

26A

Heimatmuseum
Haupt- u.
Polyt. Schule
Feuerwehr

Schloßhofer Straße

Rotes
Kreuz

Versuchswirtsch. d. Universität
f. Bodenkultur

153

Ehem. Israel.
Fdhf.

Mozartg.

Robert-Stolz-

Zeller

A.-Bruckner-G.

Haydng.

Friedhof

Friedhof

Marchfelder Str.

hof Lobau

496

Hotel
am Sachsengang ❶

Gasse

590

Strandbad

152

Röhrer-
Spedition ❷

Industriestr.

392.496

392.496.590

❶ Eskimo - Iglo Unifrost

In Schmiedwiesen

Kohlfeld

154

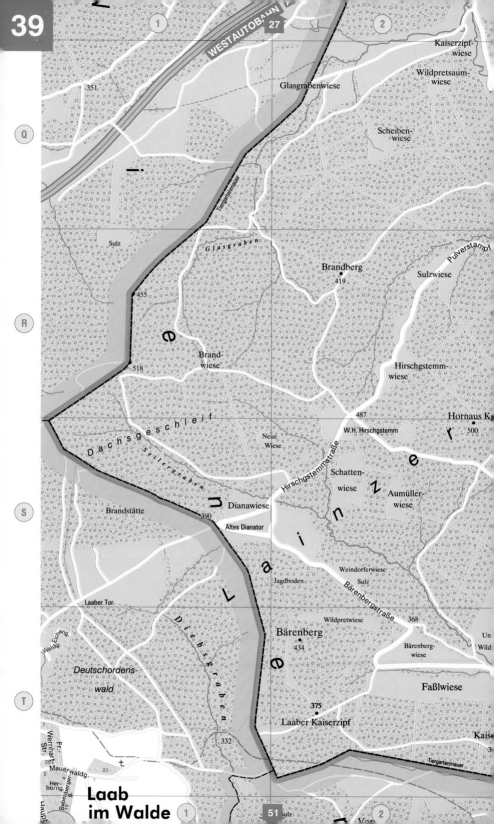

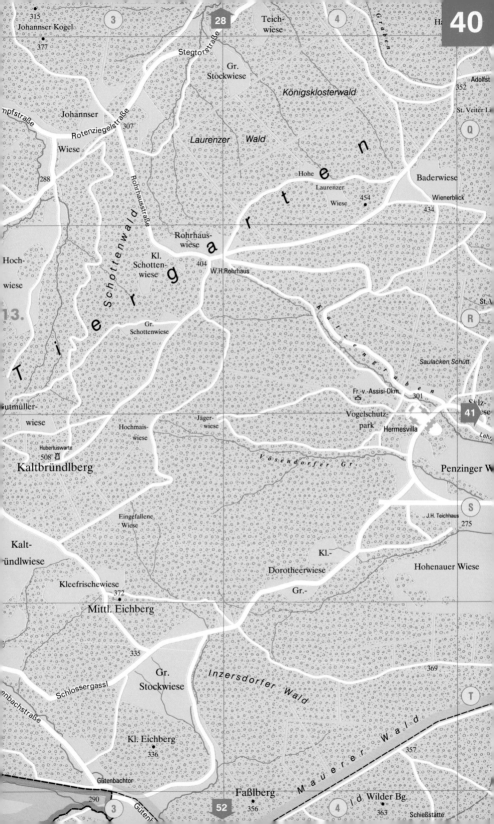

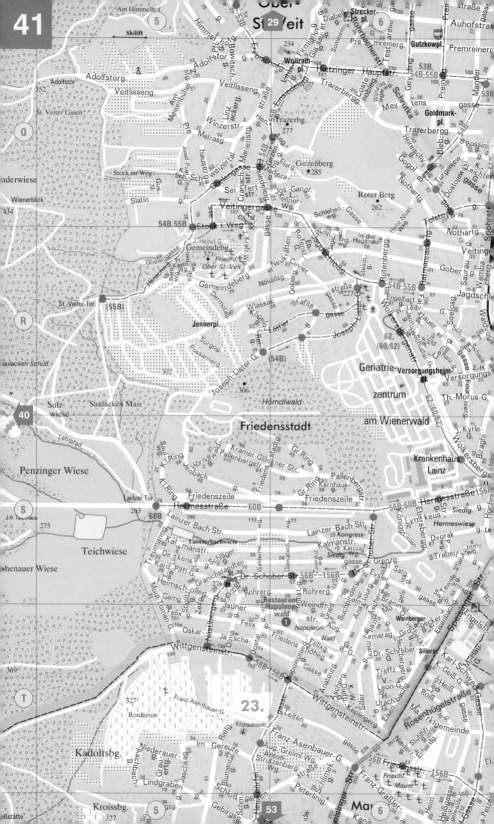

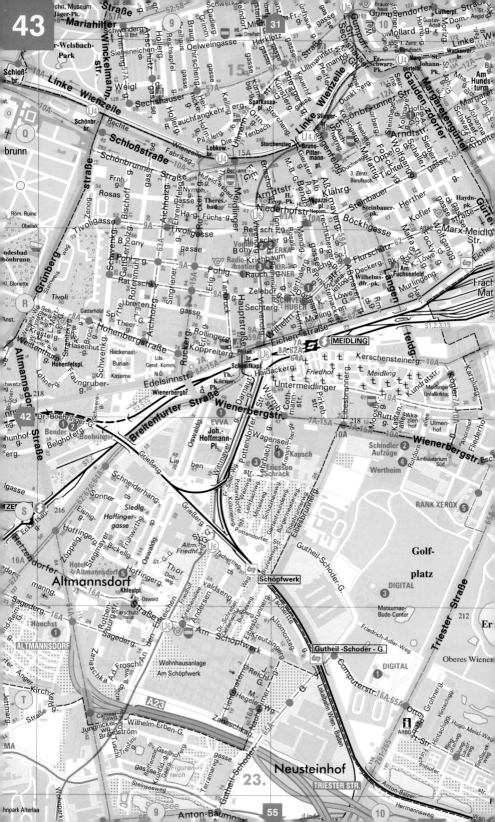

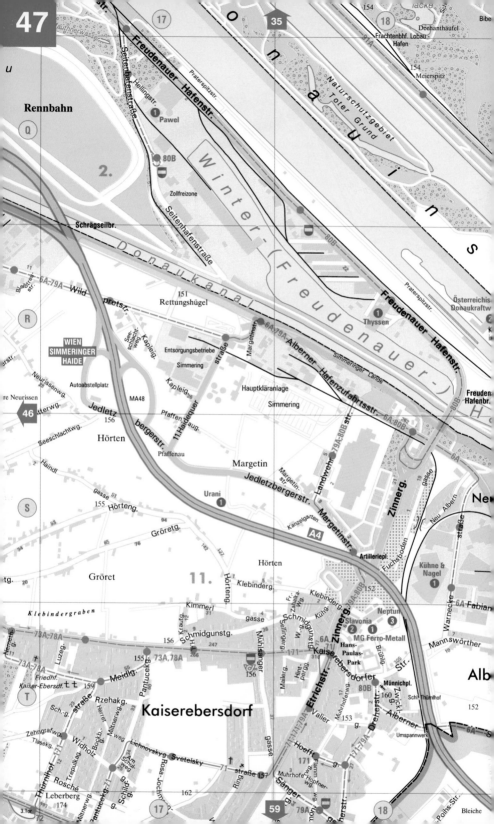

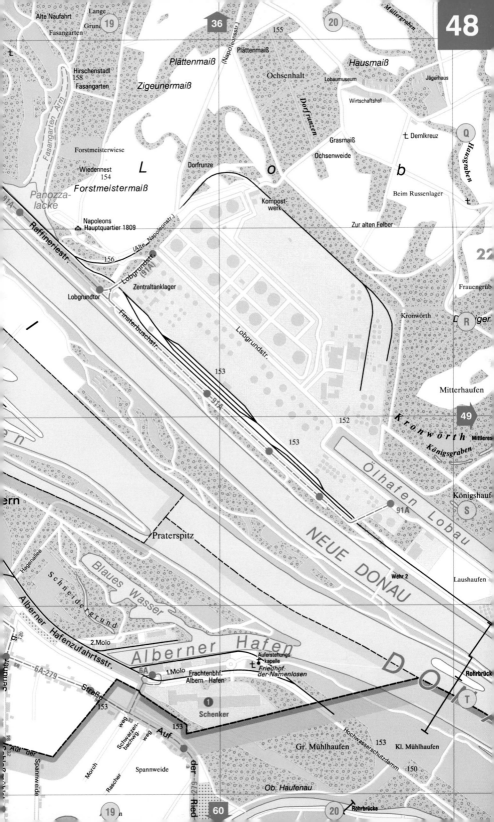

Müllergraben

Alte Naufahrt
Lange
Grund
Fasangarten

155
Plättenmaiß
Plättenmaiß

Zigeunermaiß

Hausmaiß

Hirschenstadl
158
Fasangarten

Ochsenhalt

Lobaumuseum

Jägerhaus

Wirtschaftshof

Dorfrunzen

Forstmeisterwiese

Grasmaiß

✝ Demlkreuz

Q

Wiedennest
154
Forstmeistermaiß

L

o

Dorfrunze

Ochsenweide

b

Beim Russenlager

Haasgraben

Panozza-
lacke

Raffineriestr.

Napoleons
⌂ Hauptquartier 1809
(Alte Napoleonstr.)

Kompost-
werk

Zur alten Felber

✝

22

156

Lobgrundstr.

Zentraltanklager

Kronwörth

Frauengrüb

R
iger

Lobgrundtor

Finsterbuschstr.

91A

Lobgrundstr.

153

152

Mitterhaufen

91A

Kronwörth

49

153

Königsgraben

Mittleres

Ölhafen Lobau

Praterspitz

153

91A

Königshauf

S

Blaues Wasser

Schneidergrund

NEUE DONAU

Laushaufen

Wehr 2

Hagenallee

DO
R

Alberner Hafenzufahrtsstr.

2.Molo

Alberner Hafen

Auferstehungs-
kapelle

Rohrbrück

T

6A

1.Molo

Frachtenbhf.
Albern - Hafen

✝ Friedhof
der Namenlosen

Straße

6A-279

153

Schenker

1

Hochwasserschutzdamm

153

Kl. Mühlhaufen

Schwarzen-
bachwg.

Auf

der
Ried

Gr. Mühlhaufen

150

Morch

Rascher

Spannweide

Spannweide

Ob. Haufenau

Rohrbrücke

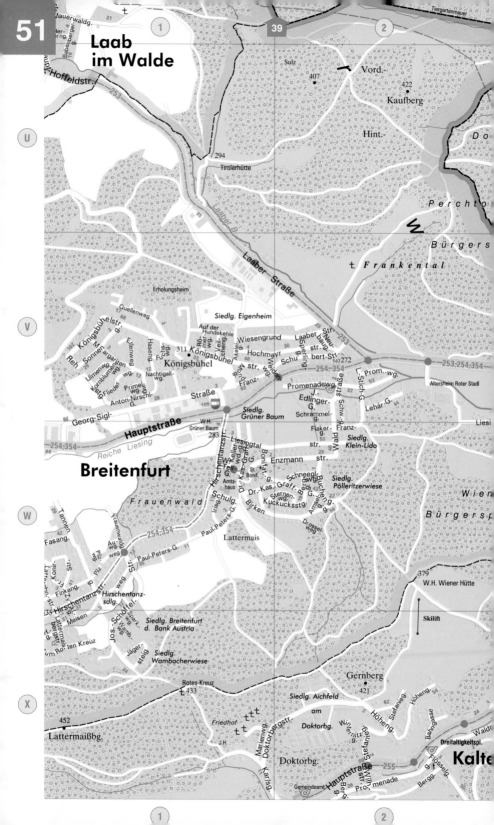

Laab
im Walde

U

Mauerwaldg.
Babenbergerg.
Hoffeldstr.
253

21

Sulz

407

Vord.-

Kaufberg

422

Hint.-

Do

294

Tirolerhütte

Laaber B

Laaber Straße

Percht o

Bürgers

Frankental

V

Erholungsheim

Quellenweg

Königsbühelstr.

Reh Sonnen M

Ulmenweg

Kornblumen

Pfleder

Primel

Nachtigall-wg.

Anton-Nirschl-G.

Georg-Sigl-

Elsenweg

Haseng.

Fuchs

Königsbühel

311 Königsbühel

Rö. mer. weg. Veil. chen.

Siedlg. Eigenheim

Auf der
Hundskehle

Wiesengrund

Hochmayr

Akelei

Schu

Franz-

Weidenweg

Laaber Straße

Laaber Bang.

J.-Sperling-
str.

Schu bert-Str.

Straße

30

48

Neug.

253

272

147

254-354

L.-Stich-G.

Prom.-wg.

Altersheim Roter Stadl

253-254-354

22

W

Hauptstraße

254-354

Reiche Liesing

Breitenfurt

66

92

109

Straße

283

W.H.
Grüner Baum

Siedlg.
Grüner Baum

Promenadeweg

Edlinger-
G.

Schrammel-
g.

Flaker-
str.

Liesingtal

Keller G.

J.-Kas-
G.

St.
Bonif.

Tell-
G.

Amts-
haus

Bonifaz.

Enzmann

Dr.-Kas-
G.

Graff-

Birken

Kuckucksstg.

Schneegl-
g.

Sternen-
wg.

Drossel-
weg

Buchleng.

Amgass.

Schw.-Berg

Schwadorfer

Lehár-G.

Franz-

Siedlg.
Klein-Lido

Malweg

Siedlg.
Pölleritzerwiese

Frauenwald

Schulg.

Liesig

Hirschentanzstr.

Au.
wg.

Paul-Peters-G.

Lattermais

Siedlg.
Klein-Lido

Liesi

44

53

28

28

Frauenwald
str.

Tannel

Fasang

Tannel

Konir

Finkeng.

Meisen

Jos.-Schöffel

Stark-
Wbg.

Weinb.-
weg

Lattermais
bergstr.

Zum roten Kreuz

Jäger-steig

Pilz
weg

Paul-Peters-G.

Schöffel

Hirschentanz-
sdlg.

Siedlg. Breitenfurt
d. Bank Austria

Siedlg.
Wambacherwiese

Rotes-Kreuz

433

X

452

Lattermaißbg.

Friedhof

J.H.

Siedlg. Aichfeld
am

Doktorbergstr.

Marienwg.

Doktorbg.

Karlsg.

Gemeindeamt

Hauptstraße

255

Doktorbg.

Stefanieg.

Wilhelmstr.

Berg

Promenade

Höheng.

Gernberg

421

Stefanieg.

Höheng.

Bahngasse

Bergg.

Flösselg.

Dreifaltigkeitspl.

Kalte

Wald

379

W.H. Wiener Hütte

Skilift

Wien

Bürgersp

62

24

11

29

29

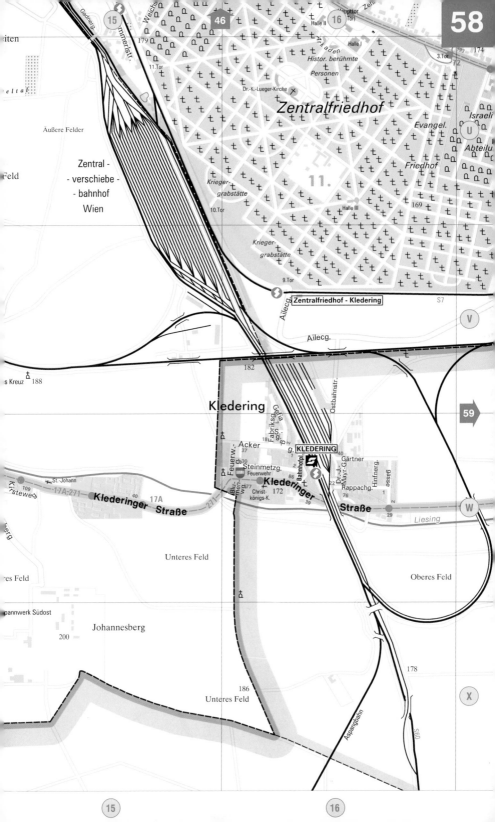

Zentralfriedhof

11.

Evangel.

Friedhof

Israeli

Abteilu

Histor. berühmte
Personen

Dr.-K.-Lueger-Kirche

Krieger-
grabstätte

Krieger-
grabstätte

Halle II
Halle I
Halle III

11.Tor
10.Tor
9.Tor
3.Tor

179

169

174

Zentral -
- verschiebe -
- bahnhof
Wien

Äußere Felder

Feld

Zentralfriedhof - Kledering

Ailecg.

Ailecg.

S7

182

s Kreuz 188

Kledering

Ostbahnstr.

KLEDERING

Acker

Steinmetzg.
Feuerwehr

Feuerw.-
wg.

Blu-
wg.

Fabriksg.

Gefag.

Geb.g.

Christ-
königs-K.

Kledering 172

Gärtner

Hintnerg.

Rappachg.

gasse

Dr.-Mayr-G.

Bahnhofpl.

St.-Johann

Klederinger Straße 17A

17A-271

109

271

40

37

30

2

18

86

22

76

1

2

39

29

178

Kirstewe

Klederinger
Straße

Liesing

Unteres Feld

Oberes Feld

pannwerk Südost

Johannesberg

200

186

Unteres Feld

Aspangbahn

S60

15

16

46

16

15

U

V

59

W

X

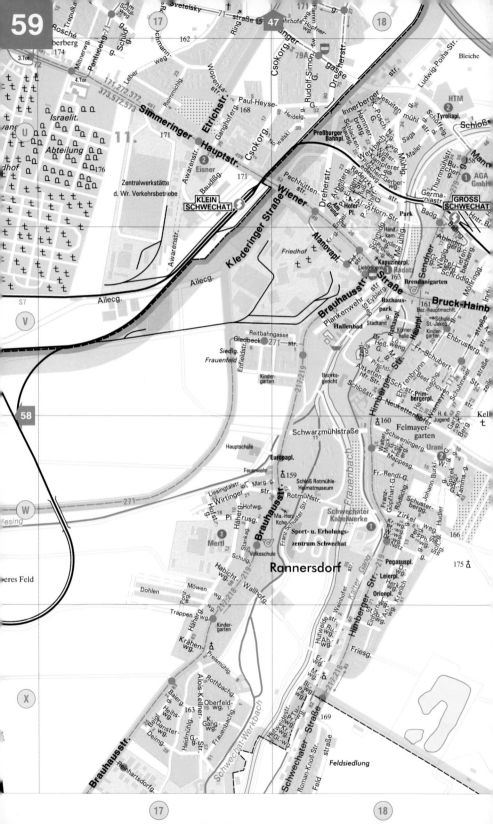

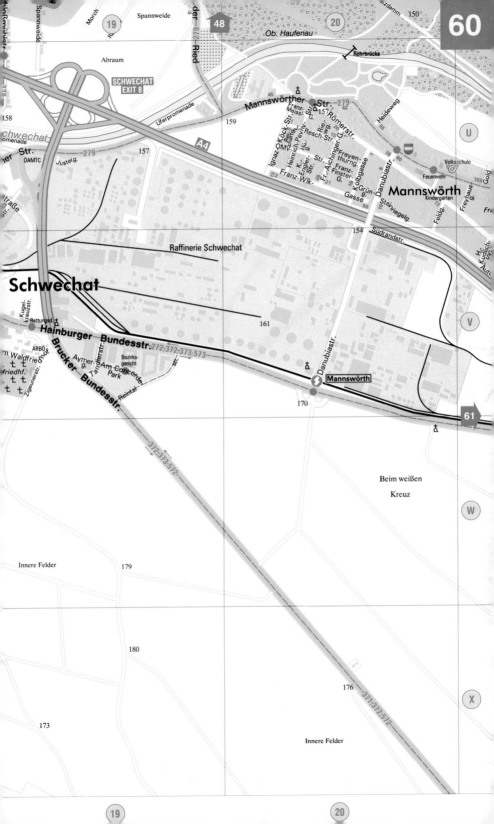

Spannweide
Morch
19
Spannweide
Ob. Haufenau
48
20
150
Abraum
Rohrbrücke
**SCHWECHAT
EXIT 8**
Uferpromenade
Mannswörther Str. —279
157
45
Franz-Meissl-G.
158
159
Römerstr.
Heideweg
chwechat-
—279
157
Str.
A4
Ignaz-Köck-Str.
Heinrich-Pesch-G.
E.Resch-Str.
Fr.Aichinger-G.
Freyenthurng.
U
ÖAMTC
Justerg.
OMV
K. Engler-Str.
Hu-
Finster-G.
Volksschule
39
80
Franz-Wlk-
Franz-21
Grün-G.
Kolbgasse
Feuerwehr
Freyhaus
Mannswörth
103
Gold
Gasse 50
Steinriegelg.
Kindergarten
Feldg.
Fr
Raffinerie Schwechat
154
Südrandstr.
Hirschlich-Kf.
Schwechat
161
V
Kugel-kreuzstr.
Rettungsd.
Hainburger Bundesstr.—272;372;373;573
Danubiastr.
Mannswörth
ARBÖ
Am Concorde Park
Bezirksgericht
Aymer-g.
Waldfried
friedhf.
Zigeunerstr.
Reimtal
Brucker Bundesstr.
170
61
—372;373;572
Beim weißen
Kreuz
W
Innere Felder
179
180
—371;372;572
176
X
173
Innere Felder
19
20

L o b a u

Unt.-Rohrwörth

23 50 24

Gr. Rohrwörth

Großer Rohrwörth

Brunnader

Künighäufel

22.

U

Künigl.-
traverse

Abgerissener Gänsehaufen

Gänsehaufen-
traverse

Brunnadergr.

Hubertusdamm (Marchfelddamm)

(Barbara-)
Rohrbrücke

V

Magistrats-
wiese

Kl. Fuchsgruft

Jägerwiese

152

170

P o i g e n

149

Sulz

W

FLUGHAFEN
WIEN - SCHWECHAT
EXIT 13

Autobahn-
meisterei

Falkenfleck

Galerie

Wildpretwiese

Kläranlage

212-312-313-513

176

Westr.

Nordstr.

Nord-
ring

Werkstättenring
Süd

Werkstättenstr.

E Str.

Verwaltungsstr.

Gr. Fuchsgruft

Einfahrtsstr.

Ausfahrtstr.

Tanklager

str.

str.

Galerie

Versorgungs
str.

GAC Str.

Frachtstr.

Frachtring Nord

Frachtring Süd

Nordstr.

Schlafenstr.

FLUGHAFEN WIEN - SCHWECHAT

Park-
haus

Park

str.

X

Hangarstr.

General
Aviation

Besucherstr.

Inlandstr.

Aufbaustr.

Bussstr.

178

Flughafen Wien-Schwechat

Tankdienst

23 24

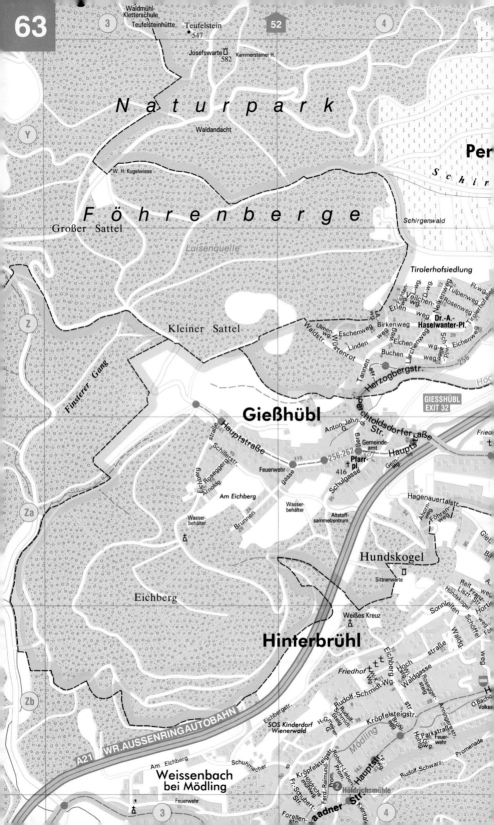

3
52
4

Waldmühl-
Kletterschule
Teufelsteinhütte
Teufelstein
• 547

Josefswarte ☐
582
Kammersteiner H.

N a t u r p a r k

Waldandacht

Per

Schir

W. H. Kugelwiese

F ö h r e n b e r g e

Schirgenwald

Y

Luisenquelle

Großer Sattel

Tirolerhofsiedlung

Veilchen-
wg.
Tulpenweg
Rosenweg
Fl.wg.
Schlichten
D.wg.
Nelkenweg
Rosenweg
Flurtorhofäker

Erlen
weg
Eschenweg
Birkenweg
Schl. Wild.

Z

Kleiner Sattel

Ulmen-
weg
Wüstenrot
Linden
Eichenweg
Eichenweg
wg.

Waldstr.

Buchen
Lärchenweg
weg
256

Tannen

Herzogbergstr.

Finsterer Gang

GIESSHÜBL
EXIT 32

Hoc

Gießhübl

Anton-Jah-
G.
Berg
Perchtoldsdorfer Laße

256-262
Haupts
Frie

Haupt**straße**
straße

Schiller gasse

Feuerwehr
gasse
Gemeinde-
amt
Pfarr-
pl.
Gem.wg.

Za

Rosegger str.
Arnold g.
416

Eichtl g.

Am Eichberg

Schulgasse

Hagenauertalstr.

Brunnen
Wasser-
behälter

Föhren-
weg

Giet

Wasser-
behälter

Altstoff-
sammelzentrum

Bä

Hundskogel

Reit Franz-
Liszt-Str.
Hundskogel
Schöfl

Sittnerwarte

Sonnleiten
Hort
weg
Föh.

Eichberg

Weißes Kreuz

Schöfl
weg

Waldg.
weg

Hinterbrühl

Friedhof
Eichberg

Hoch
straße
str.

Rudolf-Schmidt-Wg.
Waldgasse
Roseggerg.
zweig

O Bacho
Volks

Zb

Rudolf
Schlirg
H.-G.-
Str.
Parkstraße
Feuer-
wehr

Eichbergstr.
SOS Kinderdorf
Wienerwald
H.-G.-
Str.
Hollg.
H.-G.-
wg.
Promenade

Mödling

A21 **WR. AUSSENRINGAUTOBAHN**

Am Eichberg

Schuhmacher

**Weissenbach
bei Mödling**

Feuerwehr

3

Kröpfelsteigstr.
Kröpfelsteigstr.
Fr.-Schubert-
Str.
Ferd.-Raimund-
str.
Robert-Stolz-
442
Haupt**str.**
Baadner
2
Hölldrichsmühle
Rudolf-Schwarz-
Kientalg.

4

Forellen-
str.

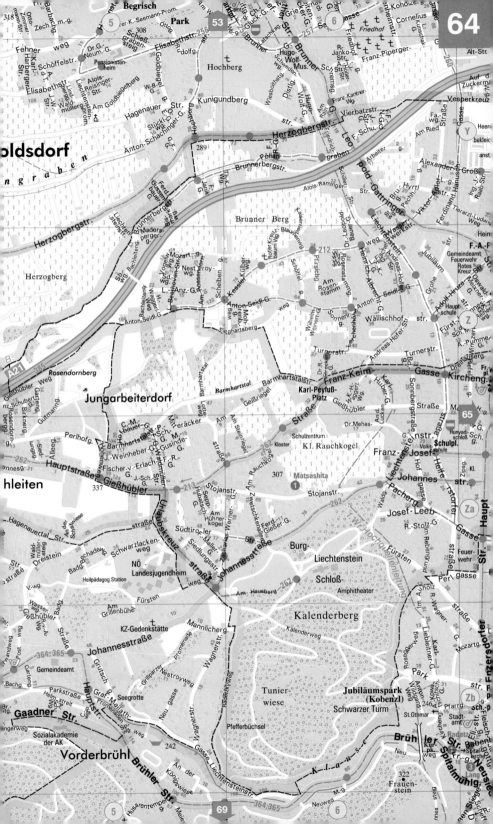

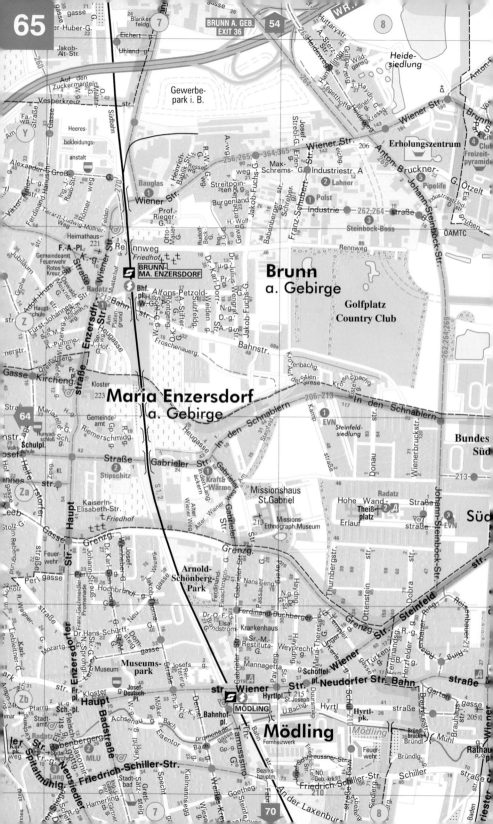

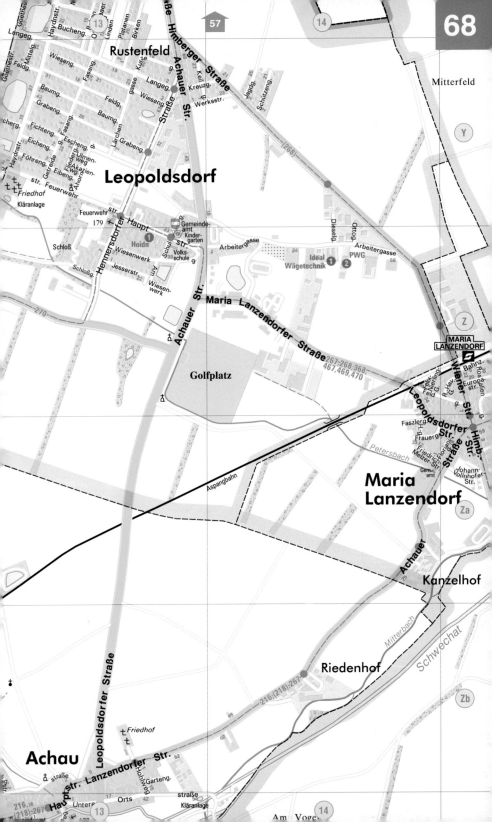

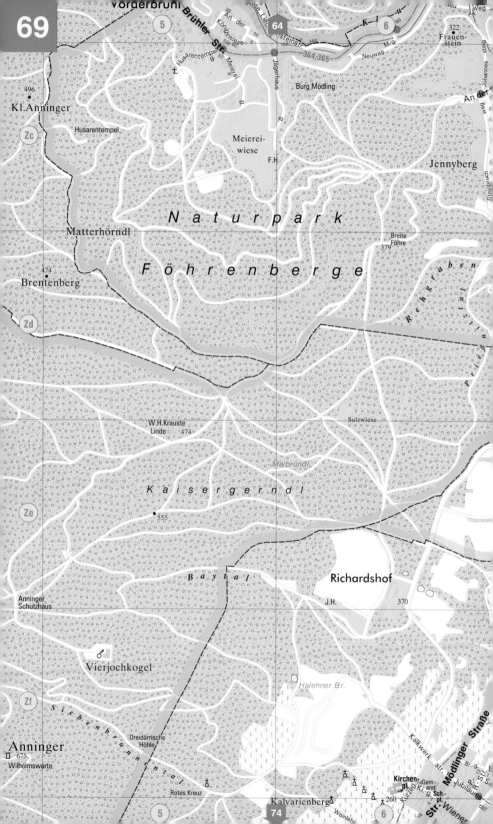

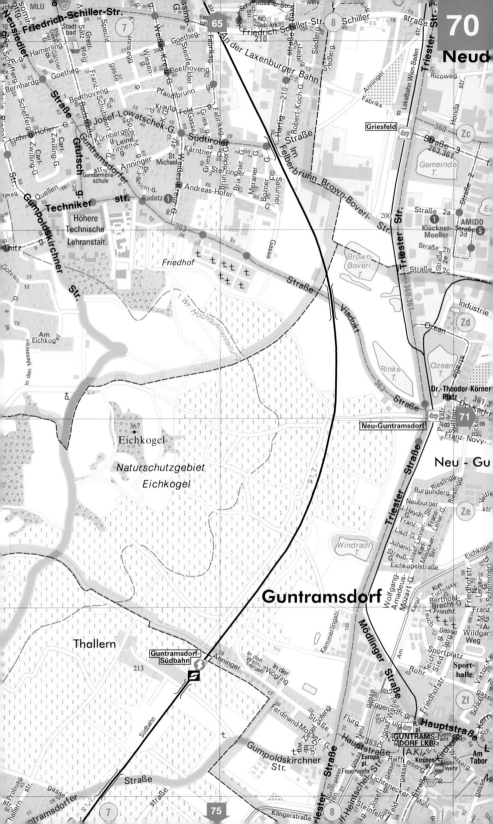

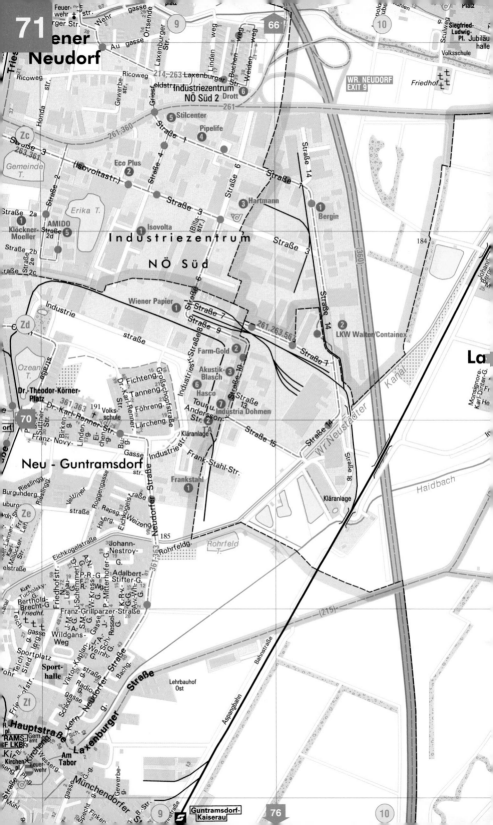

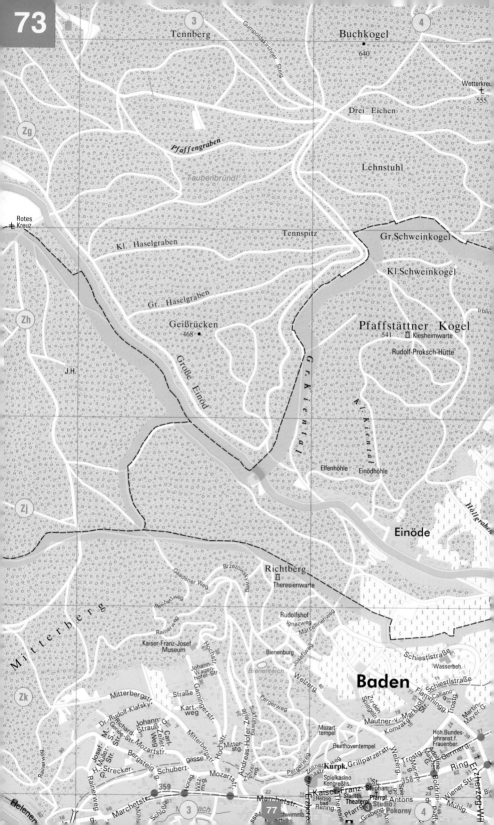

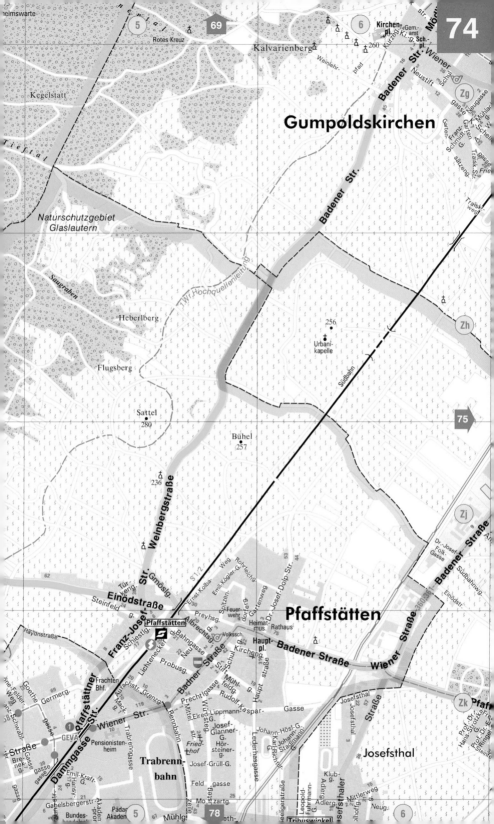

69

5

6

Kirchen-
pl.

Rotes Kreuz

Kalvarienberg

260

Weinlehr. pfad

Neustift

Zg

Gumpoldskirchen

Badener Str.

Badener Str. Wiener

Traisk.-
weg

Naturschutzgebiet
Glaslautern

1. Wr. Hochquellenleitung

Saugraben

Heberlberg

Urbani-
kapelle

256

Zh

Flugsberg

Südbahn

Sattel
280

Bühel
257

75

236

Weinbergstraße

Zj

Dr.-Josef-
Folk-
Gasse

Badener Straße

Südbahng.

Einödstr.

Einödstraße

Str. Gmőslg.

Türkeng.

Steinfeld

S 1/2

Weg

Rohrleichg.

Ernst-Kolba-

Spitzeng.

Albrechtsg.

Preyhsg.

Emil-Kogler-G.

Feuer-
wehr

Gartenweg

Dr.-Josef-Dolp-Str.

53

44

Heimat-
mus.

Rathaus

Pfaffstätten

Badener Straße

Wiener Straße

Zk

Pfaff

62

Haydnstraße

Franz-Josef-Str.

Pfaffstätten

Schiestlg.

Lichteneckerg.

Bahngasse

Neu...

Badner Straße

Volkssch.

Mühl-
Feldg.

Schul-
gasse

Kircheng.

Haupt-
pl.

Haupt-

straße

Dr.-Josef-
Folk-
Gasse

Germerg.

Pfaffstättner Str.

Aurachstr.

Weck...

Grenzg.

Probusg.

Rennbahn

Mittel-...

Prechtlgasse

Elredstg.

Rudolf-Kaspar-

Lippmann-

Gasse

Josefsthal-

Josefsthal-

Straße

Prof.-Dr.-
Hans-Strotzk...

Frachten-
Bhf.

1

GEVA

Wiener Str.

Dammgasse

Goethe-

Breit-

ne...

gasse

Straße

Pensionisten-
heim

Josef-
Glanner-
G.

Hör-
steiner-
G.

Johann-Hösl-G.

Johann-

Karl-Stadlmann-

Lederhasgasse

Klub-
gasse

Adlerg.

Johann-
Fuhrmann-

Josefsthal

Trabrenn-
bahn

Josef-Grüll-G.

Feld- gasse

Emil-Kraft-

Gabelsbergerstr.

21

Akaden-
prof.

Bundes-

Feld-

Fried-
hof

Mo...

Mozartg.

zeile

25

Heiligerstraße

Leopold-
Fuhrmann-

Josefsthaler

Adlerg.

Mittelweg

Neug...

Pöd-
Akaden

5

78

Mühlg...

Tribuswinkel

6

9

71

10

Tabor

Münchendorfer Straße

Gewerbe

G.G.

gasse

Specht

Finken

g.

19

B.-Str.

Bahnstraße

Guntramsdorf-
Kaiserau

Falken-

Fasan

g.

Falkeng.

se

Tabor

se

mensiedlung

Schwechat

Münchendorfer Straße

Zg

Aspangbahn

Zh

llersdorf
angbahn

0

10/96

KNOTEN
GUNTRAMSDORF

A3

Münchendorfer Straße

(360)

A2 SÜDAUTOBAHN

Zj

Stadtrandsiedlung

Schwechat

gelzipfgasse

Rendsiedlungs

30

straße

Grüne

39

straße

52

361

straße

72

Zk

9

80

10

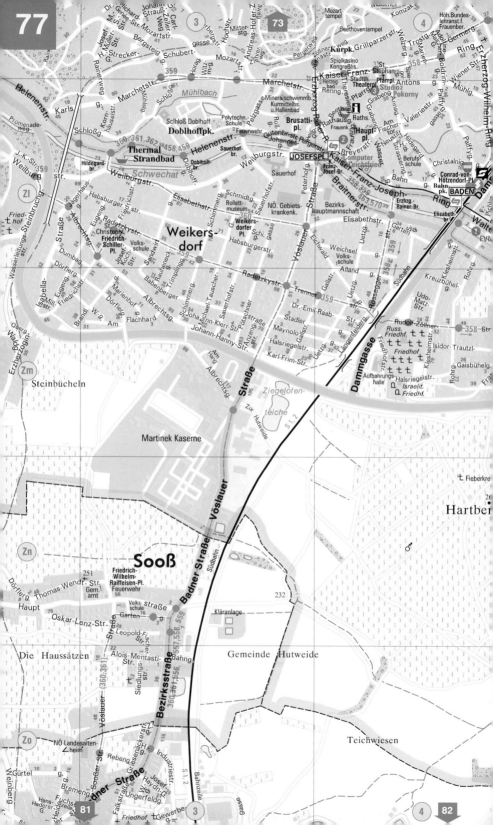

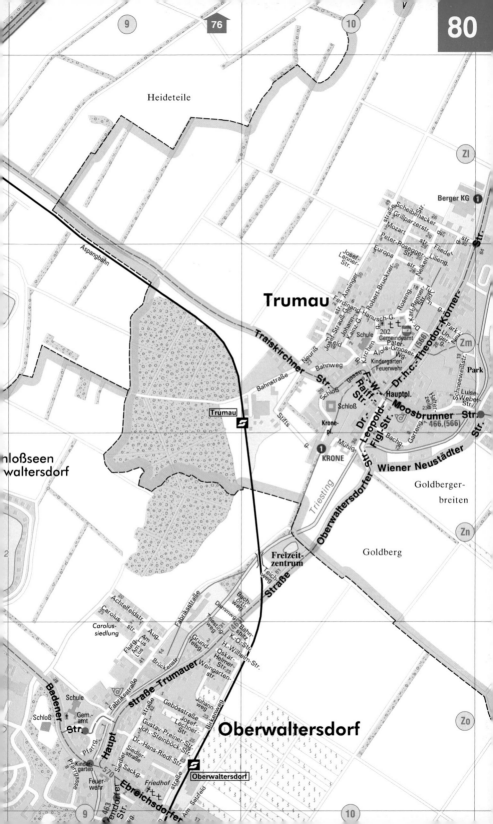

9 · 76 · 10

Heideteile

Berger KG · ZI

Scheibenhacker-straße
Grillparzerstr.
Mozart-
str.
Peter-Rosegger-Str.
Josef-
Lanner-
Str.
Fliede-
Lilieng.
Europa-
Nelken

Aspangbahn

Trumau

Traiskirchner
Str.

Ferdinand-Hanusch-G.
Johann-Strauß-G.
Kainz-G.
Neuriß
Eichl-Joh.
Anninger
Robert-Bruckner-
Kirchen
Schule
Alois-Gnoser-
Wg.
202
Gemeindeamt
Pater-
Feuerwehr
Kindergarten
Karl-Renner-
Roseng.
Unger-
gerg.

Dr.-h.c.-Theodor-Körner-

Zm

Park

Bahnweg

F.-W.-
Raiff.-
Str.

Luise-Weber-
Str.

Schnewait.straße
Haller-
zeile

Bahnstraße

Schloß

Hauptpl.

Dr.-Leopold-

Moosbrunner
Str.

466.(566)

Schloß

Krone-
pl.

Figl-Str.

Wiener Neustädter Str.

Stifts

nloßseen
waltersdorf

Mühlg.
KRONE

Triesting

Oberwaltersdorfer-Str.

Goldberger-
breiten

Zn

Goldberg

Freizeit-
zentrum

Straße

2

Achtfeldstr.
Carolus-
str.
Carolus-
siedlung
Aug.-
Am
Aus
Flur-
g.
Lus
Brückenstr.
Fabriksstraße
Bach-
alt-
weg
Damm-weg
Triesting-
weg
Bahn-
spl.str.
K.-O.-Str.
Grund-
felsg.
H.-Wilhelm-Str.
Oskar-
Helmer-
str.
Weingarten-
str.
Johann-
weg

Bachenweg

Fabriksstraße
Straße Trumauer
straße
Gebösstraße
Josef-
Lechner-
Str.
Gustav-Preiner-Str.
Dr.-Hans-Riedl-Str.
Joh.-Steinböck-Str.

Badener
Str.

Schule
Schloß
Gem.-
amt

Oberwaltersdorf

Zo

Haupt-
str.

Pfarrg.
Pfarrg.
Kinder-
garten
570
Siedler-
straße
Siedler-
Sackg.
Feuer-
wehr
Friedhof

Ebreichsdorfer-

Oberwaltersdorf

463.
Am Sapfeld

9 · 10

Wagr...

81

Zt

Zu

Zv

Zw

2

Ziegelwerk
LEOBERSDORF
EXIT 29

Neubach

Enzes-
feld

Wittmannsdorfer Str.

291

288

464-556-558

1. Wr. Hochquellenleitung

A2 SÜDAUTOBAHN

Wiener Neustädter Str.

3

Renner-
ann-Böhm-Str.
Karl-
Brän-G.
Oskar-Helmer-Str.
A.G.
Franz-
Horr-G.
Hügelg.
Karl-Haindl-G.
Hügelg.
Bah
464-556-558

Hirtenberger Str.
Sieben-
hauser Pl.

Spitzwann
Waldmül
Makart
Daffinger
Ziegelofeng.
Berg
Grenzg.
26s
Südbahnstr.
Anton-
Wildgans-
Dr. Leopold-
igl-Str.
Reb-
schul-
g.

Siebenh

Kottingbrunner
Weg

Hirtenberger Str.
Ob. Leere Graben
Kreativtechnik
Volks-
heim
Arbeiterg.
Robert-Hamerl-
Str.
Atersberg.

Josef-Haydn-G.
Sportpl.
Hauptschule
Goetheg.
Walter-Rozporka
Franz-
Schubert-G.
Beethoveng.
Theodor-Körner-
Str.
Dr.-Körner-Str. (464)
Hans-
Zettel-
Str.

Rosegger-G.
Leopold-
Str.
Südbahn
Stenzelg.
Dornauer Str.
Stolzg.

Evang.
Kirche
Hauptschul-
pl.
Dornauer

Leobersdorf

Enzesfelder Feld
Rathaus
Kirchen-
pl.

Obere
Setzg.
Umlaufg.
Wasserg.
267
Volksschule

Mariazeller
g.
Färberg.
Trautm

Ober g.
Wiesen g.
Garteng.
Heug.
464-556-556

Hauptstr.
Triestingg.
Dornau

Markt-
pl.
Altes
Rathaus
Robert-
Tittelbach-
G.
Fr.-Wen
zelg.
L.-Sch.-G.
G.

Mühlg.
Kindergarten
Franz-
Brückner
Park
A.-B.-
G.
Franz-
Lehár-G.
Raiffeisen
Freiherr-v.-
Wittmann-
gasse

Mühlg.
Kurze G.
Kurze
G.
Friedhof
Spit al
Schubertg.
Rab
Schärt-
lingg.
Viktor-Kaplan-
Str.

Heinrich-
Herold-G.
Franz-Merzeng.
Marktrichterg.
Marktenwaldg.
15
W.H.

Allee
Fried-
hf. gasse
Mozart
gasse

Ziegelofen
WITTMANNSDORF

276
Heilsamer
Brunnen

Untere

2

85

3

Günsels-dorf

Schloß

Schloß

Kirchen

g.

250

Braun

gasse

464

Schönauer

Str.

Wiener Neustädter Str.

Gemeindeamt

Karl-

Gruber-Pl.

Feuerwehr

Hinter den Gärten

15

Zt

Kindergarten

Au gasse

Garten

Friedhof

Liechtenstein

Windischgrätz

Feld

Ing.-Carl-

Jukel-Str.

Blumauer Straße

Schönau
a. d. Triesting

Friedhof

Friedhof

Steinfeld straße

Sollenauer Straße

Siedlung
Steinfeld

255

Zu

Schönauer

Teich

Wr. Neustädter Kanal

Rabenwald

Aspangbahn

Zv

274

262

15

Industriestr. Nord

Piesting

(Karrer Gang)

Zw

Siedlung
Waldpark

Waldpark

Waldpark

Anzengruber G.

Grillparzer G.

Nestroy G.

Raimund G.

Wildgang.

Heilsanner Brunner-G.

Leobersdo...

Südbahn

S 2

Sonnen-hain

Anninger Str.

Töpferstr.

Harzbergstr.

Eisernes
...bergstr.

...nauer Straße

Wiener Str.

str.

Aspang-bahn-trasse

Industrie

Benzoisstr.

4

86

5

Sollenau

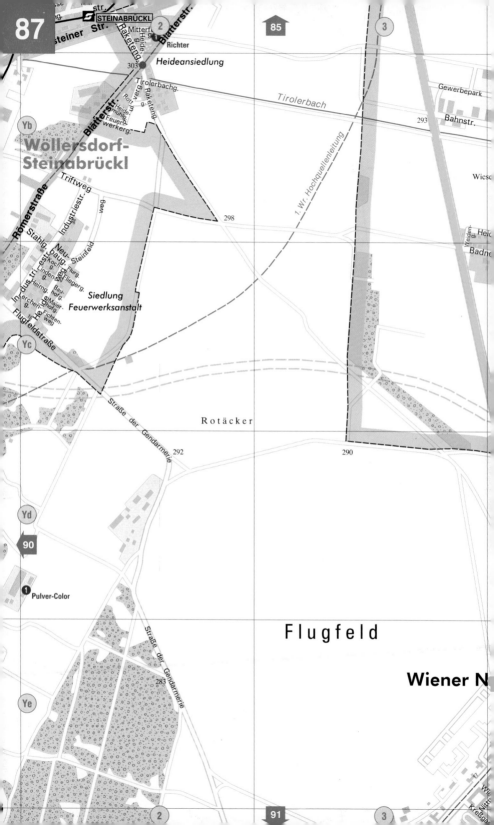

STEINABRÜCKL

85

3

steiner Str.

2
Mitterf...
Richter
Heide...
Raketeng.

Heideansiedlung

303

Tirolerbachg.
Rakeleng.

Tirolerbach

Gewerbepark

293
Bahnstr.

Blatter str.

Heide...
Rott...
Feuer...
werkerg.

Yb

Wöllersdorf-
Steinabrückl

Wiese

Römerstraße

Triftweg

1. Wr. Hochquellenleitung

Weiden...
Badne

Heil...

weg

Industriestr.

Stahlg.
Neu- baug.
Neu-Steinfeld

298

Leskoch...
Lindeng.
Flurg.
Bau...
Fliegerg.
Heimg.
hofg.
eMeierg.
Fichten...

Siedlung
Feuerwerksanstalt

Industri...
...erchen.
He...g.
Weg

Yc

Flugfeldstraße

Straße der Gendarmerie

R o t ä c k e r

292

290

Yd

90

1 Pulver-Color

Straße der Gendarmerie

283

F l u g f e l d

Ye

Wiener N

2

91

3

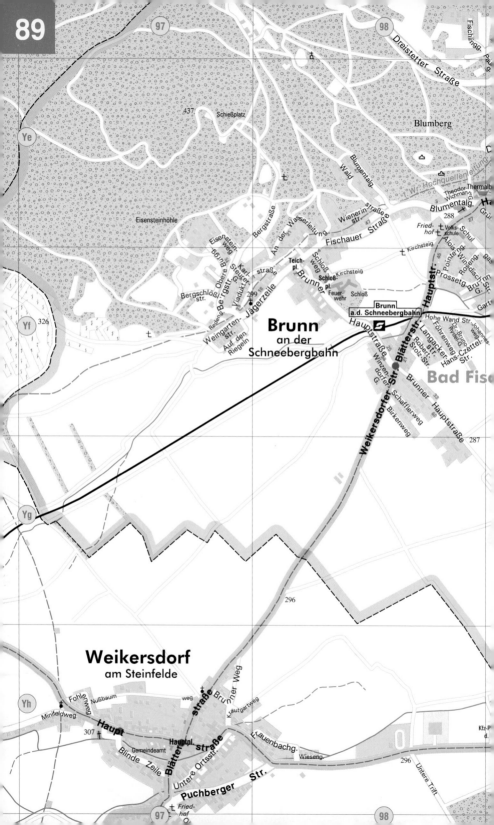

97

98

Dreistetter Straße

Fischingg, Pa g.

437

Schießplatz

Blumberg

Ye

Blumentalg. Wald

1. Wr. Hochquellenleitung

Theodor-Thermalb
Wichmann

Blumentalg.

288

Ha

Gru

Eisensteinhöhle

Bergstraße

An der Wasserleitung

Wienerin straße
str.

Friedhof

Volks-Schul
schule

Aloisig Winseng.

Pointte

Rosdisch

Brun G.

gas

Kirchsteig

Prossetg. Str.

Eisensteinweg

Karl Steger G.

straße

Teich-pl.

Schloß weg

Fischauer Straße

Kirchsteig

Hauptstr.

Gart

Bergstraße

Viadukt

Brunner

Schloß pl.

Kirchsteig

Hohe Wand Str.

Johannes

Redeng

Bergschlößl str.

299

Jägerzeile

Feuer wehr

Schloß

Brunn
a.d. Schneebergbahn

Langacker str.
Föhrenweg
Robert Stolz Str.

Ryslg G.
B-Berg
weg

Yf

326

Weingarten- str.

Auf den Riegen

Brunn
an der
Schneebergbahn

Hauptstraße

Blätterstr.

Bad Fis

Hans-Czettel-Str.

Winzern- dorfer G.

Weikersdorfer- Str.

Brunner Hauptstraße

Schäflerweg

Birkenweg

287

Yg

296

Weikersdorf
am Steinfelde

Nußbaum

straße

Brunner Weg

weg

Fohlenweg

Kautgartweg

Yh

Minifeldweg

Haupt

307

Hauptpl.

Blätter

straße

Frauenbachg.

Wieseng.

296

Untere Tritt

Kfz-P
d.

Blinde Zeile

Gemeindeamt

Untere Ortsstr.

Puchberger Str.

Friedhof

97

98

99

1

285

Ye

87

Steinaeberg
Goldsteinstraße

ergasse
Hangweg

Emme-Deutscher-g.
Hofgisch.
Kadettenweg

Wiener Straße 52

Am Saatzen

284

Heuweg

Wiener- Straße

Kr. Straße

Hans-Jisch.
Hackerg.
Rainer- g.

Institutsg.
Gemeinde-
amt

Bad Fischau

Bad Fischau

Bad Fischau

Berghof g.

Bahngasse
Grundsch.
Sonnw.

Zeile
Fr.-Grabuschg.

Lercheng.

Bahn

Warme Fischa

Wendt.
Fis.

Mathias -Bliemel-G.

Schneeberg

Wiener- Neustädter

Feldg. 93.
Poppen-

Klübhuttg.
Brücke-
wiesend.
Brückel-
Ungar-
axg.

BAD FISCHAU - BRUNN

Straße

u-Brunn

Schneebergbahn

286

A2 SÜDAUTOBAHN

Yf

Grenzweg

Fischauer

Yg

Brunn

Frauenbach

281

Brunnerwald

Anemonei
Föhrenseestr.

Brunnerwald

91

Föhren-
see

Flieder-
g.

Föhrenseesth.

Yh

Industrie str.

280

288

B/3

47

WR. NEUSTADT/WEST
EXIT 44

99

1

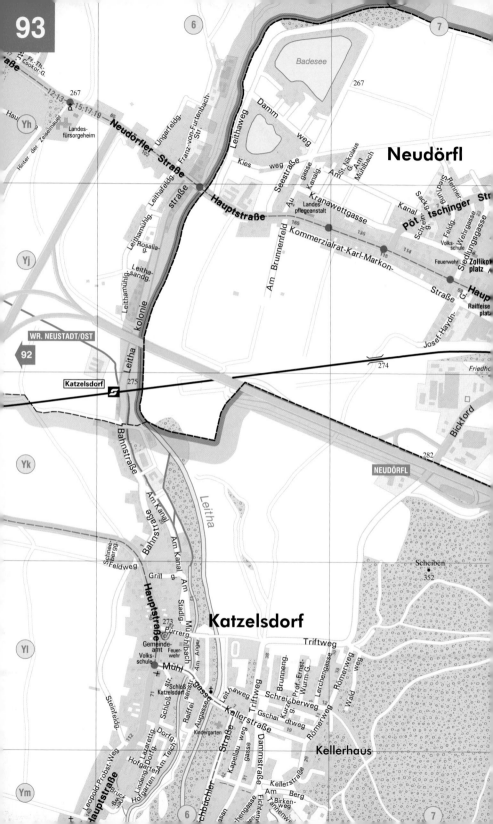

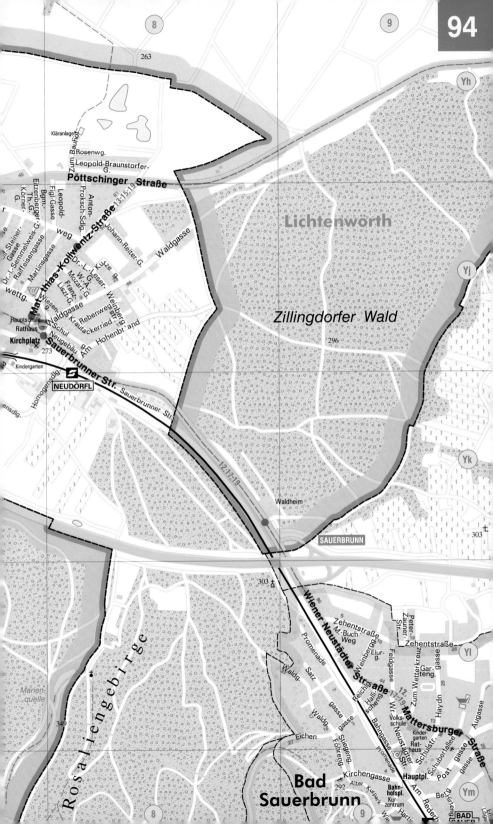

8 9

263

Yh

Kläranlage

Rosenwg.

Leopold-Braunstorfer-G.

Pöttschinger Straße

45

Leopold-
Figl-Gasse

Anton-
Proksch-Sdlg.

81

Matthias-Kollwentz-Straße 13·15·19

Johann-Reiter-G.

Waldgasse

Lichtenwörth

Yj

Bgm.-
Erzenberger-
Gasse

Th.-G.
Körner-
G.

Dr.-I.-Seipel-
Gasse

Dr.-L.-Leser-G.
W.-A.-G.
Mozart-G.
Franz-
Liszt-G.

Martinsgasse

Kurze G.

Dr.-I.-Semmelweis-G.

Raiffeisengasse

Weingärten
Rebenweg

Schul-

Krautackerried

Waldgasse

Am Hohenbrand

Zillingdorfer Wald

296

wettg.

Hauptschule

Rathaus

Kirchplatz

273

Neugebäu

Sauerbrunner Str.

Kindergarten

Hornogens.dlg.

NEUDÖRFL

Sauerbrunner Str.

ensdlg.

12·17·19

303

Waldheim

SAUERBRUNN

Yk

303

Rosaliengebirge

Marien-
quelle

349

Zehentstraße
Mz.-Buch-
Weg

5

Wiener Neustädter Straße

Promenade

Satz

Waldg.

gasse

Reichg.

Hallt-
scheing.

Weinberg.

Elurg.

Feldgasse

Zehentstraße

Peter-
Zauner-
Str.

10

Zum Wetterkreuz

Gart-
eng.

gasse

Haydn-
gasse

Yl

12·17·19

Mattersburger Straße

Wr.
Volks-
schule

Kinder-
garten
Rat-
haus

Schubertallee

Post

Augasse

gasse

gasse

gasse

Stiegeng.

Föhreng.

Bahngasse

Wr.-
Neust.-Str.

Promenade

Am

Berg

Hirteng.

gasse

Redeb.

Ym

27

Eichen

292

Kirchengasse

Alter Kurpark

Kirchengasse

Hauptpl.

**Bad
Sauerbrunn**

Bahn-
hofspl.

Zum
Kur-
zentrum

Hartl-

Wie

BAD
SAUER.

8 9

4   5

Ad

Kraftwerk
Greifenstein

D   O

Donaustraße
Donaulände
Wasserstraßen-
direktion
Hauptstraße   Hauptstraße   Planierungs-
Bahnstraße
W.H.   Höflein a. d. Donau

Burg Greifenstein

Franz-Josef-Bahn
Ac   Burg
Kloster-
sitzg
Am
Damm
J.-Strauch-G.
Gem.-amt
Feuerwehr
Greifenstein
Greifenstein-
Altenberg
Eichenleitenberg
366

Totenkopf

Altenberg

441

Am Anger 1
Am Anger 2
Hadersfeld   Hoheneggersteig
A.-Lorenz-G.   Tempelbergwarte
403   Aigner   Feldgasse
Ab   Feuerwehr   238   Feldgasse
Schloßgasse   Hauptstraße
Schloß

St.Andrä-   Forsthaus
Wördern

238
Heuberg

Aa

4   5
Sonnberg
420

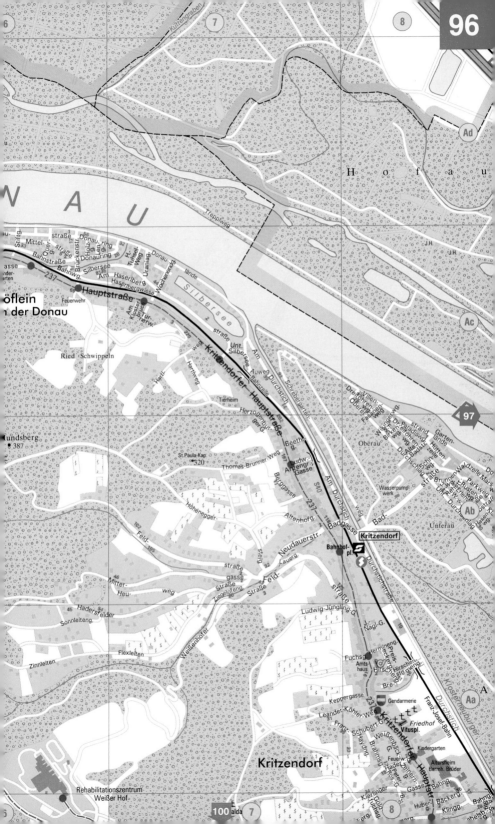

Kritzengraben

Ad

H o f a u

J.H.

J.H.

N A U

Treppelweg

Stift-
straße
Mittel-
straße
Ober-
straße
Donau-
ring
Donau-
ring
Holz-
H.-
Tunnel-
Weg
Donau-
gasse
lände

Bahnstraße
Brückenstr.
Bahnw.
Silbersee
Am
Uranai

Haselberg-
Haselbergwiese
Wachaustr.

asse
nder-
arten

237

S i l b e r s e e

Öflein
n der Donau

Feuerwehr

Hauptstraße

Kloster-
Tur-
gasse
nerw.

straße

Kritzendorfer- Hauptstraße

Ried Schwippeln

Hartl-

Hartweg

Tierheim

Unt.
Silbersee

Auweg
Bahnzeile

Durchstich

Schreberg.rten

Am

Ac

97

Herzogenbur-
ger G.

Villen-
weg

Dreifahren-
Ober-
Gas-
weg

Wigner-Dr.
Birken-
weg
Paradiesweg
Dr.-
Allram-
Dr.-Otto-
weg

Garten-
strand-
weg
zeile
lände

Parkweg

Oberau

Hütten-
weg
Fasanen-
weg

Oberau

lundsberg
387

St.Paula-Kap.
320

Thomas-Brunner-Weg

Ludw.-
Anzengr.-
Gasse

Beethov.-
g.

Höhenegger-

Berggasse

840

Am Durchstich

Brunnen-
weg
Fuster-
g.
Zeile

Wasserpump-
werk

Unter-
Durchstich-
straße
Un-
Obere-
Hasen-
g.
str.

Ab

Feld-
Höhe

102

Altenhofg.

237

Neudauerstr.

steig

Kauerg.

Bad.

Wasserpump-
werk

Unterau

Kritzendorf

Mitter-
Heu-

weg

straße
gasse

Feld-

Ziegelofeng.

Straße

steig

Badgasse

Bahnhof-
pl.

Durchstichstraße

Haderfelder

415

Sonnleiteng.

Weißenhofer

Flexleiten

Zinnleiten

Ludwig-Jüngling-G.

Nagl-G.

Fuchsg.

Termineng.
Preiß-
Hacker-G.
Amts-
haus
Hirsch-
g.
Hirscheng-
gang-weg

Bre..g.

Keppergasse

Gendarmerie

Amts-
haus

Franz-Josef-Bahn

Klostermeuburger

Aa

A

Leander-Köhler-Weg

Kritzendorfer Haupt-

Fr.-
Schubert-G.

Vituspl.

Friedhof

Durchstich

Weißenbach-

Hayding-

Kindergarten

Rehabilitationszentrum
Weißer Hof

Kritzendorf

Feuerw-G.
Bahng.
Hütt-
Zeilen-
G.

Altersheim
Barmh. Brüder

Kierlinger

Buchbingg.

Göll-G.

Huber-
g.

Bäckerg.

Klingg.

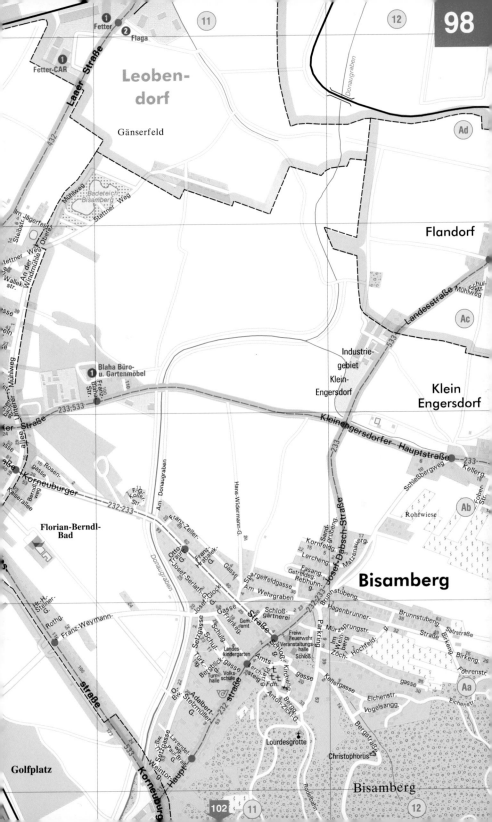

Leoben-dorf

Gänserfeld

Flandorf

Klein Engersdorf

Industrie-gebiet Klein-Engersdorf

Bisamberg

Florian-Berndl-Bad

Golfplatz

Bisamberg

Badeteich Bisamberg

❶ Fetter
❷ Flaga

❶ Fetter-CAR

❶ Blaha Büro- u. Gartenmöbel

Laaer Straße

Mühlweg

Stettner Weg

Im Jägerfeld

An der Windmühle

Steinbisstr.

Wallenstr.

Mühlweg

Untere

Korneuburger

Kaiserallee

Berndlweg

Rosen-gasse

Franz-Blaha-Str.

Franz-Zeller-Weg

Am Donaugraben

Hans-Widermann-G.

Otto-Erand-G.

Josef-Sertat-G.

Franz-Habalek-G.

Gasse

Josef-Glock-Gasse

Am Wehrgraben

Spargelfeldgasse

Schloß-gärtnerei

Gem. amt

Landes-kindergarten

Volks-schule

Turn-halle

Bergblick Gasse

Schul-G.

Schuh-G.

Schul-Tor-G.

Amts-straße

Kirchen-steig

Fdh.

Freiw. Feuerwehr Veranstaltungs-halle

Schloß

Kornfeldg.

Lercheng.

Fasang.

Getreideg.

Rebhuhn.

Mützendorfgasse

Brunnstubeng.

Hagenbrunner-Straße

Josef-Dabsch-Straße

Parking

Mürz-sprungstr.

Hochfeld

Weinberg

Zöchb.

Kellergasse

gasse

Brunnstubeng.

Salzstraße

Birkeng.

Birkeng.

Föhrenstr.

Eichenstr.

Vogelsangg.

Eichenstr.

Rohrwiese

Schießbergweg

Schbe-kellerg.

Lourdesgrotte

Christophorus

Berdbahn

Lavendel-gasse

Adalbert-Stelzmüller-G.

Paul-Br.-G.

Weintor-Haupt-

Korneuburger

Hauptstraße

Landesstraße

Kleinengersdorfer Hauptstraße

Mühlweg

Schul-str.

Antoni-Zichl-G.

Bergstraßen

232-233

232-233

233:533

233

Ad

Ac

Ab

Aa

Ab

abc

11

12

11

12

102

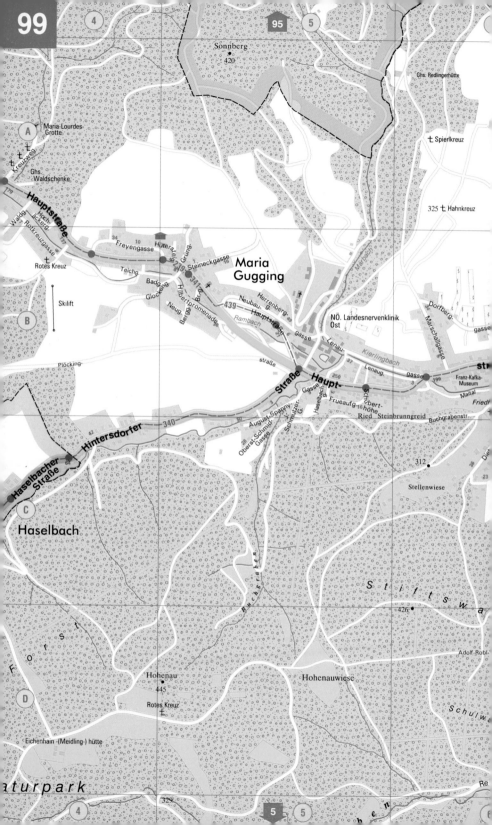

4 95 5

Sonnberg
420

Ghs. Redlingerhütte

Maria-Lourdes-
A Grotte

Spierlkreuz

Kreuzweg

Ghs.
Waldschenke

325 Hahnkreuz

Hauptstraße

Waldg.
Rotkreuzgasse
Hochackerg.

34 10 Freyengasse Hüterstieg Grüng. Steineckgasse Maria
Rotes Kreuz Teichg. Gugging

Badg.
Glockeng.
Hilbertpromenade
Neug.
Herrenberg.
Neubau-g.
NÖ. Landesnervenklinik
Ost

Skilift

B 439 Hauptstraße
Rambach gasse

Dorfberg

Marschallgasse

gasse

Plöcking- straße Lenau. Kierlingbach str

Lenaug. 37 gasse 199

Haupt- 250 Franz-Kafka-
Straße Museum

Gasse Lenaug.

340 3 50 August-Spanny- Maital
Hintersdorfer Oberst-Schmid- Schmutzer-G. Friedl
42 Gasse Haselbach- Frueaufg- Schubert-
Gasse höhe
Ried Steinbrunngreid Buchgrabenstr.

Haselbacher 312
Straße Stellenwiese

23

C

Haselbach

Stiftswa

426

Adolf-Robl-

Forst

Hohenau Hohenauwiese
D 445
Rotes Kreuz Schulwe

Buchgraben

Eichenhain -(Meidling-) hütte

turpark Re

Kritzendorf

96 7

8

Rehabilitationszentrum
Weißer Hof

Waldandacht

Israelitischer
Friedhof

Martinstraße

A

392
Freiberg

Freibergsiedlung

Holzgasse

Käferkreuzgasse

Türkenschanzgasse

Am Ölberg

Ried Sommerau

B

Türken

Haupt

Kierling

Kierlinger Straße

Straße

239-341-439

101

Ried Irrenfeld

Doppeln

Roseggerg.

Österreichische
Akademie für
Arbeitsmedizin

Schubertgasse

Lessinggasse

Rolandsberg-

C

Summersiedlung

Klosterneuburg

Buchberg
363

351

338

Lange Gasse

Sternwarte

Obstversuchsgut
Haschhof

Kahlegrüb

Schwahäppel

388

396

Haschberg

Elisabethg.

D

Am Rahm

Rosenbühel

Weidling

Reichergasse

242

Kreit

Gablitz

Hochbuch

Süßfeld

Purkersdorf

Kranawetter

Naturpark

Sandstein-

Deutschwald

Wienerwal

Speichberg

WIEN, STRASSENVERZEICHNIS

Das alphabetisch geordnete Straßenverzeichnis enthält die Namen der Straßen, Gassen, Wege und Plätze aller 23 Wiener Gemeindebezirke. Hinter dem Namen steht die Zahl des Gemeindebezirks (oder der Gemeindebezirke). Die fettgedruckten Zahlen geben die Nummer des Kartenblattes an, ihr folgen die Suchernetzbezeichnungen:

Aignerstr. 20, **20** J 12
Altmannsdorfer Str. 12, 23, **43, 55** R 8, S-V 9

Die bei Platzmangel im Plan abgekürzten Namen werden im Straßenverzeichnis sowohl in dieser Akürzung als auch im vollen Wortlaut angegeben.

Abg.-g.=Arenbergg.
Arenbergg. (Abg.-g.) 3, **33** P 13

STREET INDEX

The alphabetic index includes the names of all streets of the whole of Vienna. The number immediately after the name signifies the urban district. The number in the heavy type designates the map section number, it is followed by letters(s) and number(s) marking the map square(s) in which the name can be found:

Aignerstr. 20, **20** J 12
Altmannsdorfer Str. 12, 23, **43, 55** R 8, S-V 9

Where there is not enough space available on the plan, some names had to be abbreviated. In these cases the index shows both, full name and abbreviation, so that a cross-reference is possible:

Abg.-g.=Arenbergg.
Arenbergg. (Abg.-g.) 3, **33** P 13

INDEX DES RUES

L'index alphabéthique contient les rues, ruelles, chemins et places de tous les 23 arrondissements de la Ville de Vienne. Derrière chaque nom se trouve indiqué le numéro de l'arrondissement (ou des arrondissements). Les nombres en caractères gras renvolent à la page correspondante du plan, les indications suivantes au quadrillage d'orientation:

Aignerstr. 20, **20** J 12
Altmannsdorfer Str.12, 23, **43, 55** R 8, S-V 9

les noms abrégés sur le plan par manque de place se trouvent dans l'index soit sous cette forme abrégée, soit in extenso:

Abg.-g.=Arenbergg.
Arenbergg. (Abg.-g.) 3, **33** P 13

INDICE STRADALE

L'indice stradale alfabetico contiene i nomi delle strada, vie, dei vicoli e delle piazze di tutti i 23 rioni comunali di Vienna. Al nome segue il numero de rione comunale (o dei rioni comunali). I numeri stampati in grassetto indicano i singuli fogli; a quest seguono le indicazioni relative al reticolo topografico per la ricerca:

Aignerstr. 20, **20** J 12
Altmannsdorfer Str. 12, 23, **43, 55** R 8, S-V 9

I nomi abbreviati per ragioni di spazio disponibile vengono riportati nell'elenco stradale tanto nella forma abbreviata, quanto per intero:

Abg.-g.=Arenbergg.
Arenbergg. (Abg.-g.) 3, **33** P 13

WIEN
STRASSENVERZEICHNIS
STREET INDEX
INDEX DES RUES
INDICE STRADALE

A

A.-Am.-G. Adolf-Amadeo-G.
Abbeg. 14, **30** O 7
Abeleg. 16, **31** N 9
Abelles-G., L. (Leopold) 11,
  46 R 15
Abermanng. (Ab.-g.) 12, **42** S 8
A.-B.-G.=Anton Burg-G.
Ab.-g.=Abermanng.
Abg.-g. = Arenbergg.
A. Bhf.=Am Bahnhof
Abraham (A.)-a-Sancta (S.)-
  Clara-G.1, **01** N 11
Abraham-a-Sancta-Clara-Str.14,
  28 N 4
Absbergg. 10, **45** R/S 13
Absolon-Weg, Kurt (K.)-22, **22** H 16
Abt-Karl-G.18, **31** L/M 10
Abtsbergeng.14, **29** O 6
Achamerg. (Ach.-g.) 9, **32** L 11
Achardg. 21, **10** E 15
Acheng. 21, **10** E 16, **11** E 17
Ach.-g.=Achamerg.
Achterg. 23, **54** W 7
Achtundvierzigerpl.14, **30** O 7
A.-Cz.-G.=Alois-Czedik-G.
Ada-Christen-G. 10, **57** U 13
Adalbert-Stifter-Str. 20, **20** J 12,
  K 11/12
Adambergerg. 2, **32** M 12
Adam-Betz-G. 22, **37** M/N 22
Adamovichg. 23, **55** V 10
Adamsg. 3, **33** N 13
Aderklaaer Str. 21, 22,
  10/11 G 16/17
A. d. G.=An der Grenze
A. d. H.=An der Hülben
A. d. H.=Auf der Haide
Adler-Pl., Viktor (V.)-10, **44** R 12
Adler-Weg, Friedrich 10,
  43/44 T 10/ 11
A. d. Ign. Lüssen = An der langen
  Lüssen
Adolf-Amadeo-G. (A.-Am.-G.) 21,
  9 E 13
Adolf (A.)-Blamauer-G. 3, **33** P/Q 13
Adolf (A.)-Gstöttner-G. 20, **20** L 12
Adolf-Kirchl-G. 10, **44** T 11
Adolf-Loos-G. 21, **11** F/G 17
Adolf-Loos-Weg 21, **11** G 17
Adolf-Lorenz-G. 12, **42** R 7
Adolf-Raupenstrauch-G. (A.-R.-G.)
  19, **20** J 12
Adolf-Schmidl-G.(A.-Sch.-G.) 20,
  20 L 12
Adolfstorg. 13, **41** Q 5
Adolf (A.)-Unger-G. 10, **57** U 13
Adolf(Ad.)-Uthmann-G. 21, **8** E/F 12
Adonisweg 22, **25** H/J 21
Adriastr. 2, **33** M 13
A.d.Schw. = An der Scheibenwiese
Aegidig. 6, **31** P 10
A.-F.-G. = Anna-Frauer-G.
A.Fhf.-wg. = Asperner Friedhofweg
Afrikanerg. 2, **33** M 13
Afritschg. 22, **22** J 16/17
A.-g.=Aniling.
A.-g.=Arnsburgg.
A.-g.=Arzbergerg.
Agavenweg 22, **24** H 19/20,J 20
A.-Gest.=Am Gestade
A.-G.-G.=Alfred-Grünfeld-G.
Agnesg. 19, **18** H 8/9, J 8
Agricolag. 16, **30** O 8
A.-H.-G.=Alois-Höfler-G.
A.-H.-G.=Andreas-Huger-G.

Ahornerg. 7, **31** O 10
Ahornhof 10, **43** S 10
Ahornweg 22, **35** N 17
Ährengrubenweg 19, **18/19**, H/J 8/9
A. Hspr.=Am Hasensprung
Aichb.-g.=Aichbühelg.
Aichbühelg. (Aichb.-g.) 13, **29** P 5
Aichholzg. 12, **43** Q/R 9
Aichhorng. 12, **43** Q 10
Aidag. 23, **55/56** V 10/11
Aignerstr. 20, **20** J 12
Ailecg. 11, **58** V 16
Aistg. 21, **11** E 16/17, F 16
Akademiestr. 1, **32** O 12
Akazieng. 23, **55** V 9, W 8/9
Akazienhof 12, **43** R/S 10
Akeleiweg 22, **23** L 17/ 18
Akkonpl. 15, **30** O 8/9
A.-K.-W.=August-Kronberger-Weg
Aladar-Pecht-G. 22, **22** H 16
Alaudag. 10, **45, 57** T/ U 13
Alban (A.)-Berg-Weg 13, **42** R 7
Albatrosg. 22, **34** M 16
Alber-G., Gottfried- 14, **30** O 7/8
Alberichg. (Alb.-g.) 15, **31** O 9
Alberner Hafenzufahrtsstr. 11,
  47 R 18–T 19
Alberner Str. 11, **48** T 18
Albertg. 8, **31** N 10
Albert-G., Brüder (Br.)- 23, **55** V 9
Albertinapl. 1, **32** O 12
Albertisg. (Al.-g.) 21, **9** F 14
Albertpl. 8, **31** N 10
Albert (A.)-Schweitzer-G. 14,
  28 N/0 3
Albert (A.)-Sever-Str. 21, **2** A 15/16
Alb.-g.=Alberichg.
Albin-Hirsch-Pl. 11, **46** S 15
Albrechtsbergerg. 12, **43** Q/R 10
Albrechtskreithg. 16, **31** M 8/9
Alexander-Mell-G. (A.-M.-G.) 22,
  35 M 17
Alexander (A.)-Nehr-G. 9, **20** L 11
Alexander (A.)-Poch-Pl. 2, **32** M 12
Alfons (A.)-Mucha-Weg 14, **29** O 6
Alfons-Petzold-G. 23, **53** T/U 6
Alfred-Grünfeld-G. (A.-G.-G.) 9,
  32 N 11
Alfred-Huth-G., 21, **9** E 13
Alfred (A.)-Kubin-Platz 22, **22** H 16
Alfred (A.)-Nobel-Str. 21, **22** H/J 15
Alfred-Pischof-G. 22, **37** M 21
Alfred (A.)-Stix-Pl. 10, **44** T 11
Alfred (A.)-Wegener-G. 19, **19** J 10
Al.-g.=Albertisg.
Al.-g.=Aloisg.
Algenweg 22, **25** J/K 21
Allerheiligeng. 20, **21** K 12/13
Allerheiligenplatz 20, **21** K 13
Alliiertenstr. 2, **21** L/M 13
Alliog. 15, **31** O 9
Aliißeng. 21, **10** E 15/16
Alma-König-Weg 23, **53/54** U 6/7
Alma-Rosé-G. 10, **57** U 13
Almg. 21, **11** E 17
Almweg 17, **17** H 6
Alois (A.)-Behr-Str. 14, **28** N/O 4
Alois-Czedik-G. (A.-Cz.-G.) 14,
  27 N 2
Alois (A.)-Dachs-G. 23, **54** W 7
Alois (A.)-Eyermann-Weg 22,
  22 L 16
Aloisg. (Al.-g.) 2, **33** M 13
Alois-Höfler-G. (A.-H.-G.) 11,
  46 S 15

Alois-Kraus-Promenade 13,
  42 Q/R 7
Alois (A.)-Negrelli-G. 21, **22** J 15
Alpengartenstr. 14, **28** N/O 4
Alpeng. 10, **44** S 12
Alpiltoweweg (Alp.-wg.) 21,
  10 F 16/17
Alp.-wg.=Alpiltoweweg
Alseggerstr. 18, **19** K/ L 9
Alserbachstr. 9, **20** L/M 11
Alser Str. 8, 9, **31/32** N 10/11
Alsg. 17, **18** L 8
Alszeile 17, **18** L 7–9
Altdorferstr. 10, **44** S 11
Altebergenstr. 14, **30** O 7
Alte Laaer Str. 10, **45** T 13/14
Altenberg-G., Peter(P.)- 19, **18** J 7
Alten Schanzen, An den 22,
  23/24 L 18-19
Alter Wiener Weg 21, **9/10** G 14/15
Altes Landgut 10, **45** T 12/13
Alte Straße 22, **12** F 19
Altg. 13, **42** Q 7/8
Althanstr. 9, **20** L 11
Altmannsdorfer Anger 12, **42** S 8,
  T 8/9
Altmannsdorfer Straße 12, 23,
  43 R 8, S/T 9, **55** U/V 9
Altm.-g.=Altmütterg.
Altmütterg. (Altm.-g.) 9, **32** L/M 11
Altomonteg. 12, **43** T 10
Alt.-Pl., Rudolf (R.)-von- 3, **33** O 13
Altw.-g.=Altwirthg.
Altwirthg. (Altw.-g.) 23, **55** U 10
Alvarsg. 23, **42** T 8
Alxingerg. 10, **44** Q–S 12
A. M.=Am Müllnermais
Amadeo-G.,Adolf (A.-Am.-G.) 21,
  9 E 13
Amalgerg. 19, **20** H 11
Amalienstr. 13, **29** P 6
Amarantg. 10, **45** T 14
Am Badfeld 23, **53** V 5
Am Bahnhof (A. Bhf.) 22, **35** M 17
Ambergerg. 22, **37** M 21/22
Am Bergl 22, **24** J 19
Am Bisamberg 21, **1** C 12–14
Am Brigittenauer Sporn 20, **20** H 12
Ambrosig. 22, **25/26** K 22
Ambrosweg 23, **53** V 5/6
Am Bruckhaufen 21, **21** J/K 13/14
Ameisbachzeile 14, 16, **30** N–P 7
Ameisg. 14, **30** P 8
Amerlingstr. 6, **32** P 11
Am Fasangarten 12, 13, **42** R/S 8
Am Freihof 22, **22** J 16/17
Am Fuchsenfeld 12, **43** R 10
A.-M.-G.=Alexander-Mell-G.
Am Gestade (A. Gest.) 1, **32** N 12
Am Hasensprung (A. Hspr.) 23,
  54 U 7
Am Heidjöchl 22, **24** K 19
Am Heumarkt 3, **32** O 12/13
Am Hof 1, **32** N 12
Am Hubertusdamm 21, **8** F/G 12
Am Hundsturm 5, **43** Q 10
Am Johannesberg 10,
  57/58 W 14/15
Am Kaisermühlendamm 22,
  21/22 L 14, 15, **34** L 15–N 16
Am Kanal 3, 11, **45/46** Q–S 14,
  S/T 15
Am Krautgarten 22, **23** K/L 17
Am langen Felde 22, **22/23** J 16/17
Am Meisenbühel 13, **41** Q 5

122

Ammerweg 14, 16, **29** M 5
Am Modenapark 3, **33** O 12/13
Am Mühlwasser 22, **35** N 17/18
Am Müllnermais (A.M.) 22,
35 N 18
Am Nordbahndamm 21, **21** J 13
Am Nordwestbahnhof 21, **9** G 13
Am oberen (ob.) Kirchberg (Kirchb.)
21, **2** C 14
Among. 22, **23** L 18
Amortg. 14, **30** P 8
Ampèreg. 21, **8** G 12/13
Ampfererg. 10, **57** V 13
Am Platz 13, **42** Q 8
Am Predigtstuhl 16, **30** M 7
Am Rollerdamm 21, **21** J 13
Am Rosenberg 13, 23, **42** T 7
Am Rosenhügel 12, 13, **42** T 7
Am Schierlinggrund 22, **35** N/O 17
Am Schöpfwerk 12, 23, **43** T 9/10
Am Schulweg 11, **47** T 17
Amselg. 21, **8** F 12
Am Spiegeln 23, **54** T/U 7
Am Spitz 21, **21** H 13
Am Stadtpark (Am Stpk.) 3, **33** O 13
Amsterg. 23, **54** U 7
Am Stpk.=Am Stadtpark
Am Tabor 2, **33** M 13
Amtshausg. 5, **43/44** Q 11
Amtshausg., Obere 5, **44** Q 11
Amtsstr. 21, **9** E/F 14
Amundsenstr. 14, 17, **17** K 6, L 5,
29 M 5
Am Weingebirg 19, **20** H 11
Anastasius-Grün-G. 18, **19/20** L 10/11
Anatourg. 13, **41** S/T 6
Andayweg 14, **29** N 6
An den alten Schanzen 22,
23/24 L 18/19
An den Eisteichen 12, **43** S/T 9
An den Froschlacken 12, **43** T 9
An den langen (A. d. lgn.) Lüssen 19,
19 H 10
An den Steinfeldern 23, **54** V 7
An der Au 23, **53** V/W 5
An der Bien 22, **35** O 18
Anderer-Pl., Anton (A.)- 21, **9** G 13
Anderg. 17, **18** L/M 7
An der Grenze (A. d. G.) 14,
28 N 4
An der Hölle 10, **57** V 13
An der Hülben (A. d. H.) 1, **32** O 12
An der Kuhtrift 10, **57** U/V 13
An der Liesing 23, **53** V 5
An der Neurisse 22, **24** J/K 19
An der Niederhaid 14, **29** O 6
An der oberen Alten Donau 21, 22,
21/22 H 13–K 15
An der Ostbahn 10, **45** S 13/14
An der Pogrelzstr. 22, **23** K 17
An der Schanze 21, **21/22** J 14/15
An der Scheibenwiese (A.d.Schw.)
16, **30** N 7
An der Schloßmauer 23, **54** V 8
An der Töllerschanze 21, **22** H 15
Anderseng. 12, **43** S/T 9
Anders-Zorn-Weg (A.-Z.-Wg.) 10,
44 T/U 12
An der unteren Alten Donau 22,
22 K 15, L 16, **34** M/N 16
An (A.) der (d.) Zwerchwiese 19,
18 H/J 7
Andlerg. (An.-g.) 7, **31** O 10
Andorng. 22, **23** H 18
Andrassy-Str., Dionysius (D.)- 19,
20 J 11
Andreasg. 7, **31** O/P 10
Andreas(A.)-Hofer-Str. 21, **21** H 14
Andreas-Huger-G. (A.-H.-G.) 22,
22 J 16
Andreas (A.)-Lechner-Str. 14,
28 N 3/4
Andreas-Morth-Weg 22, **22** H/J 16
Andreas (A.)-Urteil-Weg 22, **22** H 16
Anemonenweg (An.-wg.) 22,
35 M 17/18
Anfangg. 22, **23** K 17/18

An.-g.=Andlerg.
Angelig. 10, **44** R 11, S 11/12
Angerer Str. 21, **21** H 14
Angerg. 17, **18** K 7
Angermayerg. (Ang.-g.) 13, **41** Q 6
Ang.-g.=Angermayerg.
Anglerweg 22, **22** K 15
Angoraweg 22, **35** O/P 18
Anichweg 21, **9** F 13
Aniling. (A.-g.) 6, **32** P 11
Anisg. 22, **23** H 18
Anna-Frauer-G. (A.-F.-G.) 18, **19** L 10
Annag. 1, **32** O 12
Anningerweg 10, **44** T 12
Anreiterg. 23, **55** U 9
Ansch.-g.=Anschlußg.
Anschlußg. (Anschl.-g.) 14, **28** O 4
Anschützg. 15, **43** P/Q 9
Antaeusg. 14, **30** O 7
Anton (A.)-Anderer-Pl. 21, **9** G 13
Anton-Balzer-Weg 10, **43** T/U 10
Anton-Baumgartner-Str. 23,
54/55 U 8–10
Anton-Böck-G. 21, **1** C/D 13
Anton (A.)-Bosch-G. 21, **9** F/G 13
Anton-Burg-G. (A.B.G.) 4, **32** P 11
Anton (A.)-Dengler-G. 21, **9** G 13
Anton (A.)-Frank-G. 18, **19** L 10
Anton-Freunschlag-G. 23, **55** V/W 9
Anton-Haberzeth-G. 21, **1** C/D 13
Anton-Haidl-G. 17, **18** K 7/8
Anton (A.)-Heger-Pl. 23, **54** V 7
Antonie (Ant.)-Platzer-G. 14, **28** N 4
Antonig. 17, 18, **31** L 9, M 10
Anton-Karas-Pl. 19, **19** J 9
Anton (A.)-Kolig-G. 21, **10** E 15
Anton-Krieger-G. 23, **53** U 5, V 5/6
Anton-Langer-G. 13, **42** R/S 7
Anton-Ochsenhofer-G. (A.-Ochs.-G.)
23, 55 U 10
Anton-Sattler-G. 22, **22** H/J 16, K 15
Anton-Schall-G. 21, **10** D 15
Anton-Scharff-G. (A.-Sch.-G.) 12,
43 Q 10
Antonspl. 10, **44** R/S 12
Anton-Steinböck-G. 11, **46** T 15
Anton-Störck-G. 21, **9** G 13
Anton-Strutzenberger-Weg 23,
41 T 5/6
An.-wg.=Anemonenweg
Anzbachg. 14, **28/29** N/O 4/5
Anzengruberg. 5, **44** Q 11/12
Anzengruberstr. 14, **28** N 3/4
A. Ochs.-G.=Anton-Ochsenhofer-G.
Apfelg. (Ap.-g.) 4, **32** P 12
Apfelrosenweg (Apfelr.-wg.) 14,
28 N/O 4
Apfelr.-wg.=Apfelrosenweg
Ap.-g.=Apfelg.
Apollog. 7, **31** O/P 10
Apostelg. 3, **33** O/P 13
Aquäduktg., Obere 23, **53** V/W 6
Aquäduktg., Untere 23, **53** V/W 6
Arabellag. 23, **53** V 5
Arbeiterg. 5, **43/44** Q 10/11
Arbeiterstrandbadstr. 21, 22,
21/22 J 13/14, K 15
Arbesbachg. 19, **19** J 10
Arenbergg. (Abg.-g.) 3, **33** P 13
A.-R.-G. = Adolf-Raupenstrauch-G.
Argauerg. (Arg.-g.) 18, **19** L 10
Argentinierstr. 4, 32, **44** O–Q 12
Arg.-g.=Argauerg.
Argonautenstr. 22, **22** K 15/16
Aribog. 22, **35** L/M 17
Arlethg. 19, **20** H 11
Arltg. 16, **31** N/O 9
Armbrusterg. 19, **20** H 11
Arminenstr. 22, **22** K/L 16
Arndtstr. 12, **43** Q 9/10
Arnethg. 16, **30/31** N 8/9
Arnezhoferstr. 2, **33** M 13
Arnikaweg 22, **23** J/K 18
Arnimg. 21, **21** H 13
Arnoldg. 21, **21** H 13
Arnold (A.)-Holm-G. 10, **57** U 13
Arnsburgg. (A.-g.) 12, **43** R 9

Arnsteing. 15, **31**, **43** P/Q 9
Arsenalstr. 3, 10, **45** Q 12/13, R 13
Arsenalweg 3, **45** Q 13
Artariastr. 17, **18** K 7
Arthaberpl. 10, **44** R 12
Artilleriepl. 11, **47** S 18
Artmanng. 11, **46** T 15
Arup-G., Christian (Chr.)-von- 14,
28 N 4
Arzbergerg. (A.-g.) 17, **30** M 8/9
Arztg. 22, **38** N 19/20
Aschbachg. 23, **41** T 5
Aschenbrenner-G., Karl
(K.-Asch.-G.) 21, **21** H 13
Ascherg. 13, **41** S/T 6
A.-Sch.-G.=Adolf-Schmidl-G.
A.-Sch.-G.=Anton-Scharff-G.
Asenbauer-G., Franz- 23, **41** T 5/6
Aslang. 19, **19** H/J 10
Aspangstr. 3, **33** P 13
Asparagusweg (Asp.-wg.) 22,
25 K 21
Aspernallee 2, **34** P 16
Aspernbrückeng. (Asp.-g.) 2,
32 N 13
Asperner Friedhofweg (A. Fhf.-wg.)
22, **35** M 18
Asperner Heldenpl. 22,
35/36 M 18/19
Aspernstr. 22, **23**, **35** L/ M 18
Asp.-g.=Aspernbrückeng.
Asp.-wg.=Asparagusweg
Aßmayerg. 12, **43** Q/R 10
Astg. 14, **30** P 7
Atelierg. (At.-g.) 22, **22** K 15
At.-g.=Atelierg.
Attemsg. 22, **22** J 16
Atzgersdorfer Pl. 23, **54** U 7
Atzgersdorfer Str. 12, 13, 23,
42 S/T 7, **54** U 7
Atzlerg. 23, **55** W 9
Au, An der 23, **53** V/W 5
Auckenthalerg. (Auck.-g.) 21,
2 C 14/15
Auck.-g.=Auckenthalerg.
Audorfg. 21, **8** F/G 12
Auenbruggerg. (Au.-g.) 3, **32** O 12
Auerhahng. (Au.-g.) 21, **8** F 12
Auernheimerg. 22, **37** O 20/21
Auerspergstr. (Auer.-str.) 1, 8,
32 N/O 11
Auer.-str.=Auerspergstr.
Auer-Welsbach-Str. 23, **42** T 8/9, U 8
Auf der Haide (A.d.H.) 22, **12** F 19
Auf der Schanz 23, **54** X 8
Auf der Schmelz 15, **31** O 9
Auf der Schottenwiese 5,
30 M/N 7
Aug. 9, **20** L 11
Aug. 13, **41** T 6
Au.-g.=Auenbruggerg.
Au.-g.=Auerhahng.
Augartenstr., Obere 2, **32** L/M 12
Augartenstr., Untere 2, **32** M 12
Äugelg. 21, **9** H 13
Augentrostg. 22, **35** N 17
August (A.)-Forel-G. 10, **44** S 11
August-Greiml-Weg 23, **41** T 5/6
Augustinerbastei 1, **01** O 12
Augustinerstr. 1, **32** O 12
August (A.)-Kronberger-G. 10,
57 V 14
August-Kronberger-Weg (A.-K.-W.)
10, **57** V 14
August (A.)-Reuss-G. 13, **42** R 7
August-Sigl-Str. 10, **43/44** T 10/11
Auhirschenweg 22, **35** O 17/18
Auhofstr. 13, 29 O/ P 5, P 6,
41/42 P/Q 6/7
Aumannpl. 18, **19** L 10
Aumühlstr. 23, **53** V 6
Auparkweg (A.-wg.) 22, **23** L 17
Aurel-Str., Marc (M.)- 1, **32** N 12
Aurikelweg 22, **36** L/M 19
Ausjagdweg 14, **28** M 4
Auspitzg. 22, **36** N 19/20
Aussichtsweg 19, **20** J 11

Ausstellungsstr. 2, **33** M 13/14
Austerlitzg. 22, **23** H 17
Autofabrikstr. 23, **54** V 7
Autokaderstr. 21, **8/9** E 12/13, F 12
Auwinkel 1, **01** N 12
Avedikstr. 15, **31** P 9
Aviano-G., Marco-D' (M.-A.-G.) 1,
  32 O 12
Awarenstr. 11, **59** U/V 17
A.-wg. = Auparkweg
Ayrenhoffg. 9, **20** L 11
Azaleeng. 22, **24** G 19/20, H 20
A.-Z.-Wg.=Anders-Zorn-Weg

B

Babenbergerstr. 1, **32** O 11
Babitschg. 21, **9** E 14
Bacherpl. 5, **44** Q 11
Bachg. 16, **31** N 9
Bachofeng. 19, **20** H 12
Bachrachg. (Brch.-g.) 22, **22** K 16
Bachzeile 17, **17** H 6
Bäckenbrünnlg. 18, **19** L 9
Bäckersteig (B.-stg.) 21, **9** F 14
Bäckerstr. 1, **32** N 12
Badfeld, Am 23, **53** V 5
Badg. 9, **20** L 11
Badg. 14, **28** N 3
Badhausg. 7, **31** O 10
Bahndammweg 21, **21** J 13/14
Bahnfeldweg 22, **23/24** K/L 18/19
Bahng., Linke 3, **33** O/P 13
Bahng. Obere 3, **33** P 13
Bahn-G., Raaber 10, **44** Q/R 12
Bahng., Rechte 3, **33** O/P 13
Bahnhof, Am 22, **35** M 17
Bahnhofpl. 21, **2** C 15
Bahnhofstr. 14, **29** O 5
Bahnlände 10, **57** U/V 13
Bahnlände, Untere 10, **57** V 14
Bahnstegg. 21, **9** G 13/14
Bahnstr. 14, **28** N 3
Bahnweg 14, **28** N/O 4
Bahr-Str., Hermann (H.)- 21,
  21 H 13
Baldassg. 21, **10** G 16/17
Balderichg. 17, **30** M 8/9
Baldiag. 16, **31** N 9
Balgavyweg 21, **8** D 12
Ballg. 1, **32** O 12
Ballhauspl. 1, **32** N 11
Balsamineng. 14, **29** M 5
Balser-Str., Ewald- 23, **55** V 10
Balzen-G., Hartwig 21, **10** E 16
Balzer-Weg, Anton- 10, **43** T/U 10
Bambergerg. 22, **36** N/O 20
Bandg. 7, **31** O 10
Bankg. 1, **32** N 11
Barakg. 23, **53** V 5
Baranyg. 22, **36** M/N 19
Barawitzkag. 19, **20** J 11
Barbarag. (B.-g.) 1, **32** N 12
Barchetti-G., Laurenz- 22, **22** H 16
Bäreng. 5, **43/44** Q 10/11
Bärenhart-G., Rudolf- 17, **18** L 7
Bärenmühldurchgang (B.-D.) 4,
  32 O 12
Barichg. 3, **33** P 13
Barilits-G., Dr.- 23, **53** U 6
Barmherzigeng. 3, **33** P 13
Barnabiteng. (Barn.-g.) 6, **32** O/P 11
Barn.-g.=Barnabiteng.
Barnen-Pl., Rädda- 10, **56** U 12
Baron-Karl-G. 10, **44** T 11
Bartensteing. 1, **32** N 11
Barthg. 3, **33** P 14
Bartholomäus-Pl., St.
  (St.-Barthm.-Pl.) 17, **31** M 9
Bartschweg (B.-wg.) 12, **43** T 9
Barwig-Weg, Franz- 18, **18** K 8
Baschg. 22, **11/12** E 18/19
Basler G. 23, **54/55** W 8/9
Bastieng. 18, **18/19** K 8/9, L 9
Batkag. 18, **18** K 8
Batscheg. 23, **54** V 7
Battigg. 10, **45** S 14

Baudißg. 11, **59** U 17
Bauer-G., Otto- 6, **31/32** P 10/11
Bäuerleg. 20, **20** L 12
Bauernfeldg. 19, **20** K 11
Bauernfeldpl. 9, **32** M 11
Bauernmarkt 1, **32** N 12
Bauernweg 18, **18** K/L 8
Baumann-G., Josef- (J.)- 21, 22,
  22 G/H 16, H/J 15
Baumannstr. 3, **33** O 13
Baumbergg. (Bb.-g.) 21, **21** H 14
Baumeisterg. 16, **30** M 7/8
Baumerg. 21, **9** E/F 14
Baumgartenstr. 14, **29/30** P 6/7
Baumgartner Höhe 14,
  29/30 O 6/7
Baumgartner-Str., Anton- 23,
  54/55 U 8–10
Baumg. 3, **33** P 13/14, Q 14
Bayerng. 3, **32** O 12/13
Bayer-Pl., Lorenz (L.)- 16, 17, **31** N 9
Bb.-g.=Baumbergg.
B.-D.=Bärenmühldurchgang
Beatrixg. 3, **33** O 12/13
Bechardg. 3, **33** N/O 13
Becherg. 10, **44** T 12
Beckg. 13, **42** Q 7
Beckmanng. 14, 15, **30** P 8
Beduzziweg 23, **42** T 8
Beer-Hofmann-G. 21, **9** D 13
Beethovengang 19, **20** H 11
Beethoveng. 9, **32** M 11
Beethovenpl. (Beeth.-pl.) 1,
  32 O 12
Beeth.-pl.=Beethovenpl.
Beethovenstr. 23, **53** W 5
Begonienweg (Beg.-wg.) 22, **23** L 17
Beg.-wg.=Begonienweg
Beheimg. 17, **31** M 9/10
Behr-Str., Alois (A.)- 14, **28** N/O 4
Behring-Weg, Emil- 12, 23, **42** T 7
Behselg. 15, **30** O 8
Beichlg. 10, 23, **56** V 12
Bei den Meierhöfen 13, **42** S 7
Being. 15, **31** O 9/10, P 10
Bekehrty-Str., Karl- 14, **16** K/L 4
  28 M 4/5
Bela-Laszky-G. (B.-L.-G.) 22, **12** F 19
Belghoferg. 12, **42/43** S 8/9
Belgradpl. 10, **44** R 11
Bellariastr. 1, **32** O 11
Bellegardeg. 22, **22** L 15
Bellevuestr. 19, **19** H/J 9
Bellg. 21, **9** G 13, H 12/13
Bellinig. 22, **22** J 15
Belvedereallee 2, **34** P 15/16
Belvedereg. 4, **32** P 12
Benatzkyg. 22, **22** L 16
Benc-G., Josef (J.)- 23, **55** V 9
Bendag. 23, **53** U 6
Bendlg. 12, **43** O 9/10
Benedikt-Schellinger-G. 15, **31** O/P 9
Benes-G., Jara- 21, **9** D 13
Benischkeg. 10, **57** U 13
Benjowskig. 22, **36** M/N 19
Benkg. (B.-g.) 13, **42** S 7
Benndorfg. 22, **24** K 19
Bennog. 8, **31** N 10
Bennopl. 8, **31** N 10
Bensasteig 14, **29** O 6
Bentheimstr. 21, **21** H 14
Benz-Weg, Karl- 21, **9/10** E 14/15
Berchtoldg. 22, **34** M 15
Bergeng. 22, **35** N 18
Bergenstammg. 13, **29** P 6
Berger-G., Julius (J.-B.-G.) 17, **18** K 7
Berger-Pl., Johann (J.)-
  Nepomuk (N.)- 16, 17, **31** N 9
Bergg. 9, **32** M 11/12
Bergheideng. 13, **42** S 7
Bergl, Am 22, **24** J 19
Berglerg. 21, **9** E 13
Bergmann-G., Ernst (E.)- 14, **29** O 6
Bergmillerg. 14, **29** O 5
Bergsteigg. 17, **31** M/N 10
Bergtaidingweg 10, **57** U 13
Berg-Weg, Alban (A.)- 13, **42** R 7

Bergzeile 17, **17** H/J 6
Beringg. 16, 17, **30** M 8
Berlag. 21, **9** D/E 13
Berlepschg. 10, **56/57** V 12/13
Bernadotteg. 10, **56** U 12
Bernardg. 7, **31** O 10
Bernatzikg. 19, **20** H 11
Berndl-G., Florian- 22, **22**
  K 15, L 16, **34** L/ M 16
Berner-Str. Peter- 21, **2** D 15
Bernhard (B.)-Billes-G. 23, **54** X 8
Bernhard (Bernh.)-Bolzano-G. 21,
  2 C 15
Bernhard-G., Michael (M.-B.-G.)
  12, **43** Q 10
Bernhardinerallee **24** L 19/20
Bernhardtstalg. 10, **44** R/S 11
Bernoullistr. 22, **22** K 16
Bernreiterpl. 21, **9** E 14
Bernstein-Str., Leonard- 22,
  21/22 K 14/15
Berres. 22, **23/24** K 18/19
Bertég. 23, **42** T 7
Bert.-g.=Bertolig.
Bertha-von-Suttner-G. 22, **23** H/J 17
Berthold-Viertel-G. 10, **44** T/U 11
Bertlg. 21, **21** H 14
Bertoldusg. 23, **55** U 9
Bertolig. (Bert.-g.) 16, **31** N 9/10
Berzeliusg. 21, **9** E/F 14
Berzeliuspl.(Berz.-pl.) 21, **9** F 14
Berz.-pl.=Berzeliuspl.
Bessemerstr. 21, **21** H 14
Bethleng. 12, **42** S 8
Bettelheimstr. 22, **11/12** E 18/19
Betty-Roose-Weg (B.-R.-Weg) 12,
  43 R 9
Betz-G., Adam- 22, **37** M/N 22
Beyfusg. 23, **55** U 10
Beyschlag-G., Otto (O.-B.-G.) 21,
  10 F 16
Bfd.-g.=Bienefeldg.
B.-g.=Barbarag.
B.-g.=Benkg.
B.-g.=Biblg.
B.-g.=Billerg.
B.-g.=Bischofg.
B.-g.=Böhmg.
B.-g.=Brandg.
B.-g.=Bureschg.
Biberhaufenweg 22, **35** M–O 18,
  P 17/18
Bibernellweg 22, **22** J 18
Biberstr. 1, **32** N 12
Biblg. (B.-g.) 23, **56** V 11
Bickellg. 12, **43** S 9
Bickg. 23, **54** V 7
Biederg. 19, **20** K 11
Biedermanng. 12, **42** S 8/9
Biedermann-G., Karl- 21, **10** E 15
Bien, An der 22, **35** O 18
Bienefeldg. (Bfd.-g.) 22, **36** M 19
Bieneng. (Bien.-g.) 6, **32** O 11
Bienenweg 17, **18** H/J 7
Bien.-g.=Bieneng.
Bienweg 22, **35** N 18
Biererlg. 10, **57** V 14
Bierhäuselbergg. 14, **28** N/O 4
Bilgeri-Str., Georg- 22, **22** K 16
Billes-G., Bernhard (B.)- 23, **54** X 8
Billg. 22, **35** M 18
Billrothstr. 19, **19/20** J 10, K/L 11
Binag. 23, **53** U/V 6
Bindel-Pl., Jakob- 22, **23** J 18
Binderg. 9, **20** L 11
Bindingweg (B.-wg.) 14, **29** O 6
Bindtner-G., Josef- 18, **18** K 7
Binsenweg 22, **35** N 17
Biraghig. 13, **41** R/S 6
Birkenhof 10, **43** S 10
Birkenstockg. 11, **46** Q/R 15
Birkenweg 22, **35** N 17
Birnbaumg. 10, **44** T 11
Birneckerg. 21, **21** J/K 14
Birnersteig 21, **21** J 14
Biróstr. 23, **56** V 11

Bisamberg, Am 21, **1** C 12–14
Bischof-Faber-Pl. 18, **19** K/L 9
Bischoffg. 12, **43** Q 9
Bischofg. (B.-g.) 10, **57** V 13
Bischofpl. 10, **57** V 13
Bitterlichstr. 10, **45** S 14, T 13/14
Björnsong. 13, **42** S 7
Blaasstr. 19, **19** K/L 10
Blamauer-G., Adolf (A.)- 3,
   33 P/ Q 13
Blaselg. 18, **18** K/L 8
Blattg. 3, **33** N/O 13
Blau-Weg, Tina (T.)- 14, **29** O 6
Blbdr.-g.=Blumenbinderg.
Blebanng. (Bleb.-g.) 13, **41** Q 6
Bleb.-g.=Blebanng.
Blechschmidtg. 21, **8** F 12
Blechturmg. 4, 5, **44** Q 11/12
Bleibtreustr. 11, **46** R 16
Bleicherg. 9, **32** M 11
Bleichsteinerstr. 10, **45** T 14
Bleig. 10, **44** T 11
Blériotg. 11, **46** R/S 15
Bl.-g.=Blümelg.
B.-L.-G.=Bela-Laszky-G.
Blindeng. 8, **31** N 10
Blobner-G., Johann (J.)- 12, **42** R 8
Bloschg. 19, **8** F 11
Blst.=Blumenstockg.
Blumauerg. 2, **33** M 12/13
Blumbergg. 16, **31** N 9
Blümelg. (Bl.-g.) 6, **32** P 11
Blümelhuberg. 16, **30** N/O 8
Blumenbinderg. (Blbdr.-g.) 22,
   22 J 15
Blumeng. 17, 18, **31** M 9/10
Blumenstockg. (Blstg.) 1, **01** O 12
Blumentalg. 23, **41** T 5
Blum-G., Robert- 20, **20** J 12
Blüteng. 3, **33** N 13
Blutg. 1, **32** N/O 12
Bobiesg. 23, **55** V 9
Bockbergerg. 11, **47** T 17
Böck-G., Anton- 21, **1** C/D 13
Böckhg. 12, **43** Q/ R 10
Böckingstr. 22, **36** M 19
Bockkellerstr. 19, **20** H 11
Böcklinstr. 2, **33** N 13, O 13/14
Bodenstedtg. 21, **21** H 13/14
Bodmerg. 22, **23** L/M 18
Boeckl-Weg, Herbert (H.)- 22,
   22 H 16
Boehringer-G., Dr.- 12, **43** S 9
Boërg. 12, **42** S 8
Boerhaaveg. 3, **33** P 13
Bo.-g.=Boschettig.
Bognerg. 1, **32** N 12
Bohattaweg (B.-wg.) 23, **52** V 3
Böheimg. 23, **55** V 9
Böhler-G., Lorenz (L.)- 20, **20** J 12
Böhmerle-G.,Karl-von (K.-v.-B.-G.)
   14, **28** N 4
Böhmg. (B.-g.) 21, **21** H 14
Böhmmühlg. 19, **20** J 11
Bohr-G., Dr.- 3, **33** P/Q 14
Bojanusg. 22, **37** N 21/22
Boltzmanng. 9, **32** M 11
Bolzano-G., Bernhard (Bernh.)-21,
   2 C 15
Bombekg. 12, **42** T 8
Bonitzg. 21, **1** D/E 12
Bonnweg 10, **44** T 11/12
Bonyg. 12, **43** R 9/10
Boos-G., Franz (F.)- 13, **29** P 6
Borkowskig. 19, **19** K 9
Bormann-G., Eugen (E.-B.-G.) 22,
   22 J 16
Börnerg. 19, **19** J/K 9
Börnsteing. 21, **9** E 13
Born-Weg., Ignaz (Ig.)- 13, **41** R 5
Borromäus-Pl., Karl (K.)- **33** O 13
Borschkeg. 9, **31** N 10
Börseg. 1, **32** N 12
Börsepl. 1, **32** N 12
Boschettig. (Bo.-g.) 23, **56** V 11
Bosch-G., Anton (A.)- 21, **9** F/G 13
Boschstr. 19, **20** H 12, J 11

Bösendorferstr. 1, **32** O 12
Bossig. 13, **41/42** P 7, Q 6/7
Böttgerweg 19, **19** K 9
Bowitschg. 13, **41** Q 5
Brabbéeg. 22, **22** H 16
Brachellig. 22, **22** K 15
Brachseng. (Br.-g.) 21, **8** F 12
Brachtlg. 23, **52** V 3
Brahepl. 10, **44** T 12
Brahmspl. 4, **32** P 12
Brailleg. 14, **30** O 7
Brambillag. 11, **46** S 15
Brammerg. 13, **41** S/T 6
Brandg. (B.-g.) 2, **33** O 14
Brandmayerg. 5, **43/44** Q 10/11
Brandstätte 1, **32** N 12
Brandströmg. 23, **43** T 9
Brantingg. 10, **56** U 12
Brauerg. (Brau.-g.) 6, **32** P 11
Brau.-g.=Brauerg.
Bräuhausg. 5, **43/44** P 11, Q 10/11
Braumüllerg. 17, **18** L 8
Bräunerstr. 1, **32** N/O 12
Braung. 17, **18** L 7/8, M 8
Braun-G., Felix (F.-Br.-G.) 19, **20** J 11
Braunhirscheng. 15, **43** P/Q 9
Braunhuberg. 11, **45/46** R 15,
   S 14/15
Braunschweigg. 13, **42** Q 7
Braunspergeng. 10, **44** R/S 11
Brausewetterg. (Br.-g.) 22, **35** M 17
Brazdovics-Str., Josef- 21, **10** G 15
Brb.-wg.=Brombeerweg
Brch.-g.=Bachrachg.
Brecherg. 19, **19** J 9
Brehmstr. 11, **45** R 14
Breier-Weg, Fidelis- 21, **9** D 13
Breite Gasse 7, **32** O 11
Breiteneckerg. 23, **55** U 9
Breitenfelder G. 8, **31** N 10
Breitenfurter Str. 12, 23, **42** S/T 8,
   43 R/ S 9, **52** V 3/4, 53/54
   U 7/8, V 5–7
Breitenleer Str. 22, **23/24** J 17–20,
   25 J 20–22
Breitenseer Str. 14, **30** O 7/8
Breitenweg 21, **1/2** B 14
Breitingerg. 22, **35** M 18
Brennerg. 23, **54** U/V 8
Brestelg. 16, **31** N 9
Bretsch-g.=Bretschneiderg.
Bretschneiderg. (Bretsch.-g.) 19,
   19 H 10
Breuerg. 22, **23/24** K 18/19
Breunigg. 23, **55** V 9
Br.-g.=Brachseng.
Br.-g.=Brausewetterg.
Briel-G., Conrad (C.)- 23, **54** W 7
Brigittag. 20, **20** L 12
Brigittapl. 20, **20** L 12
Brigittenauer Lände 2, 20,
   20 H/J 12, K/L 11, L/M 12
Brigittenauer Sporn, Am 20,
   20 H 12
Brioschiweg 22, **10** G/H 16
Brixweg 21, **22** H 15
Broch-G., Hermann- 12, **42** S 8
Brock-g.=Brockmanng.
Brockhauseng. 22, **35/36** N 18,
   O 18/19
Brockmanng.(Brock.-g.) 12, **43** R 9
Brod-G., Max (M.)- 17, **18** K 7
Brodschekhof 22, **22** J 16
Brombeerweg (Brb.-wg.) 22,
   35 M/N 17
Brosamerg. 22, **25** L 21
Broßmannpl. 21, **21** J 13/14
Brückeng. 6, **32** P 11
Brückenweg (Br.-wg.) 17, **17** H 6
Bruckhaufen, Am 21, **21** J/K 13/14
BruckhaufnerHauptstr. 21, **21** K 14
Brückner-G., Eduard (E.-B.-G.) 20,
   20 K 12
Brucknerstr. 4, **32** O 12
Brüder (Br.)-Albert-G. 23, **55** V 9
Brüder-Heindl-G. 23, **54** W 7
Brudermanng. 14, **29** O/P 5

Brühlg. 11, **47** T 18
Bründelg. 21, **1** B/C 13
Bründlsteig 14, **28** N 4
Brunelleng. 22, **23** L 17
Brunh.-g.=Brunhildeng.
Brunhildeng.(Brunh.-g.) 15, **31** O 9
Brunneng. 16, **31** N/O 10
Brunnenhof 22, **22** J 16
Brunnenstubeng. (Brunst.-g.) 17,
   18 K/L7
Brunnenstubenweg 18, **18** K 8
Brunnenweg 12, **43** S 9/10
Brünner-G., Gustav (G.-B.-G.) 13,
   41 T 6
Brunner-G., Sebastian- 13, **42** R 7
Brunner-Lehenstein-G. 21, **8** E 12
Brunner Str. 23, **54** U–W 7
Brünner Str. 21, **2** A/B 16, D 14/15,
   9/10 D 14/15, G 14, **21** H 13/14
Brünnlbadg. 9, **31** M/N 10
Brunnweg 10, **44** S 11
Bruno-Kreisky-G. 1, **01** N 11
Bruno-Kreisky-Pl. 22, **22** K/L 14
Bruno-Pittermann-Pl. 12, **43** Q 10
Brunst.-g.=Brunnenstubeng.
Brüßlg. 16, **31** N/O 9
B.-R.-Wg.=Betty-Roose-Weg
Br.-wg.=Brückenweg
B.-stg.=Bäckersteig
Buberg. 21, **10** G 16/17
Buchbergstr. 14, **28** N 3
Buchbinderg. 13, **41** S/T 6
Bucheng. 10, **44/45** R 11–13
Buchenweg (B.-wg.) 17, **18** K 7
Bucher-G., Christian- 21,
   8/9 G 12/ 13
Buchfeldg. 8, **32** N 11
Buchfinkweg 17, **18** L 7
Buchleiteng. 18, **18** K 8
Büchnerg. 21, **21** H 14
Buchsg. 22, **35** M 18
Bucht-Str., Große 22, **34** M 16
Buckalg. (Bu.-g.) 23, **53** W 6
Budaug. 22, **22** H 15/16
Büdingerg. 18, 19, **18** J 8
Budinskyg. 19, **19** J/K 10
Bu.-g.=Buckalg.
Bugstr. 14, **28** N 4
Bühl-G., Josef- 23, **53** V 5/6
Bühlerweg 14, **28** N 4
Bujattig. 14, **29** N/O 5
Bukovicsg. 22, **37** N 22
Bullag. 22, **23** L 17
Bullg. 10, **56** U 12
Bundesländerpl. 6, 7,
   31/32 O/P 10/11
Bundesweg 12, **43** S/T 9
Bunseng. 21, **9** G 13
Buol-G., Heinrich-von- 21, **10** G 15
Bu.-pl.=Burjanpl.
Buschg. (B.-g.) 22, **36** M 19
Burgenlandg. 10, **45** T 13/14
Burger-G., Ernst (E.)- 14,
   27/28 N/O 2/3
Bürgerg. 10, **44** R/S 12
Bürgermeisterweg 12, **43** S 10
Bürgerspitalg. 6, **31** P 10
Bürgerspitalwiese 11, **45** Q 14
Bürgersteig. 14, **30** O 7/8
Burgg. 7, **31/32** O 11
Burg-G., Anton (A.-B.-G.) 4,
   32 P 11
Burghardtg. 20, **20** K/L 12
Burg, In der 1, **32** N/O 11
Burgkmairg. 22, **25** K/L 21
Burgring 1, **32** O 11
Burjanpl (Bu.-pl.) 15, **31** O 9
Busch-G., Wilhelm (W.)- 19, **19** J 9
Bussardg. 1, **8** E/F 12
Bussong. 22, **37** M 21
Buttinger-Pl., Muriel-Gardiner- 10,
   44 T 11
Büttnerg. 23, **56** U 11
B.-wg.=Bartschweg
B.-wg.=Bindingweg
B.-wg.=Bohattaweg
B.-wg.=Buchenweg

C

Calafattipl. 2, **33** M 13/14
Calvig. 23, **54** V 8
Camesinaweg 12, **43** T 9
Cam.-g.=Camillianerg.
Camillianerg. (Cam.-g.) 13, **41** R 6
Camillo (Cam.)-Sitte-G. 15, **31** O 9
Campingplatzweg 22, **11** F 18
Canalettog. 12, **43** R 10
Canaveseg. 23, **54** U 7
Canevalestr. 23, **54** V 8
Can.-g.=Canovag.
Canisiusg. 9, **20** L 11
Cankarstr. 22, **25** L 21
Canong. 18, **31** M 10
Canovag. (Can.-g.) 1, **32** O 12
Cap.-g.=Capistrang.
Capistrang. (Cap.-g.) 6, **32** O 11
Carabellig. 21, **9/10** E 14/15
Carlbergerg. 23, **54** V 7/8
Carl-Prohaska-Pl. 10, **44** T 11
Carl (C.)-Reichert-G. 17, **18** L 7/8
Carl-Schlechter-Weg
  (C.-S.-Wg.) 22, **22** K 16
Carl-von-Linde-Str. 11, **46** Q 15
Carminweg 21, **22** H 15
Carolaweg 13, **29** P 5
Carrog. 21, **9** F 14
Cassinonestr. 22, **25** K 21, L 20/21
Castagnag. 22, **22** L 16
Castellezg. 2, **32** M 12
Castellig. 5, **44** P/Q 11
Castleg. 21, **10** F 16
Cebotariweg 19, **7** G 10
Celtesg. 19, **18** H/J 7
Ceraleg. 10, **44** T 11
Cervantesg. 14, **30** P 8
C.-g.=Churhausg.
C.-g.=Coryg.
Chamissog. (Ch.-g.) 18, **19** L 9
Charasg. (Ch.-g.) 3, **33** O 13
Charausg. 23, **42** T 8
Charoux-Weg, Siegfried (S.-Ch.-W.)
  14, **29** O 6
Cherubinistr. 22, **22** J 15
Ch.-g.=Chamissog.
Ch.-g.=Charasg.
Ch.-g.=Chiarig.
Chiarig. (Ch.-g.) 10, **45** R 13
Chimanistr. 19, **19** K 10
Chlumbergg. 16, **30** O 8
Chmelg. 19, **19** H/J 10
Chr.-g.=Christineng.
Chr.-g.=Christophg.
Christen-G., Ada- 10, **57** U 13
Christ-G., Viktor- 5, **44** Q 11
Christian-Bucher-G. 21, **8/9** G 12/13
Christian-Petzlberger-Weg
  (C.-P.Wg.) 14, **28** M 4
Christian (Chr.)-von-Arup-G. 14,
  28 N 4
Christineng. (Chr.-g.) 1, **32** O 12
Christophg. (Chr.-g.) 5, **44** Q 11
Chrobakg. (Chrob.-g.) 15, **31** O 9
Chrob.-g.=Chrobakg.
Chromyg. 23, **42** T 8
Chrudnerg. 13, **42** R 7
Churhausg. (C.-g.) 1, **32** N 12
Chvostekg. 22, **11/12** E 18/19
Chwallag. (Chw.-g.) 6, **32** P 11
Chw.-g.=Chwallag.
Cilli-Löwinger-Weg 19, **18** J 7/8
Cizekpl. 22, **23** K 18
Claretinerg. 22, **23** K 17/18
Clemens (Cl.)-Hofbauer-Pl. 17,
  31 M 9
Clementineng. 15, **31** P 10
Clerfaytg. 17, **31** M 9
Clessg. 21, **1/2** C 13–15
Cloeter-G., Hermine (H.)- 14, **28** N 4
Clusiusg. 9, **20** L/M 11
Cobdeng. 1, **32** O 12
Cobenzlg. 19, **7** G 9, **19** H 10
Coburgbastei 1, **32** O 12
Coch-Pl., Georg (G.)- 1, **32** N 12
Colerusg. 22, **37** N 21
Collin-Str., Heinrich- 14, **30** O/P 7/8

Collmanng. 10, **45** S 13
Colloredog. 18, **19** L 10
Columbusg. 10, **44** Q–S 12
Columbuspl.10, **44** Q 12
Comeniusg. 17, **31** M 9
Computerstr. 10, **43** T 10
Concordiapl. 1, **32** N 12
Conng. 22, **22** H 16
Conrad (C.)-Briel-G. 23, **54** W 7
Contiweg 22, **23** L 18
Cooperweg 21, **22** H 15
Cor.-g.=Corneliusg.
Corneliusg. (Cor.-g.) 6, **32** P 11
Cortig. 22, **37** N 21
Corv.-g.=Corvinusg.
Corvinusg. (Corv.-g.) 23, **53** U 6
Coryg. (C.-g.) 21, **21** J 14
Cossmanng. 14, **29** P 6
Costag. 15, **31** O 9
Costenobleg. 13, **41** Q 6
Cothmannstr. 12, **43** R 10
Cottageg. 18, **19** K/L 10
Cottagestr. 14, **28** N 3/4
Coubertin-Pl., Pierre-de- 2, **34** O 15
Coulombg. 21, **9** G 13
C.-P.-Wg.=Christian-Petzlberger-Weg
Cram.-g.=Cramolinig.
Cramolinig. (Cram.-g.) 23, **54** U 7
Cranachstr. 14, **41** Q 5
Csardastr. 2, **33** N 14
Csokorstr. 11, **19** U 17/18
C.-S.-Wg.=Carl-Schlechter-Weg
Cumberlandstr. 14, **30** P 7/8
Curieg. 22, **22** K 16
Curlandg. 17, **18** L/M 8
Cust.-g.=Custozzag.
Custozzag. (Cust.-g.) 3, **33** N 13
Cuvierg. 13, **41** R 6
Czapkag. 3, **33** O 13
Czartoryskig. 17, 18, **18/19** K 8, L 8/9
Czedik-G., Alois (A.-Cz.-G.) 14,
  27 N 2
Czeija-Nissl-G. 21, **8** E 12
Czernetzpl. 22, **22** J 16
Czerning. 2, **33** N 13
Czerninpl. 2, **33** N 13
Czerny-G., Karl (K.)- 20, **20** L 11
Czib.-g.=Czibulkag.
Czibulkag. (Czib.-g.) 11, **46** S 15
Czuberg. 22, **36** O 20

D

Dachauer-Str., Wilhelm- 22,
  37 N/O 21
Dachs-G., Alois (A.)- 23, **54** W 7
Dachsensteig (D.st.) 21, **8** E/F 12
Dadlerg. 15, **31** P 9
Dafertg. 21, **8** F 12
Daffingerstr.(Daff.-str.) 3, **32** O 12
Daff.-str.=Daffingerstr.
Dahn-Str., Felix- 18, 19, **19** K 9
Dahlieng. 21, **10** E 16
Damböckg. (Db.-g.) 6, **32** P 11
Dammäckerg. 21, **2** C 15
Dammstr. 20, **20** K/L 12
Dampfbadg. 16, **31** N 9
Dampfg. 10, **44** R 11/12
Dampfmühlg. (Dm.-g.) 11, **45** Q 14
Dampfschiffhaufen 22, **34** M 15
Dampfschiffstr. 3, **33** N 13
Dampierrestr. 14, **30** O 8
Dänenstr. 18, 19, **19** K 9
Danhauserg. (Danh.-g.) 4, **32** P 12
Danh.-g.=Danhauserg.
Danilovatzg. 12, 23, **43** T 9
Dankwartg. 15, **31** O 9
Dannebergpl. 3, **33** O/P 13
Danningerweg (Dann.-wg.) 21,
  10 G 16
Dann.-wg.=Danningerweg
Danzerg. 22, **36** N/O 19
Daphneweg 22, **25** J 21
Daponteg. 3, **33** P 13
Daringerg. 19, **19** J 10
Darnautg. 12, **43** R 9
Darwing. 2, **33** M 13

Dattlerg. 21, **9/10** D 14/15
Daumeg. 10, **44** S 12
Daung. 8, **31** N 10
Davidg. 10, **44** R 11/12
Db.-g.=Damböckg.
Dechantweg 22, **35** P 18
Deckerg. 12, **43** R 10
Defreggerstr. 12, **42** S 7/8
Degeng. 16, **30/31** M 8, N S/9
Dehmelg. 16, **31** N/O 9
Dehneg. 14, **29** O 5/6
Deindorfstr. 22, **37** M 22
Deing. 21, **9** F 13
Deinhardsteing. 16, **31** N 9
Deinleing. 22, **34** M 16
Deißenhoferg. 23, **41/42** T 6/7
Delsenbachg. 11, **45** R 14
Delugstr. 19, **19** J 10
Demeliusg. 22, **22** K 16
Dem.-g.=Dempscherg.
Demmerg. 21, **9** G 13
Dempscherg. (Dem.-g.) 18,
  31 M 10
Demuthg. 16, **30** N 7
Denglerg. 15, **31** P 9
Dengler-G., Anton (A.)- 21, **9** G 13
Denisg. 20, **20** L 11/12
Denk-G., Simon (S.)- 9, **20** L 11
Dennweg 19, **20** H 11
Deportation, Platz der Opfer der-
  3, **33** P 13
De-Quer-G. 17, **18** K 7
Dermotag. 13, **41** R 5
Dernjacg. 23, **55** V 9
Desider (D.)-Friedmann (Friedm.)-
  Pl. 1, **01** N 12
Dess.-g.=Dessoffg.
Dessoffg. (Dess.-g.) 23, **55** U 9
Detterg. 16, **31** N 10
Deublerg. 21, **9** G 13
Deutschmeisterpl. 1, **32** M 12
Deutschordenstr. 14, **29** O/P 6
Deutschstr. 23, **56** V 11
Deutschweg 21, **21/22** H 14/15
Devrientg. 19, **20** L 11
D.-g.=Dißlerg.
D.-g.=Ditscheinerg.
D.-g.=Donnerg.
Diabellig. 13, **29** P 6
Diamantg. (Di.-g.) 21, **32** H 15
Dianag. (Di.-g.) 3, **33** N 13
Diderotg. (Did.-g.) 21, **9** F 13
Did.-g.=Diderotg.
Diefenbachg. 15, **43** Q 9/10
Diefenbach-G., Karl-Wilhelm
  (K.-W.-Dief.-G.) 13, **41** T 6
Diehlg. 5, **43/44** Q 10/11
Diemg. 19, **20** H 11/12
Diener-G., Karl- (K.-D.-G.) 10,
  45 T 13
Diepoldpl. 17, **31** M 9
Dieselg. 10, **44** S 12
Diesterweg. 14, **30** P/Q 8
Dietmann-G., Michael (M.-D.-G.)
  21, **21** H 13
Dietmayrg. 20, **20** K 12
Dietrichg. 3, **33** O 13/14, P 14
Dietrichsteing. (Dietrstn.-g.) 9,
  32 M 11
Dietrstn.-g.=Dietrichsteing.
Di.-g.=Diamantg.
Di.-g.=Dianag.
Dingelstedtg. 15, **31** P 10
Dinsfüßlweg 16, **30** M 7
Dionysius (D.)-Andrassy-Str. 19,
  20 J 11
Dirkensg. 13, **41** S 5
Dirmhirng. 23, **54** U/V 7
Dirmoserstr. 3, **45** Q 13/14
Dirndlg. 21, **2** C 15
Dirnelstr. 21, **8** D 12
Dißlerg. (D.-g.) 3, **33** N 13
Distelweg 22, **35** N 17
Ditscheinerg. (D.-g.) 3, **33** O 13
Dittdf.-g.=Dittersdorfg.
Dittelg. 22, **36** O 20
Dittersdorfg.(Dittdf.-g.) 17, **31** M 9

Dittesg. 18, **19** L 10
Dittmanng. 11, **45/46** R 14/15
Div.-g.=Divischg.
Divischg. (Div.-g.) 21, **9** F 14
Dm.-g.=Dampfmühlg.
Dobiaschofskyweg (Dob.-wg.) 12,
    43 S 9
Döblerg. 7, **32** O 11
Döblerhofstr. 3, 11, **45/46** Q 14/15
Doblh.-g.=Doblhoffg.
Doblhoffg. (Doblh-g.) 1, **32** N 11
Döblinger Gürtel 19, **20** K/L 11
Döblinger Hauptstr. 19, **20** J–L 11
Dobrowskyg. 23, **55** V 9/10
Dob.-wg.=Dobiaschofskyweg
Dodererg. 21, **11** F 17
Doelterg. 22, **22** H 16
Doerenkampg. 10, **56** V 12
Dr.-Adolf (A.)-Schärf-Pl. 22,
    22 K 15/16
Dr.-Albert-Geßmann-G. 21, **9** D 13
Dr.-Andreas-Zailer-G. (Dr.-A.-Z.-G.)
    23, **53/54** V 6/7
Dr.-Anton-Matzig-G.(Dr.-A.-M.-G.)
    23, **53** V/ W 6
Dr.-A.-M.-G .= Dr.-Anton-Matzig-G.
Dr.-A.-Z.-G.=Dr.-Andreas-Zailer-G.
Dr. Barilits-G. 23, **53** U 6
Dr.-Boehringer-G. 12, **43** S 9
Dr.-Bohr-G. 3, **33** P/Q 14
Dr.-Eberle-G. 10, **44** S/T 12
Dr.-Eduard-Heinl-G. (Dr.-E.-H.-G.)
    19, **19** H 10
Dr.-E.-H.-G.=Dr.-Eduard-Heinl-G.
Dr.-Gonda-G. 23, **56** U 11
Dr.-Hanswenzel-G. 23, **54** W 8
Dr.-Heckmann-Str. (Dr.-H.-Str.) 14,
    28 N 3
Dr.-Heinrich-Maier-Str. 18, **18** J 8
Dr.-Heinrich (H.)-Müller-G. 14,
    28 N 3
Dr.-H.-Str.=Dr.-Heckmann-Str.
Dr.-Ignaz (Ig.)-Seipel-Pl. 1, **01** N 12
Dr.-J.-N.-Stg.= Dr.-Jakob-
    Neumann-Steig
Dr.-Jakob-Neumann-Steig
    (Dr.-J.-N.-Stg.) 23, **53** V 6
Dr.-Josef (J.)-Resch-Pl. 17, **18** M 8/9
Dr.-Karl (K.)-Lueger-Pl. 1, **32** N/O 12
Dr.-Karl (K.)-Lueger-Ring 1, **32** N 11
Dr.-Karl-Renner-Ring 1, **32** N/O 11
Dr.-Kühne-G. 23, **53** V 6
Dr.-Natterer-G. 2, **34** N 15
Dr.-Nekowitsch-Str. 21, **1** C 13/14,
    D 13
Dr.-Neumann-G. 23, **54** V 7
Dr.-Otto-Neurath-G. 22, **23** L 17
Dr.-Pirnitzer-Pl. 23, **55** U 10
Dr.-Schober-Str. 13, **41** S 5/6
Dr.-Schreber-G. 13, **41** T 6
Dr.-Skala-Str. **21, 1/2** C 14/15
Doldenweg 22, **22** K 16
Doležalg. 21, **9/10** G 14/15, H 15
Dolfi-Gruber-Weg 22, **22** K 16
Dollinerg. 19, **20** K 11
Domanigg. 10, **56** U 11
Domg. 1, **01** N 12
Dom.-g.=Dominikanerg.
Dominikanerbastei 1, **32** N 12
Dominikanerg. (Dom.-g.) 6, **31** P 10
Dominik-Wölfel-G. 21, **10** F/G 16
Dommayerg. 13, **42** Q 8
Dommesg. 11, **45/46** R 14/15
Donabaumg. 10, **45** S 14
Donatelloweg (D.-wg.) 22, **35** N 18
Donaueschingenstr. 20, **21** K 12/13
Donaufelder Str. 21/22,
    21/22 H 14/15, J 15/16
Donauinselpl. 21, **21** J 13
Donaustadtstr. 22, **22** K/L 16,
    34 M 16
Donaustr. 19, **7** E 10
Donaustr., Obere 2, **32** L–N 12
Donaustr., Untere 2, **33** N 12/13
Donauturmstr. 21, 22, **21** J/K 14
Donauwartesteig 19, **7** E 10
Don-Bosco-G. 23, **55** U 9

Donhartg. 14, **30** O 7
Doning. 22, **22** H/J 16
Donizettiweg 22, **22** J/K 15
Donner-Allee, Raphael- 22,
    37 N/O 21
Donnerg. (D.-g.) 1, **01** O 12
Dontg. 13, **42** R 7
Dopplerg. 11, **45** Q 14
Dopschstr. 21, **10** G 16
Dörfelstr. 12, **43** R 10
Dorfmeisterg. 12, **42** S 7
Dörmanng. 22, **37** M 21
Dornbacher Str. 17, **18** K 7, L 7/8
Dornerpl. 17, **31** M 10
Dorn-G., Klemens (Kl.)- 10, **45** T 13
Dornrosenweg (D.-wg.) 22, **22** K 16
Dorotheerg. 1, **32** N/O 12
D'Orsay-G. 9, **32** M 11
Dorsch-G., Käthe (K.)- 14, **29** P 6
Dostalg. 13, **41** T 5
Dostg. 14, **29** M 5
Dostojewskijg. 13, **41** Q 6
Dovskyg. 13, **42** R 7
Dracheng. 1, **01** N 12
Dragonerweg 22, **35** O 18
Drahtg. 1, **01** N 12
Drapal-Pintar-Weg 14, **28** M 3
Draschestr. 23, **55/56** U 10/11
Draskovichg. 14, **30** O 8
Draustr. 21, **10** E/F 16
Drdlag. 23, **56** U 11
Drechslerg. 14, **30** P 8
Dreger-G., Moritz- 21, **10** F/G 16
Dreherstr. 11, **47** T 18, **59** U 18
Dreiersteig (Dr.-stg.) 14, **28** O 4
Dreihackeng. (Dreih.-g.) 9, **20** L 11
Dreihausg. 15, **43** P/Q 9
Dreih.-g.=Dreihackeng.
Dreimarksteing. 19, **18** H 7
Dreiständeg. 23, **53** U/V 6
Drescher-G., Karl (K.-Dr.-G.) 11,
    46 S 15/16
Dresdner Str. 2, 20, **20** K 12,
    21 L 13
Drewitzweg (Dr.-wg.) 14, **30** O 7
Dreyhausenstr. 14, **30** P 8
Drillg. 23, **41/42** T 6/7
Drischützg. 11, **45** R 14
Drnekg. 21, **21** G/H 14
Droryg. 3, **33** O/P 14
Drosselweg 22, **22** L 16
Dr.-stg.=Dreiersteig
Dr.-wg.= Drewitzweg
Drygalskiweg 21, 22, **22** J 15
D.st.=Dachsensteig
Duchekg. 22, **36** N 20/21
Duchweg 12, **43** Q 10
Dückeg. 21, 22, **22** J 15
Duden-G., Konrad- 13, **42** R 7
Dumbastr. 1, **01** O 12
Dumreicherg. 22, **36** N 19/20,
    37 N/O 20/21
Dunantg. 21, **21** G/H 13
Dunklerg. 12, **43** Q 10
Dunkl-G.,Johann(J.)- 23, **55** U 10
Dürauerg. 17, **30** M 8
Durchlaufstr. 20, **20** K 12
Dürerg. 6, **32** P 11
Dürrnb.-str.=Dürrnbacherstr.
Dürrnbacherstr. (Dürrnb.-str.) 11,
    46 S 15
Dürwaringstr. 18, **18** L 8
Dusikag. 22, **22** K 16
Düsseldorfstr. 22, **22** K 16
Dustmannweg 16, **30** O 7
Dvorakg. 13, **41** S 6
D.-wg.=Donatelloweg
D.-wg.=Dornrosenweg

E

Ebendorferstr. 1, **32** N 11
Eberescheng. 21, **2** C 15
Eberle-G., Dr.- 10, **44** S/T 12
Eberlg. 2, **21** L 13
Ebersbergg. 13, **41** S 6
Eberstorferweg 23, **41/42** T 6/7

E.-B.-G.=Eduard-Brückner-G.
E.-B.-G.=Eugen-Bormann-G.
Ebg.-g.=Engelsbergg.
Ebner(Eb.)-Rofensteing. 13, **41** R 6
Eckartsaug. 12, **42** S 8/9, T 8
Eckertg. 10, **44** R 12
Eckhardt-G., Ludwig (L.)- 14,
    30 O 7
Eckhelg. 10, **57** V 13
Eckm.-g.=Eckmüllnerg.
Eckmüllnerg. (Eckm.-g.) 16, **31** N 9
Eckperg. 18, **19** K 8/9, L 9
Economog. 10, **45** T 13
Eddag. 10, **56** U 12
Edelhofg. 18, **19** L 10
Edelsinnstr. 12, **42** R/S 8, **43** R 9
Edelsteing. (E.-g.) 21, **10** G 15
Edelweißweg (E.-wg.) 22, **25** H 22
Edenstr. 14, **28** N 4
Ederg. 21, **9** F 14
Edisonstr. 21, **9** G 13
Edlmoserg. (E.-g.) 23, **54** U 7
Edmund-Hawranek-Pl. 21, **9** D 13
Edmund-Reim-G. 12, **42** T 8
Edmund-Weiß-G. 18, **19** L 10
Edr.-g.=Erdrauchg.
Eduard-Brückner-G.(E.-B.-G.) 20,
    20 K 12
Eduardg. 18, **31** M 10
Eduard (E.)-Hanslick-G. 16, **30** N 7
Eduard (E.)-Jaeger-G. 13, **42** R 7
Eduard-Kittenberger-G. 23,
    54 U/V 8
Eduard (Ed.)-Klein-G. 13, **42** Q 8
Eduard (E.)-Pötzl-G. 19, **20** J 11
Eduard-Reyer-G. (E.-R.-G.) 19,
    20 H 11
Eduard (Ed.)-Sueß-G. 15, **31** P 9
Efeuweg 22, **23** L 18
Effingerg. 16, **31** M S/9
E.-g.=Edelsteing.
E.-g.=Edlmoserg.
E.-g.=Enzingerg.
E.-g.=Essigg.
Egger-Lienz-G. (E.-L.-G.) 12,
    43 R 9
Eggerthg. (Eggth.-g.) 6, **32** P 11
Eggth-g.=Eggerthg.
Eglseeg. 12, **42** S 8
Egon-Friedell-G. 21, **10** F/G 16
Egon (E.)-Schiele-G. 13, **41** R 6
Ehamg. 11, **45** R/S 14
Ehng. 23, **54** W 7
Ehrenfelsg. 12, **43** Q 9
Ehrenpreisg. 22, **35** M 17
Ehrensteing. 22, **36** M 19
Ehrlich-G., Paul (P.)-19, **19** H/J 10
Ehrlich-Weg, Georg (G.)- 22,
    22 G/H 16
Eibeng. **22**, 35 M 18
Eibesbrunnerg. 10, 12, **43** R/S 10,
    S/T 9
Eibesbrunnerweg 12, **43** S 10
Eibischweg 22, **23** J 18
Eichbachg. 14, **28** M 4
Eichelhofstr. 19, **8** G 11
Eichelhofweg 19, **7/8** G 10/11
Eichendorffg. 19, **19** K 10
Eichenstr. 12, **43** R 9/10
Eichenweg 14, **29** N 5/6
Eichert-Weg, Franz (Fr.)- 16,
    30 N 7
Eichfelderg. 21, **9** D 13
Eigelg. 23, **55** W 9
Eigenheimweg 17, **17** H 6
Einfahrtstr. 14, **28** M/N 4
Einsiedeleig.13, **41** S/T 5
Einsiedlerg. 5, **43/44** Q 10/11
Einsiedlerpl. 5, **44** Q 11
Einsleg. 22, **22** H 16
Einwangg. 14, **30** P/Q 8
Einzingerg. 21, **8** E 12, **7** E 13
Eipeldauer Str. 21, 22, **22** G/H 16
Eiselsbachg. 14, **41** S/T 6
Eisenbahnstr. 19, **20** H 13, J 11/12
Eisenbergg. 23, **53** V 5

Eisenhutg. (Eish.-g.) 22,
  35/36 M 18/19
Eisenmengerg. 10, **44** T/U 11
Eisenstadtpl. 10, **44** S 13
Eisernenhandg. 19, **7/8** F 10/11
Eish.-g.=Eisenhutg.
Eisnerg. 16, **31** N 9
Eisstoßg. 22, **34** M 16
Eisteichen, An den 12, **43** S/T 9
Eisteichstr. 11, **45/46** Q 14, R 14/15
Eisvogelg. 6, **31** P/Q 10
Eiswerkstr. 22, **22** K/L 15
Eitelbergerg. 13, **42** Q 7
Eitnerg. 23, **54** V 8
E.-J.-Wg.=Eugen-Jettel-Weg
E.-K.-G.= Emil-Kralik-G.
Elderschpl. 2, **33** M 14
Elfingerweg 22, **11/12** D 18/19
E.-L.-G.= Egger-Lienz-G.
Elidag. 22, **22** K 16
Elisabethallee 12, 13, **42** R 7/8, S 8
Elisabeth-Pl., St.- 4, **32** P 12
Elisabethstr. 1, **32** O 11/12
Elisenstr. 23, **53** V 5/6, W 6
Ellen-Key-G. 10, **56** U 12
Ellmingerg. 23, **55** V 9
Elmarg. 19, **20** J 11
Elsbeerg. 14, **29** M 5
Else-Feldmann-G. 21, **10** G 16
Elsnigg. 12, **43** S 9
Elßlerg. 13, **42** Q 7
Elsterweg 14, **29** M 5
Elterleinpl. 17, **31** M 9/10
Emanuel-Str., Max- 18, **19** K 9/10
Embelg. 5, **43/44** Q 10/11
Emerich-G., Franz (F.-E.-G.) 12,
  43 Q 9
Emichg. 22, **23** K/L 18
Emil-Behring-Weg 12, 23, **42** T 7
Emil-Hertzka-Pl. 10, **44** T 11
Emil-Kralik-G. (E.-K.-G.) 5, **43** Q 10
Emil-Ottenthal-G. (E.-O.-G.) 10,
  45 T 13
Emmerich-Fasching-G. 22, **22** J 15
Emperg. 21, **9/10** E 14/15
Endemanng. 23, **42** T/U 7
Enderg. 12, **42** S 7/8
Endlicherg. 10, **45** T 13
Endlweber-G., Josef- 23, **54** W 8
Endresstr. 23, **53/54** U 5–7
Enenkelstr. 16, **30** N 8
Engelbrechtweg (Eng.-wg.) 13,
  41 R 6
Engelhartg. 13, **41** R 6
Engelhorng. 21, **21** H 14
Engelmanng. 17, **19** K 7
Engelsbergg. (Ebg.-g.) 3, **33** O/P 13
Engelsburgg. 23, **53** U 5
Engelshofeng. 23, **41** T 6
Engels-Pl. Friedrich- 20, **20** J 12
Enge Lucken 10, **44** S 11
Engerthstr. 2, 20, **21** J/K 12,
  K/L 13, **33/34** M 14, N 14/15
Engilg. 16, **30** M/N 7
Englisch-Feld-G. 22, **37** N 22,
  O 21/22
Eng.-wg.=Engelbrechtweg
Enkpl. 11, **45** R 14
Ennemoserg. 22, **37** M 21
Ennsg. 2, **33** M 14
Enslein-Pl.,Josef- 10, **56** U 12
Ententeig 21, **8** F 12
Entersweg 22, **22** L 16
Enzelsbergerg. 17, **18** L 7
Enzianweg 22, **36** L/M 19
Enzingerg. (E.-g.) 7, **31** N 10
E.-O.-G.=Emil-Ottenthal-G.
Erbacherweg (Erb.-wg.) 14, **30** O 7
Erben-G., Wilhelm- 23, **43** T 9
Erbpostg. 21, **2** B/C 15
Erbsenbachg. 19, **19** J 9
Erb.-wg.=Erbacherweg
Erdberger Lände 3, 11,
  33/34 O 13/14, P 14/15, **46** Q 15
Erdberger Mais, Im 3, **33** P 14
Erdbergstr. 3, 11, **33/34** O 13, P 14
  46 P/Q 15

Erdbrustg. 16, **30** N 7/8
Erdburgweg 14, **28** N 2/3
Erden, In der goldenen 21, **2** C 15
Erdenweg 14, **28** O 4
Erdrauchg. (Erd.-g.) 22, **35** M 17
E.-R.-G.=Eduard-Reyer-G.
Erhardg. 23, **41** T 6
Erlaaer Pl. 23, **54** U 8
Erlaaer Schleife 23, **55** U 9
Erlaaer Str. 23, **54/55** U 8, V 8/9
Erlachg. 10, **44/45** R 11–13
Erlachpl. 10, **44** R 12
Erlafstr. 2, **33** M 14
Erlenweg 22, **35** O 18
Erlg. 12, **43** R 9
Ernanig. 23, **56** V 11
Erndtg. 18, **19** K/L 9
Ernst (E.)-Bergmann-G. 14, **29** O 6
Ernst (E.)-Burger-G. 14,
  27/28 N/O 2/3
Ernst-G. Leopold- 17, 18, **31** M 9/10
Ernst-Karl (E.-K.)-Winter-Weg 19,
  19 J 9
Ernst (E.)-Ludwig-G. 10, **44** S 11
Ernst-Renz-G. 2, **33** M 13
Ernst-Sadil-Pl. 22, **22** L 15
Ernst-Track-Weg 22, **23** K 18
Eroicag. 19, **20** H 11
Ertlg. 1, **01** N 12
Erzbischofg. 13, **29** P 5, Q 5/6
Erzherzog-Karl-Str. 22, **22** K 15/16,
  L 16, **23** L 17, **35** M 18
Eschenallee 10, **43/44** S 10/11
Eschenbachg. 1, **32** O 11
Eschenkogelg. 10, **44** S 11
Escherichg. 19, **19** K 9
Esders-Pl., Stefan- 19, **19** H 9
Eselstiege 17, **30** M 7
Eslarng. 3, **33** P 13
Eslarn-G., Niklas- 22,
  36/37 L 20/21, M 21/22
Espenweg 22, **35** N/O 17
Essigg. (E.-g.) 1, **32** N 12
Eßlinger Furt 22, **37** O 21
Eßlingerhauptstr. 22, **37** N 20–22
Eßlingg. 1, **32** N 12
Estepl. 3, **33** O 13
Esterházyg. 6, **31/32** P 10/11
Etrichstr. 11, **47** T 17/18, **59** U 17
Etschnerweg (Et.-wg.) 14, **30** O 7
Ettenreichg. 10, **44** R/S 12
Etthsn.-g.=Ettingshauseng.
Ettingshauseng. (Etthsn.-g.) 19,
  19 H 10
Et.-wg.=Etschnerweg
Eugen-Bormann-G. (E.-B.-G.) 22,
  22 J 16
Eugenie (E.)-Fink-G. 10, **57** U 13
Eugen-Jettel-Weg (E.-J.-Wg.) 13,
  41 R 6
Europapl. 7, 15, **31** P 10
Eustachiusweg (E.-wg.) 13, **41** S 5
Ewald-Bus-Str. 23, **55** V 10
Ewaldg. 11, **46** S 15
E.-wg.=Edelweißweg
E.-wg.=Eustachiusweg
Exelbergstr. 17, **17** J 5/6, K 5/6
Exner-G., Wilhelm (W.)- 9, **32** M 11
Eyblerg. (E.-g.) 19, **18** J 8
Eyblweg 21, **22** H 16
Eyermann-Weg, Alois (A.)- 22,
  22 L 16
Eyslerg. 13, **41** S 6.
Eyzingg. 11, **46** Q/R 15

F

Faberg. 23, **53** V 6
Faber-Pl., Bischof- 18, **19** K/L 9
Fabianistr. 11, **47** T 18/19
Fabiganstr. 11, **46** T 15
Fabriksg. 12, **43** Q 9
Fadinger-Pl., Stefan- 10, **44** S 11
Fa.-g.= Fahneng.
Fä.-g.=Färberg.
Fa.-g.=Faschingg.
Fahneng. (Fa.-g.) 1, **32** N 12

Fahrbachg. 21, **21** H 14
Faistauerg. 13, **41** R 6
Falkestr. (F.-str.) 1, **32** N 12
Fallg. 6, **31** P 10
Fallmerayerweg 21, **10** E 16
Familienpl. 16, **31** N 9
Fännerg. 21, 21 H 13
Faradayg. 3, **45** R 13
Färberg. (Fä.-g.) 1, **32** N 12
Färbermühlg. 23, **54** W 7
Farng. 22, **23** K 18
Fasangarten, Am 12, 13, **42** R/S 8
Fasangarteng. 12, 13, **42** R 7/8, S 8
Fasang. 3, **33** P/Q 13
Faschingg. (Fa.-g.) 22, **35** M 18
Fasching-G., Emmerich- 22, **22** J 15
Fas.-g.=Fasholdg.
Fasholdg. (Fas.-g.) 13, **42** Q 8
Fassbenderg. (F.-g.) 13, **29** Q 6
Faß.-g.=Faßzieherg.
Faßbenderg. (F.-g.) 7, **32** O 11
Fatinitzaweg (Fat.-wg.) 10, **56** V 12
Fat.-wg.= Fatinitzaweg
Faulmanng. (Fm.-g.) 4, **32** O 11/12
Favoritenstr. 4, 10, **32** P 12,
  44 Q–S 12, T 12/13, **56** U 12/13
Favoritner Gewerbering 10, **44** S 12
Fbch.-str.=Feuerbachstr.
Fb.-g.=Ferchenbauerg.
F.-Br.-G.= Felix-Braun-G.
12. Februar-Platz 19, **20** J 11
Fechterg. 9, **20** L 11
F.-E.-G.=Franz-Emerich-G.
Fehlingerg. 13, **42** S 7
Feilerg. 19, **19** H 10
Feilpl. 14, **30** O 8
Feistlg. 21, **10** F 16
Feistmantelstr. 18, **19** K 10
Feistritzg. 21, **11** E/F 17
Feits.-g.=Feitsingerg.
Feitsingerg. (Feits.-g.) 22, **35** M 18
Felberstr. 15, **31** P 9/10
Felbigerg. 14, **29/30** P 6–8
Felde, Am langen 22, **22/23** J 16/17
Felderstr. 1, **32** N 11
Feldg. 8, **31** N 10
Feldg. 23, **53** V/W 5
Feld-G. Englisch- 22, **37** N 22,
  O 21/22
Feldkellerg. 13, **42** S 7
Feldmann-G., Else- 21, **10** G 16
Feldmühlg. 13, **42** Q 7
Felix-Braun-G. (F.-B.-G.) 19, **20** J 11
Felix-Dahn-Str. 18, 19, **19** K 9
Felixg. 13, **41** T 5/6
Felix-Grafe-G. 10, **57** U 13
Felix-Mottl-Str. 19, **19** K/L 10
Felix-Slavik-Str. 21, **9** D 14
Fellnerg. 22, **37** N 22
Felmayerg. 21, **10** F 15/16
Felsg. 11, **45** R 14
Fenchelweg 14, **29** M/N 5
Fendig. 5, **44** Q 11
Fenzlg. 14, 15, **30/31** P 8/9
Ferchenbauerg. (Fb.-g.) 21, **21** H 13
Fercherg. 17, **31** M 9
Ferdinand-Frey-Weg 14, **28** N 3
Ferdinand-Käs-G. 21, **9** E 13/14
Ferdinand (Ferd.)-Kaufmann-Pl.
  21, **21** J 13
Ferdinand (F.)-Löwe-Str. 10, **45** S 13
Ferdinand (F.)-Pölz-G. 21, **21** H 14
Ferdinandstr. 2, **33** N 12/13
Fernkorng. 10, **44** R/S 12
Ferrog. 18, **19** J 8
Ferstelg. 9, **32** N 11
Ferstl-G., Leopold (L.)- 21, **21** H 13
Feßlerg. 10, **57** V 13
Feßtg. 16, **31** N 9
Feuchterslebeng. 10, **45** R/S 13
Feuerbachstr. (Fbch.-str.) 2, **33** M 14
Feuersteing. 23, **53** U 5
F.-g.=Fassbenderg.
F.-g.=Fischerg.
F.-g.=Forestg.
F.-g.=Fuhryg.
F.-g.=Funkg.

F.-H.-Str.= Friedrich-Hillegeist-Str.
Fiakerpl. 3, **33** P 14
Fichteg. 1, **32** O 12
Fichtnerg. 13, **42** Q 7
Ficker-Str., Julius- 21, **10/11** G 16/17
Fickerfg. 19, **20** L 11
Fickeysstr. 11, **46** S 15
Fidelis-Breier-Weg 21, **9** D 13
Fiebrichg. 22, **22** J 15
Figl-G., Leopold (L.-F.-G.) 1,
　32 N 11/12
Fillenbaumg. 21, **1** C 12/13
Fillgraderg. 6, **32** O 11
Filmteichstr. 10, **57** U 13/14
Fimb.-g.=Fimbingerg.
Fimbingerg. (Fimb.-g.) 23, **54** V 7
Fingerg. 10, **44** T 12
Fingerhutweg (Fngrh.-wg.) 22,
　25 H 21/22
Finkenweg 22, **22** L 16
Fink-G., Eugenie (E.)- 10, **57** U 13
Fink-Pl., Jodok- 8, **32** N 11
Finsenstr. 16, **30** N 7
Finsterbuschstr. 22, **48** R 19
Finstererg. 22, **22** H/J 15/16
Firmiang. 13, **29** P/Q 6
Fischerg. (F.-g) 2, **32** N 12
Fischerg. 23, **53** U 6
Fischerstiege 1, **01** N 12
Fischerstrand 22, **22** K 15
Fischerweg 22, **22** K 15
Fischhof 1, **01** N 12
Fischhofg.10, **45** T 13
Fischingerg. 23, **42** T 8
Fischotterg. 21, **8** E/F 12
Fitzweg 22, **22** L 16
Flachg.14, 15, **30** P 8/9
Flachsweg 22, **35** N 17/18
Flammweg 11, **47** T/U 18
Flandorferweg 21, **10** G 16,
　22 H 15/16
Flandorfer-Str., Josef- 21,
　1/2 C 14/15
Fleischer-G., Max (M.)- 10,
　57 U 13
Fleischhackerg. 23, **42** T 7
Fleischmanng. 4, **32** P 11/12
Fleischmarkt 1, **32** N 12
Flemmingg. 19, **19** J 9
Fleschg. 13, **42** P/Q 7
Fliederhof 10, **43** S 10
Fliegerweg 22, **35** O 18
Florag. 4, **32** P 12
Florian-Berndl-G. 22, **22** K 15,
　L 16, **34** L/M 16
Florian (Fl.)-Geyer-G. 10, **45** T 13
Florian (Fl.)-Hedorfer-Str. 11,
　46 S 15
Florianig. 8, **31** N 10/11
Floridsdorfer Hauptstr. 21,
　21 H/J 13
Floridsdorfer Markt 21, **21** G/H 14
Floridusg. 21, **21** J 14
Floristenweg 22, **22** J 15
Floßg. 2, **32** M 12
Flotowg. 19, **19** J/K 10
Flötzersteig 14, 16, **29/30** N 7/8,
　O 6/7
Fluchtg. 9, **32** M 11
Flugfeldstr. 22, **36** N/O 20
Flurg. 13, **41** Q 6
Flur-G., Liesinger 23, **54** V/W 8
Flurschützstr. 12, **43** Q/R 10
Fm.-g.=Faulmanng.
Fngrh.-wg.=Fingerhutweg
Fockyg. 12, **43** Q/R 10
Föderlweg (F-wg.) 17, **18** L 8
Föhreng. 23, **53** U 5
Fontanastr. 10, **57** V 13/14
Forchheimerg. 23, **54** V 8
Forel-G., August (A.)- 10, **44** S 11
Forestg. (F.-g.) 22, **37** N 21
Formanekg. 19, **19/20** J 10/11
Försterg. 2, **32** M 12
Forsthausg. 20, **20** J 12
Forstmeisterg. 14, **28** M 4
Forstnerg. 22, **23** J 17

Forstschulstr. 14, **28** M/N 4
Forst-Weg, Willi- 19, **19** J 9
Fournierg. 13, **41** R/S 6
Frankenbergg. 4, **32** P 12
Frankg. 9, **32** N 11
Frank-G., Anton (A.)- 18, **19** L 10
Frank-G., Josef- 22, **36** M 19
Frankhpl. 8, 9, **32** N 11
Franklinstr. 21, **21** H 14
Frank-Weg, Steinberg- 22, **22** L 16
Franz-Asenbauer-G. 23, **41** T 5/6
Franz-Barwig-Weg 18, **18** K 8
Franz (F.)-Boos-G. 13, **29** P 6
Franz-Eduard-Matras-G. 22,
　22 H 16/17
Franz (Fr.)-Eichert-Weg 16, **30** N 7
Franz-Emerich-G. (F.-E.-G.) 12,
　43 Q 9
Franzensbrückenstr. 2, **33** M/N 13
Franzensg. 5, **32** P 11
Franz-Glaser-G. 17, **18** L/M 7
Franz-Graßler-G. 23, **53/54** T 6,
　U 6/7
Franz (Fr.)-Grill-Str. 3, **45** Q/R 13
Franz-Hauer-G. (Fr.-H.-G.) 3,
　33 O 13
Franz (Fr.)-Heiler-G. 23, **54** W 7
Franz (Fr.)-Hochedlinger-G. 2,
　32 M 12
Franziskanerpl. 1, **32** O 12
Franz-Jachym-Pl. 10, **57** U 13
Franz-Jonas-Pl. 21, **21** H 13/14
Franz-Josefs-Kai 1, **32** M/N 12
Franz (Fr.)-Klein-G. 19, **19/20** K 11,
　L 10/11
Franz-Koci-Str. 10, **57** U 13
Franz-Loidl-Str. 22, **22** K 15
Franzosengraben 3, **45/46** Q 14
Franzosenweg 10, **57** V 13
Franz (Fr.)-Parsche-G. 23, **54** W 7
Franz (F.)-Petter-G. 13, **41** R 6
Franz- (F.)-Peyerl-G. 16, **30** M 8
Franz (Fr.)-Pletersky-Weg 22,
　35 N 17
Franz (F.)-Schalk-Pl. 13, **42** Q 7
Franz (Fr.)-Schreker-G. 10,
　44 T/U 11
Franz-Schubert-Str. 14, **28** M/N 3
Franz-Schubert-Weg (Fr.-Schu.-Wg.)
　18, **18** K 8
Franz(F.)-Schuh-G. 10, **44** R/S 11
Franz (Fr.)-Schuhmeier-G. 23,
　54 V 7
Franz (Fr.)-Siller-G. 22, **37** M 21
Franz-Siller-Weg 12, **43** S 9
Franz-Wels-G. 22, **23** L/M 18
Franz-Zahalka-Weg 11, **47** S/T 18
Frauenfelderstr. 17, **18** L/M 8
Fraueng. 17, **31** N 9
Frauenheimg. (Frnh.-g.) 12, **43** Q 9
Frauenhoferg. 21, **9** G 13
Frauenschuhg. 21, **2** C 15
Frauenstiftg. 21, **9** F 14
Frauer-G., Anna (A.-F.-G.) 18,
　19 L 10
Fraungruberg. 12, **43** R 9
Frederick-Loewe-Weg 22, **23** K 18
Fred-Liewehr-G. 13, **42** S 7
Fred-Raymond-G. 22, **35** N 18
Freesienweg 14, **28** O 4
Freiheitspl. 21, **2** C 15
Freihof, Am 22, **22** J 16/17
Freihofg. 19, **20** H 12
Freiligrathpl. 21, **21** J 14
Freis.-g.=Freisingerg.
Freisingerg.(Freis.-g.) 1, **01** N 12
Freißleben-G., Georg (G.)- 14,
　28 M 4
Freudenauer Hafenstr. 2,
　47 Q 17/R 18, R 18
Freumbichlerweg (Fr.-wg.) 14,
　29 O 6
Freundg. 4, **32** P 11
Freunschlag-G., Anton- 23,
　55 V/W 9
Freyenthurmg. 14, **29** O 5
Freytagg. 21, **21** H 13/14

Freyung 1, **32** N 11/12
Frey-Weg, Ferdinand- 14, **28** N 3
F.-R.-G.=Frieda-Richard-G.
Fr.-g.=Friesg.
Fr.-g.=Fruchtg.
Fr.-H.-G.=Franz-Hauer-G.
Frieda-Richard-G. (F.-R.-G.) 10,
　44 T 11
Friedell-G., Egon- 21, **10** F/G 16
Friedensg. 2, **33** O 14
Friedenshöheg. 13, **41** T 6
Friedensstadtg. 13, **41** S 5/6
Friedensstr. 23, **53/54** T 6, U 6/7
Friedenszeile 13, **41** S 5/6
Friedhofstr. 10, **57** V 14
Friedhofstr. 14, **28** N 4
Friedhofweg 12, **43** S 9
Friedhofweg 21, **9** D 13
Friedhofweg 22, **12** F 19/20
Friedhofweg, Asperner (A. Fhf.-wg.)
　22, **35** M 18
Friedjungg. 11, **46** S 15
Friedlg. 19, **19** J/K 10
Friedl-G., Johann (J.)- 10,
　57 V/ W 14
Friedlweg 14, **29** N 6
Friedmanng. 16, **31** N 9/10
Friedmann (Friedm.)-Pl.,
　Desider (D.)- 1, **01** N 12
Friedrich-Adler-Weg 10,
　43/44 T 10/11
Friedrich-Engels-Pl. 20, **20** J 12
Friedrich-Hillegeist-Str. (F.-H.-Str.) 2,
　21 L 13
Friedrich-Kaiser-G. 16, **31** N 9
Friedrich (F.)-Kaiser-G.10, **44** S 12
Friedrich (Fr.)-Lieder-Weg 14,
　29 O 6
Friedrich-Manhart-Str. 21, **2** C 15
Friedrich (F.)-Schmidt-Pl. 1, 8,
　32 N 11
Friedrichspl. 15, **31** P 10
Friedrichstr. 1, **32** O 12
Friedrich (F.)-Teller-G. 10, **45** T 14
Friedrich-Wagner-G.(F.-W.-G.) 18,
　19 L 9
Friesenpl. 10, **44** R/S 11
Friesg. (Fr.-g.) 15, **31** P 10
Frimbergerg. 13, **42** Q 7
Frimmelg. 19, **20** H 11
Fritsch-G., Gerhard- 17, **18** K/L 8
Fritz-Grünbaum-Pl.,
　(F.-Grünb.-Pl.) 6, **32** P 11
Fritz-Kastner-Weg (Fr.-Kastn.-W.)
　13, **41** R 5
Fritz (F.)-Pregl-G. 10, **44** S 11
Fritz (F.)-Steinbach-G. 23, **52** V 4
Fritz-Wotruba-Promenade 1,
　33 N/O 12/13
Frnh.-g.=Frauenheimg.
Fröbelg. 16, **31** N 9/10, O 9
Frödenpl. 10, **44** T 11
Frohes-Schaffen-Weg 21, **10** E/F 16
Fröhlichg. 23, **54** V/W 7
Frömmlg. 21, **21** H 13
Fröschelg. 19, **19** H/J 9
Froschlacken, an den 22, **43** T 9
Fr.-Schu.-Wg.=Franz-Schubert-Weg
Fr.-str.=Fruethstr.
Fruchtg. (Fr.-g.) 2, **33** N 13
Früchtl-G., Silvester- 23, **53** U 6,
　V 5/6
Fruethstr. (Fr.-str.) 3, **33** P 14
Frühwirthg. 12, **43** S 9
Fr.-wg.=Freumbichlerweg
Fr.-W.-G.=Friedrich-Wagner-G.
F.-st.=Fuchsensteig
Fuchsbodeng. 11, **47** S 18
Fuchsensteig (F.-st.) 21, **8** E/F 12
Füchselhofg.(Füchs.-g.) 12, **43** Q 9
Fuchsenfeld, Am 12, **43** R 10
Fuchsenlochweg 16, **30** M 7
Fuchsg. 15, **31** P 10
Füchs.-g.=Füchselhofg.
Fuchs-.G., Robert- 14, **28** N 4

Fuchsienweg 22, **24** H 19
Fuchsröhrenstr. 11, **45/46** Q 14,
  R 15
Fuchsthallerg. 9, **32** M 11
Fugbachg. 2, **33** M 13
Fügerg. 6, **31** P 10
Fuhrgassel 19, **18** H/J 8
Führichg. 1, **32** O 12
Fuhrmannsg. 8, **31** N 10
Fuhryg. (F.-g.) 11, **46** S 15
Fultonstr. 21, **21** H/J 14
Funderg. 22, **23** K 17
Fünfhausg. 15, **31** P 10
Funkengerng. 16, **30** N 7
Funkg. (F.-g.) 21, **9** E 14
Fünkhg. 14, **28** P 7
Fürfangg. 19, **20** J 11
Fürsteng. 9, **32** M 11
Fürstenhoferstr. 10, **43** T 10
Fürst (F.)-Liechtenstein-Str. 23,
  53 V/W 5
Fürst-Pl., Johann (J.)- 2, **33** M 1
Furt, Eßlinger 22, **37** O 21
Fürth-G., Otto (O.-F.-G.) 22,
  37 N 21
Fürthweg 13, **42** R/S 7
Füsterweg (F.-wg.) 22, **22** K 16
Füttererg. (Fütt.-g.) 1, **01** N 12
Fütt.-g.=Fütterderg.
Futterknechtg. 23, **55** U/V 9
F.-wg.=Föderlweg
F.-wg.=Füsterweg

G

Gaarg. 23, **43** T 9
Gabelsbergerg. (G.-g.) 2, **33** M 13
Gabillong. (G.-g.) 16, **30** M 7
Gablenzg. 15, 16, **30/31** N 8,
  O 8–10
Gabor (G.)-Steiner-Weg 2, **33** M 13
Gabrissen, In den 21, **1/2** B/C 14,
  C 15
Gadnerg. 11, **45/46** S 14, T 14/15
Ga.-g.=Gardeg.
Gä.-g.=Gänsehäufelg.
Gagerng. 22, **37** O 21
Gaheisg. (Gah.-g.) 13, **29** P 5
Gah.-g.=Gaheisg.
Gaißmayrg. 10, **44** S 11
Gal.-g.=Galileig.
Galileig. (Gal.-g.) 9, **32** L/M 11
Gallg. 13, **42** S 7
Gall-G., Josef (J.)- 2, **33** N 13
Gallitzinstr. 16, **30** M 7, N 7/8
Gallmeyerg. 19, **20** J 11
Galvanig. 21, **9** G 13
Gamanderg. 14, **29** M 5
Gamg. 13, **41** S 5
Ganghoferg. 11, **59** U 17
Ganglbauerg. 16, **31** N 9
Gangl-G., Josef- 13, **41** Q 6
Gänsbacherg. 3, 11, **45** R 13/14
Gänseblümchenweg 22, **25** H/J 22
Gänsehäufelg. (Gä.-g.) 22, **34** M 15
Ganstererg. 16, **31** N 9
Garberg. 6, **31** P 10
Gardeg. (Ga.-g.) 7, **32** O 11
Gardiner-Buttinger-Pl., Muriel 10,
  44 T 11
Garellig. (Gar.-g.) 9, **32** N 11
Gar.-g.=Garellig.
Garnisong. 9, **32** M/N 11
Gartenbaupromenade (G.-p.) 1,
  32 O 12
Gartenfreundeweg 12, **43** S 10
Garteng. 5, **44** P/Q 11
Garteng. 10, **57** X 13
Garteng. (G.-g.) 14, **28** N 3
Gartenheimstr. 22, **37** M 21,
  N 21/22
Garten, Langer 22, **37** N 21
Gärten, Ober den (O.d.G.) 23,
  54 U 8
Gartenschaug. 10, **57** U 13
Gärtnerg. 3, **33** O 13

Gärtnerstr. 2, **46** P/Q 16
Gasg. 15, **31** P 10
Gasparoneweg (Gasp.-wg.) 10,
  56 V 12
Gasp.-wg.=Gasparoneweg
Gasserg. 5, **44** Q 11/12
Gaßmannstr. 12, 13, **42** R/S 8
Gasteigerg. (Gst.-g.) 20, **20** L 12
Gastgebg. 23, **54** U 7/8
Gaswerkstr. 21, **10** D 15
Gatterburgg. 19, **20** K 11
Gatterederstr. 23, **54** U 7
Gatterg. 11, **46** S/T 15
Gatterholzg. 12, **43** R 9
Gaudenzdorfer Gürtel 12, **43** Q 10
Gauermanng.(Gm.-g.) 1, **32** O 11
Gaulg. 23, **54** V 7
Gaulhoferg. (Gh.-g.) 20, **20** K 11/12
Gaullacherg. 16, **31** N 10
Gaunersdorfer-G., Martin- 21,
  10 G/H 16/17
Gaußpl. 2, 20, **20** L 12
G.-B.-G.= Gustav-Brünner-G.
Gb.-wg.=Gegenbauerweg
Gebauerg. 21, **9** G 13
Gebauer-Str., Hermann- 22,
  11 G/H 18
Gebhardtg. 19, **20** K 11
Gebirgsg. 23, **53** U 5
Geblerg. 16, 17, **31** M/N 9/10
Gebrüder-Lang-G. 15, **31** P 10
Gegenbauerweg (Gb.-wg.) 21,
  21 J 14
Geibelg. 15, **31** P 9/10, **43** Q 9/10
Geiereckstr. 11, **45** R 13/14
Geigerg. 5, **44** Q 11
Geigering. (G.-g.) 19, **8** F 11
Geiselbergstr. 11, **45** R 13/14
Geißfußg. 10, **45** T 14
Geiß-G., Karl (K.)- 23, **41** T 6
Geist-g.=Geistinger.
Geistinger. (Geist.-g.) 19, **20** J 11
Gelbsilberweg 22, **35** P 18
Gel.-g.=Gelinekg.
Gelinekg. (Gel.-g.) 23, **56** V 11
Gellertg. 10, **44** R 12/13, S 12
Gellertpl. 10, **44** R 12/13
Gemeindeaug. 22, **35** M 17
Gemeindebergg. 13, **41** Q/R 5
Gemeindeg. (G.-g.) 22, **36** M 19
Genéeg. 13, **42** R 7
Gennarog. 23, **55** U 9
Genochpl. 22, **23** L 17
Gentzg. 18, **19** L 9/10
Geolo.-g.=Geologeng.
Geologeng. (Geolo.-g.) 3, **33** O 13
Georg-Bilgeri-Str. 22, **22** K 16
Georg (G.)-Coch-Pl. 1, **32** N 12
Georg (G.)-Ehrlich-Weg 22,
  22 G/H 16
Georg (G.)-Freißleben-G. 14,
  28 M 4
Georginenpl. 22, **35** N 17
Georgistr. 21, **8** F/G 12
Georg-Pl.,St. (St.-G.-Pl.) 19, **8** F 11
Georg-Prentl-G. (G.-Pr.-G.) 10,
  57 W 14
Georgsg. 23, **53** U 5
Georg (G.)-Sigl-G. 9, **32** M 11/12
Georg-Wiesmayer-G. 10,
  57 W 14
Georg-Wilhelm-Pabst-G.
  (G.-W.-P.-G.) 10, **44** S 11
Gerambg. 22, **22** L 16
Geranienweg (G.-wg.) 22,
  24 H 19
Gerasdorfer Str. 21, **9/10** E 14–16
Gerberg. 23, **54** U 7/8
Gereute, Im 23, **41** T 5
Ger.-g.=Gernotg.
Gerhard-Fritsch-G. 17, **18** K/L 8
Gerhardusg. 20, **20** L 11/12
Gerichtsg. 21, **9** G/H 13
Geringerg. 11, **46** S 15
Gerlg. 3, **33** P 13
Gerlichg. 22, **36** O 20

Gerlospl. 21, **11** E 17
Gerneng. 21, **1** C 14
Gernotg.(Ger.-g.) 15, **31** 09
Gernotg. 22, **37** M 21/22
Gerög. 23, **55** U 9
Geroldg. 17, 18, **18** K 7
Gerold-G., Markgraf (Mgf.-G.-G.)
  22, **35** M 17
Gersperg. 21, **10** G/H 16
Gersthofer Str. 18, **19** K/ L 9
Gerstlg. 21, **9** G 13
Gerstmayerweg 22, **23/24** K 18/19
Gerstnerstr. (Ger.-str.) 15, **31** P 10
Ger.-str.=Gerstnerstr.
Gersunyg. 19, **19** J 10
Gertrudpl. 18, **19** L 10
Gerungg. 16, **30** M/N 7
Geßlg. 23, **53** U 6
Geßmann-G., Dr.-Albert- 21, **9** D 13
Gestade, Am(A.-Gest.) 1, **32** N 12
Gestetteng. 3, **33** P 14
Gestockert, Im 22, **36** N/O 20
Getreidemarkt 1, 6, **32** O 11
Geusaug. 3, **33** O 13
Gewerbeparkstr. 22, **23** J 17
Gewerbering, Favoritner 10,
  44 S 12
Geweyg. 19, **20** J 11
Geyerg. 18, **19** K S/9
Geyer-G., Florian (Fl.)- 10, **45** T 13
Geylingg. 13, **29** P/Q 6, **41** Q 6
Geymüllerg. 18, **18** K 8
Geyschlägerg. (Geyschl.-g.) 15,
  31 O 10
Geyschl.-g.=Geyschlägerg.
Geystr. 11, **45** R 14
Gfrornerg. 6, **31** P 10
G.-g.=Gabelsbergerg.
G.-g.=Gabillong.
G.-g.=Garteng.
G.-g.=Geigering.
G.-g.=Gemeindeg.
G.-g.=Güntherg.
Ghegastr. 3, **45** Q 13
Gheleng. 13, **41** Q/R 5
Gh.-g.=Gaulhoferg.
Giersterg. 12, **43** Q 10
Gießaufg. 5, **43/44** Q 10/11
Gießberg. 9, **32** M 11
Giffingerg. 23, **54** V 8
Gigerg. 3, **33** N/O 13
Gilgeg. 9, **31** M 10
Gilmg. 17, **31** M 9
Gimnigg. 10, **44** T 11
Ginsterweg 22, **24** H 19
Girardig. 6, **32** O 11
Girlitzweg (Girl.-wg.) 14, **29** N 5
Girl.-wg.=Girlitzweg
Girzenbergg. 13, **41** Q 5/6
Giselag. (Gis.-g.) 14, **28** N 4
Giselherg. (Gis.-g.) 15, **31** O 9
Giseviusg. (Gis.-g.) 21, **10** E/F 15
Gis.-g.=Giselag.
Gis.-g.=Giselherg.
Gis.-g.=Giseviusg.
Gitlbauerg. 21, **10** F 16/17
Gladiolenweg 22, **23** K 18
Glang. 21, **11** E/F 17
Glanzingg. 19, **19** J 8/9, K 9
Glasauerg. 13, **29** P/Q 6
Glaserg. 9, **32** M 11/12
Glaser-G., Franz- 17, **18** L/M 7
Glatzg. (Gl.-g.) 19, **20** L 11
Glawatschweg 13, **41** 5 6
Gleichentheilg. 23, **55** V 9
Gleichg. 22, **37** N 21
Gleichsaustr. 21, **2** C 15
Gl.-g.=Glatzg.
Gl.-g.=Gluckg.
Glockenblumeng. 22, **35** N 17
Glockeng. 2, **32** M 12/13
Glorietteg. 13, **42** Q 7
Glossystr. 14, **28** M 4
Gluckg. (Gl.-g.) 1, **32** O 12
Gmarchhaufenstr. (Gmarchh.-str.)
  22, **22** K 15/16
Gmarchh.-str.=Gmarchhaufenstr.

Gm.-g.=Gauermanng.
G.-M.-Str.=Gratian-Marx-Str.
Gmündstr. 21, 9 D 13
Gnedg. 13, 41 S/T 6
Goberg. 13, 41 R 6
God.-g.=Godowskyg.
Godlewskig. (Godl.-g.) 22, 22 L 16
Godl.-g.=Godlewskig.
Godowskyg. (God.-g.) 23, 55 U 10
Goetheg. 1, 32 O 12
Go.-g.=Gottslebeng.
Gogolg. 13, 41 Q 6
Goldammerweg 22, 22 L 16
Goldegg. 4, 32 P/Q 12
Goldemundweg 22, 22 H 16
Gold.-g.=Goldschmiedg.
Goldhammerg. 23, 55 V 9
Goldlackg. 22, 35 N 17/18
Goldmarkpl. 13, 41 Q 6
Goldregeng. 22, 36 M 19
Goldscheidg. 17, 30 M 8
Goldschlagstr. 14, 15, 30 P 8,
  31 O 10, An der9/10
Goldschmiedg. (Gold.-g.) 1,
  32 N 12
Goldsterng. 14, 29 M 5
Göllnerg. 3, 33 O 13/14
Gölsdorfg. 1, 32 N 12
Goltzg. 19, 19 J 10
Gomperzg. 16, 30 M 8
Gonda-G., Dr.- 23, 56 U 11
Gonzagag. 1, 32 M/N 12
Göpfritzg. 21, 9 D 13
Görgeng. 19, 19 K 10
Gorskistr. 23, 56 U/V 11
Göschenweg (Gö.-wg.) 22, 35 M 17
Göschlg. 3, 33 P 13
Göteborgg. 10, 56 U 12
Gotenweg 22, 22 L 15
Gotramg. 22, 34 M 16
Gottek-G., Johann- 23 55 U 9
Gottfried-Alber-G. 14, 30 O 7/8
Gottfried (G.)-Keller-G. 3, 32 O 13
Gottfried-Sennholzer-G.
  (G.-Senn.-G.) 14, 28 N 3/4
Gotthard-Str., St.- 14, 30 O 8
Gotthelfg. 22, 23 L/M 18
Gottschalkg. 11, 45 R 14
Gottslebeng. (Go.-g.) 12, 43 R 9
Göttw.-g.=Göttweiherg.
Göttweiherg. (Göttw.-g.) 1, 01 O 12
Götzg. 10, 44 R 12
Gö.-wg.=Göschenweg
G.-p.=Gartenbaupromenade
G.-Pr.-G.=Georg-Prentl-G.
Graben 1, 32 N 12
Grabeng. 17, 18 L 7
Graben, Tiefer 1, 32 N 12
Grabmayrg. 21, 21 H 13
Grabnerg. 6, 31/32 P 10/11
Gradingerg. 21, 10 G 16
Graedenerg. (Graed.-g.) 21, 9 E 13
Graed.-g.=Graedenerg.
Grafe-G., Felix- 10, 57 U 13
Gräfferg. 17, 31 M 9
Graffg. 10, 44 S 11
Gräfin-Zichy-Str. 23, 53 V 4/5
Graf (Gr.)-Seilern-G. 12, 42 S 8
Graf-Starhemberg-G. 4, 32 P/Q 12,
  44 Q 12
Gräfweg 19, 19 J 9/10
Grailichg. 3, 01 O 13
Gramm-G., Karl (K.-Gr.-G.) 21,
  9 F 13
Granerg. 23, 55 V 9
Grang. 15, 31 P 9
Granichstaedteng. 13, 41 S 5/6
Grasbergerg. 3, 45 Q 13/14
Grasg. 17, 18 L 7
Grashofg. 1, 01 N 12
Grasmückenweg (Grasm.-wg.) 14
  29 M 5
Grasm.-wg.=Grasmückenweg
Grassig. 14, 30 O 8
Graßler-G., Franz- 23, 53/54 T 6,
  U 6/7
Gräßlpl. 3, 11, 45 R 13

Gratian-Marx-Str. (G.-M.-Str.) 11
  45 Q 14
Grauertg. 23, 41 T 5
Graumanng. 15, 43 Q 10
Grawatschg. 23, 55 V 9
Gredlerstr. 2, 32 N 12
Grefe-G., Konrad- 23, 54 X 8
Gregor-Mendel-Str. 18, 19,
  19 K/L 10
Gregor-Ulbrich-G. 21, 2 D 14/15
Gregoryg. 23, 42 T 8, 54 U 8
Greifg. 11, 45 R 14
Greilweg (Gr.-wg.) 14, 29 O 5
Greiml-Weg, August- 23, 41 T 5/6
Greinerg. 19, 20 H 11
Greinzg. 22, 37 M 22
Greiseneckerg. 20, 20 L 12
Gremdlinger-Str., Jakob (J.)- 14,
  28 N 4
Grenadierweg 22, 35 N/O 18
Grengg-G., Maria(M.)- 23, 53 W 5
Grenzackerstr. 10, 44 S/T 12
Grenze, An der(A.-d.-G.) 14, 28 N 4
Grenzg. 13, 41 S 6
Grenzg. 15, 31 P 9
Grenzg., Obere 10, 57 X 13
Grenzstr. 10, 45 T 14
Grenzweg 14, 28 N 4/5
Grenzweg 21, 2 C/D 16
Gretlg. 21, 10 G 15
Greulich-Pl., Hermann (H.)- 22,
  35 M 17
Greutbergg. 14, 15 L 2
Greylederg. 23, 42 T 7
Gr.-g.=Griecheng.
Gr.-g.=Gruberg.
Gr.-g.=Grundlg.
Griecheng. (Gr.-g.) 1, 32 N 12
Griegstr. 20, 20 J 12
Griepenkerlg. 13, 42 S 7
Grieshofg. 12, 43 Q 9/10
Griesingerg. 14, 29 O 6
Grießerg. 12, 43 S 9
Grillg. 11, 45 R/S 14
Grillparzerstr. 1, 32 N 11
Grill-Str., Franz (Fr.)- 3, 45 Q/R 13
Grimmelshauseng. 3, 32 O 12
Grimmg. 15, 43 P/Q 9
Grinzinger Allee 19, 19 H/J 10
Grinzinger Steig 19,19 H 10
Grinzinger Str. 19, 19/20 H 10–12
Grissemann-Str., Oskar- 21, 22,
  10 G 16
Grobeckerg. 13, 41 T 6
Grohg. 5, 32 P 11
Grohmannstr. 22, 36 O 19/20
Grohnerg. 10, 43 T 10
Gröretg. 11 46/47 S 16/17
Großbauerstr. 21, 9/10 E 14/15
Große Bucht-Str. 22, 34 M 16
Große Mohreng. 2, 32 M 13,
  N 12/13
Große Neug. 4, 32 P 11
Groß-Enzersdorfer Allee 2, 34 P 16
Groß-Enzersdorfer Str. 22,
  35 M 19, N 19/20
Große Pfarrg. 2, 32 M 12
Großer Ring 13, 41 S 6
Grosserweg 22, 37 N 21
Große Schiffg. 2, 32 M/N 12
Große Sperlg. 2, 32 M 12
Große Stadtgutg. 2, 33 M 12/13
Großßfeldstr. 21, 10 G 16
Grossmannstr. 22, 37 N 21
Großmarktstr. 23, 56 U 12, V 11/12
Großschopfpl. 21, 10 E 15
Gruberg. (Gr.-g.) 16, 31 N 9
Gruber-Weg, Dolfi- 22, 22 K 16
Gruber-Weg, Ludwig (L.)- 19, 18 J 7
Grübl-Weg, Karl (K.-Gr.-Wg.) 22,
  35 M 17
Gruen-G., Victor- 10, 45 T 14
Grüllemeierg. 16, 31 N 9
Grünangerg. 1, 32 N/O 12
Grünbaumg. 22, 12 E 19
Grünbaum-Pl., Fritz
  (F.-Grünb.-Pl.) 6, 32 P 11

Grünbeckweg 17, 18 L 8
Grünbergstr. 12, 13, 43 Q 9, R 8/9
Grundäckerg. 10, 57 V 13
Grundemanng. 22, 12 E 19
Grundlg. (Gr.-g.) 9, 20 L 11
Gründorfg. 14, 30 O/P 8
Grundsteing. 16, 31 N 10
Gründungsweg 22, 35 O 17/18
Grünentorg. 9, 32 M 11/12
Grüne Stube 14, 29 O 6
Grünfeld-G., Alfred (A.-G.-G.) 9,
  32 N 11
Grüng. 4, 5, 32 P 11
Grün-G., Anastasius- 18,
  19/20 L 10/11
Grünlandweg 14, 29 N/O 5
Gruntzelstr. 22, 37 M/N 22
Grünwaldg. 5, 44 Q 11
Gruschapl. 14, 30 P 7
Gr.-wg.=Greilweg
Gschwandnerg. 17, 31 M/N 9
Gschweidlg. 21, 9 D 14
Gsellhoferg. 23, 43 T 9
G.-S.-G.=Gustav-Seidel-G.
G.-Senn.-G.=Gottfried-Sennholzer-G.
Gspöttgraben 19, 6 G/H 8
Gst.-g.=Gasteigerg.
Gstöttner-G., Adolf (A.)- 20, 20 L 12
Gsur-G., Hubert (H.)- 10, 57 U 13
Gudent-Weg, Seckendorff- 13,
  42 R 8
Gudrunstr. 3, 10, 44/45 R 11–13
Gugitzg. 19, 19 J 9
Guglg. 3, 11, 46 Q 15
Gugliag. 22, 24 K 19
Guido (G.)-Lammer-G. 22,
  23/24 L 18/19
Guldeng. 14, 29 P 6
Gumpendorfer Gürtel 6, 31 P/Q 10
Gumpendorfer Str. 6, 31/32 O 11,
  P 10/11
Gumplowiczstr. 22, 22 L 16
Gundackerg. 22, 37 M 20/21
Gunertweg 22, 23 J 18
Guneschg. 19, 20 K 11
Gunoldstr. 19, 20 J 11/12
Gunsam-G., Karl (K.)- 11, 45 R 14
Günselg. 14, 29 M/N 5
Güntherg. (G.-g.) 9, 32 M/N 11
Gunther-G., Stüber (St.-G.-G.) 12,
  43 S 9
Guntherstr. 15, 31 O 9
Guntherstr. 22, 37 M/N 22
Güpferlingstr. 17, 30 L/M 8
Gurkg. 14, 30 O/P 8
Guschelbauerg. 21, 9 F 13
Guseng. 21, 11 E 17
Gusenleithnerg. 14, 30 P 7
Gus.-g.=Gusindeg.
Gusindeg. (Gus.-g.) 13, 41 Q 5
Gussenbauerg. (Guss-g.) 9,
  20 L 11
Guss.-g.=Gussenbauerg.
Gußhausstr. 4, 32 P 12
Gußriegelstr. 10, 44 R/S 11
Gustav-Brünner-G. (G.-B.-G.) 13,
  41 T 6
Gustav-Pick-G. 19, 19 J/K 9
Gustav-Seidel-G. (G.-S.-G.) 13,
  29 P 5
Gustav-Tschermak-G., 18, 19,
  19 K/L 10
Gustererg. 14, 30 O 7
Gütenbachstr. 23, 52 U 3/4, V 4
Gutenbergg. 7, 32 O 11
Gutheil-Schoder-G. 10, 23,
  43 S 10, T 9/10, U 9
Gutraterpl. 16, 30 N/O 8
Gutzkowpl. 13, 41 Q 6
G.-wg.=Geranienweg
G.-W.-P.-G.=Georg-Wilhelm-Pabst-G.
Gymnasiumstr. 18, 19, 19 K/L 10
Gyrowetzg. 14, 42 P/ Q 8

H

Haarhof (H.-h.) 1, 32 N 12

Haasg. 2, **32** M 12
Haberditzlg. (H.-g.) 21, **11** F/G 17
Haberlandtg 22, **35/36** M 18/19
Haberlg. 16, **31** N/O 9
Haberzeth-G., Anton- 21, **1** C/D 13
Habicherg. 16, **31** N/O 9
Haböckg. 23, **56** U/V 11
Habsburgerg. 1, **32** N 12
Hackenbergg. 19, **19** J 9
Hackenbergweg 19, **18/19** J 8/9
Hackeng. 15, **31** O/P 10
Hackhoferg. 19, **8** G/H 11
Hackinger Kai 13, **29** P 5
Hackinger Str. 14, **29/30** P 6/7
Hadatschg (Had.-g.) 11, **46** R 15
Hadersbergensteig 23, **53** V 5
Had.-g.=Hadatschg.
Hadikg. 14, **28** O 4, **29/30** O 5,
   P 5–7, Q 8
Hadlaubg. (Hadl.-g.) 22, **35** M 18
Hadl.-g.=Hadlaubg.
Hadrawag. 22, **37** N 22
Haeberg. 12, **43** Q 10
Haeckelstr. 23, **53** V/W 6
Haeng. 22, **36** N 20
Haeussermannwg. 3, **33** P 14
Hafeng. 3, **33** P 13
Hafenstr., Freudenauer 2,
   47 Q 17/18, R 18
Hafenstr., Kuchelauer 19,
   7/8 E 10/11, F 11
Hafenzufahrtstr. 2, **34/35** P 16/17
Hafenzufahrtsstr., Alberner 11,
   47/48 R 18–T 19
Haffnerg. 22, **37** N 22
Hafnerg. (Hf.-g.) 2, **32** M 12
Hafnersteig (H.-stg.) 1, **32** N 12
Ha.-g.=Haschkag.
Hagebuttenweg (H.-wg.) 22,
   35 N 17
Hagedornweg 22, **24** L 19
Hägeling. 14, **30** O 8
Hagenallee 11, **48** S 19
Hagenau, In der 13, **41** R 6
Hagenbergg. 13, **29** P 5
Hagenbrunner Str. 21, 1 A–C 14
Hageng. 15, **31** O 9
Hagenmüllerg. 3, **33** O/P 14
Hagl-G., Viktor- 14, **28** N 3
Hahnemanng. 21, **9** E 14
Hahng. 9, **32** M 11/12
Haidackerg.12, **43** R 9l10
Haide, Auf der (A.d.H.) 22, **12** F 19
Haideng. 23, **55** V 9
1. Haidequerstr. 11, **46** Q/R 15
2. Haidequerstr. 11, **46** Q/R 15
7. Haidequerstr. 11, **46** Q/R 16
8. Haidequerstr. 11, **46** R 16
9. Haidequerstr. 11, **46** R 16
11. Haidequerstr. 11, **47** R/S 17
Haidersbergg. 14, **28** M 4
Haidestr. 11, **46** R 15/16, S 16
Haidg. 2, **32** M 12
Haidingerg. 3, **33** O 14
Haidl-G., Anton- 17, **18** K 7/8
Haidmannsg. 15, **31** P 10
Haidschüttg. (H.-g.) 21, **21** H 13
Hainbachg. 14, **16** J 3
Hainburger Str. 3, **33** O 13, P 14
Hainburger Weg 3, **33** P 14
Haindlg. 11, **47** S 17
Haizingerg. 18, **19** L 10
Hakelg. 11, **45** R 14
Halauskag. 23, **54** X 8
Halban-Kurz-Str. 23, **56** V/W 11
Halbg. 7, **31** O 10
Halblehenweg 22, **23/24** H 19,
   J 18/19
Halbritterg. 23, **53** W 5/6
Halirschg. 17, **31** M 9
Hallensteing. 12, **42** S 8
Hallerg. 11, **46** Q/R 15
Halmg. (H.-g.) 2, **33** O 13/14
Halteraug. 19, **20** J 11/12
Halterlacken (H.-l.) 11, **47** T 17
Hamburgerstr. 5, **32** P 11
Hameaustr. 19, **18** J 7

Hameauweg 17, **17** J 6
Hamerlingg. 14, **28** N 3
Hamerling-G., Robert- 15, **31** P 10
Hamerlingpl. 8, **31** N 10
Hamiltong. 14, **29** O 5
Hammerfestweg 22, **35** M/N 18
Hammer-G., Rudolf- 14, **28** O 4
Hämmerleg. 10, **57** V 13
Hammer-Purgstall-G. (H.-P.-G.) 2,
   32 N 12
Hammerschmidtg. 19, **20** H 11
Hammerschmiedgraben, 19, **8** G 11
Hanakg. 14, **29** P 6
Hanauskag. (Han.-g.) 12, **43** R 10
Händelg. 17, 18, **19** L 9
Handel-Mazzetti-G. 22, **22** H 15
Handelskai 2, 20, **20** J 12,
   21 J–L 13, L 14, **33/34** M 14–O 16
Handlirschg. 17, **18** L 8
Hanfg. 22, **23** J 18
Hänflingweg 14, **29** M 5
Han.-g.=Hanauskag.
Han.-g.=Hanglüßg.
Hanglüßg. (Han.-g.) 15, **31** P 10
Hänischg. 22, **25** K–M 22
Hannbaumstr. 14, **15** L/M 1
Hannoverg. 20, **20** L 12
Hannpl. 19, **20** J 11
Hanreiterg. 21, **9** E 14
Hansalg. (H.-g.) 3, **33** N/O 13
Hanschweg 13, **41** R 5
Hanselmayerg. 13, **42** Q/R 7
Hansen-G., Theophil (Th.)- 23,
   53 V 6
Hansenstr. (H.-str.) 1, **32** O 11
Hansi (H.)-Niese-G. 19, **20** H 11
Hansi (H.)-Niese-Weg 13, **42** R 7
Hans-Leinkauf-Pl. 17, **18** K 7
Hanslg. 21, **10** G 15
Hanslick-G., Eduard (E.)- 16, **30** N 7
Hans (H.)-Muhr-Promenade 14,
   28 O 4
Hans (H.)-Richter-G. 19, **19** K 10
Hans (H.)-Sachs-G. 18, **31** M 10
Hansson-Str., Per-Albin- 10,
   56 U 11/12
Hans-Spitzy-G. (H.-Sp.-G.) 21,
   10 E 15
Hans-Steger-G. 22, **23** U/V 17
Hans (H.)-Temple-G. 23, **54** X 8
Hanswenzel-G., Dr.- 23, **54** W 8
Hantzenbergerg. (Hbgr.-g.) 10,
   44 R 11
Hanuschg. (H.-g.) 1, **32** O 12
Hardegg. 22, **35** M/N 17
Hardtg. 19, **20** K 11
Hardtmuthg. 10, **44** R 11, S 11/12
Harkortstr. 2, **33** M 13/14
Harlacherweg 22, **22** K 16
Harm.-g.=Harmonieg.
Harmonieg. (Harm.-g.) 9, **32** M 11
Harrachg. 22, **34** M 15
Hartäckerstr. 19, **19** K 9/10
Harthauserg.(Hhsr.-g.) 12, **43** Q 10
Hartlebeng. 22, **35** M 17
Hartlg. 20, **20** K/L 12
Hartmann-Pl., Ludo- 16, **31** O 10
Hartriegelg. 22, **13** G 21/22
Hartwig-Balzen-G. 21, **10** E 16
Haschg. 11, **46** R 15
Haselbrunnerstr. 23, **53** V/W 5
Haselnußweg (H.-wg.) 22, **35** N 17
Hasenauerstr. 18, 19, **19** K 9, L 9/10
Haseng. 10, **44** R 11/12
Hasenhutg. 12, **43** R 9
Hasenleiteng. 11, **46** S/T 15
Hasenöhrlstr. 10, **57** U/V 13
Hasensprung, Am (A. Hspr.) 23,
   54 U 7
Hasensteig (H.-st.) 14, **28** O 4
Hasenwartg. 23, **53** V 6
Hasibederstr. 22, **24** K 19
Haslingerg. 16, 17, **31** N 9/10
Hasnerg. 22, **25** L 21/22
Hasnerstr. 16, **30/31** N 8–10

Haspelmeisterg. 14, **28** M 4/5
Hasp.-g.=Haspingerg.
Haspingerg (Hasp.-g.) 8,
   31/32 N 10/11
Haspingerpl. 21, **9** F 14
Hassingerg. 21, **22** G/H 15
Haßlwanderweg 22, **35** N 18
Haßreitersteig (Haßr.-st.) 23,
   53 U 6
Haßr.-stg.=Haßreitersteig
Hasswellg. 21, **9** E 14
Hatschekg. (H.-g.) 22, **37** N 21
Haubenbiglstr. 19, **19/20** J 10/11
Hauer-G., Franz (Fr.-H.-G.) 3,
   33 O 13
Hauer-Pl., Josef-Matthias (J.-M.)-
   8, **31** N 10
Hauerweg (H.-wg.) 19, **18** J 8
Hauffg. 11, **45** R 14
Haugerstr. 11, **46** S 15
Hau-G., Matthias (M.)- 13, 23,
   41 T 6
Haulerstr. (H.-str.) 9, **32** N 11
Haunzahndg. 12, **42** S 7
Hauptallee 2, **33/34** M/N 13–P 16
Hauptpl., Maurer 23, **53** U 6
Hauptstr., Bruckhaufner 21, **21** K 14
Hauptstr., Döblinger 19, **20** J–L 11
Hauptstr., Eßlinger 22, **37** N 20–22
Hauptstr., Floridsdorfer 21,
   21 H/J 13
Hauptstr. (Hadersdorf) 14,
   27/28 N 2–3, O 2
Hauptstr., Hernalser 17, **30/31** L 8,
   M 8–10
Hauptstr. Hietzinger 13,
   41/42 Q 6–8
Hauptstr., Landstraßer 3, **33** O 13,
   P13/14, **45** Q 13/14
Hauptstr.,Meidlinger 12, **43** Q/R 9
Hauptstr., Simmeringer 11,
   45/46 Q 14–T 16, **59** U 17
Hauptstr., Süßenbrunner 22, **12** F 19
Hauptstr., Wiedner 4, 5,
   32 O/P 12, **44** Q 11
Hauptweg 17, **17** J 6
Hauschka-G., Vinzenz (V.-H.-G.)
   22, **35** N 18
Hauserg. 10, **45** R/S 13
Hausfeldstr. 22, **24** J–L 19,
   35 M 18
Hausgrabeng. (H.-g.) 23, **54** W 7
Hausgrundweg 22, **23** L/M 17
Hauslabg. 4, 5, **44** Q 11/12
Häußlerg. 22, **22** K 16
Haussteinstr. 2, **21** L 14
Hauswurzweg 22, **25** H 22
Havannaweg 22, **35** P 18
Hawelg. 18, **18** K 8
Hawlicekg. 21, **21** H 14
Hawranek-Pl., Edmund- 21, **9** D 13
Haydlerg. 16, **29** N 6
Haydng. 6, **31** P 10
Haydn-Str. Joseph (J.)- 14, **28** N 4
Hayekg. 21, **9** D 14
Haymerleg. 16, **31** N/O 9
Haymog. 23, **53** U 5/6
Hbgr.-g.=Hantzenbergerg.
Hbl.-wg.=Herzblumenweg
Hdrstwg.=Heidenreichsteinweg
Hebbelg. 10, **44** S 12
Hebbelpl. 10, **44** S 12
Hebrag. (H.-g.) 9, **31** N 10
Heckenweg 22, **22** J 16
Heckmann-Str., Dr. (Dr.-H.-Str.) 14,
   28 N 3
Hederichg. 10, **45** T/U 14
Hedorfer-Str., Florian (Fl.)- 11,
   46 S 15
Hedwigg. (He.-g.) 2, **33** M/N 13
Hedy (H.)-Urach-G. 13, **41** T 6
Heeresmuseumstr. 3, **45** Q 13
He.-g.=Hedwigg.
Hegele-Weg, Max (M.)- 12, 23,
   43 T 9/10
Hegelg. 1, **32** O 12
Hegerg. 3, **33** P 13

Heger-Pl., Anton (A.)- 23, **54** V 7
Heidelg. 11, **59** U 18
Heidenreichsteinweg (Hdrst.-wg.)
  21, **9** D 13
Heidenschuß (Heid.-sch.) 1, **32** N 12
Heider-G., Franz (Fr.)- 23, **54** W 7
Heiderichstr. 16, **30** M 7
Heidestr. 14, **27** M 1
Heideweg 14, **29** N 5/6
Heidjöchl, Am 22, **24** K 19
Heid.-sch.=Heidenschuß
Heigerleinstr. 16, 17, **30/31** M 8/9,
  N 8
Heiligenstädter Lände 9, 19,
  20 J 11/12, K 11
Heiligenstädter Str. 9, 19,
  7/8 E 10/11–G 11/12,
  20 H 11/12, J–L 11
Heimg. 23, **41** T/U 6
Heimkehrerg. 10, **45** T 14
Heimscholleg. 13, **41** S 5
Heimstättenstr. (Heimst.-str.) 14,
  28 O 4
Heimst.-str.=Heimstättenstr.
Heindlg. 16, **31** N 9
Heindl-G., Brüder- 23, **54** W 7
Heinestr. 2, **33** M 12/13
Heing. 21, **21** H 14
Heinickeg. 15, **43** Q 9
Heinl-G., Dr.-Eduard (Dr.-E.-H.-G.)
  19, **19** H 10
Heinrich-Collin-Str. 14, **30** O/P 7/8
Heinrich (Heinr.)-Kneissl-G. 14,
  28 M 4
Heinrich (H.)-Lefler-G. 22, **35** M 17
Heinrich-Maxa-G. 2, **34** N 15
Heinrich (H.)-Mitteis-G. 21,
  10 F 16/17
Heinrichsg. 1, **32** N 12
Heinrich-von-Buol-G. 21, **10** G 15
Heinzelmanng. 20, **20** L 12
Heinzl-G., Josef (J.)- 13, **41** R 5
Heinz-Lazek-Weg (H.-L.-W.) 22,
  22 K 16
Heinz-Nittel-Weg 13, **41** Q/R 6
Heinz-Str., Karl- 23, **42** T 8
Heißg. 23, **41** T/U 6
Heisterg. 20, **20** L 12
Heizwerkstr. 23, **56** V 11/12
Helblingg. 17, **31** N 10
Heldenpl. 1, **32** O 11
Heldenpl., Asperner 22,
  35/36 M 18/19
Heleneng. 2, **33** N 13
Helferstorferstr. 1, **32** N 11/12
Helfertg. 12, **42** S 7
Helgolandg. 20, **20** J/K 12
Hellg. 16, **31** N 9
Hellingstr. 2, **47** Q 17
Hellmesbergerg. 14, **29** P 6
Hellwagstr. 20, **20/21** K 12/13
Helmerg. 22, **37** N 22
Helmholtzg. 21, **9** G 13
Henckellg. 14, **29** O 5
Hen.-g.=Hentscheleg.
Henke-Str.,Rudolf(R.)- 14, **28** O 4
Hennebergg. 3, **33** P/Q 14
Henriettenpl. 15, **31** P 9/10
Henslerstr. 3, **01** O 13
Hentscheleg. (Hen.-g.) 13, **41** Q 5
Hentzig. 10, **44** S 12
Herbeckstr. 17, 18, **19** L 8/9
Herbert (H.)-Boeckl-Weg 22,
  22 H 16
Herbortg. 11, **45** R/S 14
Herbststr. 16, **31** N 8/9, O 9/10
Herchenhahng. 21, **10** F 16/17
Herderpl. 11, **45** R 14
Heringg. 22, **25** L 21
Herklotzg. 15, **31** P 10, Q 9
Hermann (H.)-Bahr-Str. 21, **21** H 13
Hermann-Broch-G. 12, **42** S 8
Hermanng. 7, **31** O 10
Hermann (H.)-Greulich-Pl. 22,
  35 M 17

Hermann-Pacher-G. (H.-P.-G.) 18,
  19, **19** K 9
Hermann-Plackholm-G., 22, **35** N 18
Hermann (H.)-Pacher-Weg 18,
  19 K 9
Hermann (H.)-Schöne-Pl. 10,
  44 T 11
Hermannsweg 23, **55** U 10
Hermelinweg 22, **35** N 17/18, O 17
Hermesstr. 13, **41** S 5/6
Hermine (H.)-Cloeter-G. 14, **28** N 4
Herm.-g.=Hermineng.
Hermineng. (Herm.-g.) 2, **32** M 12
Hernalser Gürtel, 8, 9, 17,
  31 N/M 10
Hernalser Hauptstr. 17, **30/31** L 8,
  M 8–10
Herndlg. 10, **44** R 12
Hernstorferstr. 14, **30** P 7
Herog. 10, **45** T 13
Herreng. 1, **32** N 11/12
Herrenhäufel 22, **36** O 19
Herrenholzg. 21, **2** C/D 15
Herretweg 11, **47** T 17
Herschelg. 10, **44** T 12
Herschmannweg 14, **30** O 7
Hertherg. 12, **43** Q 10
Hertlg. 16, **29/30** N 6/7
Hertzka-Pl., Emil- 10, **44** T 11
Hervicusg. 12, **42** S/T 8
Herzblumenweg (Hbl.-wg.) 22,
  24 H 20
Herzg. 10, **44** Q–S 12, S 11
Herzigg. 23, **54** V 8
Herzmanovsky-Orlando-G. 21,
  11 F/G 17
Herzmanskystr. 14, **27** N 2
Heschweg 14, 16, **29** N/O 6
Hesseg. 22, **37** M/N 22
Heßg. 1, **32** N 11
Heß-G., Vinzenz (V.)- 13, **29** P 5
Hetmanekg. 23, **55** W 8/9, V 9
Hettenkoferg. 16, **30** N 8
Hetzendorfer Straße 12, 13,
  42/43 S 7–9
Hetzg. 3, **33** N 13
Heubergerg. 13, **41** T 6
Heubergg. 17, 18 L 7
Heuberggstättenstr. 10, **44** T 12
Heudörfelg. 23, **41** T 5/6, U 5
Heumarkt, Am 3, **32** O 12/13
Heumühlg. 4, **32** P 11
Heustadelg. 22, **36** N 19/20
Hevesig. 13, **42** R 8
Heyse-G., Paul- 11, **59** U 17/18
Hf.-g.=Hafnerg.
H.-g.=Haberditzlg.
H.-g.=Haidschüttg.
H.-g.=Halmgasse
H.-g.=Hansalg.
H.-g.=Hanuschg.
H.-g.=Hatschekg.
H.-g.=Hausgrabeng.
H.-g.=Hebrag.
H.-g.=Hinaysg.
H.-g.=Hochstetterg.
H.-g.=Hölzelg.
H.-h.=Haarhof
Hh.-g.=Holzhauserg.
Hhsr.-g.=Holzhauserg.
Hickelg. 14, **30** O/P 8
Hießg. 3, **33** O 13
Hietzinger Hauptstr.13,
  41/42 Q 6–8
Hietzinger Kai 13, **29/30** P 6/7,
  Q 7/8
Hildebrandg. 17, 18, **31** M 10
Hillegeist-Str., Friedrich (F.-H.-Str.)
  2, **21** L 13
Hillerstr. 2, **33** M 14
Hilscherg. 12, **43** R 9/10
Himberger Str. 10, **57** U/V 12/13,
  X 13
Himmelbaurg. 13, **42** R/S 7
Himmelhofg. 13, **29** P/Q 5
Himmelmutterweg 17, **18** L 7/8
Himmelpfortg. 1, **32** O 12

Himmelpfortstiege (Hpf.-stge) 9,
  20 L 11
Himmelschlüsselweg (Hschl.-wg.)
  16, **30** M 7
Himmelstr. 19, **7** G/H 9, **19** H 9/10
Hinaysg. (H.-g.) 21, **21** H 14
Hintere Liesingbachstr. 10, **57** V 13
Hintere Südbahnstr. 10, **44** Q 12
Hintere Zollamtsstr. 3, **33** N 13
Hintergärteng. 19, **20** H/J 11
Hintermayerg. 3, **33** P 14
Hintpergg. 11, **47** T 18
Hintschigg. 10, **43** T 10
Hintzerstr. 3, **33** O 13
Hippg. 16, **31** N/O 10
Hirscheng. 6, **31** P 10
Hirschensteig (H.-stg.) 13, **41** S 5
Hirschfeldweg 13, **42** R 7
Hirsch-Pl., Albin (A.)- 11, **46** S 15
Hirschstettner Str. 22, **23** J 17,
  K 17, L 18
Hirschvogelg. 20, **20** L 11
Hirseweg 22, **35** N 17
H.-I.=Halterlacken
Hlavacekweg (Hlav.-wg.) 14,
  29 O 6
Hlav.-wg.=Hlavacekweg
H.-L.-W.=Heinz-Lazek-Weg
Höbarthg. 21, **10** F 16
Hochedlinger-G., Franz (Fr.)- 2,
  32 M 12
Hochenaistg. 14, **28** M 4
Hochenegg. 19, **19** H 10
Hochfeldstr. 21, **2** C 15
Hochheimg. 13, **42** R 7
Hochmaisg. 13, **41** S 6
Hochmuthg. 22, **23** H 17
Hochsazteng. 14, **29** O/P 6
Höchsmannweg (Höchs.-wg.) 22,
  35 M 17
Höchstädtpl. 20, **20** K 12
Hochstetterg. (H.-g.) 2, **33** M 13
Hochstr. 14, **28** N 4
Hochstr. 23, **53** W/X 5
Höchs.-wg.=Höchsmannweg
Hochwaldweg 22, **22** K 15/16
Hochwasserg. 23, **56** U 11
Hochweg 17, **17/18** K 6/7, L 6/7
Hockeg. 18, **18** K 8/9, **19** K 9
Hödlg. 23, **54** U 7
Hoechleg. 22, **36** N 19
Hoefftg. 11, **47** T 18
Hof, Am 1, **32** N 12
Hofbauerg. (Hofb.-g.) 12, **43** Q 10
Hofbauer-Weg, Sebastian (S.-H.-W.)
  21, **22** H 15/16
Hofb.-g.=Hofbauerg.
Hofbauer-Pl., Clemens (Cl.)- 17,
  31 M 9
Hofenederg. (Ho.-g.) 2, **33** N 13
Höferg. 9, **32** M 11
Hofer-Str., Andreas (A.)- 21, **21** H 14
Hoferstiege 23, **53** V 6
Hofferpl. 16, **31** N 10
Hoffingerg. 12, **43** S 9
Hoffmann-Pl., Johann- 12, **43** S 9
  43 R 10
Hoffm.-g.=Hoffmeisterg.
Hofg. 5, **32** P 11
Hofherrg. 10, **45** R 13
Hofherr-Schrantz-G.
  (Hofh.-Schr.-G.) 21, **8** E 12
Hofh.-Schr.-G.=Hofherr-Schrantz-G.
Hofjagdstr. 13, **28/29** O 4l5
Hofjägerstr. 13, 14, **27** N/O 2
Höfler-G., Alois (A.-H.-G.) 11,
  46 S 15
Hofmanng. (Hofm.-g.) 18, **31** M 9
Hofmannsthalg. 3, **45** Q 13/14
Hofm.-g.=Hofmanng.
Hofmeisterg. (Hoffm.-g.)=
Hofmeisterg.
Hofmüklg. (Hofm.-g.) 15, **43** Q 9
Hofmühlg. 6, **32** P 11
Hof, Roter 8, **32** O 11
Hofstädteng. 19, **18** H 7
Hofstättenweg 22, **11** F 18

Hofstattg. 18, **19** L 10
Hofwieseng. 13, **42** R/S 7
Hofzeile 19, **20** K 11
Hofzinserg. 16, **30** N 8
Ho.-g.=Hofenederg.
Ho.-g.=Holteig.
Hö.-g.=Höritzerg.
Ho.-g.=Hoyosg.
Högelmüllerg. 5, **44** Q 11
Hohenauerg. 19, **19** J 10
Hohenbergstr. 12, **43** R 9
Hohenfeldg. 22, **23** L 17
Hohenfelspl. 12, **43** R 9
Hohenstaufeng. 1, **32** N 11/12
Höhenstr. 17, 18, 19, **6** G 7/8
  7 F/G 9, E/ F 10, **17/18** H 6/7,
  J 6/7
Hohenwarterweg 18, **19** K 9
Höhenweg 17, **17** H 6
Hoher Markt 1, **32** N 12
Hohe-Wand-G. 14, **15** L 2
Hohe Warte 19, **20** H/J 11
Hohlwegg. 3, **33** P/Q 13
Höhnel-G., Ludwig-v.- 10, **45** T 13
Höhneg. 18, **19** K/L 9
Holbeing. 10, **44** S 11
Holetschekg. 21, **10** E 15
Holeypl. 10, **44** T 12
Hollandstr. 2, **32** M/N 12
Hölle, An der 10, **57** V 13
Hollerg. 15, **43** Q 9
Hollg. 5, **44** Q 11
Hollitzerg. 10, **44** S 12
Holm-G., Arnold (A.)- 10, **57** U 13
Holocherg. 15, **31** O/P 9
Holteig. (Ho.-g.) 21, **10** E 15
Holubstr. 2, **21** L 13
Holunderweg (H.-wg.) 22, **35** M 17
Hölzelg. (H.-g.) 23, **55** U 9
Holzg. 19, **20** J 12
Holzhauserg. (Hh.-g.) 2, **33** M 13
Holzknechtstr. 10, **45** T/U 13
Hölzl-Weg, Otto (O.)- 16, **30** M 7
Holzmanng. 21, **11** G 17
Holzmannweg 21, **11** G 17
Holzmeisterg. (Holzm.-g.) 21,
  21 H 14
Holzm.-g.=Holzmeisterg.
Hopfeng. 21, **9** F/G 13
Höpflerg. 23, **54** V 7
Hopfner-G., Paul- 21, **1** C 14
Hopfnerweg 11, **47** T 18
Hopsag. 20, **20** J 12
Hörbiger-G. Johann- 23, **41/42** T 7,
  U 6/7
Horeischyg. 13, **41** Q 6
Höritzerg. (Hö.-g.) 14, **30** P 7
Hörlg. 9, **32** M/N 11
Hormayrg. 17, **31** M 9/10
Hornb.-g.=Hornbostelg.
Hornbostelg. (Hornb.-g.) 6,
  31 P/Q 10
Hörndlwaldg. 13, **41** S 5
Horneckg. 17, **31** M/N 9
Hörnesg. 3, **33** O 13
Hornigweg 19, **19** H 10
Hornspergsteig 19, **19** J 9/10
Horteng. 22, **35** M 18
Hörteng. 11, **48/47** S 16/17
Hortensienweg (Ht.-wg.) 22,
  35 M 17
Horvathg. 16, **30** O 8
Hosnedlg. 22, **23** H 17
Hoßpl. 21, **21** H 14
Hovenweg 22, **22** K 16
Hoyosg. (Ho.-g.) 4, **32** P 12
Hpf.-stge=Himmefpfortstiege
H.-P.-G.=Hammer-Purgstall-G.
H.-P.-G.=Hermann-Pacher-G.
Hschl.-wg.=Himmelschlüsselweg
H.-Sp.-G.=Hans-Spitzy-G.
H.-st.=Hasensteig
H.-stg.=Hafnersteig
H.-stg.=Hirschensteig
H.-str.=Hansenstr.
H.-str.=Haulerstr.
Ht.-wg.=Hortensienweg

Huberg. 16, **31** N 10
Hubermanng. 23, **55** V 9
Hubert (H.)-Gsur-G. 10, **57** U 13
Hubertusdamm, Am 21, **8** F/G 12,
Hubertusg. (Hub.-g.) 21, **21** K 14
Hubertus-G., St. (St.-H.-G.) 13,
  41 S 5
Hubertus-Pl., St.- 13, **41** S 5
Hubertusweg (Hub.-wg.) 17, **17** H 6
Hub.-g.=Hubertusg.
Hub.-wg.=Hubertusweg
Huch-Weg, Ricarda- 10, **44** S 12
Hufelandg. 12, **43** Q 9
Hufg. 21, **9/10** G 14/15
Huflattichweg (Hufl.-wg.) 22,
  25 J 21
Hufl.-wg.=Huflattichweg
Hügelg 13, **30** P 7
Huger-G., Andreas- (A.-H.-G.) 22,
  22 J 16
Huglg. 15, **31** O/P 9
Hugog. 11, **46** R/S 15
Hugo (H.)-Kirsch-G. 23, **53** U/V 5
Hugo-Meisl-Weg 10, **43** T 10
Hugo-Wolf-G. (H.-W.-G.) 6, **31** P 10
Hühnersteig 21, **8** F 12
Hühnersteigstr. 14, **15** L 1, **27** M 1
Hülben, An der (A.d.H.) 1, **32** O 12
Huleschg. 19, **20** J 11
Humboldtg. 10, **44** Q/R 12
Humboldtpl. 10, **44** R 12
Hummelg. 13, **41/42** P/Q 6/7, R 6
Hundsturm, Am 5, **43** Q 10
Hungerbergstr. 19, **19** J 10
Hungereckstr. 23, **55** U 9, V 9/10
Huppg. 10, **44** Q 12
Husarenweg 22, **35** N 18, O 17/18
Huschkag. 19, **19** H/J 10
Husterg. 14, **30** P 8
Huth-G., Alfred- **9** E 13
Hüttelbergstr. 14, **29** M–O 5
HütteldorferStr. 14, 15, **29/30** O 6,
  O 8, P 6–8, **31** O 9/10
Hüttenbrennerg. 3, 11, **45** R 13/14
Hutteng. 14, 16, **30** N/O 8
Huttererg. 11, **45/46** R 14/15
Hütterg. 14, **28** M/N 3
Hutweideng. 19, **19** K 9/10
H.-wg.=Hagebuttenweg
H.-wg.=Haselnußweg
H.-wg.=Hauerweg
H.-wg.=Holunderweg
H.-W.-G.=Hugo-Wolf-G.
Hyazintheng. 22, **23** L 17
Hyeg. 3, **33** P 13/14
Hyrtlg. 16, **31** N/O 9

I

Ibachstr. 22, **37** N 22
Iberisweg 22, **23** H/J 17
Ibsenstr. 15, **30** O 8
Ichag. 21, **22** H 15
Ichmanng. 2, **34** O 15
Iglaseeg. 19, **19/20** J 10/11
Ignaz (Ig.)-Born-Weg 13, **41** R 5
Ignazg. 12, **43** Q/R 10
Ignaz-Köck-Str. 21, **9** F/G 13/14
Ignaz-Pleyel-G. 10, **44** T 11
Ignaz-Schreiner-Weg 18, **18** J 8
Ignaz (Ig.)-Seipel-Pl., Dr.- 1, **01** N 12
Ignaz-Weigl-G. (I.-W.-G.) 11, **46** R 15
I.-L.-G.=Innocenz-Lang-G.
Ilgpl. 2, **33** M 14
Illekg. 15, **31** P 9
Illg. 21, **11** E 16/17
Illnerstr. 22, **37** M/N 21
Im Erdberger Mais 3, **33** P 14
Im Gereute 23, **41** T 5
Im Gestockert 22, **36** N/O 20
Immeng. 21, **9** G 13/14
Immergrüng. 22, **35** N 17
Im Werd 2, **32** M 12
In den Gabrissen 21, **1/2** B/C 14,
  C 15
In den Kräutern 17, **17/18** H/J 6
In der Burg 1, **32** N/O 11

In der goldenen Erden 21, **2** C 15
In der Hagenau 13, **41** R 6
In der Klausen 23, **52** V 4
In der Krim 19, **19** K 10
In der Schwarzlackenau 21,
  9 F 12/13
In der Wiesen 23, **54/55** U/V 8/9
Indigoweg 10, **56** V 12
Industrieg. 23, **42** T 7/8, U 8
Industriestr. 22, **22** K/L 16,
  34 M/N 16
Ingen-Housz-G., (Ing.-G.) 9, **20** L 11
Ing.-G.=Ingen-Housz-G.
Ing.-Körner-G. 17, **18** K 7
Ing.-Sarek-Weg 22, **22** L 16
Innitzer-Platz, Kardinal- 19, **20** K 11
Innocentiag. 13, **29** P 5
Innocenz-Lang-G. (I.-L.-G.) 18,
  19 L 9/10
Innstr. 2, 20, **21** L 13
Invalidenstr. 3, **33** O 13
Inwaldweg 21, **21/22** H 14/15
Inzersdorfer Str. 10, **44** R 11/12,
  S 12
Inzersdorf-Kirchenpl. 23, **55** U 10
Irenäusg. 21, **9** D 13
Irisg. 1, **01** N 12
Isbaryg. 14, **29** O 5
Iselg. 21, **11** E 17
Isoppg. 23, **53** V 6
Isperg. 21, **11** E 17
I.-W.-G.=Ignaz-Weigl-G.

J

Jachym-Pl., Franz- 10, **57** U 13
Jacobsg. 14, **28** O 3
Jacquing. 3, **33** P/Q 13
Jadeng. 15, **31** P 9
Jagdg. 10, **44** Q/R 12
Jagdschloßg 13, **41/42** R 6/7
Jaeger-G., Eduard- (E.)- 13, **42** R 7
Jägerhausg. 12, **42** S/T 8
Jägermaisbogen (Jgm.-bgn.) 22,
  36 N 19
Jägermaiszufahrt (Jgm.-zuf.) 22,
  36 N 19
Jägerstätterstr. 14, **28** N 3/4
Jägerstr. 20, **20** K/L 12
Jägerwegg. 23, **52** V 4
Jagićg. 13, **41** R 6
Jahng. 5, **44** Q 11
Jakob-Bindel-Pl. 22, **23** J 18
Jakoberg. (J.-G.) 1, **32** O 12
Jakob (J.)-Gremdlinger-Str. 14,
  28 N 4
Jakob (J.)-König-Hof 22, **22** J 16
Jakob (J.)-Puggl-Weg 14, **28** M 4/5
Jakob-Sommerbauer-Str. (J.-So.-Str.)
  23, **52** V 4
Jakob-Stainer-G. 13, **41/42** S 6/7
Jakschg. 14, **30** P 8
Jandag. 21, **9** E 14
Jan-Kiepura-G. 14, **29** N 5/6
Janneckg. (Jann.-g.) 13, **41** R 6
Jann.-g.=Janneckg.
Jantschweg 2, **33** N 13/14
Jara-Benes-G. 21, **9** D 13
Jarlweg 10, **44** T 11
Jascha-G., Oskar- 13, **41** T 5/6
Jaschkag. 23, **41** T 5
Jas.-g.=Jasming.
Jasming. (Jas.-g.) 22, **36** M 19
Jasomirgottstr.(Jas.-str.) 1, **32** N 12
Jas.-str.=J asomirgottstr.
Jaunerstr. 14, **41** T 5/6
Jaurèsg. 3, **32** P 12/13
J.-B.-G.=Julius-Berger-G.
Jedlersdorfer Pl. 21, **9** E 14
Jedlersdorfer Str. 21, **2** C 14/15,
  D 14, **9** D–F 14
Jedleseer Str. 21, **9** G 13, **21** H 13
Jedlitzbergerstr. 11, **47** R/S 17/18
Jellinek-G., Max(M.)- 21, **10** F/G 16
Jenbachg. 13, **41** S 5
Jeneweing. 21, **9** G 13
Jennerpl. 13, **41** R 5

Jenny (J.)-Lind-G. 10, **44** T/U 12
Jenschikweg 17, **30** L/M 7
Jenullg. 14, **30** P 7
Jerusalemg. 21, **10** F/G 16
Jesseng. 19, **20** H 11
Jesuiteng. 1, **01** N 12
Jesuitensteig 23, **53** U 6
Jettel-Weg, Eugen (E.-J.-Wg.) 13, **41** R 6
Jettmarg. 23, **42** T 8
J.-g.=Jordang.
J.-g.=Jörgerbadg.
J.-g.=Jakoberg.
Jgm.-bgn.=Jägermaisbogen
Jgm.-zuf.=Jägermaiszufahrt
Jheringg. 15, **43** P/Q 9
Jirecekg. 21, **8** E 12
Jiszda-Str., Matthäus (M.-J.-Str.) 21, **21** H 13
J.-J.-K.-G.=Johann-Josef-Krätzer-G
J.-K.-G.=Johannes-Krawarik-G.
J.-L.-G.=Johann-Laufner-G.
J.-M.-G.=Josef-Moser-G.
Joachim (J.)-Schettl-G. 14, **28** M 4
Joachimsthalerpl. 16, **30** N 8
Joanellig. 6, **32** P 11
Jochbergeng. 21, **9** E/F 14
Jochen-Rindt-Str. 23, **56** U/V 11
Jochmann-Ring, Rosa- 11, **47**, **59** T/U 17
Jodlg. 13, **42** Q 8
Jodok-Fink-Pl. 8, **32** N 11
Johannag. 5, **43/44** Q 10/11
Johann (J.)-Blobner-G. 12, **42** R 8
Johann (J.)-Dunkl-G. 23, **55** U 10, Johannesberg, Am 10, **57/58** W 14/15
Johannesg. 1, 3, **32** O 12
Johannes-Krawarik-G. (J.-K.-G.) 16, **30** N 8
Johann (J.)-Friedl-G. 10, **57** V/W 14
Johann (J.)-Fürst-Pl. 2, **33** M 13
Johann-G., St.- 5, **43** Q 10
Johann-Gottek-G. 23, **55** U 9
Johann-Hoffmann-Pl. 12, **43** S 9
Johann-Hörbiger-G. 23, **41/42** T 7, U 6/7
Johanniterg. (Joh.-g.) 10, **44** Q 12
Johann-Josef-Krätzer-G. (J.-J.-K.-G.) 23, **54** U 7
Johann-Knoll-G. 21, **9** F 13
Johann-Kutschera-G. 22, **24** L 19, **36** M 19
Johann-Laufner-G. (J.-L.-G.) 21, **9** F 14
Johann (J.)-Nepomuk (N.)-Berger-Pl. 16, 17, **31** N 9
Johann (J.)-Nepomuk(N.)-Vogl-Pl. 18, **31** M 10
Johann-Pölzer-G. 10, **57** U 13
Johann (Joh.)-Schorsch-G. 14, **28** O 3
Johann-Staud-Str. 16, **29/30** M 6, N 6–8
Johann-Strauß-G. 4, **44** Q 12
Johann-Teufel-G. 23, **53** U/V 6
Johann (J.)-Treixler-Str. 21, **9** F 13
Johann-Weber-Str. 21, **2** C 14/15, D 15
Johann-Zak-Weg 22, **22** J 16
Joh.-g.=Johanniterg.
Johnstr. 14, 15, **31** O/P 9
Jonas-Pl., Franz- 21, **21** H 13/14
Jordang. (J.-g.) 1, **32** N 12
Jordan-Str., Peter- 18, 19, **19** K 9/10
Jörgerbadg. (J.-g.) 17, **31** M 10
Jörgerstr. 17, 18, **31** M 10
Jörg (J.)-Mauthe-Pl. 9, **32** M 11
Jörsg. 13, **42** S 7
Josef (J.)-Baumann-G. 21, 22, **22** G/H 16, H/J 15
Josef (J.)-Benc-G. 23, **55** V 9
Josef-Bindtner-G. 18, **18** K 7
Josef Brazdovics-Str. 21, **10** G 15
Josef-Bühl-G. 23, **53** V 5/6
Josef-Endlweber-G. 23, **54** W 8
Josef-Enslein-Pl. 10, **56** U 12

Josef-Flandorfer-Str. 21, **1/2** C 14/15
Josef-Frank-G. 22, **36** M 19
Josef (J.)-Gall-G. 2, **33** N 13
Josef-Gangl-G. 13, **41** Q 6
Josef (J.)-Heinzl-G. 13, **41** R 5
Josefineng. 2, **32** M 12/13
Josefine (J.)-Wessely-Weg 12, **43** R 8/9
Josef (J.)-Kainzmayer-G. 22, **37** M 21
Josef (J.)-Kraft-Weg 13, **41** R 5
Josef (J.)-Kutscha-G. 23, **53** W 6
Josef (J.)-Kyrle-G. 13, **41** S 6
Josef-Matthias (J.-M.)-Hauer-Pl. 8, **31** N 10
Josef-Meder-G. 23, **54** W 7
Josef-Melichar-G. 21, **21** J 13/14
Josef-Moser-G. (J.-M.-G.) 17, **18** L/M 8
Josef-Österreicher-G. 23, **54** U 8
Josef (J.)-Palme-Pl. 14, **27** N 2
Josef-Pommer-G. 13, **41** Q 5
Josef (J.)-Prokop-Str. 14, **28** N 3
Josef-Redl-G. 17, 18, **18** K 7/8
Josef (J.)-Reichl-G. 12, **43** T 9/10
Josef (J.)-Ressel-Str. 14, **28** N 3/4
Josef (J.)-Ruston-G. 21, **21** H 13
Josef (J.)-Schlesinger-Str. 14, **28** N 4
Josef (J.)-Schlima-G. 23, **54** W 7
Josef (J.)-Schuster-G. 13, **41** R 6
Josef-Schwarz-G. 5, **43** Q 10
Josefsg. 8, **32** N 11
Josef-Sickinger-G. (J.-Sick.-G.) 22, **22** J/K 16
Josefspl. 1, **32** O 12
Josefstädter Str. 8, **31/32** N 10/11
Josef-Türk-G. 21, **8** F 12
Josef (J.)-Uridil-G. 14, **28** N 4
Josef-Wakovsky-G. 21, **9** E 13
Josef-Weinheber-Pl. 14, 16, **30** O 8
Josef (J.)-Zapf-G. 21, **9** F 13
Joseph (J.)-Haydn-Str. 14, **28** N 4
Joseph-Kainz-Pl. 18, **19** L 10
Joseph-Lister-G. 13, **41** R 5/6
Joseph-Schmidt-Pl. 3, **33** P 13
J.-Sick.-G.=Josef-Sickinger-G.
J.-So.-Str.=Jakob-Sommerbauer-Str.
Juchg. 3, **33** P 13
Judeng. (Ju.-g.) 1, **32** N 12
Judenpl. 1, **32** N 12
Ju.-g.=Judeng.
Julius-Berger-G. (J.-B.-G.) 17, **18** K 7
Julius-Ficker-Str. 21, **10/11** G 16/17
Julius-Meinl-G. 16, 17, **30** M 8
Julius (J.)-Raab-Pl. 1, **32** N 12/13
Julius-Schlegel-G. 21, **2** C 14
Julius (J.)-Tandler-Pl. 9, **32** L/M 11
Jungbauerweg 10, **43** T 10
Jungenbergg., Obere 21, **1** B/C 13
Jungenbergg., Untere 21, **1** B 13/14, C 14
Jungferng. 1, **01** N 12
Jungherrnsteig 19, **8** F 11
Jungmaisstr. 22, **22** L 15
Jungnickelweg 12, 23, **43** T 9
Jungp.-g.=Jungpointg.
Jungpointg. (Jungp.-g.) 12, **42** S 7/8
Jungstr. 2, **33** M 14
Junkg. 22, **25** L 21/22
Jupiterweg 14, **29** N 4/5
Jüptnerg. 22, **22** H 16
Jura-Soyfer-G. 10, **57** U 13
Jurekg. 15, **31** P 9
Justg. 21, **9/10** F 14/15
Juteg. 22, **23** J 18

K

Kaasgrabeng. 19, **19** H 9, J 9/10
Kabastag. (Kab.-g.) 23, **56** V 11
Kab.g.=Kabastag.
Kafkastr. 2, **33** M 14
Kaftang. 21, **11** F 17
Ka.-g.=Kalbeckg.
Ka.-g.=Karmeliterg.

Ka.-g.=Kaschlg.
Kagraner Anger 22, **22/23** K 16/17
Kagraner Pl. 22, **22** J 16/17
Kahlenberger Str. 19, **7/8** F 10/11, G 11, **20** G/H 11
Kahlerg. 22, **36** N 20
Kahlg. 21, **21** H 14
Kainachg. 21, **10** E/F 16
Kaing. 21, **1** C 12, D 12/13
Kainzg. 17, **30** L/M 8
Kainzmayer-G., Josef (J.)- 22, **37** M 21
Kainz-Pl., Joseph- 18, **19** L 10
Kaiserallee 2, **33** N 14
Kaiserebersdorfer-Str. 11, **46/47** S 15/16, T 16–18
Kaiser-Franz-Josef-Str. 23, **53** V/W 6
Kaisergarteng. (Kg.-g.) 3, **33** P 13
Kaiser-G., Friedrich- 16, **31** N 9
Kaiser-G., Peter (P.)- 21, **9** G 13
Kaisermühlendamm, Am 22, **21/22** L 14/15, **34** L 15–N 16
Kaisermühlenstr. 22, **34** M/N 16/17
Kaisersteigg. (Kstg.-g.) 23, **53** W 6
Kaiserstr. 7, **31** N–P 10
Kaistr. 10, **56** V 12
Kaistr., Untere 10, **57** V 13/14
Kalbeckg. (Ka.-g.) 18, **18** K 8
Kalksburger Str. 23, **53** U 5
Kalksburg-Kirchenpl. 23, **52** V 4
Kallbrunnerg. 21, **1** D 12
Kallinag. 16, **30** N 7
Kalmanstr. 13, **41** S 5/6
Kalmusweg 22, **23** J/K 18
Kalserg. 21, **9/10** G 14/15
Kaltenbäckg. 14, **30** P 7
Kaltenleutgebner Str. 23, **52/53** W 5, X 3
Kalvarienbergg. 17, **31** M 9/10, N 9
Kamelienweg 22, **23** L 17
Kamillenweg 22, **25** N 17
Kammelweg 21, **9** F 13
Kammererg. 19, **19** J 9
Kampfstr. 14, **15** L 2
Kampstr. 20, **20** K 12
Kanal, Am 3, 11, **45/46** Q–S 14, S/T 15
Kanalstr. 22, **35** N/O 17
Kandlg. 7, **31** O 10
Kaniakg. 11, **46** R 15
Kanitzg. 23, **53** U 6
Kanneg. 15, **31** O 9
Kantg. 1, **32** O 12
Kantnerg. 21, **9** F 14
Kanzelgarten 11, **47** S 18
Kapaunpl. 20, **20** J 12
Kapellenweg 22, **35** M 18, N 17/18
Kapitelg. 17, **31** N 9
Kaplan-Str., Viktor(V.)- 22, **22** L 16
Kapleig. 11, **47** R 17
Kaposig. 22, **37** N, O 20/21
Kapellerg. 22, **23/24** J 18/19
Kappg. 3, **46** Q 15
Karajang. 20, **20** L 12
Karas-Pl., Anton- 19, **19** J 9
Kärcherg. 3, **33** P/Q 13
Karczag-Weg, Wilhelm (W.)- 13, **41** S 6
Kardinal-Innitzer-Platz 19, **20** K 11
Kardinal-Nagl-Pl. 3, **33** P 14
Kardinal-Piffl-G. 13, **41** S 5
Kardinal-Rauscher-Pl. 15, **31** P 9
Kargerg. 23, **55** U 9
Karl-Aschenbrenner-G. (K.-Asch.-G.) 21, **21** H 13
Karl-Bekehrty-Str. 14, **16** K/L 4, **28** M 4/5
Karl-Benz-Weg 21, **9/10** E 14/15
Karl-Biedermann-G. 21, **10** E 15
Karl (K.)-Borromäus-Pl. 3, **33** O 13
Karl (K.)-Czerny-G. 20, **20** L 11
Karl-Diener-G. (K.-D.-G.) 10, **45** T 13
Karl-Drescher-G. (K.-Dr.-G.) 11, **46** S 15/16
Karl-G., Abt- 18, **31** L/ M 10

Karl-G., Baron- 10, **44** T 11
Karl (K.)-Geiß-G. 23, **41** T 6
Karl-Gramm-G. (K.-Gr.-G.) 21, **9** F 13
Karl-Grübl-Weg (K.-Gr.-Weg) 22,
  35 M 17
Karl (K.)-Gunsam-G. 11, **45** R 14
Karl-Heinz-Str. 23, **42** T 8
Karlikg. 23, **53** U 6
Karlingerg. 14, **30** P 7/8
Karl (K.)-Kraus-G. 12, **42** S 8
Karl-Krestan-G. (K.-K.-G.) 23,
  55 U 10
Karl-Leeder-G. (K.-L.-G.) 14, **28** O 4
Karl-Lothringer-Str. 21, **2** C/D 14/15
Karl- (K.)-Löwe-G. 12, **43** R 10
Karl-Mader-Weg 19, **18** J 7/8
Karl (K.)-Meißl-Str. 20, **20** L 12
Karl-Metschl-G. (K.-M.-G.) 16,
  30 M 8
Karl (K.)-Sarg-G. 23, **54** V/W 7
Karl-Schäfer-Str. 21, **9** G 14
Karl-Schallhas-G. (K.-Sch.-G.) 13,
  41 Q 5
Karl-Scheiber-G. 23, **54** U 8
Karl-Schwed-G. 23, **41** T 6, **53** U 6
Karl (K.)-Schweighofer-G. 7,
  32 O 11
Karlsg. 4, **32** P 12
Karlspl. 1, 4, **32** O 12
Karl-Toldt-Weg 14, **29** O 6
Karl-Tornay-G. 23, **54/55** W 8/9
Karl-von-Böhmerle-G. (K.-v.-B.-G.)
  14, **28** N 4
Karl-Walther-G. (K.-W.-G.) 15,
  43 Q 10
Karl-Wilhelm-Diefenbach-G.
  (K.-W.-Diefb.-G.) 13, **41** T 6
Karlweisg. 18, **19** K 9
Karmarschg. 10, **44** R 11
Karmeliterg. (Ka.-g.) 2, **32** M 12
Karmeliterhofg. (Karm.-g.) 15,
  31 P 9/10
Karmeliterpl. (Karm.-pl.) 2, **32** N 12
Karm.-g.=Karmeliterhofg.
Karm.-pl.=Karmeliterpl.
Kärntner Durchgang 1, **01** N 12
Kärntner Ring 1, **32** O 12
Kärntner Str. 1, **32** O 12
Karolineng. 4, **32** P 12
Karplusg. 10, 12, **43** R 10
Karthäuserstr. 19, **19** J 9
Kartouschg. 22, **23** K/L 18
Kaschauerpl. 22, **25** L 22
K.-Asch.-G.=Karl-Aschenbrenner-G.
Kaschlg. (Ka.-g.) 20, **20** L 12
Kaserng. 23, **53** U 5
Käs.-G.,Ferdinand- 21, **9** E 13/14
Käsmayerg. 22, **25** L 21/22
Kasparekg. (Kasp.-g.) 22, **24** K 19
Kasparg. 22, **11/12** E 18/19
Kasp.-g.=Kasparekg.
Kassner-G., Rudolf- 19,
  19/20 H 10/11
Kastanienallee 12, **43** R/S 10
Kästenbaumg. 10, **57** V 14
Kastnerg. 17, **31** M 9
Kastner-Weg, Fritz (Fr.-Kastn.-W.)
  13, **41** R 5
Katharineng. 10, **44** S 12/13
Käthe (K.)-Dorsch-G. 14, **29** P 6
Käthe (K.)-Leichter-G. 13, **41** Q 6
Katleing. 23, **53** U 5
Katzberger-G., Paul (P.)- 23,
  53 V/W 6
Katzensteig (K.-S.) 1, **01** N 12
Katzlerg. (K.-g.) 11, **46** T 15
Kaudersstr. 22, **37** N/O 21
Kauerg. 15, **31** P 9
Kauerhof 15, **43** Q 10
Kauffungenweg (K.-wg.) 23, **42** T 8
Kaufmann-Pl., Ferdinand (Ferd.)- 21,
  21 J 13
Kaulbachstr. 12, **42** S 8
Kaunitzg. 6, **32** P 11
Kautskyg. 21, **10** D 15
Kb.-g.=Küchelbeckerg.
Kb.-g.=Kurzböckg.

K.-D.-G.=Karl-Diener-G.
K.-Dr.-G.=Karl-Drescher-G.
Kefedergrundg. 21, **22** G/H 15
Keferg. 14, **29** P 6
Kegelg. 3, **33** N 13
Keilg. 3, **33** P 13
Keilstr. 14, **28** N 4
Keimweg 22, **35** M 17
Keinerg. 3, **33** O/P 13
Keißlerg. 14, **29** O/P 5, P 6
Kelch-G., Sebastian (S.)- 14,
  30 O/P 8
Keldorferg. 10, **44** T 11
Kellerbergg. 23, **54** X 8
Keller-G., Gottfried (G.)- 3, **32** O 13
Kellermanng. (Kellm.-g.) 7, **32** O 11
Kellingg. 15, **43** Q 9
Kellm.-g.=Kellermanng.
Kellner-G., Lorenz- 22, **22** J 16
Kellner-Weg,Leon(L.)- 13, **41** Q 6
Kelsenstr. 3, **45** Q 13
Keltreng. 23, **54** V 7
Kempeleng. 10, **45** R 13
Kempfengerng. 16, **30** M 7
Kendeg. 21, **22** H 15
Kendlerstr. 14, **16**, **30** O 8
Kennerg. 10, **44** S 12
Keplerg. 10, **44** R 12
Keplerpl. 10, **44** R 12
Keplingerg. 13, **41** T 6
Kerbelg. 14, **29** M/N 5
Kermaunerweg 22, **37** N 21
Kerng. 23, **53** V 6
Kernhausg. 13, **41** S 6
Kernstr. 12, **42** S 7
Kerpeng. 21, **8** F/G 12
Kerschensteinerg. 12, **43** R 10
Kestnerweg 16, **30** N 7
Kettenbrückeng. 4, 5, **32** P 11
Ketzerg. 23, **53/54** W 5–8, **55** W/X 9
Key-G., Ellen- 10, **56** U 12
Keylwerthg. 18, 19, **18** H/J 7
Keynesg. 21, **9** D 14
K.-g.=Karczagg.
K.-g.=Katzlerg.
K.-g.=Kiesewetterg.
K.-g.=Kindermanng.
K.-g.=Klagerg.
K.-g.=Klammerg.
K.-g.=Klesheimg.
K.-g.=Klingenbachg.
K.-g.=Konradg.
K.-g.=Kuenburgg.
K.-g.=Kunitschg.
K.-g.=Kurrentg.
K.-G.=Kurze Gasse
Kg.-g.=Kaisergarteng.
Kg.-g.=Krebsengarteng.
K.-Gr.-G.= Karl-Gramm-G.
K.-Gr.-Wg.=Karl-Grübl-Weg
Khekg. 23, **53** W 6
Khemeterg. 23, **53** W 6
Khevenhüllerstr. 18, 19, **18** J 8
Khleslpl. 12, **43** S/T 9
Khuenweg 22, **35** N 18
Khunng. 3, **33** P 13
Kienmayerg. 14, **30** O 8/9
Kiepura-G., Jan- 14, **29** N 5/6
Kierischitzweg 22, **35** O 17
Kiesewetterg. (K.-g.) 10, **45** R 13
Kiesg. 14, **30** O 7
Kieslerweg 22, **24** K 20
Kimmerlg. 11, **47** T 17
Kindergarteng. (Kndrgtn.-g.) 19,
  20 J 11
Kindermanng. (K.-g.) 17, **31** M 9
Kinderspitalg. (Kndrsp.-g.) 9, **31** N 10
Kiningerg. 12, **42** S 7/8
Kinkpl. 14, **29** O 6
Kinskyg. 23, **55** U 9/10, V 9
Kinzerpl. 21, **21** H 14
Kirchberg (Kirchb.), Am oberen (ob.)
  21, **2** C 14
Kirchbergg. 7, **32** O 11
Kircheng. 7, **32** O 11
Kircheng. 10, **57** V 14

Kirchenpl. 23, **54** U 7
Kirchenpl., Inzersdorf- 23, **55** U 10
Kirchenpl., Kalksburg- 23, **52** V 4
Kirchenpl., Rodauner 23, **53** W 5
Kirche, Unter der 11, **46** R/S 15
Kirchfeldg. 12, 23, **42** T 8/9
Kirchhoffg. 21, **21** J 14
Kirchl-G., Adolf- 10, **44** T 11
Kirchmeyerg. 13, **42** Q 7
Kirchstetterng. 16, **31** N 10, O 9/10
Kirschenallee 12, **43** S/T 9
Kirschenallee 22, **37** N/O 21
Kirsch-G., Hugo (H.)- 23, **53** U/V 5
Kirschner-G., Ludwig (L.)- 23, **54** U 7
Kirsteweg 10, **58** W 15
Kittelseng. 10, **56** T/U 11/12
Kittenberger-G., Eduard- 23,
  54 U/V 8
Kiuringg. 10, **44** T 11
Kiwischg. 22, **37** N/O 22
K.-K.-G.=Karl-Krestan-G.
Klabundg. 19, **20** J 11
Klagbaumg. 4, **32** P 11/12
Klagerg. (K.-g.) 21, **9** F 14
Klährg. 12, **43** Q 10
Klammerg. (K.-g.) 9, **32** M 11
Klampfelbergg. 17, **18** K 7
Klangg. 2, **32** M 12
Klasterskyg. 10, **44** S/T 12
Klausenburger Str. 10, **44** S 12/13
Klausen, In der 23, **52** V 4
Klausg. 16, **31** N/O 9
Klebinderg. 11, **47** S 17/18, T 18
Klederinger Str. 10, 11,
  57/58 W 14/15
Kleeblattg. (Kl.-g.) 1, **32** N 12
Kleeblattweg 17, **18** J 7
Kleeg. 17, **18** L 7
Kleibersteig 14, **29** M/N 6
Kleine Mohreng. (Kl.-M.-g.) 2,
  33 M/N 13
Kleine Neug. 4, 5, **32** P 11
Kleine Pfarrg. 2, **32** M 12
Kleiner Ring 13, **41** S 5
Kleine Sperlg. 2, **32** N 12
Kleine Stadtgutg. 2, **33** M 13
Kleing. 3, **33** P 14
Klein-G., Eduard (Ed.)- 19, **42** Q 8
Klein-G., Franz (Fr.)- 19,
  19/20 K 11, L 10/11
Kleinhausg. 21, 1 C/D 13
Kleinschmidg. (Kl.-g.) 4, **32** P 11
Kleistg. 3, **33** P/Q 13
Klemens(Kl.)-Dorn-G. 10, **45** T 13
Klemmweg 21, **21/22** H 14/15
Klenaug. 22, **22** J 16
Klesheimg. (K.-g.) 8, **31** N 10
Klettenhoferg.(Kl.-g.) 18, **31** M 10
K.-L.-G.=Karl-Leeder-G.
Kl.-g.=Kleeblattg.
Kl.-g.=Kleinschmidg.
Kl.-g.=Klettenhoferg.
Kl.-g.=Klinkowströmg.
Klieberg. 5, **44** Q 11
Klierg. 19, **19** J 9
Klimschg. 3, **33** P 13
Klimtg. 12, 13, **42** R/S 8
Klingenbachg. (K.-g.) 21, **9** E 14
Klingerstr. 23, **55** U 10
Klinkowströmg. (Kl.-g.) 14, **30** P7
Klippenweg 13, **41** R 5
Klitschg. 13, **42** S 7
Klivieng. 22, **35** M 17, N 17/18
Kl.-M.-g.=Kleine Mohreng.
Klobweg 22, **34** M 16
Kloepferstr. 22, **37** N 22
Klopp-G., Onno- 14, **30** P 7
Klopsteinpl. 3, **33** P/Q 13
Klopstockg. 16, 17, **31** M/N 9
Klosterbergweg (Kl.-wg.) 17, **17** H 6
Klosterg. 18, **19** L/M 10
Klostermanng. 23, **54** V 7
Klosterneuburger Str. 20,
  20 K 11/12, L 12
Klotz-G., Petrus- 17, **18** L 7
Kluckyg. 20, **20** L 12
Klugargasse 23, **54** U/V 8

Kl.-wg.=Klosterbergweg
K.-M.-G.=Karl-Metschl-G.
Kmp.-g.=Kompertg.
Knaackg. 21, **10** E 15
Knappweg 22, **22** K 16
Knauer-G., Friedrich (F.)- 10,
  44 S 12
Kneidingerg. (Kn.-g.) 22, **12** F 19
Kneipp-G., Sebastian (S.-Kn.-G.) 2,
  33 M 14
Kneissl-G., Heinrich (Heinr.)- 14,
  28 M 4
Kndrgtn.-g.=Kindergarteng.
Kndrsp.-g.=Kinderspitalg.
Kn.-g.=Kneidingerg.
Kn.-g.=Knöfelg.
Knödelhüttenstr. 14, **28** M 4, N 4/5
Knöfelg. (Kn.-g.) 21, **9** E 14
Knollerg. 22, **25** L 21
Knollg. 17, **18** L 7
Knoll-G., Johann- 21, **9** F 13
Knöllg. 10, **44** R/S 11
Knorrweg 18, **18** K 8
Knospenweg (Knosp.-wg.) 17, **18** L 7
Knosp.-wg.=Knospenweg
Knotzenbachg. 23, **54** U 7
Kobelg. 11, **46** S 15
Koberweing. 15, **31** O 9
Kobesg. 22, **35** O 17
Kobingerg. 12, **43** Q 10
Koblicekg. 11, **46** S 15
Koblinger-G., Stefan (St.-K.-G.) 22,
  22 J/K 16
Köchelg. 13, **41** Q/R 5
Kochg. 8, **32** N 11
Koci-Str., Franz- 10, **57** U 13
Köck-Str., Ignaz- 21, **9** F/G 13/14
Koeßler-Pl., Ludwig (L.)- 3, **33** P 14
Koflerg. 12, **43** Q 10
Ko.-g.=Kohlesg.
Ko.-g.=Kollergerng.
Kö.-g.=Köllnerhofg.
Kö.-g.=Körnerg.
Kögelng. 13, **41** R 5
Köglerg. 10, 12, **43** R/S 10
Koh.-g.=Kohlenhofg.
Kohlenhofg. (Koh.-g.) 15, **31** P 10
Köhlerg. 18, **19** L 10
Kohlesg. (Ko.-g.) 14, **30** O 7
Kohlg. 5, **44** Q 11
Kohl-G., Sebastian- 21, **21** H 14
Kohlmarkt 1, **32** N 12
Kokoschka-Pl., Oskar (O.)- 1,
  32 N 13
Kolbeg. 23, **55/56** U 10/11
Kolbeterg. 14, **28** N 4
Kölblg. 3, **33** P 13
Kol.-g.=Kolonitzg.
Kölgeng.11, **46** R 15
Kolig-G., Anton (A.)- 21, **10** E 15
Koling. 9, **32** M/N 11
Koliskog. 10, **45** T 13/14
Kollarzg. 21, **10** D/E 15
Kollburgg. 16, **30** M/N 8
Kollerg. 3, **33** N/O 13
Kollergerng. (Ko.-g.) 6, **32** O/P 11
Kolletschkag. (Koll.-g.) 22, **23** K 18
Koll.-g.=Kolletschkag.
Kollmayerg. 12, **43** Q 10
Köllnerhofg. (Kö.-g.) 1, **32** N 12
Kolo-Moser-G. 22, **22** H 16
Koloniestr. 21, **9** F 13/14, G 13
Kolonieweg 12, **43** S 9
Kolonieweg 14, **28** O 4
Kolonitzg (Kol.-g.) 3, **33** N 13
Kolonitzpl. 3, **33** N 13
Kolowratg. 10, **57** U 13
Kolpingstr. 23, **55** V 10
Kolschitzkyg. 4, **44** Q 12
Kometeng. (Kom.-g.) 14, **28** O 4
Kom.-g.=Kometeng.
Kom.-g.=Komödieng.
Kommunikationspl. 21, **8** E 12
Komödieng. (Kom.-g.) 2, **32** N 12/13
Kompertg. (Kmp.-g.) 22, **37** N 22
Komzakg. 22, **22** J 16

Koniczekweg(Kon.-wg.) 14, **30** O 7
Königg. 13, **41** S 6
König-Hof, Jakob (J.)- 22, **22** J 16
Königsegg. (Kön.-g.) 6, **32** P 11
Königskerzenweg (K.-wg.) 22,
  35 N 17
Königsklosterg. 6, **32** O 11
Königsteing. (Kst.-g.) 21, **21** J 14
Königswieseng. 14, **28** M 4
König-Weg, Alma- 23, **53/54** U 6/7
Konopag. 11, **45** S 14
Konrad-Duden-G. 13, **42** R 7
Konradg. (K.-g.) 2, **32** M 12/13
Konrad-Grefe-G. 23, **54** X 8
Konrad (K.)-Thurnher-G. 11,
  45/46 S 14/15
Konrath-G., Paul (P.)- 17, **18** L 7
Konstanting. (Konst.-g.) 16, **30** M 8
Konstanziag. 22, **23** L 17, **35** M 17
Konst.-g.=Konstanting.
Kon.-wg.=Koniczekweg
Kopalg. 11, **45/48** R 14/15
Kopallikg. 23, **54** W 8
Kopernikusg. (Kop.-g.) 6, **32** P 11
Kopfg. 13, **42** Q 7
Kop.-g.=Kopernikusg.
Köppelweg 14, **30** O 7
Köppl-G., Rudolf- 22, **22** H/J 16
Koppreiterg. 12, **43** R 9
Koppstr. 16, **30/31** N 5/9, O 9/10
Korberg. 12, **43** Q 10
Körberstr. 22, **35/36** O 18/19, P 18
Korbg. 23, **53** V/W 6
Körblerg. 1, **01** N 12
Korbweideng. 22, **35** O 18
Korianderweg 22, **23** J 18
Kormorang. 21, **8** E/F 12
Kornauthg. 10, **44** T 11/12
Kornblumenweg 22, **24** L 19
Körnerg. (Kö.-g.) 2, **33** N 13
Körner-G., Ing.- 17, **18** K 7
Körner-G., Theodor (Th.)- 21,
  21 H/J 14
Kornfeldweg 22, **22** K 16
Korng. 17, **18** L 8
Korngoldg. 14, **28** N 3/4
Kornhäuselg. 20, **20** J/K 12
Korntheuerg. 19, **20** J 11
Korsenweg 22, **35** O 18
Koschakerg. 21, **10** F/G 16
Koschatg. 19, **19** K 9
Koschierg. 21, **10** E 15
Kosselg. 19, **19** H 10
Kossmatpl. 10, **45** T 14
Köstlerg. 6, **32** O/P 11
Kotekweg 19, **18** J 7
Kraelitzg. 13, **42** S 7
Krafft-Ebing-G. 14, **29** O 6
Krafftg. 2, **32** M 12
Kraft-Weg, Josef (J.)- 13, **41** R 5
Kralik-G., Emil (E.-K.-G.) 5, **43** Q 10
Kralik-Pl., Richard (R.)- 18, 19,
  19 L 10
Krallg. 22, **11/12** E 18/19
Kramerg. (Kr.-g.) 1, **32** N 12
Kramer-Glöckner-Str. 13, **41** S 5/6
Kramer-Str., Theodor- 22, **23** H 17
Kramreiterg. (Kr.-g.) 21, **21** H 14
Kranichbergg. 12, **43** S 10
Kranlweg 19, **19** J 9
Kranzg. 15, **31** P/Q 10
Krapfenwaldg. 19, **7** G 9/10, **19** H 10
Krappweg 23, **53** V 9
Kraßnigg. 14, **29** N/O 5
Krastelg. 12, **43** R 8/9
Kratky-Baschik-Weg 2, **33** M 13/14
Kratochwjlestr. 22, **22** K 15
Krätzer-G., Johann-Josef
  (J.-J.-K.-G.) 23, **54** U 7
Kratzlg. 19, **19** K 9
Kratzmanng. 22, **25** L 22
Krauseg. 11, **46** R 15
Kraus-G., Karl (K.)- 12, **42** S 8
Kraus-Promenade, Alois- 13,
  42 Q/R 7
Krautackerg. 22, **25** L 22
Kräutern, In den 17, **17/18** H/J 6

Krautgarten, Am 22, **23** K/L 17
Krautg. 11, **47** T 17
Kravoglg. 21, **9/10** E 14/15
Krawarik-G.,Johannes(J.-K.-G.) 16,
  30 N 8
Krayg. 22, **22** J 16
Krebsengarteng. (Kg.-g.) 15, **31** O 9
Krebs-G., Norbert (N.)- 21, **22** H 15
Krehang. 23, **54** U 7
Kreilpl. 19, **20** H 12
Kreindlg. 19, **20** K 11
Kreisky-G., Bruno- 1, **01** N 11
Kreisky-Pl., Bruno- 22, **22** K/L 14
Kreitnerg. 16, **31** N/O 9
Kremenetzkyg. (Krem.-g.) 11,
  45 R 14
Krem.-g.=Kremenetzkyg.
Kremserg. 13, **42** Q 7
Krenng. 18, **19** L 9
Kressenweg (Kr.-wg.) 22, **24** H 19
Kreß-Pl., Wilhelm- 11, **46** T 15
Krestan-G., Karl (K.-K.-G.) 23,
  55 U 10
Kretschekg. 17, **18** L/ M 7
Kreutzingerg. 12, **43** T 9/10
Kreuz, Zum weißen 19, **20** H 11
Kreuzfeldg. 21, **9** F 13
Kreuzg. 10, **57** V/ W 14
Kreuzg. 17, 18, **19** L 9/10, **31** M 10
Kreuzherreng. (Kr.-g.) 4, **32** P 12
Kreuzwieseng. 17, 18, **18** K 7
Kr.-g.=Krameg.
Kr.-g.=Kramreiterg.
Kr.-g.=Kreuzherreng.
Kr.-g.=Krötzlerg.
Kr.-g.=Krummg.
Kr.-g.=Krütznerg.
Krichbaumg. 12, **43** R 9/10
Krieger-G., Anton- 23, **53** U 5, V 5/6
Krieglerg. 3, **33** N 13
Kriehuberg. 5, **44** Q 11/12
Kriemhildpl. 15, **31** O 9
Krim, In der 19, **19** K 10
Kripsg. 23, **54** U 8
Krobothg. 23, **55** V 9
Kroißbergg. 23, **53** U 5
Krokusweg 22, **35** N 17
Kröllg. 15, **31** P 9
Kronawetterg. 10, **45** T 13/14
Kronberger-G., August (A.)- 10,
  57 V 14
Kronberger-Weg, August
  (A.-K.-W.)- 10, **57** V 14
Kroneggerg. 19, **19** J 10
Kronesg. 19, **19** H 10
Kronfeldg. 23, **43** T 9
Kronfußg. 23, **56** V 11
Krong. 5, **32** P 11
Krotenthallerg. 8, **31** N 10
Krottenbachstr. 19, **18/19** J 8/9,
  K 9/10
Krottenhofg. 21, **1** B 13/14, C/D 13
Krötzlerg. (Kr.-g.) 11, **46** R 15
Krugerstr. 1, **32** O 12
Krügerweg (Kr.-wg.) 12, **43** R 9
Kruisg. 22, **25/26** K–M 22
Krumböckg. 23, **42** T 7
Krummbaumg. 2, **32** M 12
Krummg. (Kr.-g.) 3, **33** O 13
Krütznerg. (Kr.-g.) 18, **19** L 10
Kr.-wg.=Kressenweg
Kr.-wg.=Krügerweg
K.-S.=Katzensteig
K.-Sch.-G.=Karl-Schalhas-G.
Kst.-g.=Königsteing
Kstg.-g.=Kaisersteigg.
Kubin-Pl., Alfred (A.)- 22, **22** H 16
Kübeckg. 3, **33** O 13
Kuchelauer Hafenstr. 19,
  7/8 E 10/11, F11
Küchelbeckerg. (Kb.-g.) 15, **30** O 8
Kudlichg. 10, **45** R 12/13
Kudr.-g.=Kudriaffskyg.
Kudriaffskyg. (Kudr.-g.) 22,
  23 K/ L 17
Kuefsteing. 14, **30** O 8
Kuenburgg. (K.-g.) 21, **9** G 13

Kuffnerg. 16, **31** N 9
Ku.-g.=Kujanikg.
Ku.-g.=Kurzg.
Kugelfangg. 21, **21** J 13/14, K 14
Kugelmanng. 23, **54** V 8
Kugelmannpl. 23, **54** V 8
Kugyg. 13, **42** S 7
Kühfußg. 1, **01** N 12
Kühg. 11, **47** T 18
Kühne-G., Dr.- 23, **53** V 6
Kuhng. 19, **19** K 10
Kühnpl. 4, **32** P 11
Kuhn-Weg, Richard- 14, **28** O 3
Kuhschellenweg 21, **2** C 15
Kuhtrift, An der 10, **57** U/V 13
Kujanikg. (Ku.-g.) 11, **45** R 13
Kulmg. 16, 17, **31** M/N 9
Kummerg. 21, **9/10** D 14/15
Kumpfg. 1, **32** N/O 12
Kundmanng. 3, **33** O 13
Kundratstr. 10, 12, **43/44** R 10/11
Kunerolg. 23, **42** T 8
Kunersdorfg. 14, **28** N 3
Küniglbergg. 13, **42** R 7
Kunitschg.(K.-g.) 11, **45/46** T 14/15
Kunkeg. 23, **53** U 6
Kunschak-Pl. Leopold (L.)- 17,
  31 L/M 9
Künstlerg. 15, **43** Q 10
Kunzg. 20, **20** L 12
Kupelwieserg. 13, **42** Q 7
Kupetzkyg. 22, **25** K/L 21
Kupferg. 19, **20** H 11
Kupferschm.-g.=Kupferschmiedg.
Kupferschmiedg. (Kupferschm.-g.) 1,
  01 O 12
Kupkag. 8, **31** N 10
Kürassierweg (Kür.-wg.) 22,
  35 N/O 18
Kurbadstr. 10, **57** V 13/14
Kürbisweg 22, **35** N 18
Kürnbergerg. (Kürnbg.-g.) 15,
  43 Q 9
Kürnbg.-g.=Kürnbergerg.
Kurrentg. (K.-g.) 1, **32** N 12
Kürschnerg. 21, **10** F/G 16
Kurt (K.)-Absolon-Weg 22, **22** H 16
Kurt (K.)-Ohnsorg-Weg 22, **22** H 16
Kür.-wg.=Kürassierweg
Kurzbauerg. 2, **33** N 13
Kurzböckg. (Kb.-g.) 18, **19** L 9
Kurze Gasse (K. G.) 23, **54** U 7
Kurzg. (Ku.-g.) 6, **31** P 10
Kurz-Str., Halban- 23, **56** V/W 11
Kustag. 23, **54** U 7
Kutscha-G.,Josef(J.)- 23, **53** W 6
Kutschera-G., Johann 22, **24** L 19,
  36 M 19
Kutschera-Pl., Viktor (V.)- 14, **28** N 4
Kutschkerg. 18, **31** L/M 10
K.-v.-B.-G.= Karl-Böhmerle-G.
K.-W.-Diefb.-G.=Karl-Wilhelm-
  Diefenbach-G.
K.-W.-G.=Karl-Walther-G.
K.-wg.=Kauffungenweg
K.-wg.=Königskerzenweg
Kwietong. 23, **55** U 9
Kyrle-G., Josef (J.)- 13, **41** S 6

L

Laaer-Berg-Str. 10, **44/45** R 12/13,
  S/T 13, **57** U 13, V 13/14
Laaer-Str., Alte 10, **45** T 13/14
Laaer Wald 10, **45** S 13/14
Laaer Wald-Str. 10, **45** S 14
Labanweg 19, **19** J/K 9
Laberlweg 22, **22** L 15
Labersteig (L.-stg.) 14, **30** O 7
Laborweg 16, **30** O 8
Lach-G., Robert- 21, **10** F 16
Lackenjöchelg. 22, **24** J 19, K 19/20
Lackiererg. 9, **32** M 11
Lacknerg. 17, 18, **19** L 10,
  31 M 9/10
Ladenburghöhe 18, **18** K 7/8
Lafiteg. 13, **41** R 6

Lafnitzg. 21, **10/11** E 16/17, F 16
La.-g.-Latschkag.
Lagerg. 3, **32** O 12
Lagerhausstr. 2, **33** M/N 14
Lagerlöf-G., Selma- 10, **56** T/U 12
Lagerwiesenweg 22, **22** L 16
Laimäckerg. 10, **45** R/S 13
Laimgrubeng. 6, **32** O/ P 11
Lainerg. 23, **42** T 7
Lainzer-Bach-Str. 13, **41** S 5/6
Lainzer Str. 13, **42** Q/R 7
Lamarckg. 21, **10** F 15
Lambertg. 16, **31** N 9
Lambrechtg. 4, **32** P 11
Lamezanstr. 23, **55** V 10
Lammaschg. 21, **10** F/G 16
Lammer-G., Guido (G.)- 22,
  23/24 L 18/19
Lammg. 8, **32** N 11
Lampaweg 22, **22** K 16
Lampig. 2, **20** L 12
Landaug. 22, **11/12** E 18
Landesgerichtsstr. 1, 8, **32** N 11
Landgut, Altes 10, **45** T 13
Landgutg. 5, 10, **44** Q 12
Landhausg. (Lhs.-g.) 1, **32** N 11
Landskrong. (Ldkr.-g.) 1, **32** N 12
Landsteinerg. 16, **30** N 8
Landstraßer Gürtel 3, **45** Q 12/13
Landstraßer Haupstr. 3, **33** O 13,
  P 13/14, **45** Q 13/14
Landwehrstr. 11, **47** R/S 18
Langackerg. 19, **19/20** H 10/11
Langauerg. (Lang.-g.) 15, **31** P 10
Lange Allee 22, **22** L 16/17
Lange G. 8, **32** N/O 11
Lange G., Maurer 23, **53** U 5/6
Langenaug. 19, **19** K 9
Längenfeldg. 12, **43** Q/R 10
Langer-G., Anton- 13, **42** R/S 7
Langenzersdorfer Str. 21,
  1 C 12/13, D 13
Langer Garten 22, **37** N 21
Langfeldg. 21, **10** G 16
Langg. 23, **41** T 6
Lang-G., Gebrüder- 15, **31** P 10
Lang-G., Innocenz (I.-L.-G.) 18,
  19 L 9/10
Lang.-g.=Langauerg.
Langmaisg. (Lm.-g.) 15, **31** O 9
Langobardenstr. 22, **53** L 17, M 17/18
Langsulzg. 10, **45** T 14
Langwiesg. 14, **28** M 4
Lannerstr. 19, **19** K 10
Lannesstr. 22, **36** N/O 20
Laplaceg. 10, **44** T 12
Laresg. 21, **8** D 12
Larischg. 22, **12** E 19
Larocheg. 13, **42** Q 7
Larwing. 22, **22** J/K 17
Lascyg. 17, **30** M 8
Laskeg. 12, **42** S 8
Laskywieseng. 14, **16** J 3
Lassalleg. 2, **33** M 13/14
Lassingleithnerpl. (Lass.-pl.) 2,
  32 N 12
Lass.-pl.=Lassingleithnerpl.
Lastenstr. 23, **54** U/V 7
Laszky-G., Bela (B.-L.-G.) 22,
  12 F 19
Latschkag. (La.-g.) 9, **20** L 11
Laubeng. 17, **18** L 7
Laubepl. 10, **44** R 12
Lauchg. 22, **23** H 16
Laudong. 8, **31/32** N 10/11
Laufbergerg. 2, **33** N 13
Laufner-G., Johann (J.-L.-G.) 21,
  9 F 14
Laurentiuspl. 14, **30** O 8
Laurenz-Barchetti-G. 22, **22** H 16
Laurenzerberg (L.-bg.) 1, **32** N 12
Laurenzg. 5, **44** Q 11
Lautensackg. 14, **29** P 6
Lautenschlägerg. 11, **46** R 15
Lavantg. 21, **10/11** E 16/17
Lavaterstr. 22, **35** M 18
Lavendelweg 22, **24** L 19

Laverang. 13, **42** S 7
Laxenburger Str. 10, 23,
  44 Q–T 12, **56** T–W 11
Layerweg 22, **23** K 18
Lazarettg. 9, **31/32** M 10/11
Lazarsfeldg. 21, **10** D 15
Lazarg. 17, 18, **19** L 9
Lazaristeng. (La.-g.) 18, **19** L 10
Lazek-Weg, Heinz (H.-L.-W.) 22,
  22 K 16
Laz.-g.=Lazaristeng.
Laziusstr. 23, **55** V 10
L.-bg.=Laurenzerberg
Lbg.-g.=Liebenbergg.
Ldkr.-g.=Landskrong.
Lebereckstr. 14, **15** J 1
Leberstr. 3, 11, **45** Q–S 14
Leberweg 11, **59** U 17
Lebingerg. 14, **30** O 7
Lebnerg. 21, **21** G/H 13
Lecherweg 10, **45** T 14
Lechnerstr. 3, **33** P 14
Lechner-Str., Andreas (A.)- 14,
  28 N 3/4
Lechthalerg. 23, **53** V 5/6
Ledererg. 8, **31/32** N 10/11
Ledererhof (Led.-hof) 1, **01** N 12
Led.-hof=Ledererhof
Leebg. 10, **44** Q–S 12
Leeder-G., Karl (K.-L.-G.) 14, **28** O 4
Leeg. 14, **30** P 7
Lefler-G., Heinrich- (H.) 22, **35** M 17
Legler-G., Wilhelm- (W.) 14, **29** O 6
Lehárg. 6, **32** O 11
Lehenstein-G., Brunner- 21, **8** E 12
Lehenstr. 22, **25** L 21
Lehmanng. 23, **53/54** V 6
Lehmg. 10, **44** S 13, T 12/13
Lehnerg. 15, **31** P 9
Lehner-G., Leo- 22, **35** N 18
Lehnertg. 21, **9** F 13
Lehrbachg. 12, **43** S 9
Lehrbachweg 12, **43** S 9
Leibenfrostg. (Leibenf.-g.) 4, **32** P 11
Leibenf.-g.=Leibenfrostg.
Leibl-G., Wilhelm-(W.) 13, **41** R 6
Leibnizg. 10, **44** R/S 12
Leichter-G., Käthe-(K.)- 13, **41** Q 6
Leichtweg 2, **33** N 14
Leidesdorfg. 19, **19** J/K 10
Leidlweg 22, **36** N 20
Leifhelmg. 14, **29** O 5
Leinkauf-Pl., Hans- 17, **18** K 7
Leinmüllerg. 23, **53** W 6
Leinweg 22, **23** J 18
Leipziger Pl. 20, **20** K 12
Leipziger Str. 20, **20** K 12
Leischingg. 14, **27** O 2
Leiteng. 23, **41** T 6
Leitenwaldpl. 13, **41/42** S 6/7
Leitermayerg. 17, 18, **31** M 10
Leithastr. 20, **20** K 12
Lemböckg. 23, **54** W 8
Lenaug. 8, **32** N 11
Lenkg. 22, **22** J/K 16
Lenneisg. 14, **30** P 8
Leo-Lehner-G. 22, **35** N 18
Leo-Mathauser-G. 23, **55** V/W 9
Leonard-Bernstein-Str. 22,
  21/22 K 14/15
Leon-G., Viktor-(V.)- 13, **41** T 6
Leonhardg. 3, **33** P 14
Leon (L.)-Kellner-Weg 13, **41** Q 6
Leopold (L.)-Abelles-G. 11, **46** R 15
Leopoldauer Pl. 21, **10** G 16
Leopoldauer Str. 21, **10** G 15/16,
  21/22 H 14/15
Leopold-Ernst-G. 17, 18, **31** M 9/10
Leopold(L.)-Ferstl-G. 21, **21** H 13
Leopold-Figl-G. (L.-F.-G.) 1,
  32 N 11/12
Leopoldig. 23, **54** V 7
Leopold (L.)-Kunschak-Pl. 17,
  31 L/M 9
Leopold- (L.)-Rister-G. 5, **44** Q 11

Leopoldsdorfer Str. 10, **57** V 13/14, W/X 13
Leopoldsg. 2, **32** M 12
Leopoldsplateau 18, **18** K 8
Leopold-Steiner-G. 19, **19** H/J 10
Leopold-(L.)-Stockert-Pl. 17, **18** K 7
Leo- (L.)-Slezak-G. 18, **31** M 10
Lerchenfelder Gürtel 7, 8, 16, **31** N/O 10
Lerchenfelder Str. 7, 8, **31/32** N 10, O 10/11
Lercheng. 8, **31** N 10
Leschetitzkyg. 18, **18** K 8
Leserg. 11, **45/46** S 14/15, T 15
Leskyg. 22, **36** M/N 20
Lessiakg. 22, **22** L 16
Lessingg. 2, **33** M 13
Lettenweg 22, **22** K 16
Leuchsweg (L.-wg.) 21, **1** D/E 12
Leutholdg. (Lhd.-g.) 22, **35** M 18
Levasseurg. (Lev.-g.) 23, **54** U 7
Lev.-g.= Levasseurg.
Lewinskyg. 16, **30** M 8
Lexerg. (L.-g.) 22, **22** L 16
Leydoltg. (Ley.-g.) **31** P 10
Ley.-g.=Leydoltg.
Leyserstr. 14, **30** O 8
Leyßg. 17, **18** L 7
Leystr. 20, **20** J/K 12, **21** K/L 13
L.-F.-G.=Leopold-Figl-G.
L.-g.= Lexerg.
L.-g.=Lilieng.
L.-g.=Lohsingg.
L.-g.=Loidoldg.
L.-g.=Löwenburgg.
L.-g.=Löwenherzg.
L.-g.=Lusching.
Lhd.-g.=Leutholdg.
Lhotskyg. 21, **11** G 16/17
Lhotskyweg 21, **10** G 16
Lhs.-g.=Landhausg.
Libellenweg 14, **29** N 5
Libussag. 10, **44** T 13
Lichnovskyg. 11, **47** T 17
Lichtblaustr. 22, **11** G 17
Lichtenauerg. 2, **33** N 13
Lichtenfelsg. 1, **32** N 11
Lichtensteg 1, **01** N 12
Lichtensterng. 12, **43** T 9
Lichtentaler G. 9, **20** L 11
Lichtg. 15, **31** P 10
Lidlg. 17, **31** L/M 9
Liebenbergg. (Lbg.-g.) 1, **32** O 12
Liebenstr. 12, **43** S 9
Liebhartsg. 16, **31** N/O 9
Liebhartstalstr. 16, **30** M/N 7
Liebigg. 1, **32** N 11
Liebknechtg. 16, 17, **30** M 8
Liebleitnerg. 21, **2** C 14
Lieblg. 22, **23** H 17
Liechtensteinstr. 9, **20** L 11, **32** M/N 11
Liechtenstein-Str., Fürst- (F.)- 23, **53** V/W 5
Liechtenwerder Pl. 9, 19, **20** L 11
Lieder-Weg, Friedrich- (Fr.)- 14, **29** O 6
Lieglerstr. 22, **37** M/N 22
Lieleggweg 21, **9** E 14
Lienfelderg. 16, 17, **31** M 8/9, N 8
Liepoltg. 23, **55** U 9
Liesing, An der 23, **53** V 5
Liesingbachstr. 10, **56/57** V 12–14, W 14
Liesingbachstr., Hintere 10, **57** V 13
Liesinger Flur-G. 23, **54** V/W 8
Liesinger Pl. 23, **54** W 7
Liesneckg. 21, **9** F 13
Liewehr-G., Fred- 13, **42** S 7
Li.-g.=Lissag.
Ligusterweg 18, **18** K 7/8
Lilienbergg. 13, **29** P 5
Lilienbrunng. 2, **32** N 12
Lilieng. (L.-g.) 1, **32** O 12
Lilienthalg. 3, **45** Q/R 13
Lindauerg. 16, **31** N 9
Lindauerg. 23, **53** U/V 5

Lindenbauerg. 11, **46** R/S 15
Lindenbaum-G.,Walter (W.-L.-G.) 10, **57** U 13
Lindeng. 7, **31/32** O 10/11
Linde-Str., Carl-von- 11, **46** B 15
Lind-G.,Jenny-(J.)- 10, **44** T/U 12
Lindgrabeng. 23, **41** T/U 5
Lindheimg. 14, **28** O 4
Lindkogelg. 10, **44** S 11
Lindström-G., Rickard- (R.)-10, **56** U 12
Linienamtsg. 13, **41** S 6
Linieng. 6, **31** P 10
Linke Bahng. 3, **33** O/P 13
Linke Nordbahng. (L.Nb.-g.) 21, **21** H 13/14
Linke Wasserzeile 23, **53** V 6
Linke Wienzeile 6, 14, 15, **31/32** O 11, P 10/11, Q 10, **43** Q 8/9
Linkweg 13, **41** S 5
Linnépl. 19, **19** K 10
Linzackerg. 13, **41** Q 5
Linzer Str. 14, 15, **28** O 4, **29/30** O 5/6, P 6–8, **31** P 9
Lip.-g.=Lipinerg.
Lipinerg. (Lip.-g.) 23, **56** U 11
Lippmanng. 10, **45** T 13
Lissag. (Li.-g.) 3, **33** P 13
Lißbauerg. (Lißb.-g.) 19, **20** K/ L 11
Lißb.-g.=Lißbauerg.
Lisseeweg 21, **1** D 13
Lister-G., Joseph- 13, **41** R 5/6
Lisztstr. 3, **32** O 12
Litfaßstr. 3, 11, **45** Q 14
Litschauweg 21, **1** D 12/13
Litrowg. 18, **19** L 9/10
Li.-wg.=Lisseeweg
L.-Mart.-G.=Ludwig-Martinelli-G.
Lm.-g.=Langmaisg.
L.Nb.-g.=Linke Nordbahng.
Lobaug. 22, **36** M–O 19
Lobenhauerng. 17, **31** M 9
Lobgrundstr. 22, **48** R 19/20
Lobkowitzpl. 1, **01** O 12
Löblichg. 9, **20** L 11
Löblweg (L.-wg.) 22, **22** K 16
Lobmeyrg. 16, **30** M 8
Lodererweg 23, **52** V 4
Loderg. 22, **22** L 16
Lodrong. 23, **53/54** V 6/7
Loeschenkohlg. 15, **31** O 9
Loewe-Weg, Frederick- 22, **23** K 18
Löfflerg. 13, **41** R 5/6
Lo.-g.=Lortzingg.
Lohengrinstr. 22, **22** K 16
Lohnerg. 21, **8** E 12
Löhnerg. 12, **43** R 9
Löhrg. 15, **31** O 10
Lohsingg. 22, **24** K 19
Lohwagg. 22, **36** N 19
Loiblstr. 16, **29** N 6
Loidl-Str., Franz- 22, **22** K 15
Loidoldg. (L.-g.) 8, **32** N 11
Loimerweg 22, **22** K 16
Lokomotivg. 21, **8** F 13
Loosg. 23, **54** V 7
Loos-G., Adolf- 21, **11** F/G 17
Loos-Weg, Adolf- 21, **11** G 17
Loquaipl. 6, **31/32** P 10/11
Lorbeerg. 3, **33** N 13
Lorenz-(L.)-Bayer-Pl. 16, 17, **31** N 9
Lorenz-G., Adolf- 13, **42** R 7
Lorenz (L.)-Böhler-G. 20, **20** J 12
Lorenz-Kellner-G. 22, **22** J 16
Lorenz-Mandl-G. 16, **30** N/O 8
Lorenz-Müller-G. 20, **20** J/K 12
Lorenz (L.)-Reiter-Str. 11, **45/46** Q 14/15
Lorenz (L.)-Stein-Str. 14, **27/28** N 2/3
Lorenz (L.)-Weiß-G. 14, **29** O 6
Lorettopl. 21, **9** G 13
Lormweg 21, **8** E/F 12
Loritz-Pl., Urban (U.)- 7, **31** O 10
Lortzingg. (Lo.-g.) 14, **30** P 8
Lorystr. 11, **45/46** R 14, S 14/15, T 15

Loschmidtg. 21, **9/10** E 14, F 14/15
Löschnigg. 22, **35** M 18
Lößlweg 2, **33** M 14
Lössweg 22, **22** H 16
Lostakg. 22, **24** J 19
Lotheißeng. 19, **19** H 10
Lothringerstr. 1, 3, 4, **32** O 12
Lothringer-Str., Karl- 21, **2** C/D 14/15
Lotsenweg 22, **36** N 20
Lottg. 21, **9** G/H 14
Loudonstr. 14, **27/28** N 2/3
Loulag. 21, **9** E 13
Löwe-G., Karl-(K.)- 12, **43** R 10
Löwelstr. 1, **32** N 11
Löwenburgg. (L.-g.) 8, **31** N 10
Löweng. 3, **33** N/O 13
Löwenherzg. (L.-g.) 3, **33** O 13/14
Löwensteinstr. 22, **36** N/O 20
Löwenthalg. 23, **53** V/W 6
Löwenzahng. 2, **23** L 17/18, M 18
Löwe-Str., Ferdinand-(F.)- 10, **45** S 13
Löwinger-Weg, Cilli- 19, **18** J 7/8
Lp.-wg.=Lupinenweg
L.-S.-Pl.=Ludwig-Sackmauer-Pl.
L.-stg.= Labersteig
Lucasweg (L.-wg.) 12, **43** R 8/9
Luchteng. 17, **18** L 7
Lucken, Enge 10, **44** S 11
Luckenholzg. 21, **2** B/C 14
Luckenschwemmg. 21, **2** C 14
Ludo-Hartmann-Pl. 16, **31** O 10
Ludwig (L.)-Eckhardt-G. 14, **30** O 7
Ludwigg. 14, **27** N 2
Ludwigg. 18, **19** K 9
Ludwig-G., Ernst (E.)- 10, **44** S 11
Ludwig (L.-)-Gruber-Weg 19, **18** J 7
Ludwig (L.)-Kirschner-G. 23, **54** U 7
Ludwig (L.)-Koeßler-Pl. 3, **33** P 14
Ludwig-Martinelli-G.,(L.-M.-G.) 22, **43** R 9
Ludwig-Sackmauer-Pl. (L.-S.-Pl.) 8, **32** N 11
Ludwig-v.-Höhnel-G. 10, **45** T 13
Lueger-Pl., Dr.-Karl- (K.)- 1, **32** N/O 12
Lueger-Ring, Dr.-Karl- (K.)- 1, **32** N 11
Luftbadg. 6, **32** P 11
Lu.-g.=Lukschg.
Lugeck 1, **32** N 12
Luickg. 22, **23** K 18
Luise (L.)-Montag-G. 11, **45/46** S 14/15
Luitpold-Stern-G. 22, **35** P 18
Lukschg. (Lu.-g.) 2, **33** O 14
Lundenburger G. 21, **9** F 14
Lundg. 10, **56** U 12
Luntzg. 20, **20** J 12
Lü.-p.=Lüssenpromenade
Lupinenweg (Lp.-wg.) 22, **35** M 17
Lusching. (L.-g.) 21, **8** F 12
Lüssen, An den langen (A.d.lgn.) 19, **19** H 10
Lüssenpromenade (Lü.-p.) 21, **9** D 14
Lustg. 3, **33** P 13/14
Lusthausstr. 2, **33/34** O 14/15, P 15
Lustkandlg. 9, **20** L/M 11
Lutherpl. 6, **32** P 10
Lützowg. 14, **30** P 7
Luxemburg-G., Rosa (R.-Lux.-G.) 16, **30** M 8
Luzeg. 11, **47** T 17
L.-wg.=Leuchsweg
L.-wg.= Löblweg
L.-wg.= Lucasweg
Lynkeusg. 13, **41** S 6

M

Maarg. 23, **53** U 6
Macheg. 22, **36** O 20
Macholdstr. 10, **56** T/U 12
Machstr. 2, **33** M 14
Mackg. 23, **52** V 4

Maculang. 22, **11** G/H 17
Maderspergerstr. 16, **30** O 8
Maderstr. (Mad.-str.) 4, **32** O 12
Mader-Weg, Karl- 19, **18** J 7/8
Madjerag. 13, **41** Q 5/6
Mad.-str.= Maderstr.
Ma.-g.=Mantuanig.
M.-A.-G.=Marco-d'Aviano-G.
Ma.-g.=Marsanog.
Ma.-g.=Marschnerg.
Ma.-g.=Mayserderg.
Magazing. (Mag.-g.) 3, **33** P 13
Magdalenenstr. 6, **32** P 11
Magdeburgstr. 22, **22** K 16
Mag.=Magazing.
Magnolieng. 22, **23** L 17/18
Magyarweg 22, **24** K 19/20
Mahlerstr. 1, **32** O 12
Maier-Str., Dr.-Heinrich- 18, **18** J 8
Maig. 21, **9/10** G 14/15
Maiglöckchenweg (Maigl.-wg.) 22, **25** H 21/22
Maigl.-wg.=Maiglöckchenweg
Maiklg. 10, **44** T 11
Mailerg. 11, **47** T 18
Maillyg. 10, **44** T 11
Maireckerg. 23, **53** V/W 5
Maiselg. 3, **33** P 14
Maisg. 21, **8** F 12
Makartg. 1, **01** O 12
Malborghetg. 10, **44** R/S 11
Malfattig. 12, **43** Q/R 10
Malfattisteig 13, **42** R 7
Mallyg. 21, **8** G 12
Malmög. 10, **56** U 12
Malveng. 21, **8** F 12
Mälzelpl. 22, **22** J 16
Malzg. 2, **32** M 12
Mandlg. 12, **43** Q/R 10
Mandl-G., Lorenz- 16, **30** N/O 8
Manhart-Str., Friedrich- 21, **2** C 15
Mannabergg. (Mbg.-g.) 22, **36** O 20
Mannagettag. 19, **19** H 10
Mannagettasteig 19, **19** H 10
Männertreug. 10, **45** T 14
Manng. 23, **53/54** W 7
Mannhartg. 10, **44** Q 12
Mannsbarthg.(Mb.-g.) 22, **37** M 21
Mannschildg. 10, **45** T 14
Mannswörther Str. 11, **47/48** T 18/19
Manowardag. 23, **53** W 5
Mantlerg. 13, **41** P/Q 6
Mantuanig. (Ma.-g.) 23, **56** V 11
Marang. 22, **22** K 16
Marathonweg 2, **34** O 15
Marbodg. (Mb.-g.) 22, **22** K/L 16
Marburgg. 22, **37** O 20/21
Marc (M.)-Aurel-Str. 1, **32** N 12
Marchesig. 22, **37** M/N 21
Marchettig. 6, **32** P 11
Marchfeldstr. 20, **20** J/K 12
Marco-d'Aviano-G. (M.-A.-G.) 1, **32** O 12
Marconiweg 10, **45** T 14
Marco-Polo-Pl. 21, **10** F 15
Marcusg. 14, **30** P 7
Marderweg 22, **35** O 18
Mareschg. 15, **31** O 8/9
Mareschpl. 15, **31** O 8/9
Margaretengürtel 5, **43/44** Q 10–12, R 11
Margaretenpl. (Marg.-pl.) 5, **32** P 11
Margaretenstr. 4, 5, **32** P 11/12, **43/44** Q 10/11
Margarete-Seemann-Weg (M.-S.-W.) 12, **42** S 8
Margeritenweg 22, **24** L 19
Margetinstr. 11, **47** S 18
Mar.-g.=Marnog.
Marg.-pl.=Margaretenpl.
Mariabrunner Str .(Mariabr. Str.) 14, **28** N/O 4
Mariabr. Str.=Mariabrunner Str.
Maria-Eis-G.(M.-E.-G.) 3, **33** O 13
Maria (M.)-Grengg-G. 23, **53** W 5
Mariahilfer Gürtel 6, 15, **31** P 10

Mariahilfer Str. 6, 7, 14, 15, **31/32** O 11, P 9–11
Marianneng. 9, **31/32** N 10/11
Maria(Mar.)-Theresien (Theres.)-Pl. 1, **32** O 11
Maria-Theresien-Str. 1, 9, **32** M 11/12, N 11
Maria-Treu-G. (Ma.-Tr.-G.) 8, **32** N 11
Maria-vom-Siege (M.-v.-S.) 15, **31** P 10
Marieng. 17, **31** M 9
Mariensteig 13, **41** B 5
Marienstiege (Ma.-stiege) 1, **01** N 12
Marienweg 17, **18** K 7
Marilaung. (M.-g.) 3, **33** P 13
Marinellig. 2, **33** L/M 13
Marinonig. 21, **2** C 15
Markgraf-Gerold-G. (Mgf.-G.-G.) 22, **35** M 17
Markgraf-Rüdiger-Str. 15, **31** O 9
Markhofg. 3, **33** P 14
Markomannenstr. 22, **11** F 18, G 17/18, **23** H/J 17
Markowskyg. (M.-g.) 22, **37** N 21
Marksteinerg. 21, **8** E 12
Marktg. 9, **20** L/M 11
Marktgemeindeg. 23, **41/42** T 6/7
Markt, Hoher 1, **32** N 12
Markt, Neuer 1, **32** O 12
Markwardstiege 13, **29** P 5
Markweg 22, **23** K 18
Marnog. (Mar.-g.) 14, **30** O 8
Marokkanerg. 3, **32** O/P 12
Maroltingerg. 14, 16, **30** N/O 8
Marsanog. (Ma.-g.) 18, **20** L 11
Marschallpl. 12, **42** S 8
Marschnerg. (Ma.-g.) 16, **30** N 8
Marsweg 14, **28** N 4
Martinelli-G., Ludwig (L.-Mart.-G.) 12, **43** R 9
Martin-Gaunersdorfer-G. 21, **10** G/H 16/17
Martin-Schneider-G.(M.-Sch.-G.) 23, **53** W 6
Martinstr. 18, L/M 10, **31** M 10
Martnig. 22, **12** D 19
Marxerg. 3, **33** N/O 13
Marx-Meidlinger-Str. 12, **43** R 10
Marx-Str., Gratian (G.-M.-Str.) 11, **45** Q 14
Märzstr. 14, 15, **30** P 8, **31** O 9/10, P 9
Maschlg. 22, **23** K 18
Maßholderg. 22, **25** J 21/22
Ma.-stiege=Marienstiege
Mastnyg. 14, **28** N 3
Masurenweg (M.-wg.) 22, **22** K 16
Maternaweg (Mat.-wg.) 16, **30** O 7
Mat.-g.= Matthäusg.
Mathauser-G., Leo- 23, **55** V/W 9
Matrasg. 13, **41** Q 5
Matras-G., Franz-Eduard- 22, **22** H 16/17
Matr.-g.=Matroseng.
Ma.-Tr.-G.= Maria-Treu-G.
Matroseng. (Matr.-g.) 6, **31** P 10
Matschg. 16, **30** N 7
Matteottipl. 16, **30** M 8
Matthäusg. (Mat.-g.) 3, **33** N 13
Matthäus-Jiszda-Str. (M.-J.-Str.) 21, **21** H 13
Matthias-Ernst-Pista-G. 21, **9** D/ E 13
Matthias(M.)-Hau-G. 12, **23** J 16
Matthias(M.)-Schönerer-G. 14, 15, **31** O 9
Matthias-Wagner-G. 21, **2** C 15
Mattiellistr. (Mat.-str.) 4, **32** O/P 12
Matt.-str.= Mattiellistr.
Mat.-wg.=Maternaweg
Matz-G., Pfarrer- 21, **1** C 14
Matzig-G., Dr.-Anton (Dr.-A.-M.-G.) 23, **53** V/W 6
Matzingerstr. 14, **30** O 8
Matzleinsdorfer Pl. 5, **44** Q 11
Matznerg. 14, **30** P 8

Mauerbachstr. 14, **15** L 2, **27/28** M 2/3, N 3
Mauer-G., Otto- 23, **55** U 10
Mauermann-G., Max- (M.) 10, **45** S/T 14
Maulbeerg. 22, **25** G/H 21
Maulbertschg. 19, **18** H 7
Maulwurfg. 21, **8** F 12
Maurer Hauptpl. 23, **53** U 6
Maurer Lange G. 23, **53** U 5/6
Maurichg. 22, **22** J 16
Mauthausg. (Mhs.-g.) 5, **43** Q 10
Mauthe-Pl., Jörg- (J.) 9, **32** M 11
Mauthnerg. (M.-g.) 9, **31** N 10
Mautner-Markhof-G. 11, **46** R/S 15
Mautnerweg 18, **18** J 8
Maxa-G., Heinrich- 2, **34** N 15
Max-(M.)-Brod-G. 17, **18** K 7
Max-Emanuel-Str. 18, **19** K 9/10
Max (M.)-Fleischer-G. 10, **57** U 13
Max(M.)-Hegele-Weg 12, 23, **43** T 9/10
Maximilian (M.)-Schober-G. 17, **18** K 7
Maxingstr. 13, **42** Q 8, R 7/8
Max (M.)-Jellinek-G. 21, **10** F/G 16
Max (M.)-Mauermann-G. 10, **45** S/T 14
Max-Reinhardt-G. (M.-Reinh.-G.) 14, **30** P 8
Maxwellg. 21, **9** G 12/13
Max-Winter-Pl. 2, **33** M 13/14
Mayerg. 2, **33** M/N 13
Mayerhofg. 4, **32** P 12
Mayerweckstr. 21, **8/9** D 12/13
Mayg. 13, **42** S 7
Maynollog. (Mn.-g.) 18, **31** L/M 10
Mayrederg. 22, **24** K 20
Maysederg. (Ma.-g.) 1, **32** O 12
Maysseng. 17, **31** N 9
Mazelleg. 11, **46** T 15
M.-B.=Mölker Bastei
Mb.-g.=Mannsbarthg.
Mb.-g.=Marbodg.
Mb.-g.=Mehlbeereng.
M.-B.-G.=Michael-Bernhard-G.
Mbg.-g.=Mannabergg.
M.-D.-G.=Michael-Dietmann-G.
Mechelg. 3, **33** P 13
Mech.-g.=Mechitaristeng.
Mechitaristeng. (Mech.-g.) 7, **32** O 11
Medeag. 10, **45** T 13
Meder-G., Josef- 23, **54** W 7
Medlerg. 19, **19** J 10
M.-E.-G.=Maria-Eis-G.
Meggaug. 23, **53** V 6
Mehlbeereng. (Mb.-g.) 22, **24** K 19
Mehlführerg. 23, **54** U/V 7
Meichlstr. 11, **46** R 15
Meidlg. 11, **46/47** T 16/17
Meidlinger Hauptstr. 12, **43** Q/R 9
Meiereistr. 2, **34** N/O 15
Meierhöfen, Bei den 13, **42** S 7
Meillerg. 13, **42** S 7
Meinhartsdorfer G. (Mhdfr.G.) 15, **31** P 9
Meinl-G., Julius- 16, 17, **30** M 8
Meischlg. 23, **55** V 9
Meiselstr. 14, 15, **30/31** P 8/9
Meisenbühel, Am 13, **41** Q 5
Meisenweg 22, **22** L 16
Meisgeyerg. 23, **54** U/V 7
Meißauerg. 22, **22** J 16
Meißl-Str., Karl (K.)- 20, **20** L 12
Meisl-Weg, Hugo- 10, **43** T 10
Meißnerg. 22, **22** J 16
Meisterg. 21, **11** G 17
Meitnerg. 22, **22** K 16
Meixnerweg (M.-wg.) 12, **43** R 9
Melang. 22, **22** H 16
Melchartg. 13, **42** R 7
Meldemannstr. 20, **20** K 12
Melichar-G., Josef- 21, **21** J 13/14
Mellerg. 23, **54** W 7
Mell-G., Alexander (A.-M.-G.) 22, **35** M 17

Melnitzkyg.(M.-g.) 22, **23** J 16/17, K 17
Memlingg. 22, **25** L 21
Mendelssohng. 22, **34** M 15
Mendel-Str., Gregor- 18, 19, **19** K/L 10
Mengerg. 21, **21** H 14
Menterg. 7, **31** N/O 10
Menzelg. 16, **31** N 10
Meraner Weg (Mer. Wg.) 23, **42** T 7
Meravigliag (M.-g.) 6, **31** P 10
Mer.-g.=Merkelg.
Mergenthalerpl. 22, **22** J/K 16
Meriang. 21, **9** D 12/13
Merkelg. (Mer.-g.) 22, **34** M 16
Merktweg 17, **18** L 7
Merkurweg 14, **29** N 5
Mer.-Wg.=Meraner Weg
Messenhauserg. 3, **33** O/P 13
Messeplatz 1, 7, **32** O 11
Messerschmidtg. 18, **19** K/L 9
Mestrozig. 19, **19** K 9
Metastasiog. (M.-g.) 1, **32** N 11
Metschl-G., Karl (K.-M.-G.) 16, **30** M 8
Metternichg. 3, **32** P 12/13
Mexikopl. 2, **33** L/M 14
Meyerbeerg. 21, **8** F 12
Meynertg. 9, **31** M 10
Meyrinkg. 23, **42** T/U 7
Meytensg. 13, **41** Q 6
M.-g.=Marilaung.
M.-g.=Markowskyg.
M.-g.=Mauthnerg.
M.-g.=Melnitzkyg.
M.-g.=Meravigliag.
M.-g.=Metastasiog.
M.-g.=Missong.
M.G.=Mölker G.
M.-g.=Möllerg.
M.-g.=Mosheimerg.
M.-g.=Mrkwickag.
M.-g.=Müchg.
M.-g.=Müglenderg.
M.-g.=Mumbg.
M.-g.=Murmanng.
Mgf.-G.-G.=Markgraf-Gerold-G.
Mhdfr. G.=Meinhartsdorfer G.
Mhs.-g.=Mauthausg.
Michael-Bernhard-G. (M.-B.-G.) 12, **43** Q 10
Michael-Dietmann-G. (M.-D.-G.) 21, **21** H 13
Michaelerpl. 1, **32** N 11/12
Michaelerstr. 18, **19/20** L 10/11
Michaelerwaldweg 19, **18** J 7
Michael-G., St.- 21, **10** G 16
Michalekg. 16, **30** N 7
Michelbeuerng. 9, **32** M 11
Michelfeitg. 23, **54** U 7
Michtnerg. 21, **9** F/G 13
Mickertsweg 22, **22** L 16
Miesbachg. 2, **32** M 12
Migazzipl. 12, **43** Q 10
Migerkastr. 10, **44** S 11/12
Mig.-g.=Migschitzg.
Migschitzg. (Mig.-g.) 23, **53** U 6
Mihatschg. 21, **22** J 15
Miklosichg. 21, **8** D/E 12
Milanweg 22, **35** O 18
Milchg. 1, **01** N 12
Mildepl. 16, **30** N 8
Millerg. 6, **31** P 10
Mill.-g.=Millöckerg.
Millöckerg. (Mill.-g.) 6, **32** O 11
Miltnerweg 11, **47** T/U 17
Minciostr. 15, **30** O 8
Minorg. 14, **29** O 6
Minoritenpl.(Minor.-pl.) 1, **32** N 11
Minor.-pl.=Minoritenpl.
Minzeng. 22, **23** H 18
Missindorfstr. 14, **30** P 8
Missong. (M.-g.) 14, **28** N 4
Mitisg. 14, **30** P 7
Mitteis-G., Heinrich (H.)- 21, 10 F 16/17
Mittelg. 6, **31** P 10

Mittelsteig 14, **29** N 6
Mittelstr. 14, **28** M/N 4
Mittelweg 12, **43** S 9
Mitterbergg. 18, **31** L/M 10
Mitterfeldg. 11, **45** S 14
Mitterfeldweg 22, **24** J 19
Mitterhaidenweg 21, **1/2** A/B 14, B 15
Mitterhoferg. 21, **9** F 14
Mittermayerg.(Mitt.-g.) 13, **42** Q 7
Mittersteig 4, 5, **32** P 11
Mitterweg 11, **46** R 16/17, S 15/16
Mitterwurzerg. 19, **18** H/J 8
Mitterwurzerweg 19, **18** J 8
Mitt.-g.= Mittermayerg.
Mittlere Straße 14, **27** M 1
M.-J.-Str.=Matthäus-Jiszda-Str.
Mn.-g.=Maynollog.
Modecenterstr. 3, 11, **45/46** Q 14/15
Modenapark, Am 3, **33** O 12/13
Modl-Toman-G. 13, **41** S/T 5
Moeringg. 15, **31** O 10
Mögeleg. 13, **41** S/T 6
Mohnblumenweg 22, **23** L 18
Möhnerg. 18, **19** L 9
Mohreng., Große 2, **32** M 13, N 12/13
Mohreng., Kleine (Kl.-M.-g.) 2, **33** M/N 13
Mohsg. 3, **33** P 13
Moissig. 22, **22** L/M 15
Molischg. 14, **29** O/P 6
Molitorg. 11, **45** Q 14
Mölker Bastei (M.B.) 1, **32** N 11
Molkereistr. 2, **33** M 14
Mölker G. (M.G.) 8, **31/32** N 10/11
Mölker Steig (M.Stg.) 1, **32** N 11
Mollardg. 6, **31/32** P 10/11
Möllerg. (M.-g.) 23, **54** V 7
Mollg. 18, **19** L 10
Möllpl. 21, **10** F 16
Möllwaldpl. 4, **32** P 12
Molnarg. 17, 18, **18** K 8
1. Molo 11, **48** T 19
2. Molo 11, **48** T 19
Mommseng. 4, **32** P/Q 12
Mondscheing. 7, **32** O 11
Mondweg 14, **28/29** O 4/5
Montag-G., Luise (L.)- 11, **45/46** S 14/15
Montecuccolipl. 13, **42** R 7
Montes.-g.=Montessorig.
Montessorig.(Montes.-g.) 23, **42** T 8
Montevideog.(Mont.-g.) 13, **42** R 7
Mont.-g.=Montevideog.
Montig. 17, **18** L 8
Montleartstr. 14, 16, **30** N/O 8
Moosbr.-g.=Moosbruggerg.
Moosbruggerg. (Moosbr.-g.) 12, **43** R/S 10
Moosg. 17, **18** L 7
Mooslackeng. 19, **20** J 12
Mooswieseng. 14, **27** O 2
Morellig. 21, **21** H/J 14
Morettig. 21, **1** C 14
Mörikeweg 16, **30** N 7
Moritz-Dreger-G. 21, **10** F/G 16
Moritz-(M.)-Seeler-G. 10, **57** U 13
Morizg. 6, **31** P/Q 10
Morseg. 21, **8** D 12
Mortarapl. 20, **21** K/L 13
Mörthg. 21, **8** F 12
Morth-Weg,Andreas- 22, **22** H/J 16
Morus-G.,Thomas(Th.)- 13, **41** R6
Morzinpl. 1, **32** N 12
Moschingerg. 14, **28** M 4
Moselg. 10, **45** S 13
Mosenthalweg 18, **18** J 8
Moserg. 9, **32** M 11/12
Moser-G., Josef (J.-M.-G.) 17, **18** L/M 8
Moser-G., Kolo- 22, **22** H 16
Mosetigg. 23, **55** V 9
Mosheimerg. (M.-g.) 21, **1** C 14
Moßbachersteg. 14, **30** P 7
Mostg. 4, **32** P 11/12
Mottl-Str., Felix- 19, **19** K/L 10
Mozartg. 4, **32** P 12
Mozartpl. 4, **32** P 12

M.-Reinh.-G.=Max-Reinhardt-G.
Mrkwickag (M.-g.) 23, **55** V 9
M.-Sch.-G.=Martin-Schneider-G.
M.Stg.=Mölker Steig
M.-S.-W.=Margarete-Seemann-Weg
Muchag. 19, **18** J 8
Mucha-Wg., Alfons (A.)- 14, **29** O 6
Müchg. (M.-g.) 11, **46** S 15
Muffatg. 12, **42** T 8
Müglenderg. (M.-g.) 17, **31** M 10
Mühlbachg., Untere (U.-M.-G.) 23, **53** V 6
Mühlbacherg. 13, **42** Q 7
Mühlbergstr. 14, **27** N/O 2
Mühlbreiten 23, **54** U 8
Mühlfeldg. 2, **33** M 13
Mühlg. 4, **32** O/P 11
Mühlgrundg. 22, **35** M/N 17
Mühlgrundweg 22, **35** N 17
Mühlhäufelg. 22, **37** N/O 21
Mühlhäufelweg 22, **35** N 18
Mühlsangerg. 11, **47** T 17/18
Mühlschüttelg. 21, **21** J 14
Mühlstr. 10, **56** V 12
Mühlwanger-Str., Wolfgang- 22, **25** L 21/22
Mühlwasser, Am 22, **35** N 17/18
Mühlwasserpromenade 22, **35/36** N 18, O 18/19
Mühlwasserstr. 22, **34/35** N 16/17
Mühlweg 21, **9** D/E 13
Muhreng. 10, **44** R/S 12
Muhrhoferweg 11, **47** T 18
Muhr-Promenade, Hans (H.) 14, **28** O 4
Mukenthalerweg 19, **7** G 10
Müller-G., Dr.-Heinrich (H.)- 14, **28** N 3
Müller-G., Lorenz- 20, **20** J/K 12
Müller-Guttenbrunn-Str. 14, **29** O 6
Müllnerg. 9, **32** M 11
Müllnermais, Am 22, **35** N 18
Müllnermaisg. 22, **35** N 18
Mumbg. (M.-g.) 2, **33** M 13
Münchenstr. 12, **42** S 7/8
Munchg. 10, **44** T/U 12
Munchpl. 10, **44** T 11/12
Mundyg. 10, **45** R 13
Münichreiterstr. 13, **42** Q 7
Münnichpl. 11, **47** T 18
Muntheg. 10, **56** T/U 12
Münzer-G., Thomas (Th.)- 10, **44** S 11
Münzg. 3, **33** O 13
Münzwardeing.(Mw.-g.) 6, **32** P 11
Muratweg 22, **35** O 18
Murbang. 10, **56** U 12
Muriel-Gardiner-Buttinger-Pl. 10, **44** T 13
Murlingeng. 14, **43** R 10
Murmanng. (M.-g.) 22, **35** M 18
Murrayg. 22, **23** K/L 18
Murrstr. 22, **22** H 16
Museumstr. 1, 7, **32** O 11
Musgerg. 22, **21** H 16
Musilpl. 16, **30** N 8
Musketierweg 22, **35** N/O 18
Muthg. 19, **20** H/J 12
Muthsamg. 14, **30** O 8
M.-v.-G.=Maria-vom-Siege
M.-wg.= Masurenweg
M.-wg.=Meixnerweg
Mw.-g.=Münzwardeing.
Myrbachg. 14, **28** N 3
Myrtheng. 7, **31** O 10

N

Naaffg. 18, **18** K 8
Nab.-g.=Nabuccog.
Nabuccog. (Nab.-g.) 23, **58** U 11
Nachreinerg. 17, **18** L 7
Nachtigallenweg 14, **29** M 5
Nachtnebelweg 16, **30** N 8
Naderstr. 10, **45** S/T 14
Nadlerg. (N.-g.) 9, **32** M 11

Naglerg. 1, **32** N 12
Nagl-Pl., Kardinal- 3, **33** P 14
Napoleonwaldg. 13, **41** T 6
Nasenweg 19, **7/8** F 10/11
Nästlbergerg. 13, **41** S/T 5
Natorpg. 22, **22** K 16
Natterer-G., Dr.- 2, **34** N 15
Natterg. 17, **31** N 9
Naufahrtweg 22, **35** O 17/18, P 18
Nauheimerg. 12, 23, **43** T 9/10
Nauschg. 22, **22** K/L 15
Nauseag. 16, **30** M/N 8
Nb.-g.=Nestelbachg.
Ndfr.-g.=Neudorferg.
Nebl.-g.=Neblingerg.
Neblingerg. (Nebl.-g.) 13, **30** P 7
Nechanskyweg 22, **24** K 20
Nedbalg. 22, **23** K 18
Nederg. 19, **19** K 10
Negerleg. (Neg.-g.) 2, **32** N 12
Neg.-g.=Negerleg.
Negrelli-G., Alois (A.)- 21, **22** J 15
Nehr-G.,Alexander (A.) 9, **20** L 11
Neilreichg. 10, 23, **44** R 11/12,
   S/T 11, **56** U 11
Nejesg. 23, **55** W 9
Nekowitsch-Str., Dr.- 21, **1** C 13/14,
   D 14
Nelkeng. 6, **32** O/P 11
Nelkenweg (N.-wg.) 14, **28** O 4
Nemelkag. 11, **45** R 14
Nemethg. 11, **46** T 16
Nep.-g.=Nepomukg.
Nepomukg. (Nep.-g.) 2, **33** N 13
Neptunweg 14, **29** N/O 5
Nesselg. 17, **31** M 9
Nestelbachg.(Nb.-g.) 19, **20** H 11
Nestr.-g.=Nestroyg.
Nestroyg. (Nestr.-g.) 2, **32** M 12
Nestroyg. 14, **28** N 3
Nestroypl. 2, **33** N 13
Neu Albern 11, **47** S 18
Neubadg. 1, **01** N 12
Neubaug. 7, **31/32** O 10/11
Neubaugürtel 7, 15, **31** O/P 10
Neubeckg. (Neub.-g.) 14, **30** P 8
Neubergenstr. (Neuber.-str.) 15,
   31 P9
Neuber.-str.=Neubergenstr.
Neub.-g.=Neubeckg.
Neub.-g.=Neuburgerg.
Neuburgerg. (Neub.-g.) 10, **44** S 12
Neudeggerg. 8, **32** N/O 11
Neudorfer (Ndfr.-g.) 21, **9** F 14
Neuer Markt 1, **32** O 12
Neue-Welt-G. 13, **42** Q 7
Neugebäudestr. 11, **46** S 15,
   T 15/16
Neugebauerweg 19, **20** H 11
Neug., Große 4, **32** P 11
Neug., Kleine 4, 5, **32** P 11
Neugrabenstr. 10, **57** V 13
Neuhaufenstr. 22, **34** M 16
Neukommweg 13, **41** 5 6
Neukräfteng. 13, **41** Q/R 6
Neulandweg (N.-wg.) 21, **21** K 14
Neulerchenfelder Str. 16, **31** N 9/10
Neulingg. 3, **33** O 12/13
Neumanng. (Neum.-g.) 4, **32** P 12
Neumann-G., Dr.- 23, **54** V 7
Neumann-Steig, Dr.-Jakob
   (Dr.-J.-N.-Stg.) 23, **53** V 6
Neumayrg. 16, **31** N/O 10
Neum.-g.=Neumanng.
Neurath-G., Dr.-Otto- 22, **23** L 17
Neurissenweg 11, **46** R 16/17
Neurisse, An der 22, **24** J/K 19
Neusatzg. 21, **2** C 14
Neusetzg. 10, **44** R 12
Neusserpl. 15, **31** O 9
Neustift am Walde 19, **18** J 7/8
Neustiftg. 7, **31/32** O 10/11
Neutorg. 1, **32** N 12
Neutra-G.,Richard- 21, **10** F/G 15
NeuwaldeggerStr. 17, **17/18** K 6/7
Neuwiesg. 14, **28** M 4
Nevilleg. (N.-g.) 5, **43** Q 10

Newaldg. (New.-g.) 9, **20** L 11
New.-g.= Newaldg.
N.-g.=Nadlerg.
N.-g.=Nevilleg.
N.-g.=Nickelg.
N.-g.=Nostitzg.
Nibelungeng. 1, **32** O 11/12
Nickelg. (N.-g.) 2, **32** M 12
Niederauerg. 23, **41** T 5
Niederhaid, An der 14, **29** O 6
Niederhofstr. 12, **43** Q 9/10
Niedermeierweg 22, **35** O 18
Niedermoserstr. 22, **11** G 17
Niederpointenstr. 14, **29** O 6
Niederreiterbergg. (Niederr.-g.) 23,
   41 T 6
Niederr.-g.=Niederreiterbergg.
Nielrosenweg 10, **45** T/U 14
Niernbergerg. 11, **46** S 15
Niese-G., Hansi-(H.) 19, **20** H 11
Niese-Weg, Hansi (H.) 13, **42** R 7
Nietzschepl. 16, **30** M 8
Nik.-g.=Nikolaig.
Nik.-g.=Nikolausg.
Nikischg. 14, **29** P 6
Niklas-Eslarn-Str. 22,
   36/37 L 20/21, M 21/22
Nikolaig. (Nik.-g.) 1, **01** O 12
Nikolausg. (Nik.-g.) 13, **29** O/P 5
Nikolaus-Pl., St.- 3, **33** P 13/14
Nikolaus(Nik.)-Pytty-G. 14, **28** M 4
Nikolsdorfer G. 5, **44** Q 11
Nisselg. 14, **30** P/Q 8
Nissl-G., Czeija- 21, **8** E 12
Nittel-Weg, Heinz- 13, **41** Q/R 6
Nobel-Str., Alfred- (A.) 21, **22** H/J 15
Nobileg. 14, 15, **31** P S/9
Nödlg. 16, **31** O 10
Nolding. 22, **22** K 16
Norbert- (N.)-Krebs-G. 21, **22** H 15
Nordbahnanlage 21, **21** H 14
Nordbahndamm, Am 21, **21** J 13
Nordbahng., Linke (L.Nb.-g.) 21,
   21 H 13/14
Nordbahng., Rechte 21, **21** H 13/14
Nordbahnstr. 2, 20, **21** L 13,
   33 L/ M 13
Nordbergstr. 9, **20** L 11
Nördliche Randstr. 14, **28** M 3
Nordmanng. 21, **21/22** H 14, J 14/15
Nordpolstr. (N.-str.) 2, **20/21** L 12
Nordportalstr. 2, **33** M/N 14
Nordwestbahnhof, Am 21, **9** G 13
Nordwestbahnstr. 2, 20, **20** K 12,
   L 12/13
Nostitzg. (N.-g.) 21, **21** H 14
Nothartg. 13, **41** Q/R 6
Nottebohmstr. 19, **19** J 9
Nottendorfer G. 3, **33** P 14
Novaligg. 13, **41** R 5/6
Novarag. 2, **33** M 12/13
Novig. 21, **10** G 16
Nowakg. 13, **55** W 8
Nowalskig. 11, **59** U 17/18
N.-str.=Nordpolstr.
Nuschingg. 23, **54** W 7
Nußallee 14, **30** O 7
Nußbaumweg (Nußb.-wg.) 22,
   35 N 17
Nußb.-wg.=Nußbaumweg
Nußbergg. 19, **20** H 11
Nußdorfer Lände 19, **20** J 12
Nußdorfer Pl. 19, **20** H 12
Nußdorfer Str. 9, **20** L 11, **32** L/M 11
Nußg. 9, **20** L 11
Nußwaldg. 19, **20** J 11
N.-wg.=Nelkenweg
N.-wg.=Neulandweg
Nympheng. 12, **43** Q 9

O

Obachg. 22, **23** G/H 17
Obeliskenweg (Ob.-wg.) 17, **18** K 7
Ober den Gärten (O. d. G.) 23,
   54 U 8
Oberdorfstr. 22, **35** M 18

Obere Amtshausg. 5, **44** Q 11
Obere Aquäduktg. 23, **53** V/W 6
Obere Augartenstr. 2, **32** L/M 12
Obere Bahng. 3, **33** P 13
Obere Donaustr. 2, **32** L–N 12
Obere Grenzg. 10, **57** X 13
Obere Jungenbergg. 21, **1** B/C 13
Oberen Alten Donau, An der 21,
   22, **21/22** H 13–K 15
Oberen (ob.-) Kirchberg (Kirchb.),
   Am 21, **2** C 14
Oberer Reisenbergweg 19, **7** G 9,
   19 H 9/10
Obere Viaduktg. 3, **33** N 13
Obere Weißgerberstr. 3, **33** N 13
Oberfeldg. 22, **22** J 17/18, K 18
Obergfellpl. 21, **9** G 13
Oberh.-g.=Oberhummerg.
Oberhummerg. (Oberh.-g.) 21,
   11 F 17
Oberlaaer Pl. 10, **57** V 14
Oberlaaer Str., 10, 23,
   56/57 U 11/12, V 12–14
Oberleiteng. 11, **46** R 15
Oberleiteng. 11, **46** R 15
Obermaisserg.(Ob.-g.) 14, **28** N 3
Obermüllnerstr. 2, **33** M 14
Obersteinerg. 19, **19** K 10
Oberwiedenstr. 16, 17, **18** L 7/8,
   30 M 7
Oberzellerg. 3, **33** P 13
O.-B.-G.=Otto-Beyschlag-G.
Ob.-g.=Obermaisserg.
Obkircherg. 19, **19** J/K 10
O'Brien-G. 21, **9** G 13
Obstgartenweg 22, **22** K 19
Ochsenfurtg. 14, **28** M 4
Ochsenkopfweg 14, **28** M 4
(A.-Ochs.-G.) 23, **55** U 10
Ocwirkg. 21, **9** D/E 14
Ödenburger Str. 21, **9** E 14, F 13/14
Odeong. 2, **33** M 13
O. d. G.=Ober den Gärten
Odoakerg. 16, **30** M 8
Oehlenschlägerg. 12, **43** T 9
Oellacherweg (Oe.-wg.) 21, **8** E 12
Oelweing. 15, **43** Q 9
Oerleyg. 11, **45/46** S 14/15
Oeverseestr. 15, **30/31** O 8/9
Oe.-wg.=Oellacherweg
Offenbachg. 2, **33/34** M/N 14/15
O.-F.-G.=Otto-Fürth-G.
Ofnerg. 2, **33** M 14
O.-g.=Opfermanng.
Ohlisg. 11, **45/46** S 14, T 14/15
Ohmanng. 19, **19** K 10
Ohmg. 21, **9** G 13
Ohnsorg-Weg, Kurt- (K.) 22, **22** H 16
Oktaviang. 23, **53** V 5
Olaus-Petri-G. 10, **56** U 12
Olbrichg. 12, **42** R/S 8
Oldenburgg. 23, **55** U 9
Oleanderg. 22, **24** H/J 19
Olmag. 13, **41** T 5
Olympiapl. 2, **34** N 15
Ölzeltg. 3, **32** O 12
Ölzeltg. 23, **53** U 6
Onno-Klopp-G. 14, **30** P 7
Opalg. 21, **22** H 15
Operng. 1, 4, **32** O 12, P 11/12
Opernpassage 1, **01** O 12
Opernring 1, **32** O 11/12
Opfermanng. (O.-g.) 16, **30** O 8
Opitzg. 13, **42** R 7
Oppelg. 12, **43** Q 10
Oppenheimg. 10, **45** T 13, U 13/14
Oppenheimweg 10, **45** T 14
Opp.-g.=Oppolzerg.
Öppingerweg (Öpp.-wg.) 14, **30** O 7
Oppolzerg.,=Opp.-g.) 1, **32** N 11
Öpp.-wg.=Öppingerweg
Orasteig 21, **1/2** C/D 13
Orchideenweg 22, **25** H/J 22
Orchisg. 22, **35** N 17/18
Ordeng. 10, **44** R 12
Orelg. 21, **9/10** G 14/15
Oriong. 11, **46** R/S 16

Ortliebg. 17, **31** M/N 9
Ortnerg. 15, **43** Q 9
Oserg. 21, **9** F 14
Oskar-Grissemann-Str. 21, 22,
  10 G 16
Oskar-Jascha-G. 13, **41** T 5/6
Oskar (O.)-Kokoschka-Pl. 1, **32** N 13
Oskar(O.)-Simony-Str. 14, **28** N 4
Oskar (O.)-Spiel-G. 19, **20** H 11
Oslopl. 22, **35** N 18
Ospelg. 20, **21** K/L 13
Ostbahn, An der 10, **45** S 14
Ostbahnbegleitstr. 22, **24** L 19
Ostbahnweg. 22, **23** K 17
Österleing. (Öst.-g.) 15, **31** P 9
Osterleiteng. 19, **20** K 11
Österreicher-G.,Josef- 23, **54** U 8
Q.-St.-G.=Otto-Storch-G.
Öst.-g.=Österleing.
Ostmarkg. 21, **21** H 14
Oswaldg. 12, **43** R/S 9
Oswald-Redlich-Str. 21,
  10/11 F 16/17
Oswald-Thomas-Pl. 2, **33** M/N 13
Othellog. 23, **55/56** V 10/11
Othmarg. 20, **20** L 11/12
Ottakringer Str. 16, 17,
  30/31 N 8–10
Ottenthal-G., Emil (E.-O.-G.) 10,
  45 T 13
Otterweg (O.-wg.) 22, **35** N 17
Otto-Bauer-G. 6, **31/32** P 10/11
Otto-Beyschlag-G. (O.-B.-G.) 21,
  10 F 16
Otto-Fürth-G. (O.-F.-G.) 22, **37** N 21
Ottog. 3, **33** P 13
Otto (O.)-Hölzl-Weg 16, **30** M 7
Otto-Mauer-G. 23, **55** U 10
Otto-Probst-Pl. 10, **43/44** T/U 10/11
Otto-Probst-Str. 10, **44** T 10/11
Otto-Storch-G. (O.-St.-G.) 21, **9** F 14
Otto-Str., Wilhelm-(W.) 11, **45** Q/R 14
Otto (O.)-Wagner-Pl. 9, **32** N 11
Otto-Weber-G. 22, **35** N/O 17
Otto-Weininger-G.(O.-Wein.-G.) 13,
  29 P 6
Otto-Willmann-G. 10, **44** S/T 12
Overbeckg. 13, **41** T 6
O.-Wein.-G.=Otto-Weininger-G.
O.-wg.=Otterweg
Oweng. 21, **9** D 14

P

Pabst-G., Georg-Wilhelm-
  (G.-W.-P.-G.) 10, **44** S 11
Pacassistr. 13, **42** R 7
Pacher-G., Hermann (H.-P.-G.) 18,
  19, **19** K 9
Pacher-Weg-, Hermann (H.)- 18,
  19 K 9
Pachmanng. 14, **30** P 7
Pachmayerg. (Pachm.-g.) 11,
  45 Q 14
Pachm.-g.=Pachmayerg.
Pachmüllerg. 12, **43** R 10
Pachtweg 22, **35** O 18
Packesg. 23, **55** V 9
Paffrathg (P.-g.) 2, **33** O 14
Paletzallee 19, **18** J 8
Paletzg. 16, **31** M 8/9
Palffyg. 17, **31** M/N 10
Palisag. 10, **45** T 14
Pallenbergstr. 13, **41** S 5/6
Palmayg. 13, **41** S/T 6
Palme-Pl., Josef (J.)- 14, **27** N 2
Palmg. 15, **31** P 10
Paltaufg. 16, **30** N 8
Paltrampl. 10, **44** S 12
Paminag. 23, **55** U 9
Panethg. 22, **22** H 16
Paniglg. 4, **32** P 12
Panikeng. 16, **31** N/O 9
Pannaschg. 5, **44** Q 11
Pant.-g.=Pantlitschkog.
Pantlitschkog. (Pant.-g.) 23, **42** T 7
Pantucekg. 11, **47** T/U 17

Pantzerg. 19, **20** K/L 11
Paoliweg (P.-wg.) 13, **41** S 6
Papagengog. (Pap.-g.) 6, **32** O 11
Pap.-g.=Papagenog.
Papierg. 23, **55** U 9
Papinweg (P.-wg.) 22, **35** N 18
Pappelstr. 14, **29** M/N 5
Pappelweg 22, **35** N 17
Pappenheimg. 20, **20** K 12, L 11/12
Paracelsusg. (Par.-g.) 3, **33** O 13
Paradeweg 18, **18** K 8
Paradisg. 19, **19/20** J 10/11
Paragoristr. 3, **46** Q 15
Paraselg. (P.-g.) 14, **30** O 7
Par.-g.=Paracelsusg.
Parhamerpl. 17, **31** N 9
Pariserg. (P.-g.) 1, **32** N 12
Parkg. 3, **33** O 13
Parkg. 14, **28** N 3
Parkring 1, **32** O 12
Parsche-G., Franz (Fr.)- 23, **54** W 7
Parsch-Pl., Pius (P.)- 21, **21** H 14
Partlg. 23, **55** U 10
Parttartg. 23, **42** T 8
Paschingg. 17, **18** L/M 8
Pasecker-G., Pfarrer- 21, **1** C 13
Pasettistr. 20, **20/21** J 12,
  K 12/13, L 13
Passauer Pl. (Pass. Pl.) 1, **32** N 12
Passinig. 10, **57** V/W 13
Pass.Pl.=Passauer Pl.
Pasteurg. 9, **32** M 11
Pastinakweg 22, **23** J/K 18
Pastorstr. 21, **10** F/G 16
Pater-Schwartz-G. (P.-Sch.-G.) 15,
  31 P 10
Patrizig. 21, **21** H 14
Patrubang. 10, **44** S 12/13
Paulanerg. 4, **32** P 11/12
Paul-Hayek-G. 19, **19** H/J 10
Paul-Heyse-G. 11, **59** U 17/18
Paul-Hopfner-G. 21, **1** C 14
Pauli-G., Wolfgang (W.)- 14,
  28 N/O 3
Paulineng. 18, **19** L 9
Paulinensteig 16, **30** M 7/8
Paulitschkeg. 22, **22** K 16
Paul (P.)-Katzberger-G. 23,
  53 V/W 6
Paul (P.)-Konrath-G. 17, **18** L 7
Paulusg. 3, **33** P 14
Pauluspl. 3, **33** P 14
Pausingerg. 14, **29** O 6
Pawlikg. 22, **24** J 19
Payerg. 16, **31** N 10
Payer-G., Julius- 22, **22** L 15
Pazmaniteng. 2, **33** M 13
Pecheg. (P.-g.) 12, **43** R 9
Pecht-G., Aladar- 22, **22** H 16
Peezg. 19, **20** L 11
Pe.-g.=Petzvalg.
Pehamg. 22, **12** F 19
Peitlg. 21, **9** G 13/14
Pelargonienweg 22, **24** H 19/20
Pelikang. 9, **31** M/N 10
Pellmanng. 23, **54** W 7
Pelzer Rennweg 16, **29** M 5/6
Pelzg. 15, **31** O 10
Penkg. 21, **10** F 15
Pensiongs. (P.-g.) 11, **45** R 14
Penzinger Str. 14, **30** P 7/8
Per-Albin-Hansson-Str. 10,
  56 U 11/12
Perchtoldsdorfer Str. 23, **53/54** W 6/7
Percostr. 22, **11** G 17
Peregring. 9, **01** M/N 11
Perfektastr. 23, **54/55** V 8/9
Perinetg. (P.-g.) 2, **20** L 12
Pernerstorferg. 10, **44** R 11/12
Pernterg. 19, **20** J 11
Perschlingstr. (P.-str.) 2, **33** M 14
Perspektivstr. 2, **33** M/N 14·
Peschkaweg 13, **42** S 7
Pestalozzig. (Pest.-g.) 1, **32** O 12
Pest.-g.=Pestalozzig.
Peter (P.)-Altenberg-G. 19, **18** J 7
Peter-Berner-Str. 21, **2** D 15

Peter-G., St.- 17, **18** K/L 7
Peter-Jordan-Str. 18, 19, **19** K 9/10
Peter (P.)-Kaiser-G. 21, **9** G 13
Peterlinig. 23, **53** T/U 6
Peterspl. 1, **32** N 12
Pet.-g.=Petschnigg.,
Petrarcag. (P.-g.) 1, **01** N 11
Petraschg. (Petr.-g.) 20, **20** L 12
Petr.-g.=Petraschg.
Petri-G., Olaus- 10, **56** U 12
Petrusg. 3, **33** P 13
Petrus-Klotz-G. 17, **18** L 7
Petschnigg. (Pet.-g.) 23, **56** V 11
Pettenkofeng. (Pk.-g.) 3, **33** P 13
Petter-G., Franz-(F.) 13, **41** R 6
Petzlberger-Weg, Christian
  (C.-P.-Wg.) 14, **28** M 4
Petzoldg. 11, **46** T 15
Petzold-G., Alfons- 23, **53** T/U 6
Petzvalg. (Pe.-g.) 4, **44** Q 12
Peuckerstr. 22, **25** L 21
Pevetzg. 14, **28** N 3
Peyerl-G., Franz (F.)- 16, **30** M 8
Pezzlg. 17, **31** M 9/10
Pfadenhauerg. 14, **30** P 8
Pfaffenaug. 11, **47** R/S 17
Pfaffenbergeng. 14, **30** O/P 7
Pfalzg. 22, **24** K 18/20
Pfarrer-Matz-G. 21, **1** C 14
Pfarrer-Pasecker-G. 21, **1** C 13
Pfarrg. 14, **28** N/O 3
Pfarrg. 23, **55** U/V 10
Pfarrg., Große 2, **32** M 12
Pfarrg., Kleine 2, **32** M 12
Pfarrhofg. 3, **33** O 13
Pfarrpl. 19, **20** H 11
Pfarrwieseng. 19, **19** J 10
Pfarrwiesenstr. 14, **28** N/O 4
Pfaueng. (Pf.-g.) 6, **32** O 11
Pfeffer-G. (Pf.-g.) 2, **32** M 12
Pfefferhofg. (Pfh.-g.) 3, **33** N 13
Pfefferminzenweg 22, **35** N 17
Pfeifenstrauchweg 22, **13** G 22
Pfeiffenbergerg. (Pfeiff.-g.) 13, **29** P 5
Pfeifferg. 15, **43** Q 10
Pfeiff.-g.=Pfeiffenbergerg.
Pfeilg. 8, **31** N 10
Pfeilkrautweg 22, **35** N 17
Pfendlerg. 21, **10** F 15
Pfenninggeldg. 16, **30/31** N 8/9
Pf.-g.=Pfaueng.
Pf.-g.=Pfefferg.
Pfh.-g.=Pfefferhofg.
Phorusg. 4, **32** P/Q 11
Piang.11, **45/46** S 14/15, T 14
Piaristeng. 8, **32** N/O 11
Piccaverweg 14, **29** N 6
Pichelmayerg. 10, **44** T 12
Pichelwangerg. 21, **21** H/J 13
Pichlerg. (Pi.-g.) 9, **32** N 11
Pichlg. 22, **24** J 19
Pickg. 10, **57** V 13
Pick-G., Gustav- 19, **19** J/K 9
Pielachg. (Piel.-g.) 20, **21** L 13
Piel.-g.=Pielachg.
Pierrong. 14, **29** P 6
Pierre-de-Coubertin-Pl. 2, **34** O 15

Piffl-G., Kardinal- 13, **41** S 5
Pi.-g.=Pichlerg.
Pilatg. 22, **37** O 21
Pilgerimg. 15, **31** O 9
Pilgramg. 5, **32** P 11
Pillerg. 15, **43** Q 9
Pillersdorfg. 2, **33** M 13
Piloteng. 22, **35/36** M 18/19
Pilzg. 21, **21** H 14
Pinaglg. (Pin.-g.) 12, **43** R 10
Pin.-g.=Pinaglg.
Pinkag. 21, **11** E 17
Pinka-Pl., Wilhelm- 10, **57** V 13
Pintar-Weg, Drapal- 14, **28** M 3
Pionierweg 22, **35** N/O 18
Pipp.-g.=Pippichg.
Pippichg.=Pipp.-g. 23, **54** X 8
Pirchang. 10, **44** T 11
Pirkebnerstr. (Pirkeb.-str.) 12,
   43 R 10
Pirkeb.-str.=Pirkebnerstr.
Pirnitzer-Pl., Dr.- 23, **55** U 10
Pirolweg 14, **29** M 5
Pirquetg. 22, **23/24** K 18/19
Pischof-G., Alfred- 22, **37** M 21
Pista-G., Matthias-Ernst- 21,
   9 D/E 13
Pitkag. 21, **21** H 14
Pittermann-Pl.,Bruno- 12, **43** Q 10
Pius-(P.)-Parsch-Pl. 21, **21** H 14
Pk.-g.=Pettenkofeng.
Plachyg. 17, **17/18** L 6/7
Plackholm-G., Hermann- 22, **35** N 18
Planeteng. (Plan.-g.) 10, **44** Q 12
Plan.-g.=Planeteng.
Plankenbüchlerg. 21, **21** H 14
Plankeng. (Pl.-g.) 1, **32** O 12
Plankenmaisstr. 22, **23** L 17/18
Plattensteinerg. 22, **35/36** N 18/19
Plattlg. 23, **53** U 5
Platz, Am 13, **42** Q 8
Platz der Opfer der Deportation 3,
   33 P 13
Platzerg. 21, **9** D/E 14
Platzer-G., Antonie (Ant.)- 14,
   28 N 4
Plecnikweg 22, **24** K 20
Pleischig. 11, **46** S 15
Plenerg. 18, **19** L 10
Pletersky-Weg, Franz (F.)- 22,
   35 N 17
Pleyel-G., Ignaz- 10, **44** T 11
Pl.-g.=Plankeng.
Pliwag. 6, **31** P/Q 10
Plößlg. 4, **32** P 12
Plunkerg. 15, **31** O 9
Pöch-G., Rudolf- 14, **30** O 7/8
Pöchlarnstr. 20, **21** L 13
Poch-Pl., Alexander (A.)- 2, **32** M 12
Podhagskyg. 22, **24** K 19
Podh.-g.=Podhorezkyg.
Podhorezkyg.(Podh.-g.) 23, **54** U 8
Podlahag. 22, **37** M 22, N 21/22
Poestiong. 10, **56** V 12
Pogrelzstr. 22, **23** J/K l7
Pogrelzstr., An der 22, **23** K 17
Pohlg. 12, **43** R 9
Pointeng. 17, **18** L 7
Pokornyg. 19, **20** K 11
Polgarstr. 22, **23** K 17, L 16
Pollakg. 23, **54** W 8
Pölleritzerg. 23, **54** U 7
Polletstr. 22, **22** J 16/17
Pollitzerg. 16, **30** M 8
Polo-Pl., Marco- 21, **10** F 15
Pölzer-G., Johann- 10, **57** U 13
Pölz-G., Ferdinand (F.)- 21, **21** H 14
Pombergerweg 22, **22** L 16
Pommer-G., Josef- 13, **41** Q 5
Pongratzg. 23, **56** U 11
Pönningerweg (Pönn.-wg.) 16,
   30 N 7
Pönn.-wg.=Pönningerweg
Popovweg 10, **45** T 14
Poppenwimmerg. 21, **9** F 13
Porschestr. 23, **54** W 8
Portheimg. 22, **24** K 19

Portnerg. 22, **22** J/K 16
Porzellang. 9, **32** M 11
Poschg. 14, **30** O 8
Possannerg. 13, **41** R 5
Possingerg. 15, 16, **31** N/O 9
Postg. 1, **32** N 12
Postg. 14, **28** N 3
Posthorng. (Psth.-g.) 3, **33** O 13
Pottendorfer Str. 12, **43** R/S 9
Pottendorfer Weg 12, **43** S 9
Pötzleinsdorfer Höhe 18, **18** J 8
Pötzleinsdorfer Str. 18, **18/19** K 7–9
Pötzl-G., Eduard (E.)- 19, **20** J 11
Pouthong. 15, **31** O/P 9
Powolnyg. 22, **22** L 16
Praet.-g.=Praetoriusg.
Praetoriusg. (Praet.-g.) 3, **33** P 13
Prager Str. 21, **8/9** D 12, E–G 13,
   21 H 13
Pramerg. 9, **32** M 11/12
Prandaug. 22, **22** J 15/16
Praschnikerweg 21, **8** E 12
Praterspitzstr. 2, **47** Q 17, Q/R 18
Praterstern 2, **33** M 13
Praterstr. 2, **33** M 13, N 12/13
Präuscherpl. 2, **33** M 14
Prausg. 23, **54** U 8
Prechtlg. 9, **32** M 11
Predigerg. (Pr.-g.) 1, **32** N 12
Predigstuhl, Am 16, **30** M 7
Pregarteng. (Preg.-g.) 21, **9** G 13
Preg.-g.=Pregarteng.
Pregl-G., Fritz (F.)- 10, **44** S 11
Prehauserg. 13, **41** Q 5
Preindlg. 13, **29** P 6, **41** Q 6
Preleuthnersteig (Prel.-stg.) 13,
   42 R 7
Prel.-stg.=Preleuthnersteig
Premg. 23, **55** V 9
Premlechnerg. 12, **42** S 8
Premreinerg. 13, **41** Q 6
Prentl-G., Georg- (G.-Pr.-G.) 10,
   57 W 14
Preradovicg. 14, **29** O 5
Preßburger G. 21, **9** F 14
Preßg. 4, **32** P 11
Pretschg. 11, **46** T 15
Pretschgog. 17, **30** M 8
Preyerg. 13, **42** R 7
Preysingg. 15, **31** O/P 9
Preyweg 22, **24** K 20
Pr.-g.=Predigerg.
Pr.-g.=Proschkog.
Prießnitzg. 21, **21** H/J 14
Primavesig. 22, **35** P 17
Primelweg (Pr.-wg) 14, **28** O 4
Prinz-Eugen-Str. 3, 4, **32** P 12
Prinzg. 22, **23** K 18
Prixg. 22, **22** K 16
Probst-Pl., Otto- 10,
   43/44 T/U 10/11
Probst-Str., Otto- 10, **44** T 11
Probusg. 19, **20** H 11
Prochstr. 14, **30** P 7/8
Pro.-g.=Pronayg.
Prohaska-Pl., Carl- 10, **44** T 11
Prokop-Str., Josef (J.)- 14, **28** N 3
Pröllg. 13, **29** P 5
Promenade 13, **29** P 5
Promenadeg. 17, **18** L 7
Promenadenstr. (Pr.-str.) 14, **28** O 4
Promenadenstr. 22, **22** K 15/16, L 16
Promenadeweg 17, **17** H/J 6
Promenadeweg 23, **52/53** V/W 4/5
Pronayg. (Pro.-g.) 12, **42** S 8
Pröpstlg. 22, **12** E 19
Proschkog. (Pr.-g.) 6, **32** P 11
Pr.-str.=Promenadenstr.
Prückelmayrg. 23, **54** U/V 7
Prunng. 22, **12** E 19
Pr.-wg.=Primelweg
P.-Sch.-G.=Pater-Schwartz-G.
Pschorng. 16, **30** M 7
Psth.-g.=Posthorng.
P.-str.=Perschlingstr.
Puccinig. 23, **42** T 8
Puchg. 22, **11** G/H 17

Püchlg. 19, **20** J 11
Puchsbaumg. 10, **45** R 12/13
Puchsbaumpl. 10, **45** R 13
Pufferg. 21, **21** H 13
Puggl-Weg, Jakob (J.)- 14, **28** M 4/5
Pühringerg. 23, **55** U 9
Pulkaug. 21, **11** E/F 17
Pülslg. 23, **53** V/W 6
Pulverturmg. 9, **20** L 11
Pumg. 23, **53** V/W 6
Puntigamg. 13, **42** S 7
Purchmannweg 22, **22** K 16
Purkytg. 23, **55** U 9/10
Puschking. (P.-g.) 21, **8** E/F 12
Puschmanng. 21, **11** F 17
Püttl.-g.=Püttlingeng.
Püttlingeng. (Püttl.-g.) 13, **42** R 7
Putzendoplerg. 23, **55** U 9
P.-wg.= Paoliweg
P.-wg.=Papinweg
Pyrkerg. 19, **20** K 11
Pytty-G., Nikolaus (Nik.)- 14, **28** M 4

Q

Quadenstr. 22, **23/24** K 18/19
Quaring. 10, **44** R/S 11
Quarzweg 21, **21** H 14
Quellenpl. 10, **44** R 12
Quellenstr. 10, 44/45 R 11–13
Quellenweg 17, **18** H/J 7
Querg. 23, **54** V 7
Quittenweg (Qu.-wg.) 22, **35** M 17
Qu.-wg.=Quittenweg

R

Raaber-Bahn-G. 10, **44** Q/R 12
Raab-G., Wilhelm (W.-R.-G.) 21,
   21 H 14
Raab-Pl., Julius-(J.) 1, **32** N 12/13
Rabeng. 3, **33** P 13/14
Rabensteig (R.-stg.) 1, **32** N 12
Rabensteinerg. 23, **53** W 6
Rabnitzweg 21, **11** E 17
Rädda-Barnen-Pl. 10, **56** U 12
Radeckg. 4, **44** Q 12
Radelmayerg. 19, **20** K 11
Radetzkypl. 3, **33** N 13
Radetzkystr. 3, **33** N 13
Radingerstr. 2, **33** M 14
Radnitzkyg. 10, **57** W 13
Rädtnerg. 16, **29** N 6
Raffaelg. 20, **20** K/L 12
Raffelspergerg. 19, **19** J 8/9
Raffenstätterg. 22, **23** J 17
Raffineriestr. 22, **35** O 16/17,
   P 17/18, **47/48** Q 18/19, R 19
Ra.-g.=Ratzenhoferg.
Ragwurzg. 21, **2** C 15
Rahlg. 6, **32** O 11
Raimannstr. 14, **29/30** O 6/7
Raimundg. 21, **9** 2, **32** M 12
Raimund-Zoder-G. 19, **19** J/K 9
Rainerg. 4, 5, **44** P 12, Q 11/12
Rallenweg 22, **35** N/O 17
Rampeng. 19, **20** K 11
Ramperstorfferg. 5, **44** P/Q 11
Ramsayg. 10, **45** T 13
Ramwiesenweg (Ram.-wg.) 14,
   28 M 4
Ramw.-wg.=Ramwiesenweg
Randg. 23, **53** V/W 5
Randhartingerg. 10, **45** R 13
Randstr., Nördliche 14, **28** M 3
Ranftlg. 17, 18, **31** M 10
Rankg. 16, **30** N 8
Ranningerg. 23, **54** U 8
Ranzenhoferg. (Ranz.-g.) 13, **41** R 6
Ranz.-g.=Ranzenhoferg.
Ranzonig. 10, **57** V 13
Raphael-Donner-Allee 22,
   37 N/O 21
Rappachg. 11, **46** R 15
Rappg. 21, **9** G 13
Rapsweg (R.-wg.) 22, **35** M 17

Raschg. 13, **29** P 5
Raschke-G., Rudolf- 21, **9** E 13/14
Rasm.-g.=Rasmusseng.
Rasmusseng. (Rasm.-g.) 21, **9** F 13
Rasumofskyg. 3, **33** O 13
Rathauspl. 1, **32** N 11
Rathausstr. 1, **32** N 11
Rathmayerg. 21, **10** G 16
Rathstr. 19, **18** J 8
Ratmannsdorfg. 13, **41** R 6
Ratschkyg. 12, **43** R 9
Ratzenhoferg. (Ra.-g.) 21, **10** E 15
Rauchfangkehrerg. 15, **43** Q 9
Rauchg. 12, **43** R 9/10
Rauhensteing. (Rauhst.-g.) 1,
   32 O 12
Rauhst.-g.=Rauhensteing.
Raupenstrauch-G., Adolf
   (A.-R.-G) 19, **20** J 12
Rauscher-Pl., Kardinal- 15, **31** P 9
Rauscherstr. 2, 20, **20** L 12
Rautenkranzg. 21, **21** J 14
Rautenstrauchg. 11, **45** R 14
Rautenweg 22, **11** G 17, H 18,
   23/24 G 17, H 18–20
Ravelinstr. 11, **46** R 15
Raxstr. 10, **44** S 11/12
Raymond-G., Fred- 22, **35** N 18
Rbg.-g.=Reiterbergg.
Rebenweg (R.-wg.) 17, **18** L 8
Rebhanng. 20, **21** L 13
Rechbergg. 10, **44** S 12
Rechte Bahng. 3, **33** O/P 13
Rechte Nordbahng. 21, **21** H 13/14
Rechte Wasserzeile 23, **53** V 6
Rechte Wienzeile 1, 4, 5, 12,
   32 O/P 11, **43** Q 9
Reclamg. 22, **35** M 17/18
Redeng. 22, **12** E 19
Rederg. (R.-g.) 5, **32** P 11
Redl-G., Josef- 17, 18, **18** K 7/8
Redlich-Str., Oswald- 21,
   10/11 F 16/17
Redlweg 21, **21/22** H 14/15
Redtenbacherg. 16, 17, **31** M 9,
   N 8/9
Regattaweg (R.-wg.) 22, **22** J 15
Reglerg. 22, **36** M 19
Regnerweg 21, **10** D 15
Rehg. 19, **19** H 9
Rehg. 21, **21** J/K 14
Rehlackenweg 22, **22** K 15/16
Reiberg. 23, **42** T 7
Reichenbachg. 10, **44** S 12
Reichert-G., Carl (C.)- 17, **18** L 7/8
Reichl-G., Josef (J.)- 12, **43** T 9/10
Reichmanng. 14, 16, **30** N/O 7
Reichsapfelg. 15, **43** P/Q 9
Reichsratsstr. 1, **32** N 11
Reifentalg. 10, **44** T 12
Reiffensteing. 23, **43** T 9
Rei.-g.=Reischerg.
Reiherweg 22, **35** O 18
Reimersg. 19, **20** J 11
Reim-G., Edmund- 12, **42** T 8
Reimmichlg. 11, **59** U 17
Reindortg. 15, **31** P/Q 9
Reinhardt-G., Max (M.-Reinh.-G.)
   14, **30** P 8
Reinholdg. 22, **37** O 20/21
Reiningerweg (Rein.-wg.) 14, **30** O 7
Reinischg. 19, **19** H 9
Reinlg. 14, **30** O/P 8
Reinprechtsdorfer Str. 5, **44** Q 11
Rein.-wg.=Reiningerweg
Reisbergg. 23, **53** V 5
Reischachstr. (R.-str.) 1, **33** N 13
Reischekg. 11, **46** T 15
Reischerg. (Rei.-g.) 13, **41** R 5
Reisenbergweg, Oberer 19, **7** G 9,
   19 H 9/10
Reisenbergweg, Unterer 19,
   19 H 9/10
Reisg. 21, **9** F 14
Reisingerg. 10, **44** Q 12
Reisnerstr. 3, **32** O 12/13, P 13
Reiterbergg. (Rbg.-g.) 23, **54** U 7

Reiter-Str., Lorenz (L.)- 11,
   45/46 Q 14/15
Reithleg. 19, **20** K 11
Reithofferpl. 15, **31** O/P 9
Reitschulg. 1, **01** N/O 12
Reizenpfenningg. 14, 16, **30** N 7
Reklewskig. 23, **54** U/V 7/8
Rembrandtstr. 2, **32** M 12
Remystr. 10, **57** V 12/13
Rennbahnstr. 2, **34** P 16, **46** Q 16
Rennbahnweg 22, **22/23** H 16/17
Renner-Ring, Dr.-Karl- 1, **32** N/O 11
Renng. 1, **32** N 12
Rennweg 3, **32** P 12/13, **45** Q 14
Rennweg, Pelzer 16, **29** M 5/6
Renz-G., Ernst- 2, **33** M 13
Reschg. 12, **43** R 9/10
Resch-Pl., Dr.-Josef (J.)- 17,
   18 M 8/9
Resedaweg 22, **24** L 19
Resselg. 4, **32** O 12
Ressel-Str., Josef (J.)- 14, **28** N 3/4
Rettichg. 14, **29** O 5
Reuenthalg. (Rth.-g.) 15, **31** O 9
Reulingweg 23, **53** V 6
Reumannpl. 10, **44** R 12
Reumannstr. 19, **18** J 8
Reuss-G., August (A.)- 13, **42** R 7
Reyer-G., Eduard (E.-R.-G.) 19,
   20 H 11
Reznicekg. 9, **20** L 11
R.-g.=Raimundg.
R.-g.=Rederg.
R.-g.=Robertg.
R.-g.=Rösnerg.
R.-g.=Rummelhardtg.
Rhgl.-g.=Rudolfshügelg.
Rhigasg. 17, **31** M 9
Rhn.-wg.=Rohrerhüttenweg
Ribarzg. 16, **30** N 8
Ricarda-Huch-Weg 10, **44** S 12
Richard-G., Frieda (F.-R.-G.) 10,
   44 T 11
Richard (R.)-Kralik-Pl. 18, 19,
   19 L 10
Richard-Kuhn-Weg 14, **28** O 3
Richard-Neutra-G. 21, **10** F/G 15
Richard-Strauss-Str. 23, **55** U/V 10
Richard (R.)-Wagner-Pl. 16, **31** N 9
Richterg. 7, **31/32** Q 10/11
Richter-G., Hans (H.)- 19, **19** K 10
Richthausenstr. 17, **31** M 9
Rickard (R.)-Lindström-G. 10,
   56 U 12
Riedelg. 13, **41/42** S/T 6/7
Riedstr. 14, **28** N 4
Riegermühle 23, **54** U 8
Rieglg. 21, **11** F/G 17
Rielg. 23, **41** T/U 5
Riemenschneiderg. 22, **22** J 16/17
Riemerg. 1, **32** N/O 12
Rienößlg. 4, **32** P 11/12
Rieplstr. 10, **44** Q 12
Riesg. 3, **33** O/P 13
Riglerg. 18, **19** L 10
Rigolettog. 23, **56** V 11
Rihosekg. 21, **9** F 13
Rilkepl. 4, **32** P 12
Rimplerg. 18, **19** K 9
Rindt-Str., Jochen- 23, **56** U/V 11
Ringelseeg. 21, **21** H/J 14
Ring, Großer 13, **41** S 6
Ring, Kleiner 13, **41** S 5
Ringofenweg 10, **43** T 10
Ringweg 17, **17** J 6
Ringweg 19, **19** H 10
Rinnböckstr. 3, 11, **45** Q/R 13
Rispenweg 22, **23** H 17
Rissaweg. (Riss.-g.) 10, **44** S 12
Riss.-g.=Rissaweg.
Rister-G., Leopold (L.)- 5, **44** Q 11
Ritterg. 4, **32** P 11
Rittersporng. 22, **23** L 17/18,
   35 M 18
Rittingerg. 21, **10** D/E 15
Rittlerg. 23, **53** U 6
Rittnerg. 22, **37** N 21/22

Rizyg. 12, **43** R 10
Rk.-g.=Rothkirchg.
R.-Lux.-G.=Rosa-Luxemburg-G.
Rm.-g.=Rottmayrg.
Röbbelingg. 22, **25** K 21/22
Robert-Blum-G. 20, **20** J 12
Robert-Fuchs-G. 14, **28** N 4
Robertg. (R.-g.) 2, **33** N 13
Robert-Hamerling-G. 15, **31** P 10
Robert-Lach-G. 21, **10** F 16
Robertsonweg 22, **35** M 18
Robert (R.)-Stolz-Pl. 1, **32** O 11/12
Robinsonweg (Rob.-wg.) 23, **54** V 7
Rob.-wg.=Robinsonweg
Rochusg. 3, **33** O 13
Rockhg. 1, **32** N 11/12
Roda-Roda-G. 21, **9** D 13
Rodauner Kirchenpl. 23, **53** W 5
Rodauner Str. 23, **53** U/V 5
Rodlerg. 19, **19** K 10
Rögerg. 9, **32** L 11, M 11/12
Roggeg. 21, **9** D/E 13
Roggendorfg. 17, **31** M 9
Rohrbacherstr. 13, **29** P/Q 6
Rohrerg. 13, **41** S 5/6
Rohrerg. 16, **30** M 8
Rohrerhüttenweg (Rhn.-wg.) 17,
   17 J 5
Rohrhoferg. 11, **46** S 15
Rohrwasserg. (Rohrw.-g.) 12,
   42 S 8
Rohrweg 22, **22** K 16
Rohrweihenweg 22, **35** O 17/18
Rohrw.-g.=Rohrwasserg.
Roißg. 23, **41** T 6
Rokitanskyg. 17, **31** M 9
Rolandg. 22, **22** J 16
Rolandweg 16, **30** N 7
Rollerdamm, Am 21, **21** J 13
Röllg. 21, **8** F 12
Rollingerg. 12, **43** R 9
Romakog. 23, **42** T 7
Romanog. 20, **20** L 11/12
Rombergg. 23, **53** V 5
Römerg. 16, 17, **30** M 8/9, N 8
Römersthalg. 11, **45/46** S 14/15
Romichg. 22, **37** N 22
Rondeau 2, **33** N 14
Röntgeng. 17, **17/18** L 6/7
Rooseveltpl. 9, **32** N 11
Roose-Weg, Betty (B.-R.-W.) 12,
   43 R 9
Rosaliag. 12, **43** R 10
Rosa-Jochmann-Ring 11,
   47, 59 T/U 17
Rosa-Luxemburg-G. (R.-Lux.-G.) 16,
   30 M 8
Rosannag. 21, **10** E/F 16
Rosasg. 12, **43** Q 9
Roscheg. 11, **47** T/U 17
Rosé-G., Alma- 10, **57** U 13
Roseggerg. 16, **30** N 8
Rosenackerstr. 16, 17, **30** L 8, M 7/8
Rosenberg, Am 13, 23, **42** T 7
Rosenbergstr. 22, **37** M 20/21
Rosenbursenstr. (Ro.-str.) 1, **32** N 12
Roseng. 1, **01** N 11
Rosenhang 14, **29** N 6
Rosenhof 22, **22** J 16/17
Rosenhügel, Am 12, 13, **42** T 7
Rosenhügelstr. 12, 13, 23,
   41/42 S 7/8, T 6/7
Rosensteing. 16, 17, **31** M/N 9
Rosentalg. 14, **29** N 6, O 5/6
Rosenweg (R.-wg.) 14, **28** O 4
Rosenweg 17, **18** K 7
Rosenweg 19, **19** H 10
Rosenzeile 21, **8** F 12
Rosinag. 15, **31** P 9/10
Rosiwalg. 10, 23, **56/57** V 12/13
Rosmaring. 22, **35** M 17/18
Rösnerg. (R.-g.) 12, **43** Q 10
Rossasg. 23, **55** U 9/10
Roßauer G. (Roß.-G.-) 9, 32 M 11
Roßauer Lände 9, **32** L 11/12, M 12
Roß.-G.=Roßauer G.
Rossinig. 13, **41** Q 6

Roßkopfg. 14, **16** J 3
Rößlerg. 23, **54/55** U 8/9
Rosthorng. 22, **36** N 20
Ro.-str.=Rosenbursenstr.
Rosvaeneg. 22, **22** H 16
Rotdornallee 12, **43** R/S 10
Rotenbergg. 13, **41** R 6
Rotenhausg. 9, **32** M 11
Rotenhofg. 10, **44** R 11/12
Rotenkreuzg. 2, **32** M 12
Rotenlöweng. 9, **32** UM 11
Rotenmühlg. 12, **43** Q/R 9
Rotensterng. 2, **33** M 12/13
Rotenturmstr. 1, **32** N 12
Roterdstr. 16, **30** M 7/8
Roter Hof 8, **32** O 11
Rotg. 1, **32** N 12
Rothenburgstr. 12, **43** S/T 9
Rotheng. 21, **1** B 13
Rotherg. 22, **23** K/L 17
Rothkirchg. (Rk.-g.) 12, **43** R 10
Rothneusiedler G. 10, **57** V/W 13
Rotkehlchenweg (Rotk.-wg.) 22,
　35 N 18
Rotk.-wg.=Rotkehlchenweg
Rottmayrg. (Rm.-g.) 12, **43** R 10
Rottstr. 14, **30** P 7/8
Rotundenallee 2, **33** N/O 14
Rötzerg. 17, **31** M 9/10
Roubiczekg. 10, **57** V 13
R.-stg.=Rabensteig
R.-str.=Reischachstr.
R.-str.=Rueberstr.
Rth.-g.=Reuenthalg.
Rubensg. 4, **32** P 11/12
Rubing. 21, **22** H 15
Rückaufg. 19, **19** K 9
Ruckerg. 12, **43** Q/R 9
Rückertg. 16, **31** M/N 9
Rüdeng. 3, **33** O/P 14
Rüdigerg. 5, **32** P 11
Rüdiger-Str., Markgraf- 15, **31** O 9
Rudolf-Bärenhart-G. 17, **18** L 7
Rudolf-Hammer-G. 14, **28** O 4
Rudolf (R.)-Henke-Str. 14, **28** O 4
Rudolfinerg. 19, **19** J 10
Rudolf-Kassner-G. 19, **19/20** H 10/11
Rudolf-Köppl-G. 22, **22** H/J 16
Rudolf-Pöch-G. 14, **30** O 7/8
Rudolf-Raschke-G. 21, **9** E 13/14
Rudolf-Sallinger-Pl., 3, **32** O 12
Rudolfshügelg. (Rhgl.-g.) 10, **44** S 11
Rudolf-Simon-G. 11, **59** U 18
Rudolf-Skodak-G. 10, **57** V 14
Rudolfspl. 1, **32** N 12
Rudolf-Virchow-Str. 21, **9** F 13
Rudolf (R.)-v.-Alt-Pl. 3, **33** O 13
Rudolf-Waisenhorn-G. 23,
　53/54 V 5–7
Rudolf-Zeller-G. 23, **53/54** U 6/7,
　V 6
Rueberstr. (R.-str.) 22, **35** M 18
Rueppg. 2, **33** M 13
Rufg. 9, **20** L 11
Rügenweg 18, **18** K 8
Rugierstr. 22, **23** K 16/17, L 16/17
Rügenau 22, **35** N/O 17
Ruhrn.-g.=Ruhrhoferg.
Ruhrhoferg.(Ruhrh.-g.) 17, 18,
　19 L 9
Rummelhardtg. (R.-g.) 9, **32** M 11
Rumplerweg 16, **30** O 8
Rundweg 3, **33** P 14
Rupertg. 14, **30** P 7
Rupertuspl. 17, **18** L 7
Rup.-g.=Rupoldeng.
Rupoldeng. (Rup.-g.) 18, **18** K 8
Ruppweg 21, **1** C 14
Ruprechtspl. (Rupr.-pl.) 1, **01** N 12
Ruprechtsstiege (Rupr.-stge.) 1,
　01 N 12
Rupr.-pl.=Ruprechtspl.
Rupr.-stge.=Ruprechtsstiege
Rußbergstr. 21, **9** D/E 13
Ruß.-g.=Rußpekg.
Rußpekg.(Ruß.-g.) 13, **29** P 5
Russweg 13, **42** S 7

Rustenfeldg. 10, **57** X 13
Rusteng. 15, **31** P 9
Rustenschacherallee 2,
　33 N 13–14, O 14
Ruston-G., Josef (J.)- 21, **21** H 13
Ruthg. 19, **20** J 11
Ruthnerg. 21, **9/10** E/F 15, G 14
Ruttenstockg.(Rutt.-g.) 12, **43** R/S 10
Rutt.-g.=Ruttenstockg.
Ruzickag. 23, **42** T 7, **54** U 7
R.-wg.=Rapsweg
R.-wg.=Rebenweg
R.-wg.=Regattaweg
R.-wg.=Rosenweg
Ryserg. 23, **53** U/V 5
Rzehakg. 11, **47** T 17

S

Saarpl. 19, **19/20** J 10/11
Sachsenpl. 20, **20** L 12
Sachs-G., Hans (H.)- 18, **31** M 10
Sackg. 14, **15** L 1/2
Sackmauer-Pl., Ludwig
　(L.-S.-Pl.) 8, **32** N 11
Sadil-Pl., Ernst- 22, **22** L 15
Sagederg. 12, **43** S 8, T 8/9
Sahulkastr. 10, **44** S 11/12
Saikog. 22, **22** H/J 16
Saileräckerg. 19, **19** K 9/10
Salamanderg. (Salam.-g.) 21, **8** F 12
Salam.-g.=Salamanderg.
Salbeig. 22, **23** L 17/18
Salesianerg. 3, **32** O/P 12
Sallinger-Pl., Rudolf- 3, **32** O 12
Salierig. 18, **19** L 9
Saligerg. 10, **44** T 12
Salisstr. 14, **30** O/P 7
Salmannsdorfer Höhe 19, **18** H 7/8
Salmannsdorfer Str. 19, **18** H 7
Salmg. 3, **33** O 13
Salmhoferstr. 23, **56** U/V 11
Salomong. 21, **10** D/E 15
Saltenstr. 22, **36** M–P 19
Salusg. 22, **37** M 21
Salvatorg. (Salv.-g.) 1, **32** N 12
Salvatorianerpl. 10, **44** S 12
Salv.-g.=Salvatorg.
Salzachstr. 20, **21** K/L 13
Salzerg. 9, **20** L 11
Salzg. 1, **01** N 12
Salzgries 1, **32** N 12
Salztorg. 1, **32** N 12
Salzwieseng. 14, **28** M 3
Sambeckg. 14, **30** O 7
Samhaberpl. 14, **29** O 5
Sampog. 14, **30** O 8
Samptwandnerg.(Samptw.-g.) 14,
　28 O 4
Samptw.-g.=Samptwandnerg.
Samtblumenweg (Sbl.-wg.) 22,
　35 N 17
Sanatoriumstr. 14, **29/30** O 6/7
Sanddorng. 22, **35** M/N 17
Sandefjordg. 22, **35** M 18
Sandg. 19, **19/20** H 10/11
Sandleiteng. 16, 17, **30** M/N 8
Sandrockg. 21, **21** J 13/14
Sandthalenstr. 21, **2** C 15
Sandtnerg. 21, **2** C 15
Sandwirtg. 6, **32** P 11
Sanettystr. (Sa.-str.) 8, **31** N 10
Sängerg. 11, **47** T/U 18
St.-Bartholomäus-Pl. (St.-Barthm.-Pl.)
　17, **31** M 9
St.-Barthm.-Pl.=St.-Bartholomäus-Pl.
St.-Elisabeth-Pl. 4, **32** P 12
St.-Georg-Pl. (St.-G.-Pl.) 19, **8** F 11
St.-Gotthard-Str. 14, **30** O 8
St.-G.-Pl.=St.-Georg-Pl.
St.-H.-G.=St.-Hubertus-G.
St.-Hubertus-G.(St.-H.-G.) 13,
　41 S 5
St.-Hubertus-Pl. 13, **41** S 5
St.-Johann-G. 5, **43** Q 10
St.-Michael-G. 21, **10** G 16
St.-Nikolaus-Pl. 3, **33** P 13/14

St.-Peter-G. 17, **18** K/L 7
St.-Ulrichs-Pl. 7, **32** O 11
St.-Veit-G. 13, **42** P/Q 7
St.-Wendelin-G. 22, **22** J 16
St.-Wendelin-Pl. 22, **22** J 16
Santifallerstr. 22, **22** G/H 16
Sanzing. 10, **44** T 11
Saphirweg 21, **22** H 15
Sapphog. 10, **45** T 13
Sarastroweg (Sar.-wg.) 19, **19** K 9
Sarek-Weg, Ing.- 22, **22** L 16
Sarg-G., Karl (K.)- 23, **54** V/W 7
Sar.-wg.=Sarastroweg
Saßmanng. 10, **57** V 13
Sa.-str.=Sanettystr.
Satg. 13, **41** S 6
Sattler-G., Anton- 22, **22** H/J 16, K 15
Saturnweg 14, **29** N 5
Satzbergg. 14, **29** O 5
Sätzen, Untere 21, **1** C 13
Satzingerweg 21, **21/22** H 14–16
Sauerburgg. 19, **19** J 10
Sauerg. 14, **29** P 6
Saulackenweg (Saul.-wg.) 13,
　41 S 5
Säuleng. 9, **20** L 11
Saul.-wg.=Saulackenweg
Sauraug. 13, **41** R 6
Sauterg. 16, 17, **31** M 8/9
Savoyenstr. 16, 17, **29/30** M 6/7
Sbl.-wg.=Samtblumenweg
Scalag. (Sc.-g.) 5, **44** Q 11
Scariaweg 16, **30** N/O 7
Scalag.=Sc.-g.
Schablerg. (Sch.-g.) 19, **8** F 11
Schachnerstr. 22, **22** K 16
Schadekg. 6, **32** P 11
Schadinag. 17, **31** M 9
Schafbergg. 18, **18** K 8
Schäfer-Str., Karl- 21, **9** G 14
Schäfferg. 4, **32** P 11
Schafflerhofstr. 22, **25** J–L 22,
　26 G/H 22, **37** M 21/22, N 21
Schafgarbenweg 22, **25** J 21/22
Schalkg. 18, **19** L 9
Schalk-Pl., Franz (F.)- 13, **42** Q 7
Schallautzerstr. 1, **33** N 13
Schallerg. 12, **43** Q 10
Schall-G., Anton- 21, **10** D 15
Schallhas-G., Karl
　(K.-Sch.-G.) 13, **41** Q 5
Schaludekg.(Sch.-g.) 11, **47** T 17
Schamb.-g.=Schamborg.
Schamborg. (Schamb.-g.) 14,
　30 O 7
Schamsg. (S.-g.) 22, **23** K/L 18
Schanz, Auf der 23, **54** X 8
Schanze, An der 21, **21/22** J 14/15
Schanzstr. 14, 15, **30/31** O 8/9
Schärf-Pl., Dr.-Adolf (A.)- 22,
　22 K 15/16
Scharff-G., Anton (A.-Sch.-G.) 12,
　43 Q 10
Schartlg. 23, **53/54** V 6/7
Schattenfrohg. 19, **11/12** D 18/19,
　E 18
Schätzg. (Sch.-g.) 19, **20** H 11
Schatzlsteig 19, **19** J 9
Schauflerg. 1, **32** N 11
Schaukalg. 17, **18** K 7
Schaumburgerg. 4, **32** P 12
Schaurhoferg. 4, **01** O/P 12
Schb.-g.=Scherffenbergg.
Schedifkapl. 12, **43** R 9
Scheffelstr. 21, **21** H/J 14
Scheffeneggerg. 23, **42** T 8
Schegarg. 19, **19/20** K 10/11
Scheibelreiterg. 19, **19** H 10
Scheibenbergstr. 17, 18, **19** K/L 9
Scheibeng. 19, **20** J 11
Scheibenwiese, An der
　(A. d. Schw.) 16, **30** N 7
Scheiber-G., Karl- 23, **54** U 8
Scheiblinweg 14, **28** N 4/5
Scheichg. 22, **12** E 19
Scheidlstr. 18, **19** L 9

Scheimpflugg. 19, **19** K 9
Schelleing. 4, **44** Q 12
Schellenhofg. 23, **54** W/X 8
Schellenseeg. 23, **54** W/X 8
Schellhammerg. 16, 17, **31** N 10
Schellinger-G., Benedikt- 15,
  31 O/ P 9
Schellingg. 1, **32** O 12
Schemberg. 23, **54** U 7
Schemmerlstr. 11, **45/46** S 14/15,
  T 15, **58** U 15
Schenkendorfg. 21, **21** H 14
Schenkenstr. (Sch.-str.) 1, **32** N 11
Schenkweg 14, **29** O 6
Scherbang. 23, **54** U 7
Schererstr. 21, **10/11** F 16/17
Scherffenbergg. (Schb.-g.) 18,
  19 K 9
Scherfweg 14, **30** O 7
Scheringg. 14, **28** O 3
Scherlandg. 17, **18** L 8
Scherpeg. 19, **19** J/K 10
Scherrg. 11, **46** R 15
Scherzerg. 2, **21** M 12/13
Schettl-G.,Joachim (J.)- 14, **28** M 4
Scheug. 10, **44** Q/ R 12
Scheunenstr. 10, **57** W 14
Scheydg. 21, **8** E 12/13
Sch.-g.=Schablerg.
Sch.-g.=Schaludekg.
Sch.-g.=Schätzg.
Sch.-g.=Schierg.
Sch.-g.=Schilcherg.
Sch.-g.=Schirnböckg.
Sch.-g.=Schmutzerg.
Sch.-g.=Schönwieseg.
Sch.-g.=Schrottgießerg.
Sch.-g.=Schultheßg.
Sch.-g.=Schußwallg.
Sch.-g.=Schwarzingerg.
Sch.-g.=Schwendenweing.
Schichtweg 21, **22** H 15
Schickg. 22, **35** M 17
Schiele-G., Egon (E.)- 13, **41** R 6
Schierg. (Sch.-g.) 22, **37** N 21
Schierlinggrund, Am 22,
  35 N/O 17
Schiffamtsg. 2, **32** M 12
Schiffg., Große 2, **32** M/N 12
Schiffmühlenstr. 22, **22** L 15,
  34 M 15
Schikanederg. 4, **32** P 11
Schilcherg. (Sch.-g.) 14, **29** O 6
Schildg. 11, **59** T/U 17
Schilfweg 22, **35** N 17/18, O 18
Schillerpl. 1, **32** O 11/12
Schillerpromenade 23, **53** W 5
Schillg. 21, **9** G 13
Schillingerg. 23, **53** U 5
Schillochweg 22, **35** N/O 17
Schillwasserweg 22, **35** N/O 17
Schimekg. 23, **55** V 9
Schimmelg. 3, **33** P 14
Schinaweisg. 14, **30** O 7
Schindlerg. 18, **19** L 9
Schinnaglg.16, **31** O 10
Schipperg. 21, **10** E 15
Schirnböckg. (Sch.-g.) 13, **41** R 6
Schirrmanng. (Schirrm.-g.) 22,
  36 M/N 20
Schirrm.-g.=Schirrmanng.
Schlachthammerstr. 22, **37** N 20/21
Schlachthausg. 3, **33** P 14
Schlagerg. 9, **32** M 11
Schlägerg. 13, **41** S 5
Schlanitzg. 22, **25** L 21/22
Schlechtastr. 3, 11, **45** R 13
Schlechter-Weg, Carl
  (C.-S.-Wg.) 22, **22** K 16
Schlegel-G., Julius- 21, **2** C 14
Schlehenweg 13, **41** Q 6
Schleideng. 21, **10** F 15
Schleierg. 10, **44** S 12
Schleife, Erlaaer 23, **55** U 9
Schleifg. 21, **21** H 14
Schleifmühlg. 4, **32** P 11/12
Schlentherg. 22, **22** K 15

Schlesingerpl. (Schles.-pl.) 8,
  31 N 10
Schlesinger-Str., Josef (J.)- 14,
  28 N 4
Schles.-pl.=Schlesingerpl.
Schletterg. 22, **22** H/J 16
Schleusenstr. 14, **28** N 3
Schl.-g.=Schlüsselg.
Schlickg. 9, **32** M 11
Schlickpl. 9, **32** M 11
Schliemanng. 21, **21** H 14
Schließmanng.13, **30** P/Q 7
Schlima-G., Josef (J.)- 23, **54** W 7
Schlimekg. 23, **54** V 8
Schlöglg. 12, **42** S 8/9
Schloßallee 14, **31** P 8/9, Q 8
Schloßbergg. 13, **29** P 5
Schlösselg. 8, **32** N 11
Schlosserg. 21, **8** F 12
Schloßgartenstr. 23, **41** T 5/6, U 5
Schloßg. 5, **32** P 11
Schloßhofer Str. 21, **21** H 13/14
Schloßmauer, An der 23, **54** V 8
Schloßparkg. 23, **54** U/V 8
Schloßpromenade 22, **37** N 21
Schloßstr., Schönbrunner 3,
  42/43 Q 8/9
Schluckerg.13, **42** T 7
Schlüsselg. (Schl.-g.) 4, **32** P 12
Schmalerweg (S.-wg.) 14, **30** O 7
Schmalzhofg. 6, **31** P 10
Schmälzl-G., Wolfgang (W.)- 2,
  33 M 13
Schmardag. 13, **42** S 7
Schmätzerweg 14, **29** M/N 5
Schmbr.-ramp.=Schmelzbrücken-
  rampe
Schmedesweg 16, **30** N/O 7
Schmelz, Auf der 15, **31** O 9
Schmelzbrückenrampe
  (Schmbr.-ramp.) 15, **31** P 9
Schmelzg. 2, **32** N 12/13
Schmerlingpl. 1, **32** N/O 11
Schm.-g.=Schmidlerg.
Schm.-g.=Schmiedeckg.
Schmidg. 8, **32** N 11
Schmidgunstg. 11, **47** T 17/18
Schmidlerg. (Schm.-g.) 23, **42** T 7
Schmidl-G., Adolf (A.-Sch.-G.) 20,
  20 L 12
Schmidt-Pl., Friedrich (F.)- 1, 8,
  32 N 11
Schmidt-Pl., Joseph- 3, **33** P 13
Schmiedeckg. (Schm.-g.) 23, **53** U 5
Schmiegerg. 18, **18** K 8
Schmöllerlg. 4, **32** P 12
Schmutzerg. (Sch.-g.) 15, **31** O 9
Schnb.-g.=Schneebeereng.
Schneeballenweg (Schn.-wg.)
  24 H 19/20
Schneebeereng. (Schnb.-g.) 22,
  24 K 19
Schneiderg.(Schn.-g.) 11, **45** Q 14
Schneider-G., Martin (M.-Sch.-G.)
  23, **53** W 6
Schneiderhang. 12, **43** S 9
Schn.-g.=Schneiderg.
Schnirchg. 3, **33** P 14
Schnitterweg 22, **22/34** L/M 15
Schnorrg. 21, **9** F 13
Schn.-wg.=Schneeballenweg
Schober-G., Maximilian (M.)- 17,
  18 K 7
Schober-Str., Dr.- 13, **41** S 5/6
Schoder-G., Gutheil- 10, 23,
  43 S 10, T 9/10
Schödlbergstr. 22, **22** L 15
Schoellerhofg. 2, **01** N 12
Schoellerweg 15, **31** O S/9
Schoeppelg. 22, **37** M/N 22
Schöffelg. 18, **19** L 9
Schöffelpl. 14, **28** M 3
Scholzg. 2, **32** M 12
Schönbachstr. 13, **42** R 7, S 7/8
Schönbergpl. 14, **29** P 6
Schönborng. 8, **31** N 10

Schönbrunner Allee 12, **42** R/S 8
Schönbrunner Graben 17, 18,
  18 K/L 8
Schönbrunner Schloßstr. 12, 13,
  42/43 Q 8/9
Schönbrunner Str. 4, 5, 12, 13,
  32 P 11, **43/44** Q 9–11
Schönburgstr. 4, **44** P/Q 12
Schöne-Pl., Hermann (H.)- 10,
  44 T 11
Schöneckerg. 14, **29** O 6
Schönerer-G., Matthias (M.)- 14,
  15, **31** O 9
Schön.-g.=Schönlaterng.
Schongauerg. 20, **20** J 12
Schönlaterng. (Schön.-g.) 1, **32** N 12
Schönng. 2, **33** M 14
Schönthalerg. 21, **10** G 15/16
Schönthanpl. 22, **37** N 22
Schönwieseg. (Sch.-g.) 23, **55** V 9
Schönyg. 10, **45** T 14
Schopenhauerstr. 18, **31** L/M 10
Schöpferg. 12, **42** R/S 8
Schöpfleuthnerg. 21, **21** H 13
Schöpfwerk, Am 12, 23, **43** T 9/10
Schorsch-G., Johann (Joh.)- 14,
  28 O 3
Schottenaustr. (Schott.-str.) 20,
  20 K 12
Schottenbastei 1, **32** N 11
Schottenfeldg. 7, **31** O/P 10
Schotteng. 1, **32** N 11
Schottenring 1, **32** M 12, N 11/12
Schottenwiese, Auf der 16, **30** M/N 7
Schotterfeldweg (Sch.-wg.) 21,
  10 E 15
Schott.-str.=Schottenaustr.
Schrailpl. 23, **54** V 7
Schrammelg. 17, **18** L/M 7
Schrankenbergg. 10, **45** R/S 13
Schrankg. 7, **32** O 11
Schrantz-G., Hofherr
  (Hofh.-Sch.-G.) 21, **8** E 12
Schraufg. 15, **30** O 8
Schreberg. 22, **23** K 18
Schreber-G., Dr.- 13, **41** T 6
Schreckg. 23, **53** V/W 6
Schreiber-G., Severin (Sev.)- 18,
  19 L 9
Schreiberweg 19, **19/20** G 10,
  H 10/11
Schreiberweg, Unterer 19, **7** G 10,
  19/20 H 10/11
Schreiner-Weg, Ignaz- 18, **18** J 8
Schreinerweg 22, **22** L 16
Schrekerg. 16, **30** N/O 7
Schreker-G., Franz (Fr.)- 10,
  44 T/U 11
Schreyg. 2, **32** M 12
Schreyvogelg. 1, **01** N 11
Schr.-g.=Schrottg.
Schrickg. 22, **22** J 16
Schrödingerpl. 22, **22** K 16
Schroederweg (Sch.-wg.) 12,
  43 R 9
Schrötlg. 22, **22** K 16
Schrottenbachg. 18, **20** L 11
Schrottensteing. (Schrst.-g.) 22,
  22 J 16
Schrötterg. 10, **44** R 11/12
Schrottg. (Schr.-g.) 3, **33** P 13/14
Schrottgießerg. (Sch.-g.) 2, **33** N 13
Schrotzbergstr. 2, **33** M 14
Schrst.-g.=Schrottensteing.
Schrutkag. 13, **41** R 6
Sch.-str.=Schützensteig
Sch.-str.=Schenkenstr.
Sch.-Straß.-G.=Schulz-Straßnitzki-G.
Schubertg. 9, **20** L 11
Schubertring 1, **32** O 12
Schubert-Str., Franz- 14, **28** M/N 3
Schubert-Weg, Franz-
  (Fr.-Schu.-Wg.) 18, **18** K 8
Schuchardtstr. 21, **2** C 15
Schuhbrecherg. 14, **28** M 4
Schuhfabrikg. 23, **42** T 8

Schuh.-G., Franz (Fr.)- 10, **44** S 11
Schuhmeier-G., Franz (Fr.)- 23,
  54 V 7
Schuhmeierpl. 16, **31** N 9
Schuhmeierstr. 14, **27** N 2
Schukowitzg. 22, **24** H 20–K 19
Schulerstr. 1, **32** N 12
Schulg. 18, **19** U/V 10
Schulhof 1, **01** N 12
Schulsteig 19, **19** J 9
Schulterg. 1, **01** N 12
Schultheßg. (Sch.-g.) 17, **31** M 9
Schulweg, Am 11, **47** T 17
Schulzg. 21, **9** G/H 13
Schulzg. 23, **55** U 9
Schulz-Straßnitzki-G.
  (Sch.-Straß.-G.) 9, **32** M 11/12
Schumanng. 17, 18, **31** L 9, M 9/10
Schumpeterweg 21, **9** D 14
Schuppeng. 23, **55** U 9
Schurzg. 12, **42** S 7
Schuselkag. (Schus.-g.) 15, **31** O 9
Schus.-g.=Schuselkag.
Schußlinie 11, **46** R 16
Schußwallg. (Sch.-g.) 5, **44** Q 11
Schuster-G.,Josef (J.)- 13, **41** R 6
Schüttaupl. 22, **22** L 15
Schüttaustr. 22, **22** L/M 15
Schüttau, Wiener 19, **7** D/E 10
Schüttelstr. 2, **33/34** N 13–Q 15
Schützeng. 3, **33** P 13
Schützensteig (Sch.-stg.) 14, **28** O 4
Schutzhausweg 12, **43** S 9/10
Schützpl. 14, **30** O 8
S.-Ch.-W.=Siegfried-Charoux-Weg
Schwagerg. 23, **55** U 10
Schwaigerg. 21, **21** H 13
Schwalbeng. (Schw.-g.) 3, **33** O 13
Schwalbenweg 17, **18** H/J 7
Schwanng. 21, **10** E/F 15
Schwartz-G., Pater (P.-Sch.-G.) 15,
  31 P 10
Schwarzacher-G., Walter- 21,
  10 F/G 16
Schwarzenauweg 21, **9** D 13
Schwarzenbergpl. 1, 3, 4, **32** O 12
Schwarzenbergstr. 1, **32** O 12
Schwarzenhaidestr. 23, **55** U 9
Schwarzenstockallee 2, **34** P 16
Schwarzer Weg 21, **21** H 13
Schwarz-G., Josef- 5, **43** Q 10
Schwarzgruberg. 10, **45** T 14
Schwarzhorng. (Schwh.-g.) 5,
  44 Q 11
Schwarzingerg. (Sch.-G.) 2, **32** M 12
Schwarzlackenau, In der 21,
  9 F 12/13
Schwarzspanierstr. 9, **32** M/N 11
Schwarzwaldg. 23, **53** U/V 6
Schwedenpl. 1, **32** N 12
Schwed.-G., Karl- 23, **41** T 6, **53** U 6
Schweglerstr. 15, **31** O/P 9
Schweidlg. 2, **21** L 13
Schweighofer-G., Karl- (K.) 7,
  32 O 11
Schweitzer-G., Albert (A.)- 14,
  28 N/O 3
Schweizer Garten-Str.
  (Schw.-Gtn.-Str.) 3, **45** Q 13
Schweizertalstr. 13, **41** Q 5
Schwemmäckerg. 21, **9** E/F 14
Schwemmg. (S.-g.) 2, **33** N 13
Schwemmingerg. 23, **55/56** U 10/11
Schwendenweg. (Schw.-g.) 18,
  19 K 9
Schwenderg. 15, **31** P 9
Schwenkg. 12, **43** R 9
Schwertg. (Schw.-g.) 1, **01** N 12
Schwetzweg 12, **42** R 8
Schw.-g.=Schwalbeng.
Schw.-g.=Schwertg.
Sch.-wg.=Schotterfeldweg
Sch.-wg.=Schroederweg
Schw.-Gtn.-Str.=Schweizer
  Garten-Str.
Schwh.-g.=Schwarzhorng.
Schwindg. 4, **32** P 12

Schwinglg. 23, **53** V 5
Scottg. 21, **9/10** F 14/15
Sebaldg. 21, 22, **22** G/ H 16
Sebastian-Brunner-G. 13, **42** R 7
Sebastian-Hofbauer-Weg
  (S.-H.-W.) 21, **22** H 15/16
Sebastian (S.)-Kelch-G. 14,
  30 O/P 8
Sebastian-Kneipp-G. (S.-Kn.-G.) 2,
  33 M 14
Sebastian-Kohl-G. 21, **21** H 14
Sebastianpl. 3, **33** O 13
Sechshauser Gürtel 15, **43** P/Q 10
Sechshauser Str. 15, **43** P 10, Q 9/10
Sechskrügelg. 3, **33** O 13
Sechsschimmelg. 9, **20** L 11
Sechterg. 12, **43** R 9/10
Seckendorfstr. 14, **30** O/P 7
Seckendorff-Gudent-Weg 13, **42** R 8
Sedlacekweg 10, **43** T 10
Sedlitzkyg. 11, **45** R 14
Seeadlerweg 22, **35** N/O 17
Seeböckg. 16, **30/31** M 8/9
Seefelderg. 22, **37** N/O 21
Seeg. 9, **32** M 11/12
Seeler-G., Moritz (M.)- 10, **57** U 13
Seelosg. 13, **41** R 6
Seemann-Weg, Margarete
  (M.-S.-W.) 12, **42** S 8
Seemüllerg. 17, **18** L 7/8
Seerosenweg 22, **22** K 15/16
Seeschlachtweg 11,
  46/47 S 15–17, R 17
Segengrundg. 22, **34** M 16
Seglerweg 14, **29** M 5
Segnerstr. 10, **57** V 14
Seidelbastg. 22, **35** N 18
Seidel-G., Gustav (G.-S.-G.) 13,
  29 P 5
Seideng. 7, **31** O 10
Seidlg. 3, **33** N/O 13
Seifertstr. **13**, 41 Q 5
Seilerg. 1, **32** N/O 12
Seilern-G., Graf (G.)- 12, **42** S 8
Seilerstätte 1, **32** O 12
Seipel-Pl., Dr.-Iganz (Ig.)- 1, **01** N 12
Seippg. (S.-g.) 3, **45** Q 14
Seiseneggerg. 22, **25** K/L 21
Seisg. 4, **44** Q 12
Seitenbergg. 16, 17, **30** M 8/9, N 8
Seitenhafenstr. 2, **47** Q/R 17
Seitenstetteng.(Seit.-g.) 1, **32** N 12
Seit.-g.=Seitenstetteng.
Seitzerg. (Seitz.-g.) 1, **32** N 12
Seitz.-g.=Seitzerg.
Seleskowitschg. (S.-g.) 19, **20** J/K 11
Seligmanng. 23, **55** U/V 10
Sellenyg. (Sell.-g.) 2, **33** N 13
Sell.-g.=Sellenyg.
Sellingerg. 11, **47** T 18
Selma-Lagerlöf-G. 10, **56** T/U 12
Selzerg. 15, **31** O/P 9
Semmelweisg. 21, **9** F 14
Semperstr. 18, **19/20** L 10/11, M 10
Senderstr. 21, **1** B 13/14
Sendnerg. 11, **48** T 19
Senefelderg. 10, **44** R/S 12
Senfg. 10, **45** T 14
Senng. 3, 11, **45** R 13/14
Sennholzer-G., Gottfried
  (G.-Senn.-G.) 14, **28** N 3/4
Senseng. 9, **32** M 11
Serpenting. 21, **10** G 15
Serravag. 14, **30** P 8
Servaesg. 10, **44** T 11
Serviteng. 9, **32** M 11
Seumeg. 12, **43** Q 10
Seutterg. 13, **29** P 5
Sevcikg. 23, **55** W 8/9
Severing. 9, **32** M 11
Severin (Sev.)-Schreiber-G. 18,
  19 L 9
Sever-Str., Albert (A.)- 21, **2** A 15/16
Seybelg. 23, **54** V 7
Seyringer Str. 21, **11** E–G 17
S.-g.=Schamsg.
S.-g.=Schwemmg.

S.-g.=Seippg.
S.-g.=Seleskowitschg.
S.-g.=Siegelg.
S.-g.=Silvingg.
S.-g.=Sonnenhofg.
Shuttleworthstr. 21, **9** F 14
S.-H.-W.=Sebastian-Hofbauer-Weg
Sibeliusstr. 10, **44** T 11
Siccardsburgg. 10, **44** Q–S 12
Sickel-G., Theodor- 10, **45** T 13
Sickenbergg. 19, **20** H 11/12
Sickingeng. 10, **44** S 11
Sickinger-G., Josef
  (J.-Sick.-G.) 22, **22** J/K 16
Siebeckstr. 22, **22** J 15, K 15/16
Siebenbrunnenfeldg. 5, **44** Q 11
Siebenbrunneng. 5, **44** Q 11
Siebenbrunnenpl. 5, **44** Q 11
Siebenbürgerstr. 22, **22** J 17–L 16
Siebeneichweg. 15, **43** Q 9
Siebenhirtenstr. 23, **54** W 7
Siebensterng. 7, **32** O 11
Siebertg. 12, **43** Q 10
Siedlungsstr. 23, **53** V 5
Siegelg. (S.-g.) 3, **33** O 13
Siegespl. 22, **36** M 19
Siegfried-Charoux-Weg (S.-Ch.-W.)
  14, **29** O 6
Siegfriedg. 21, **21** H 14
Siemensstr. 21, **9/10** F 14/15,
  G 15/16
Sieveringer Str. 19, **6** G 8,
  18 H 8, **19** H 9, J 9/10
Sigl-G., Georg (G.)- 9, **32** M 11/12
Sigl-Str., August- 10, **43/44** T 10/11
Sigmundsg. 7, **32** O 11
Silbererg. 22, **36** M/N 20
Silberg. 19, **19/20** J 10/11, K 10
Silberwurzweg 22, **24** G/H 19
Sildg. 21, **21** H 13
Sileneg. 22, **23** G/H 17
Sillerg. 13, **41** T 6
Siller-G., Franz (Fr.)- 22, **37** M 21
Sillerpl. 13, **41** T 6
Sillerstr. 19, **18** J 8
Siller-Weg, Franz- 12, **43** S 9
Silvaraweg 19, **19** J/K 9
Silvester-Früchtl-G. 23, **53** U 6, V 5/6
Silvingg. (S.-g.) 13, **41** P 6
Simmeringer Hauptstr. 11,
  45/46 Q 14–T 16, **59** U 17
Simmeringer Lände 11,
  48 Q 15/16, **47** R 18
Simon (S.)-Denk-G. 9, **20** L 11
Simon-G., Rudolf- 11, **59** U 18
Simoningpl. 11, **46** R 15
Simonsg. 22, **37** N 21
Simonyg. 18, **19** L 9
Simony-Str.,Oskar (O.)- 14, **28** N 4
Sinag. 22, **22** L 15
Sinawasting. 21, **21** H 13
Sindelarg. 10, **45** T 14
Sindingg. 10, **56** U 12
Singerstr. 1, **32** N/O 12
Singrienerg. 12, **43** R 9
Siolyg. 19, **19** J 9
Siriusweg 14, **28** N/O 4
Sitte-G., Camillo (Cam.)- 15, **31** O 9
Sizzog. 22, **12** E 19
Skabiosenweg (Skab.-wg.) 22,
  23 L 17
Skab.-wg.=Skabiosenweg
Skala-Str., Jan- 21, **1/2** C 14/15
S.-Kn.-G.=Sebastian-Kneipp-G.
Skodag. 8, **31** N 10
Skodak-G., Rudolf- 10, **57** V 14
Skrabalg. 22, **23** K 17
Skraupstr. 21, **9** E/F 14
Skurawyg. 23, **53** V 5
Slamastr. 23, **55** V 10
Slanarpl. 10, **44** T 11
Slating. 13, **41** Q 5
Slavik-Str., Felix- 21, **8** D 14
Slezak-G., Leo (L.)- 18, **31** M 10
Smaragdg. 21, **22** H 15
Smolag. 22, **22** L/M 16/17
Sobieskig. 9, **20** L 11

Sobieskipl. 9, **20** L 11
Sobotag. 23, **55** U 9/10, V 9
Soeserg. 10, **44** T 11
Sofienalpenstr. 14, **15/16** J 2–4, K/L 2
Sölchg. 21, **22** H 15
Soldanellenweg 22, **36** L/M 19
Sollingerg. 19, **19** J/K 10
Som.-g.=Sommarugag.
Sommarugag. (Som.-g.) 18, **19** L 9
Sommerbauer-Str., Jakob-
(J.-So.-Str.) 23, **52** V 4
Sommererg. 13, **29** P/Q 6
Sommerg. 19, **20** K 11
Sommerhaidenweg 17, 18, 19, **18** J 7/8
Sommerschuhg. 23, **53** U 6
Sommerweg 21, **11** F 17
Son.-g.=Sonnenuhrg.
Sonnbergpl. 19, **19** K 10
Sonnenbadweg 18, **18** K/L 8
Sonnenbergweg 13, **42** S 7
Sonnenfelsg. 1, **32** N 12
Sonnenhofg. (S.-g.) 5, **32** P 11
Sonnenthalg. 16, **30** M 8
Sonnenuhrg. (Son.-g.) 6, **31** P 10
Sonnenweg 14, **28** N 4/5
Sonnerg.12, **43** S 9
Sonnleitensteig (Sonnltn.-stg.) 19, **19** K 9
Sonnleithnerg. 10, **44** R 11
Sonnltn.-stg.=Sonnleitensteig
Sonnwendg. 10, **44** Q/R 12
Sorbaitg. 15, **31** O 10
Sorgenthalg. 21, **10** G 15
Sorgog. 13, **41** R 5
Soyfer-G., Jura- 10, **57** U 13
Spallartg. 14, **30** O 8
Spalowskyg. (Sp.-g.) 6, **31** P 10
Spandlg. 22, **23** L 18
Spanng. 21, **21** J 13/14
Sparefrohg. (Sp.-g.) 3, **33** O 13
Spargelfeldstr. 22, **23/24** H 19, J/K 18
Sparkassapl. 15, **43** Q 9
Späthg. 22, **23** K 18
Spatzenweg 2, **34** P 15
Spaung. 20, **20** K 11/12
Spechtweg 22, **22** L 16
Speckbacherg. 16, **31** M/N 9
Speditionsstr. 11, **46** T 15
Speidelweg 22, **22** K 16
Speierlingg. 22, **25** H 21/22
Speikweg 22, **25** J 21
Speisinger Straße 13, 23, **41/42** R/S 7, S/T 6, **53** U 6
Spengerg. 5, **44** P/Q 11
Sperberg. (Sp.-g.) 21, **8** F 12
Sperkerg. (Sp.-g.) 23, **42** T 7
Sperlg., Große 2, **32** M 12
Sperlg., Kleine 2, **32** N 12
Sperrg. 15, **31** P 9/10
Sp.-g.=Spalovskyg.
Sp.-g.=Sparefrohg.
Sp.-g.=Sperberg.
Sp.-g.=Sperkerg.
Sp.-g.=Spießhammerg.
Sp.-g.=Spissakg.
Sp.-g.=Sporkenbühelg.
Sp.-g.=Spörlingg.
Spiegelg. 1, **32** N/O 12
Spiegelgrundstr. 14, 16, **30** O 7
Spiegeln, Am 23, **54** T/U 7
Spiel-G., Oskar (O.)- 19, **20** H 11
Spielmanng. 20, **20** K 12
Spießhammerg. (Sp.-g.) 12, **43** R 10
Spießweg 19, **18** H 7/8
Spindeleggerg. 16, **30** M 8
Spindlerweg 22, **12** F 19
Spinnerin, Zur 10, **44** R/S 11
Spinng. 11, **45** R 13
Spinozag. 16, 17, **30** M 8
Spissakg. (Sp.-g.) 11, **46** R 15
Spitalg. 9, **32** M/N 11
Spittelauer Lände 9, **20** L 11
Spittelauer Pl. 9, **20** L 11
Spittelbergg. 7, **32** O 11

Spittelbreiteng. 12, **43** R 9
Spittelerg. 22, **35** M 18
Spitz, Am 21, **21** H 13
Spitzackerg. (Spitza.-g.) 17, **31** N 9
Spitza.-g.=Spitzackerg.
Spitzerg. 18, **18** K 8
Spitzweg 21, **11** E–G 17
Spitzwegg. (Spw.-g.) 13, **41** R 6
Spitzy-G., Hans (H.-Sp.-G.) 21, **10** E 15
Spohrstr. 13, **41/42** Q/R 6
Sporckpl. 14, 16, **30** O 8
Sporkenbühelg. (Sp.-g.) 9, **20** L 11
Spörlingg. (Sp.-g.) 6, **32** P 11
Sportklubstr. 2, **33** N 13
Sportweg 21, **21** J 14
Spötterweg 14, **29** M 5
Spöttlg. 21, **9** F 13
Sprengersteig 16, **30** M 7
Spr.-g.=Springenfelsg.
Springenfelderbengrund 22, **35** N 17/18
Springenfelsg. (Spr.-g.) 22, **36** M/N 19
Springerg. 2, **33** M 13
Springsiedelg. 19, **20** H 11
Spundag. 21, **9** E 13
Spw.-g.=Spitzwegg.
S.-str.=Symphonikerstr.
Staackmanng. 21, **9** E 13
Staarg. 14, **30** O 7
Stacheg. 12, **42** T 8
Stachlg. 13, **41** S/T 5
Stadionallee 2, **33** O/P 14
Stadiong. 1, **32** N 11
Stadlauer Str. 22, **23** K/L 17, **35** M 17
Stadlbreiten 22, **24** J 19/20
Stadlerg. 13, **42** Q 7
Stadtgutg. Große 2, **33** M 12/13
Stadtgutg., Kleine 2, **33** M 13
Stadtpark, Am (A. Stpk.) 3, **33** O 13
Sta.-g.=Stampferg.
Staglg. 15, **31** P 10
Stainer-G., Jakob- 13, **41/42** S 6/7
Stallarng. 22, **12** E 19
Stallburgg. 1, **01** N/O 12
Stammersdorfer Str. 21, **1/2** C 14/15, D 15/16
Stammg. 3, **33** N/O 13
Stammhausstr. 14, **28** N 4
Stampferg. (Sta.-g.) 13, **29** O 5
Stanislausg. 3, **33** P 13
Starchantg. 16, **30** M/N 7
Starhemberg-G., Graf- 4, **32** P/Q 12, **44** Q 12
Starkeg. 10, **44** T 11
Starkenburgg. 16, **30** M/N 7, M 8
Starkfriedg. 18, 19, **18** J 8, K 8/9
Stättermayerg. 15, **31** O/P 9
Staudg. 18, **19** L 9/10, **31** M 10
Staudiglg. 10, **44** S 12
Staudingerg. 20, **20** L 12
Staud-Str., Johann- 16, **29/30** M 6, N 6–8
Staufferg. 14, **30** O 7
Stauraczg. (Staur.-g.) 5, **44** Q 11
Staur.-g.=Stauraczg.
Stavangerg. 22, **35** N 18
Stbg.-g.=Steinbergg.
Steckhoveng. 13, **42** Q 7
Stefan-Esders-Pl. 19, **19** H 9
Stefan-Fadinger-Pl. 10, **44** S 11
Stefan-Koblinger-G. (St.-K.-G.) 22, **22** K 16
Stefan-Zweig-Pl. 17, **18** L 8
Steger-G.,Hans- 22, **23** L/M 17
Stegg. (St.-g.) 5, **32** P 11
Stegmayerg. 12, **43** S 9
Steidlg. 21, **2** C 15
Steigenteschg. 22, **22** J 16, K 16/17
Steinachg. 22, **37** N/O 22
Steinackerg. 12, **43** R 10
Steinamangerg. 21, **9** E 14
Steinbach-G., Fritz (F.)- 23, **52** V 4
Steinbachstr. 14, **15** K/L 1
Steinbauerg. 12, **43** Q 10
Steinberg-Frank-Weg 22, **22** L 16

Steinbergg. (Stbg.-g.) 23, **54** U 7
Steinböck-G.,Anton- 11, **48** T 15
Steinböckeng. 14, **29** N/05
Steinbrecherg. 22, **22** L 16
Steinbruchstr. 14, 16, **30** O 7/8
Steinbüchlweg 19, **20** H 11
Steinbügelweg 21, **1** C 13/14
Steinbühelg. 22, **25** L 22
Steindlg. 1, **01** N 12
Steineicheng. 10, **45** T 14
Steinerg. 17, **31** N 10
Steinerg. 23, **54** U/V 7
Steiner-G., Leopold- 19, **19** H/J 10
Steiner-Weg, Gabor (G.)- 2, **33** M 13
Steinfeldern, An den 23, **54** V 7
Steinfeldg. 19, **20** H 11
Steing. 3, **33** P 13
Steinhageg. 12, **43** Q 10
Steinhardtg. (Steinh.-g.) 13, **41** R 6
Steinheilg. 21, **9** G 14/15, H 14
Steinh.-g.=Steinhardtg.
Steiningerg. 12, **42** T 8
Steinklammerg. (Steinkl.g.) 13, **41** S/T 6
Steinkl.-g.=Steinklammerg.
Steinlechnerg. 13, **42** R 7
Steinleg. 16, **30** N 7
Steinmüllerg. 16, 17, **30** M 7/8
Steinschötelg. 10, **45** T 14
Steinseeweg 23, **43** T 9
Steinspornweg 22, **35** O 17/18
Stein-Str., Lorenz (L.)- 14, **27/28** N 2/3
Steinweisweg 12, **43** R 9
Steiskal-G., Theodor- 10, **44** S/T 12
Stelzhamerg. (Stelzh.-g.) 3, **33** N 13
Stelzh.-g.=Stelzhamerg.
Stemmerallee 2, **34** P 16
Stemolakg. 22, **24** K 19
Stenografeng. 23, **54** U 7
Stephanspl. 1, **32** N 12
Stephensong. (Steph.-g.) 21, **21** J 14
Steph.-g.=Stephensong.
Sterng. 1, **01** N 12
Sterng. 23, **55** U 10
Stern-G., Luitpold- 22, **35** P 18
Sternwartestr. 18, **19** L 9/10
Steudelg. 10, **45** R 13
Steyrerhof (Sth.) 1, **01** N 12
St.-g.=Stegg.
St.-g.=Stooßg.
St.-g.=Stuschkag.
St.-G.-G.=Stüber-Gunther-G.
Sth.=Steyrerhof
Stiegeng. 6, **32** P 11
Stiegeng. 14, **15** L 1/2
Stiegerg. 15, **43** Q 10
Stieglerg. 23, **42** T 7
Stieglitzweg 22, **22** L 16
St.-i.-Eis.-Pl.=Stock-im-Eisen-Pl.
Stifter-Str., Adalbert- 20, **20** J 12, K 11/12
Stiftg. 7, **32** O 11
Stiglitzg. 13, **41** S/T 5
Stillfriedpl.16, **30** N 8
Stinglg. 14, **28** M/N 3
Stinyg. 10, **44** T 12
Stipcakg. 23, **55** V 9
Stix-Pl., Alfred (A.)- 10, **44** T 11
St.-K.-G.=Stefan-Koblinger-G.
Stöberg. 5, **44** Q 11
Stöberpl. 16, 17, **31** M 9
Stockentenweg 14, **29** O 5
Stockert-Pl., Leopold (L.)- 17, **18** K 7
Stockhammerg. 14, **29** O 5
Stockholmer Pl. 10, **58** U 12
Stock-im-Eisen-Pl.(St.-i.-Eis.-Pl.) 1, **32** N 12
Stock-im-Weg 13, **41** Q/R 5
Stockwiesenweg 17, **17** J 5
Stoesslg. 13, **42** Q 7
Stoffellag. 2, **33** M/N 13
Störhrg. 21, **1** D 12
Stolberg. 5, **44** Q 11
Stollg. 7, **31** O 10
Stolzenthalerg. 8, **31** N 10
Stolz-Pl., Robert (R.)- 1, **32** O 11/12

Stooßg. (St.-g.) 21, **8** G 12
Storcheng. 15, **43** Q 9/10
Storch-G., Otto (O.-St.-G.) 21,
   9 F 14
Störck-G., Anton- 21, **9** G 13
Storkg. 5, **44** Q 11
Storm-Weg, Theodor (Th.)- 16,
   30 N 7
Stoß im Himmel 1, **01** N 12
Stowasserg. 21, **1** D 12
Stpp.-g.=Stuppöckg.
Stracheg. 11, **46** S 15
Strakaweg 22, **22** K 16/17
Stralehnerg. (Stral.-g.) 22, **35** M 17
Stral.-g.=Stralehnerg.
Strampferg. (Str.-g.) 13, **41** S 6
Strandg. 21, **21** J/K 14
Stranitzkyg. 12, **43** R 9
Stranskyweg 14, **29** O 6
Stranzenbergg. 13, **42** R 7/8, S 7
Straßäckerg. 22, **35** M 17
Straße-der-Menschenrechte 22,
   22 J 15
Straße-des-Ersten-Mai 2, **33** M 13,
   N 13/14
Straßerg. 19, **19** H 10
Straßgschwandtnerstr. (Str.-str.)
   14, **30** P 8
Straßmeyerg. 22, **22** K 16
Strauchg. 1, **01** N 11/12
Strauß-G., Johann- 4, **44** Q 12
Straußeng. 5, **32** P 11
Strauss-Str., Richard- 23, **55** U/V 10
Strebersdorfer Pl. 21, **9** D 13
StrebersdorferStr. 21, **9** D 13, E 14
Streckerpl. 13, **29** P 6
Streffleurg. (Streffl.-g.) 20, **20** L 12
Streffl.-g.=Streffleurg.
Strehlg. 19, **18** J 8
Streicherg. (Str.-g.) 3, **33** P 13
Streitmanng. 13, **41** T 6
Str.-g.=Strampferg.
Str.-g.=Streicherg.
Str.-g.=Strindbergg.
Strhck.-g.=Stroheckg.
Striag. 14, **30** O 7
Strigelg. 22, **35** L 20/21
Strindbergg. (Str.-g.) 11, **45** R 14
Strobachg. 5, **32** P 11
Strobelg. 1, **01** N 12
Strohbergg. 12, **42** S 8
Strohblumeng. 22, **35** M/N 17
Strohbogg. 21, **8** E 12
Stroheckg. (Strhck.-g.) 9, **20** L 11
Strohg. 3, **32/33** P 12/13
Strohmayerg. 6, **31** P 10
Stromstr. 20, **20** K 12/13
Strozzig. 8, **31/32** N 10/11, O 11
Str.-str.=Straßgschwandtnerstr.
Strudlhofg. 9, **32** M 11
Strunzg. 22, **36** M 19
Strutzenberger-Weg, Anton- 23,
   41 T 5/6
Stryeckg. 21, **21** H 13
Stub.-b.=Stubenbastei
Stube, Grüne 14, **29** O 6
Stubenbastei (Stub.-b.) 1, **32** O 12
Stubenring 1, **32** N 12/13
Stüber-Gunther-G. (St.-G.-G.) 12,
   43 S 9
Stuckg. 7, **32** O 11
Studenyg. 11, **46** S 15
Stuhlhoferg. 23, **41** T 6
Stummerg. 22, **23** L 17
Stumperg. 6, **31** P 10
Stundlg. 22, **23** K 16/17
Stuppöckg. (Stpp.-g.) 23, **55** U 10
Sturg. 2, **33** M/N 14
Stürzerg. 19, **20** J 11
Sturzg. 14, 15, **31** P 9
Stuschkag. 22, 23, **53** V/W 6
Stutterheimstr. 15, **31** O 9
Stuweckeng. 13, **42** R 7
Stuwerstr. 2, **33** M 13/14
Suchenwirtpl. 10, **44** S 12
Südbahnstr., Hintere 10, **44** Q 12
Südportalstr. 2, **33** N 14

Südrandstr. 23, **58** V 11/12
Südtiroler Pl. 4, **44** Q 12
Sueß-G., Eduard (Ed.)- 15, **31** P 9
Sulmg. 16, **31** N S/9
Sulzeng. 23, **56** U/V 12
Sulzweg 19, **18** H 7
Sumpfg. 21, **8** F 12
Suppég. 13, **42** Q 7
Süßenbrunner Hauptstr. 22, **12** F 19
Süßenbrunner Pl. 22, **12** F 19
Süßenbrunner Str. 22,
   23 H/J 18, K 17/18
Suttingerg. 19, **19** J 10
Suttner-G., Bertha-von- 22,
   23 H/J 17
Svetelskystr. 11, **47** T 17
Swatoschg. 11, **45** S 14
S.-wg.=Schmalerweg
Swob.-g.=Swobodag.
Swobodag. (Swob.-g.) 13, **41** S 6
Syk.-g.=Sykorag.
Sykorag. (Syk.-g.) 23, **53** V 6
Symphonikerstr. (S.-str.) 4, **32** O 12
Syringg. 17, **31** M 10

T
Tabor, Am 2, **33** M 13
Taborstr. 2, 20, **21** L 13,
   32 M 12/13, N 12
Taggerg. 22, **22** H 16
Taglieberg. 23, **54** U 7
Talg. 15, **31** P 10
Talkeng. 23, **53** V 6
Tallesbrunng. (Tbr.-g.) 19, **19** J 10
Talpag. 23, **54** W 8
Tamariskeng. 22, **35** M 18, N 17
Taminoweg (Ta.-wg.) 19, **19** K 9
Tanbruckg. 12, **43** R 9
Tandelmarktg. 2, **32** M 12
Tandler-Pl., Julius (J.)- 9, **32** L/M 11
Tanneng. 15, **31** O 9, P 9/10
Tannhäuserpl. 15, **31** O 9
Tarterg. 22, **37** N 21
Tauberg. 17, **31** M/N 9
Taubstummeng. 4, **32** P 12
Tauschekg. 21, **9** E 14
Tauschinskyg. 22, **37** N 21/22
Tautenhayng. 15, **31** O 8/9
Ta.-wg.=Taminoweg
Tbr.-g.=Tallesbrunng.
Technikerstr. (Te.-str.) 4, **32** O 12
Te.-g.=Teichg.
Tegelweg 22, **22** H 16
Tegetthoffstr. 1, **32** O 12
Tegnerg. 10, **56** U 12
Teichackerg. (T.-g.) 12, **43** R 10
Teichg. 10, **56** V 12
Teichg. (Te.-g.) 17, **31** N 9
Teiläckerg. 22, **25** L 21/22
Teinfaltstr. 1, **32** N 11
Telefonweg 22, **13** G 22,
   25 H 22–L 21, **37** M/N 21
Telekyg. 19, **19** K 10
Teller-G., Friedrich (Fr.)- 10, **45** T 14
Tellg. 15, **31** O 9
Tempelg. 2, **33** N 13
Temple-G., Hans- (H.) 23, **54** X 8
Tendlerg. 9, **32** M 11
Tenschertstr. 23, **56** V 11
Tepserng. (Teps.-g.) 9, **20** L 11
Teps.-g.=Tepserng.
Terramareg. 23, **43** T/U 9
Terzagihg. 22, **36** O 20
Tesarekpl. 10, **44** T 11
Teschnerg. 18, **19** L/M 10
Teslag. 21, **8** G 12
Tessing. 10, **56** V 12
Testarellog. 13, **29** P/Q 6
Te.-str.=Technikerstr.
Tetmajerg. 21, **21** G/H 13
Teufel-G., Johann- 23, **53** U/V 6
Teuffenbachstr. (T.-str.) 2, **33** M 14
Teweleg. 13, **41** S 6
Teyberg. 14, **42** P/Q 8
Tf.-g.=Traunfelsg.
T.-g.=Teichackerg.

T.-g.=Torbergg.
T.-g.=Toulag.
T.-g.=Traminerg.
T.-g.=Traunerg.
Thalhaimerg. 16, **31** N/O 9
Thaliastr. 16, **30/31** N 8–10
Thallerg. 23, **53** U 6
Thavonatg. 9, **32** N 11
Thayag. 21, **10/11** E 17, F 15–17
Theerg. 12, **43** R 9
Thelemang. 17, **31** N 10
Theobaldg. 6, **32** O 11
Theodor (Th.)-Körner-G. 21,
   21 H/J 14
Theodor-Kramer-Str. 22, **23** H 17
Theodor-Sickel-G. 10, **45** T 13
Theodor-Steiskal-G. 10, **44** S/T 12
Theodor (Th.)-Storm-Weg 16,
   30 N 7
Theophil (Th.)-Hansen-G. 23, **53** V 6
Theresianumg. 4, **32** P 12
Theresienbadg. 12, **43** Q 9
Theresieng. 18, **31** M 10
Theuerg. 22, **37** M/N 22
Theumermarkt 21, **9/10** D 14/15
Thimigg. 18, **19** L 9
Thomag. 21, **9** F 14
Thomas (Th.)-Morus-G. 13, **41** R 6
Thomas (Th.)-Münzer-G. 10, **44** S 11
Thomas-Pl.,Oswald- 2, **33** M/N 13
Thonetg. 21, 22, **22** H 16
Thönyg. 22, **22** H 16
Thorvaldseng. 12, **43** S 9
Th.-str.=Thugutstr.
Thugutstr.(Th.-str.) 2, **33** O 13/14
Thujag. 22, **25** H 21/22
Thujenweg (Th.-wg.) 17, **18** L 7
Thunhofg. 12, **42** S 8
Thurng. 9, **32** M 11
Thurnher-G., Konrad (K.)- 11,
   45/46 S 14/15
Thürnlhofstr. 11, **47** T 17, U 16/17
Thuryg. 9, **32** L/M 11
Th.-wg.=Thujenweg
Thymianweg 17, **18** L 7
Tichtelg. 12, **43** Q 10
Tichyweg 18, **18** K 8
Tiefauweg 17, **17** H/J 6
Tiefendorferg. 14, **30** O 8
Tiefer Graben 1, **32** N 12
Tiefweg 21, **22** H 15
Tina (T.)-Blau-Weg 14, **29** O 6
Tinterstr. 14, **29** O 6
Tiroler G. 13, **42** Q 7/8
Titlg. 13, **42** Q/R 7
Tivolig. 12, **43** Q/R 9
Tlasekg. 11, **46** T 16/17
Toldg. 15, **31** O 9
Toldt-Weg, Karl- 14, **29** O 6
Töllerg. 21, **22** H 15
Töllerschanze, An der 21, **22** H 15
Tolstoig. 13, **41** Q 6
Tomaschekstr. 21, **9** F 13
Tom.-g.=Tomschikg.
Tomschikg. (Tom.-g.) 22, **23** K 18
Tonfabrikg. 21, **8** E 12
Tong. 3, **33** O 13
Tönsbergweg 22, **35** N 18
Topaspl. 21, **9** G/H 15
Töpfelg. 14, **30** P 8
Torbergg. (T.-g.) 14, **28** N 4
Tornay-G., Karl- 23, **54/55** W 8/9
Torricellig. 14, **30** O 7
Toscaninig. 23, **55/56** U 11, V 10/11
Toßg. 15, **31** P 9
Toulag. (T.-g.) 22, **23** K/L 18
Touristenweg 14, **27** M 1
Trabertg. 13, **41** S 6
Trabrennstr. 2, **33** N 14
Track-Weg, Ernst- 22, **23** K 18

Traiseng. 20, **21** K/L 13
Traklg. 19, **19** J 10
Trambauerstr. (Tram.-str.) 10,
 44 S 12
Traminerg. (T.-g.) 19, **20** H 11
Tram.-str.=Trambauerstr.
Trappelg. 4, **44** Q 11/12
Trappweg 23, **56** V 11
Trattnerhof 1, **01** N 12
Traubeng. 23, **53** W 6
Traunerg. (T.-g.) 16, **30** M 7
Traunfelsg. (Tf.-g.) 20, **20** L 12
Traung. 3, **32** O 12
Trautenaupl. 19, **19** J 10
Trautsong. 8, **32** N/O 11
Trauttmannsdorffg. 13, **42** Q 7/8
Trauzig. 21, **8** E 12
Traviatag. 23, **55/56** V 10/11
Trazerbergg. 13, **41** Q 6
Treffzg. 13, **41** T 6
Treitlstr. (Tr.-str.) 4, **32** O 12
Treixler-G., Johann (J.)- 21, **9** F 13
Tremlweg (Tr.-wg.) 23, **54** X 8
Trenkwaldg. 17, **17/18** L 6/7
Trennstr. 14, **28** M/N 4
Trentinig. 23, **43** T 9
Trepetschnigg. 23, **54** U 8
Trepulkag. 11, **47** T 17
Treumanng. 13, **41** S 5
Treustr. 20, **20** K 11, L 11/12
Tr.-g.=Trogerg.
Tribulzg. 23, **53** U/V 6
Triester Str. 10, 23,
 43/44 R 11–T 10, **55** U 10–W 9
Triestingg. 21, **10** E/F 17
Trillerg. 21, **9** F 14
Trimmelg. 17, **18** L 7
Trinkhausstr. 11, **46** R 15
Trisannag. 21, **10** E/F 16
Trogerg. (Tr.-g.) 14, **30** P 8
Trollblumeng. 22, **35** N 17/18
Trondheimg. 22, **35** M/N 18
Troststr. 10, **44** R 11, S 11/12
Tr.-str.=Teitlstr.
Tr.-str.=Trunnerstr.
Trubelg. 3, **45** Q 13
Trummelhofg. 19, **19** H 10
Trunnerstr. (Tr.-str.) 2, **33** L/M 13
Tr.-wg.=Tremlweg
Tschaikowskyg. 21, **9** F 13
Tschechowg. 21, **8** E 12
Tschermak-G., Gustav- 18, 19,
 19 K/L 10
Tschertteg. 12, **43** S/T 9/10
Tschörnerweg 22, **36** N 20
Tschudig. 22, **35** L/M 18
T.-str.=Teuffenbachstr.
T.-str.=Tiergartenstr.
Tuchlauben 1, **32** N 12
Tuchlaubenhof 1, **01** N 12
Tuersg. 13, **29** P 6
Tulipanenweg (T.-wg.) 22, **35** O 17
Tullnertalg. 23, **42** T 7
Tulpeng. 8, **32** N 11
Tulzerg. 21, **9** D 14
Turgenjewg. 13, **41** Q 6
Türkenbundweg (T.-wg.) 21, **2** C 15
Türkenschanzpl. 18, **19** K 9
Türkenschanzstr. 18, **19** L 10
Türkenstr. 9, **32** M 11/12
Türk-G., Josef- 21, **8** F 12
Türkisg. 21, **10** G 15
Turmburgg. 6, **31** P 11
Turnerg. 15, **31** P 10
Tuschlg. 23, **43** T 9
Twarochg. 17, **18** L 8
T.-wg.=Tulipanenweg
T.-wg.=Türkenbundweg
Tyrnauer G. (Tyr. G.) 10, **44** S 12
Tyr.-G.=Tyrnauer G.
Tyroltg. 12, **43** R 8/9

U

Überfuhrstr. 21, **8** G 12/13
Überreiterweg (Ü.-wg.) 14, **28** M 4
Ubg.-g.=Unterbergerg.

Uchatiusg. (U.-g.) 3, **33** O 13
Udelweg 11, **46** S 15/16
Uetzg. 10, **45** S 14
U.-g.=Uchatiusg.
Uhlandg. 10, **44** R 12
Uhligstr. 10, **57** V 13
Uhlirzg. 21, **10** G 16
Uhlpl. 8, **31** N 10
Uhug. 21, **8** F 12
Ulanenweg 22, **35** O 18
Ulbrich-G., Gregor- 21, **2** D 14/15
Ul.-g.=Ulrichg.
Ullmannstr. 15, **43** Q 9/10
Ullreichg. 22, **22** H/J 16
Ulmenhof 12, **43** R/S 10
Ulmenstr. 14, **29** M 5
Ulrichg. (Ul.-g.) 2, **33** N 13
Ulrichs-Pl., St.- 7, **32** O 11
Ultzmanng. 22, **36/37** O 20/21
U.-M.-G.=Untere Mühlbach-G.
Umlauftg. 17, **18** L/M 8
Underreing. 14, **30** O 7
Undsetg. 10, **44** T/U 12
Ungarg. 3, **33** O/P 13
Unger-G., Adolf (A.)- 10, **57** U 13
Universitätsstr. 1, 9, **32** N 11
Universumstr. 20, **20** K 12
Unterbergerg. (Ubg.-g.) 20, **20** L 12
Unter der Kirche 11, **46** R/S 15
Untere Aquäduktg. 23, **53** V/W 6
Untere Augartenstr. 2, **32** M 12
Untere Bahnlände 10, **57** V 14
Untere Donaustr. 2, **33** N 12/13
Untere Jungenbergg. 21,
 1 B 13/14, C14
Untere Kaistr. 10, **57** V 13/14
Untere Mühlbachg. (U.-M.-G.) 23,
 53 V 6
Unteren Alten Donau, An der 22,
 22 K 15, L 16, **34** M/N 16
Unterer Reisenbergweg 19,
 19 H 9/10
Unterer Schreiberweg 19, **7** G 10,
 19/20 H 10/11
Unterer Weisleitenweg 19,
 7/8 F 10/11, G 10/11
Untere Sätzen 21, **1** C 13
Untere Viaduktg. 3, **33** N/O 13
Untere Weißgerberstr. 3,
 33 N/O 13
Unterfeldg. 11, **46** T 15
Unterfeldweg 22, **23/24** H 19,
 J 18/19
Unterlaaer Pl. 10, **57** W 14
Unterlaaer Str. 10, **57** V/W 14
Untermeidlinger Str. 10, 12,
 43/44 R 10, S 11
Upsalag. 10, **56** U 12
Urach-G., Hedy (H.)- 13, **41** T 6
Uraniastr. (U.-str.) 1, **33** N 13
Uranusweg 14, **29** N 5
Urbang. 17, **30** M 8
Urban (U.)-Loritz-Pl. 7, **31** O 10
Uridil-G., Josef (J.)- 14, **28** N 4
Urschenböckg. 11, **45** S 13
Urselbrunneng. 10, **45** S 13
Urteil-Weg, Andreas (A.)- 22,
 22 H 16
U.-str.=Uraniastr.
Utendorfg. 14, **28** O 4/5
Uthmann-G., Adolf (A.)- 21, **8** E/F 12
Utopiaweg 18, **18** K 8
Ü.-wg.=Überreiterweg

V

Valenting. 23, **53** U 5/6
Valierg. 11, **47** T 18
Van-der-Null-G. 10, **44** Q–S 12
Van-Swieten-G. 9, **32** M 11
Varnhageng. 22, **23** L 17
Varroneg. 23, **54** X 8
Vb.-g.=Vogelbeereng.
Vegag. 19, **19** K 10
Veilchenweg (V.-wg.) 14, **28** O 4
Veit-G., St.- 13, **42** P/Q 7
Veithg. 3, **32** O/P 12

Veitingerg. 13, **41/42** Q 5/6, R 6/7
Veitlisseng. 13, **41** Q 5
Veltzeg. 19, **19** H 9
Venediger Au 2, **33** M 13
Venusweg 14, **29** N 5
Verbandsweg 22, **35** O 18
Verbindungsweg 21, **21** K 14
Vereinsg. 2, **33** M 13
Vereinsstiege (Ver.-stge) 9, **20** L 11
Vergarag. 22, **35** M 18
Vernholzg. 22, **23** L 17
Veronikag. 16, 17, **31** M/N 10
Versbachg.13, **42** R 7
Versorgungsheimpl. 13, **41** R 6
Versorgungsheimstr.13, **41/42** R 6/7
Ver.-stge.=Vereinsstiege
Vertexg. 23, **42** T 8
Vettersg. 10, **45** T 14
V.-H.-G.=Vinzenz-Hauschka-G.
Viaduktg., Obere 3, **33** N 13
Viaduktg., Untere 3, **33** N/O 13
Victor-Gruen-G. 10, **45** T 14
Viehmarktg. 3, **33** P/Q 14
Viehtriftg. 21, **22** G/H 16
Viertel-G.,Berthold- 10, **44** T/U 11
Vierthalerg. 12, **43** R 10
Viktor (V.)-Adler-Pl. 10, **44** R 12
Viktor-Christ-G. 5, **44** Q 11
Viktorg. 4, **32** P/Q 12
Viktoriag. 15, **31** P 9/10
Viktor (V.)-Kaplan-Str. 22, **22** L 16
Viktor (V.)-Kutschera-Pl. 14, **28** N 4
Viktor (V.)-Leon-G. 13, **41** T 6
Viktor-Wittner-G. 22, **37** N 20/21
Vilicusweg 16, **30** N 7
Villenweg 19, **7** F 9/10
Vinzenzg. 18, **19** L/M 10
Vinzenz-Hauschka-G. (V.-H.-G.) 22,
 35 N 18
Vinzenz (V.)-Heß-G. 13, **29** P 5
Violaweg 22, **23** H 17
Virchow-Str., Rudolf- 21, **9** F 13
Virillig. 23, **55** U 10
Viriotg. 9, **20** L 11
Vitusg. 13, **41** Q 6
Vivaldig. 10, **44** T 11
Vivariumstr. 2, **33** N 13
Vivenotg. 12, **43** Q/R 9
Vizanig. (Viz.-g.) 23, **54** V 8
Viz.-g.=Vizanig.
Vkm-g.=Volkmarg.
Vlf.-str.=Vorlaufstr.
Vl.-wg.=Veilchenweg
Vogelbeereng. (Vb.-g.) 22, **24** K 19
Vogelsangg. 5, **44** Q 11
Vogeltenng. 16, **29** M/N 6
Vogelweide-G., Walther-v.-d.- 23,
 53 T/U 6
Vogelweidpl. 15, **31** O 9
Vogentalg. 10, **45** T 14
Voglg. 21, **9** E 14
Vogl-Pl., Johann (J.)-Nepomuk (N.)-
 18, **31** M 10
Vogtg. 14, **30** P 7
Vohburgg. 21, **8** E 12
Voigtländerg. 22, **23** K 17
Voitg. 22, **11** G 17
Volkerg. 13, **42** R 7
Volk.-g.=Volkerg.
Volkmarg. (Vkm.-g.) 10, **57** V 13
Volkrag. 22, **23** L 17
Volksgartenstr. 1, **32** O 11
Vollbadg. 17, **18** L 8
Voltag. 21, **9** G 13
Voltelinistr. 21, **8** F 12
Vorarlberger Allee 23,
 55/56 V/W 10/11
Vordere Zollamtsstr. 3, **33** N 13,
 O 12/13
Vorgartenstr. 2, 20, **20** J/K 12,
 21 K 12/13, L 13,
 33/34 M 14–N 15
Vorlaufstr. (Vlf.-str.) 1, **32** N 12

Vormoserg. 19, **20** K 11
Vöscherg. 23, **55** U 10
Vösendorfer Str. 23, **55/56** U 11,
  V 10/11
V.-wg.=Veilchenweg

W

Waagg. 4, **32** P 11/12
Wachaustr. 2, **33** M 14
Wacholderweg 21, **10** E 16
Wachtelweg (W.-wg.) 14, **29** M 5
Wächterg. 1, **01** N 12
Wachthausg. (Whs.-g.) 11, **46** R 15
Wacquantg. (W.-g.) 22, **36** M 19
Wa.-g.= Wawrag.
Wagenmanng. 23, **54** V 7
Wagenseilg. 12, **43** S 9/10
Wagner-G., Friedrich
  (F.-W.-G.) 18, **19** L 9
Wagner-G., Matthias- 21, **2** C 15
Wagner-Jauregg-Wg. 14, **29** O 6
Wagner-Pl., Otto (O.)- 9, **32** N 11
Wagner-Pl., Richard (R.)- 16, **31** N 9
Wagner-Schönkirch-G. 23,
  56 U/V 11
Wagramer Str. 21, 22, **11/12** F 18/19,
  G 17, **21/22** H 16/17, L 14/15
Wahlbergg. 14, **29** O 5
Währinger Gürtel 9, 18, **20** L 11,
  31/32 M 10/11
Währinger Str. 9, 18, **19** L 9/10,
  32 M/N 11
Waidäckerg. 16, **30** N 7
Waidhausenstr. 14, **29** O/P 6
Waisenhorn-G. Rudolf- 23,
  53/54 V 5–7
Wakovsky-G., Josef- 21, **9** E 13
Walcherstr. 2, **33** L/M 14
Waldaug. (W.-g.) 19, **20** H 11
Waldbachsteig 19, **7/8** F 10/11
Waldeckg. 18, **19** K 9
Waldegghofg. 17, **18** K 7
Waldemarweg 13, **41** S 5
Waldg. 10, **44** R 12
Waldheimstr. 22, **37** M 21/22, N 22
Waldhüttenweg 17, **18** L 7
Waldmeisterg. 14, **29** M/N 5
Waldmüllerg. 20, **20** L 12
Waldrandweg 17, **17/18** H 6/7
Waldrebeng. 22, **35** L/M 17
Waldroseng. 14, **28** N 4
Waldschafferweg (W.-wg.) 14,
  28 M 4
Waldsteingartenstr. 2, **33** N 14
Waldviertlerweg 22, **35** O 17/18
Waldvogelstr. 13, **41/42** R 6/7
Waldweg 14, **28** N 4
Waldzeile 17, **17** H/J 6
Walfischg. 1, **32** O 12
Walkerg. 21, **21** J/K 14
Walk.-g.=Walküreng.
Walküreng. (Walk.-g.) 15, **31** O 9
Wallackg. 23, **54** W 8/9
Wallensteinpl. 20, **20** L 12
Wallensteinstr. 20, **20** L 12
Wallg. 6, **31** P 10
Wällischg. 3, **33** P 14
Wallishausserg. (Wallish.-g.) 17,
  18 L/M 7
Wallish.-g.=Wallishausserg.
Wallmodeng. 19, **20** J 11
Walinerstr. 1, **32** N 12
Wallrißstr. 18, **18/19** L 8/9
Waltenbergerg. 21, **9** D/E 13
Waltenhofeng. 10, **45** S 13
Walterg. 4, **32** P 12
Walter-Lindenbaum-G.
  (W.-L.-G.) 10, **57** U 13
Walter-Schwarzacher-G. 21,
  10 F/G 16
Walter-v.-d.-Vogelweide-G. 23,
  53 T/U 6
Walther-G., Karl- (K.-W.-G.) 15,
  43 Q 10
Wambacherg. 13, **41** R 6
Wankläckerg. 21, **9/10** F 14/15

Wannemacherg. (Wm.-g.) 21, **9** E 14
Wanriglg. 16, **30** M/N 7
Wanthalerweg 17, **18** L 8
Warchalowskig. (Warch.-g.) 22,
  36 N 20
Warch.-g.=Warchalowskig.
Warhanekg. 21, **21** J/K 14
Warneckestr. 11, **47** S/T 18
Wartenslebeng. 22, **22** L 16
Wasag. 9, **32** M/N 11
Waschhausg. (W.-g.) 2, **33** N 13
Wasnerg. 2, 20, **20** L 12
Wasserburgerg. (W.-g.) 9, **20** L11
Wasserg. 3, **33** O 13
Wassermanng. 21, **11** G 16/17
Wasserweg 14, **28** N 4
Wasserzeile, Linke 23, **53** V 6
Wasserzeile, Rechte 23, **53** V 6
Wastlg. 23, **42** T 7
Wattg. 16, 17, **31** M/N 9
Wattmanng. 13, **42** Q–S 7
Wawrag. (Wa.-g.) 14, **30** O 7
Wbch.-g.=Wenckebachg.
Wd.-wg.=Weidenweg
Weberg. 20, **20** L 11/12
Weber-G., Otto- 22, **35** N/O 17
Weber-Str., Johann- 21, **2** C 14/15,
  D 15
Webg. 6, **31** P 10
Wedekindg. (Wed.-g.) 21, **21** H 14
Wed.-g.=Wedekindg.
Wedlg. (W.-g.) 3, **33** P 13/14
We.-g.=Wegelerg.
We.-g.=Werkmanng.
Wegelerg. (We.-g.) 18, **18** K 8
Wegener-G., Alfred (A.)- 19, **19** J 10
Wegerichg. 14, **29** M/N 5
Wegmayrg. (Wegm.-g.) 22, **22** J 16
Wegm.-g.=Wegmayrg.
Wehlistr. 2, 20, **20** J 12, **21** K 13,
  L 13/14, **33/34** M 14, N 15–O 16
Wehrbrücklstr. 22, **25** L 21/22,
  37 M/N 21
Wehrg. 5, **32** P 11
Weibelstr. 22, **36** N 20
Weichselbaumg. 10, **45** T 13
Weichseltalweg 11, **46** T 15
Weichselweg 22, **35** N/O 17
Weidelstr. 10, **57** V 13
Weidenweg (Wd.-wg.) 22, **35** N 17
Weidlichg. 13, **42** Q/R 7
Weidlinger Damm 22, **37** O 21
Weidmanng. 17, **31** M 9/10
Weigandhof (Weig.-hof) 10, **44** S 11
Weig.-hof=Weigandhof
Weiglg. 15, **43** Q 9
Weigl-G., Ignaz (I.-W.-G.) 11,
  46 R 15
Weihburgg. 1, **32** O 12
Weilandg. 21, **2** C/D 15
Weilg. 19, **20** K 11
Weimarer Str. 18, 19, **19** K/L 10
Weinbergerpl. 13, **41** T 6
Weinbergg. 19, **19** J 9/10, K 10
Weindorferg. 13, **41** T 6
Weingartenallee 22, **12** D 20,
  E 19/20, F 19
Weingebirg, Am 19, **20** H 11
Weinhauser G. (Whsr.-G.) 18, **19** L 9
Weinheber-Pl., Josef- 14, 16, **30** O 8
Weinheimerg. 16, **30** N 8
Weininger-G., Otto (O.-Wein.-G.)
  13, **29** P 6
Weinlechnerg. (W.-g.) 3, **33** P 13/14
Weinrotherg. 13, **41/42** S 6/7
Weinsteigg. 21, **1** C 14
Weintraubeng. 2, **33** M/N 13
Weinweg 12, **43** S 9
Weinwurmweg 22, **22** J 15
Weinzierlg. 14, **30** P 7
Weinzingerg. 19, **19** J 10
Weiskchr.-str.=Weiskirchnerstr.
Weiskerng. 16, **30** M 8
Weiskirchnerstr.(Weiskchr.-str.) 1,
  32 O 12/13
Weisleitenweg, Unterer 19,
  7/8 F 10/11, G 10/11

Weissauweg 22, **22** L 15
Weißdornweg (Weiß.-wg.) 18,
  18 K 8
Weisselg. 21, **21** H 13/14
Weißenböckstr. 11, **46** T 15
Weißenthurng. 12, **43** R 8/9
Weißenwolffg. 21, **8** F/G 12
Weißg. 17, **31** M/N 9
Weiß-G., Edmund- 18, **19** L 10
Weiß-G., Lorenz (L.)- 14, **29** O 6
Weißgerberlände 3, **33** N/O 13
Weißgerberstr.,Obere 3, **33** N 13
Weißgerberstr., Untere 3,
  33 N/O 13
Weißingerg. (W.-g.) 21, **10** E 16
Weiß-wg.=Weißdornweg
Weitlofg. 18, **19** L 10
Weitmoserg. 10, **44** S 11
Weixelbergerg. 23, **53** U/Y 5
Weizeng. 10, **57** X 13
Weizenweg 22, **25** H 22, J 21/22
Weldeng. 10, **44** S 12
Welingerg. 23, **55** V 9
Welschg. 23, **53** V/W 6
Wels-G., Franz- 22, **23** L/M 18
Welzenbacherg. 22, **2** K 16
Wenckebachg. (Wbch.-g.) 19,
  19 H 10
Wendelin-G., St.- 22, **22** J 16
Wendelin-Pl., St.- 22, **22** J 16
Wendg. (W.-g.) 16, **31** N 9
Wendstattg. 10, **57** U 13
Wenhartg. 21, **9** G 13
Wenzg. 13, **42** Q 7
Werdertorg. 1, **32** N 12
Werd, Im 2, **32** M 12
Werfelstr. 17, **18** K 7/8
Werkmanng. (We.-g.) 19, **20** L 11
Werkstättenweg 3, 11, **45** R 13/14,
  S 14
Werndlg. 21, **9** G 14
Wernerg. 23, **42** T 7
Wernhardtstr. 16, **30** N 8
Werthenburgg. (Werth.-g.) 12, **42** S 7
Werth.-g.=Werthenburgg.
Weschelstr. 2, **21** L 13
Wessely-Weg, Josefine (J.)- 12,
  43 R 8/9
Westbahnstr. 7, **31** O 10
Westermayerg. 14, **29** P 6
Wettengelg. 23, **55** W 9
Wettsteing. 21, **8** F 12
Wexstr. 20, **20** K 12
Weyprechtg. 16, **31** N 10
Weyrg. 3, **33** O 13
Weyringerg. 4, **44** Q 12
W.-g.=Wacquantg.
W.-g.=Waldaug.
W.-g.=Waschhausg.
W.-g.=Wasserburgerg.
W.-g.=Wedig.
W.-g.=Weinlechnerg.
W.-g.=Weißingerg.
W.-g.=Wendg.
W.-g.=Wiedermanng.
W.-g.=Wiesmühlg.
W.-g.=Wildauerg.
W.-g.=Wolfsaug.
Wg.-g.=Wildgänseg.
Whs.-g.=Wachthausg.
Whsr.-G.=Weinhauser G.
Wichnerg. 22, **37** M 21
Wichtelg. 16, 17, **31** M/N 9
Wickenburgg. 8, **32** N 11
Wickeng. 14, **29** M 5
Wickhoffg. 15, **31** O 8/9
Widerhoferg. 9, **32** M 11
Widerhoferpl. 9, **32** M 11
Widholzg. 11, **47** T 17
Wiedermanng. (W.-g.) 11, **47** T 18
Wiedg. 22, **35** M 17
Wiedner Gürtel 4, 10, **44** Q 12
Wiedner Hauptstr. 4, 5, **32** O/P12,
  44 Q 11
Wiegelestr. 22, **57** T 7/8, U 7
Wielandg. 10, **44** R 12
Wielandpl. 10, **44** R 12

Wielemansg. 17, 18, **19** L 9
Wienerbergstr. 10, 12, **43** R 9/10,
  S 10
Wienerfeldg. 10, **44** T 11
Wienerflurg. 23, **55** W 9
Wiener G. 21, **9** G 13
Wiener Schüttau 19, **7** D/E 10
Wienerwaldg. 14, **28** M/N 4
Wiener Weg, Alter 21, **9/10** G 14/15
Wieng. 14, **27/28** N 2/3
Wieningerpl. 15, **31** P 9
Wientalstr. 13, 14, **27/28** N 2/3,
  O 3/4, **29** O 5
Wienzeile, Linke 6, 14, 15,
  31/32 O 11, P 10/11 Q 10,
  43 Q 8/9
Wienzeile, Rechte 1, 4, 5, 12,
  32 O/P 11, **43** Q 9
Wiesbergg. 16, **30** N 8
Wieselburger G. (Wies.-G.) 10,
  44 S 12
Wieselweg (W.-wg.) 22, **35** O 17
Wieseng. 9, **20** L 11
Wieseng. 14, **28** N 3
Wiesen, In der 23, **54/55** V 8/9
Wiesenthalg. 10, **45** T 13/14
Wies.-G.=Wieselburger G.
Wiesingerstr. 1, **01** N 12
Wiesmayer-G., Georg- 10,
  57 W 14
Wiesmühig. (W.-g.) 23, **53** V 5
Wiesnerg. 22, **22** H 15/16
Wiethestr. 22, **37** N 20/21,
  O 21/22
Wi.-g.=Wißgrillg.
Wigandg. 19, **8** F 11
Wilbrandtg. 18, 19, **19** K 9
Wilckensweg 19, **18** J 8
Wilczekg. 10, **45** R 13
Wildag. 23, **54** W 8
Wildauerg. (W.-g.) 12, **43** R 8/9
Wildbadg. 21, **21** J/K 14
Wildgänseg. (Wg.-g.) 21, **21** K 14
Wildganspl. 3, **45** Q 13
Wildgrubg. 19, **7** G 10, **19/20** H 10/11
Wildnerg. 21, **8** F 12
Wildpretmarkt 1, **01** N 12
Wildpretstr. 11, **46/47** R 16/17
Wildweg (W.-wg.) 17, **18** K/L 7
Wilhelm (W.)-Busch-G. 19, **19** J 9
Wilhelm-Dachauer-Str. 22,
  37 N/O 21
Wilhelm-Erben-G. 23, **43** T 9
Wilhelm (W.)-Exner-G. 9, **32** M 11
Wilhelminenstr. 16, 17,
  30/31 M 7–9, N 9
Wilhelm (W.)-Karczag-Weg 13,
  41 S 6
Wilhelm-Kreß-Pl. 11, **46** T 15
Wilhelm (W.)-Legler-G. 14, **29** O 6
Wilhelm (W.)-Leibl-G. 13, **41** R 6
Wilhelm-Pinka-Pl. 10, **57** V 13
Wilhelm (W.)-Otto-Str. 11, **45** Q/R 14
Wilhelm-Raab-G. (W.-R.-G.) 21,
  21 H 14
Wilhelmstr. 12, **43** R 10
Willendorfer G. 23, **55** U 10
Willerg. 23, **53** V/W 5
Willi-Forst-Weg 19, **19** J 9
Willmann-G., Otto- 10, **44** S/T 12
Wimbergerg. 7, **31** O 10
Wimmerg. 5, **44** Q 11
Wimpffeng. 22, **38** M 19
Wimpissingerweg 13, **41** Q 6
Winarskystr. 20, **20** K 12
Winckelmannstr. 14, 15, **43** Q 9
Windhaagg.(Windh.-g.) 1, **01** N 12
Windhaberg. 19, **19** J 9
Windh.-g.=Windhaagg.
Windmühlg. 6, **32** O 11
Windschutzstr. 14, **28** N 4
Windtenstr. 10, **44** S 11
Winkeläckerg. 21, **9** F 13
Winkelbreiten 13, **42** S 7
Winklerg. 17, **18** L 7
Winterburgerg. 16, **30** M 8
Winterleiteng. (Wl.-g.) 16, **30** M/N 7

Winter-Pl., Max- 2, **33** M 13/14
Winter-Weg, Ernst-Karl (E.-K.) 19,
  19 J 9
Wintzingerodestr. 22, **22** J/K 16
Winzerstr. 13, **41** Q 5
Wipplingerstr. 1, **32** N 11/12
Wirerstr. 10, **44** S 12
Wißgrillg. (Wi.-g.) 14, **30** P 8
Witteg. 13, **42** Q 7
Wittelsbachstr. 2, **33** O 13/14
Wittgensteinstr. 13, 23, **41** T 5/6
Witthauerg. 18, **19** K/L 9
Wittmannweg (Wit.-wg.) 14, **30** O 7
Wittmayerg. 12, **43** S 9
Wittner-G., Viktor- 22, **37** N 20/21
Wit.-wg.=Wittmannweg
Witzelsbergerg. 15, **31** O 9
Wlassakstr. 13, **41** R 5/6
W.-L.-G.=Walter-Lindenbaum-G.
Wl.-g.=Winterleiteng.
Wm.-g.=Wannemacherg.
Wöberg. 23, **42** T 7
Woborilweg (Wo.-wg.) 16, **30** N 7
Wod.-g.=Wodiczkag.
Wodiczkag.(Wod.-g.) 22, **24** K 19
Wo.-g.=Wolfeng.
Wög.-g.=Wögingerg.
Wögingerg. (Wög.-g.) 16, **30** M 8
Wöhlerg. 10, **45** S 13
Wohlgemuthg. 22, **35** M 17
Wohllebeng. 4, **32** P 12
Wohlmutstr. 2, **33** M 14
Wohnparkstr. 23, **55** T/U 9
Woin.-g.=Woinovichg.
Woinovichg. (Woi.-g.) 13, **41** R 6
Wölfel-G., Dominik- 21, **10** F/G 16
Wolfeng. (Wo.-g.) 1, **32** N 12
Wolfenweg (Wo.-wg.) 14, **28** O 4
Wolfersbergg. 14, **29** N/O 5
Wolfersgrünweg 21, **1/2** A 14, B 15
Wolfgangg. 12, **43** Q/R 10
Wolfgang (W.)-Pauli-G. 14, **28** N/O 3
Wolfgang (W.)-Schmälzl-G. 2,
  33 M 13
Wolf-G., Hugo-(H.-W.-G.) 6, **31** P 10
Wolfrathpl. 13, **41** Q 6
Wolfsaug. 19, **20** L 12
Wolfsgruberg. 19, **19** H 9
Wolfsmilchg. 22, **35** N 17/18
Wolfschanzeng. 21, **21** H 13
Wolkersbergenstr. 13,
  41/42 R/S 6, S 7
Wollekweg 22, **22** K 16
Wollerg. 19, **20** H/J 11
Wollzeile 1, **32** N 12
Wolsteing. 21, **8** F 12
Wolterg. 13, **42** Q 7
Wopenkastr. 11, **59** U 17
Worellstr. (Wo.-str.) 6, **32** P 11
Wo.-str.=Worellstr.
Wotruba-Promenade, Fritz- 1,
  33 N/O 12/13
Wo.-wg.=Woborilweg
Wo.-wg.=Wolfenweg
Wranitzkyg. 22, **35** N 18
W.-R.-G.=Wilhelm-Raab-G.
Wü.-g.=Württembergg.
Wulzendorfstr. 22, **35** M 17, N 17/18
Wundtg. 12, 23, **42** T 7/8
Würf.-g.=Würffelg.
Würffelg. (Würf.-g.) 15, **31** P 9
Wurlitzerg. 16, 17, **31** M/N 9
Wurmbrandg. 22, **23** L 17
Wurmbstr. 12, **43** R 9/10
Wurmserg. 15, **31** O/P 9
Würthg. 19, **20** K 11
Württembergg. (Wü.-g.) 20, **20** L 12
Würtzlerstr. 3, **33** P 14
Wurzbachg. 15, **31** O 10
Wurzbachtalg. 14, **27** N 2
Würzburgg. 13, **42** T 7
Wurzingerg. 18, **19** K 9
W.-w.=Wachtelweg
W.-wg.=Waldschafferweg
W.-wg.=Wieselweg

W.-wg.=Wildweg

Y

Ybbsstr. 2, **33** M 13/14
Yppeng. 16, **31** N 10
Yppenpl. 16, **31** N 10

Z

Zachg. 22, **36** M/N 19
Zagorskig. 16, **31** N/O 8/9
Zahalka-Weg, Franz- 11, **47** S/T 18
Zahnradbahnstr. 19, **20** H 11
Zailer-G., Dr.-Andreas
  (Dr.-A.-Z.-G.) 23, **53/54** V 6/7
Zak-Weg., Johann- 22, **22** J 16
Zallingerg. 21, **8** F 12
Zamarag. 13, **41** T 6
Zamenhofg. 11, **46** S 15
Zampisg. 23, **55** U 10
Zanaschkag. 12, **43** T 9
Zangerlestr. 23, **52** V 3/4
Zangg. 22, **23/24** K 18/19
Zapf-G., Josef (J.)- 21, **9** F 13
Zatzkag. 22, **24** K 19
Zaunerg. 3, **32** O 12
Zaunscherbg. (Zsch.-g.) 21, **21** H 14
Zb.-g.=Zollernspergg.
Zb.-wg.=Zillbauerweg
Zdarskyweg 13, **42** S 7
Zed.-g.=Zedlitzg.
Zedlitzg. (Zed.-g.) 1, **32** N/O 12
Zehdeng. 21, 22, **22** H 16
Zehenthofg. 19, **19** J 10
Zehetbauerg. 11, **45** R 14
Zehetnerg. 14, **30** P 7
Zehngrafweg 11, **46** T 16/17
Zeidlerg. 23, **53** U 6
Zeifg. 13, **41** S/T 5
Zeilingerweg 21, **22** G/H 15/16
Zeillerg. 16, 17, **30** M 8
Zeinlhoferg. (Zh.-g.) 5, **32** P 11
Zeisigweg (Z.-wg.) 22, **22** L 16
Zeismannsbrunng. (Zmb.-g.) 7,
  32 O 11
Zeißbergg. 16, **30** M 8
Zeleborg. 12, **43** R 9/10
Zeleznyg. 23, **55** U 10
Zelinkag. 1, **32** M/N 12
Zelkingg. 21, **10** G 16
Zeller-G., Rudolf- 23, **53/54** U 6/7,
  V 6
Zellwekerg. 23, **55** V 9
Zeltg. 8, **32** N 11
Zemlinskyg. 23, **53** V 4/5
Zennerg. 16, **30** M 8
Zennerstr. 14, **30** O 8
Zenog. 12, **43** Q 9
Zentag. 5, **44** P/Q 11
Zentapl. 5, **44** Q 11
Zenzlsteig (Z.-stg.) 13, **41** Q 5
Zerb.-g.=Zerbinettag.
Zerbinettag. (Zerb.-g.) 23, **53** V 5
Zerritschg. (Z.-g.) 19, **20** H 11
Zetscheg. 23, **55** U 10, V 9/10
Zettelweg (Ze.-wg.) 14, **30** O 7
Zeugg. 5, **32** P 11
Ze.-wg.=Zettelweg
Z.-g.=Zerritschg.
Z.-g.=Zollg.
Z.-g.=Zouvalg.
Z.-g.=Zwillingg.
Z.-g.=Zwinglig.
Z.-H.=Zillehof
Zh.-g.=Zeinlhoferg.
Ziakpl. 3, **33** P 13
Zichyg. 14, **30** P 8
Zichy-Str., Gräfin- 23, **53** V 4/5
Ziedlerg. 23, **54** U 7
Ziegelhofstr. 21, **23/24** H 19–K 18
Ziegelofeng. 4, 5, **32** P/Q 11
Ziegelofenweg 21, **9** D/E 13
Zieglerg. 7, **31** O/P 10
Ziehrerpl. 3, **33** O 13
Zierleiteng. 19, **18** H 7/8
Zieselweg 22, **35** O 17

Ziestg. 14, **29** M 5
Ziffererg. 22, **25** L 21/22
Zillbauerpl. 22, **35** N 17
Zillbauerweg (Zb.-wg.) 22, **35** O 17
Zillehof (Z.-H.) 13, **41** R 6
Zill.-g.=Zillingerg.
Zillingerg. (Zill.-g.) 22, **23** J 17
Zimbag. 14, **28** O 3
Zimmerlweg 19, **18** J 8
Zimmermanng. 9, **31** M/N 10
Zimmermannpl. 9, **31** M/N 10
Zinckg. 15, **31** O/P 10
Zinnerg. 11, **47** S/T 18
Zinnienweg 22, **24** H 19
Zippererstr. 11, **45** Q/R 14
Zirkusg. 2, **33** M 13, N 12/13
Zitterh.-g.=Zitterhoferg.
Zitterhoferg. (Zitterh.-g.) 7, **32** O 11
Zmb.-g.=Zeismannsbrunng.
Znaimer G. 21, **9** F 13/14
Zöchbauerstr. 16, **30** N/O 8
Zoder-G., Raimund- 19, **19** J/K 9
Zohmanng. 10, **44** S 11
Zolag. 14, **28** O 4

Zollamtsstr., Hintere 3, **33** N 13
Zollamtsstr., Vordere 3, **33** N 13,
   O 12/13
Zollerg. 7, **32** O 11
Zollernspergg. (Zb.-g.) 15, **31** P 9
Zollg. (Z.-g.) 3, **33** N 13
Zöllnerweg 11, **46** R/S 15
Zöppelg. 12, **43** S 9
Zorn-Weg,Anders- (A.-Z.-Wg.) 10,
   44 T/U 12
Zouvalg. (Z.-g.) 23, **55** V 9
Zp.-g.=Zollernspergg.
Zrinyig. 20, **20** K 12
Zsch.-g.=Zaunscherbg.
Zschokkeg. 22, **23** L 17/18,
   35 M 17/18
Zsigmondyg. 11, **45/46** S 14/15
Z.-stg.=Zenzlsteig
Zuckerkandlg. 19, **18** J 8
Zufahrtsstr. 2, **33** M/N 14
Zukunftsweg 21, **10** E 16
Zülowg. 10, **57** V 13
Zumbuschg. 11, **45** S 14
Zum Weißen Kreuz 19, **20** H 11

Zur Spinnerin 10, **44** R/S 11
Zwachg. 23, **55** U 9
Zweig-Pl., Stefan- 17, **18** L 8
Zwerchäckerweg 22, **11** F 18,
   23 H 18, J 17/18
Zwerchbreitelng. 21, **1/2** C 14/15
Zwerchwiese, An (A.) der (d.) 19,
   18 H/J 7
Zwerenzweg 13, **41** S 6
Zwergg. 2, **32** M 12
Zwerggrabeng. 23, **55** W 9
Zwerng. 17, **18** L 7/8
Z.-wg.=Zeisigweg
Zwicklg. 11, **47** T 18
Zwillingg. (Z.-g.) 19, **8** F 11
Zwinglig. (Z.-g.) 15, **31** O 9
Zwinzstr. 16, **30** O 8
Zwölferg. 15, **31** P 9/10
Zwölfpfennigg. (Zwpf.-g.) 10, **57** U 13
12. Februar Platz 19, **20** J 11
Zwpf.-g.=Zwölfpfennigg.
Zyklameng. 14, **29** M/N 5
Zypressenweg 22, **25** H 22

BRÜCKENVERZEICHNIS
INDEX DES PONTS

INDEX OF BRIDGES
INDICE PONTE

Donaubrücken

Brigittenauer Brücke 20, 21, **21** K 13
Donaustadtbrücke 2, 22, **34** N 16
Floridsdorfer Brücke 20, 21, **21** J 13
Nordbahnbrücke 20, 21, **21** J/K 13
Nordbrücke 20, 21, **20** H 12/13
Nordsteg 20, 21, **20** H 12/13
Praterbrücke 20, 22, **34** N/O 16
Reichsbrücke 2, 22, **21** L 14
Stadlauer Ostbahnbrücke 2, 22, **34** O 16

Donaukanalbrücken

Aspernbrücke 1, 2, **33** N 13
Augartenbrücke 2, 9, **32** M 12
Döblinger Steg 19, 20, **20** K 11
Erdberger Brücke 2, 3, **33/34** P 14/15
Franzensbrücke 2, 3, **33** N 13
Freudenauer Hafenbrücke 2, 11, **47** R/S 18
Friedensbrücke 9, 20, **20** L 12
Gürtelbrücke 9, 19, 20, **20** K 11
Gaswerksteg 2, 3, **34** P 15
Heiligenstädter Brücke 19, 20, **20** J 12
Josef-von-Schemerl-Brücke 19, 20, **20** H 12
Marienbrücke 1, 2, **32** N 12
Nußdorfer Schleusenbrücke 20, **20** H 12
Ostbahnbrücke 2, 11, **46** Q 15
Roßauer Brücke 2, 9, **32** M 12
Rotundenbrücke 2, 3, **33** O 13
Salztorbrücke 1, 2, **32** N 12
Schwedenbrücke 1, 2, **32** N 12
Siemens-Nixdorf-Steg 2, 9, **32** M 12
Stadionbrücke 2, 3, **33** P 14
Schrägseilbrücke 2, 11, **47** Q 17

Neue Donau Brücken

Jedleseer Brücke 21, **8** G 12
Steinspornbrücke 22, **35** P 17

Wienflußbrücken

Alois-Czedik-Steg 14, **27** N 2
Badhaussteg 13, 14, **42** Q 8
Baumgartenbrücke 13, 14, **30** P 7
Braunschweigsteg 13, 14, **30** P 7
Bräuhausbrücke 13, 14, **29** O 5
Doktor-Karl-Lueger-Brücke 14, **28** N 3
Guldenbrücke 13, 14, **29** P 6
Hackinger Steg 13, 14, **29** P 5
Hütteldorfer Brücke 13, 14, **29** P 5
Kennedybrücke 13, 14, **42** Q 8
Kielmannseggbrücke 14, **27** N 2
Kleine Marxerbrücke 1, 3, **01** N 13
Kleine Ungarbrücke 1, 3, **01** O 12
Lobkowitzbrücke (Fabriksbrücke) 12, 15, **43** Q 9
Margaretengürtelbrücke 5, 6, **43** Q 10
Nevillebrücke 5, 6, 31, **43** P/Q 10
Nikolaibrücke 14, **29** O 4/5
Nikolaihangbrücke 14, **29** O 5
Nikolaisteg 14, **29** O 5
Pilgrambrücke 5, 6, **32** O 5
Preindlsteg 13, 14, **29** P 6
Radetzkybrücke 1, 3, **01** N 13
Reinprechtsdorfer Brücke 5, 6, **32** P 11
Sankt Veiter Brücke 13, 14, **29** P 6
Schloßbrücke 13, 14, **42** Q 8
Schönbrunner Brücke 12, 13, 14, 15, **43** Q 9
Stadtparksteg 1, 3, **01** O 12
Stiegerbrücke 12, 15, **43** Q 10
Storchensteg 12, 15, **43** Q 10
Stubenbrücke 1, 3, **01** O 12/13
Wackenroderbrücke 5, 6, **43** Q 10
Wolf-in-der-Au-Brücke 13, 14, **28** O 4
Zollamtssteg 1, 3, **01** N 13
Zufferbrücke 13, 14, **29** P 6

BEZIRKSPOLIZEIKOMMISSARIATE

POLICE HEADQUARTERS OF THE URBAN DISTRICTS

COMMISSARIATS DE POLICE D' ARRONDISSEMENTS

COMMISSARIATI RIONALI DI POLIZÌA

1, Deutschmeisterpl. 3, ☎ 313 47-0, **32** M 12
2, Leopoldsg. 18, ☎ 211 28-0, **32** M 12
3, Juchg. 19, ☎ 717 80-0, **33** P 13
4, Taubstummeng.11, ☎, 501 62-0, **32** P 12
5, Viktor-Christ-G.19, ☎ 546 77-0, **44** Q 11
6, Kopernikusg. 1, ☎ 589 69-0, **32** P 11
7, Kandlg. 4, ☎ 521 02-0, **31** O 10
8, Strozzig. 5, ☎ 404 10-0, **32** N/O 11
9, Boltzmanng. 20, ☎ 313 23-0, **32** M 11
10, Van-der-Nüll-G. 11, ☎ 601 74-0, **44** R 12
11, Enkpl. 3, ☎ 740 01-0, **45** R 14
12, Hufelandg. 4, ☎ 811 07-0 (815 85 11-0), **43** Q 9

13, Lainzer Str. 49-51, ☎ 878 51-0, **42** Q 7
14, Leyserstr. 2, ☎ 981 15-0, **30** O 8
15, Tanneng. 8-10, ☎ 981 03-0, **31** P 10
16, Ottakringer Str. 150, ☎ 488 02-0,
    (Eingang Wattg.) **31** N 9
17, Rötzerg. 24, ☎ 401 39-0, **31** M 9
18, Schulg. 88, ☎ 476 47-0, **19** L 10
19, Hohe Warte 32, ☎ 360 77-0, **20** J 11
20, Pappenheimg. 33, ☎ 331 16-0, **20** L 12
21, Hermann-Bahr-Str. 3, ☎ 277 09-0, **21** H 13
22, Wagramer Str. 89, ☎ 201 17-0, **22** K 16
23, Lehmanng. 3a, ☎ 863 71-0, **53** V/W 6

POSTÄMTER   POST OFFICES
BUREAUX DE POSTE   UFFICI POSTALI
POSTINFORMATION zum Ortstarif
rund um die Uhr 02 29 02

1091 Post- u. Telegraphendirektion für Wien, Niederösterreich u. Burgenland in Wien
Nordbergstr. 15, ☎ 313 13-0*, **20** L 11

1030 Postzentrum Wien-Erdberg (Fernmeldebauämter für Wien u. Postautoleitung)
Erdberger Lände 36-48, **33** O 14

1103 Postzentrum Wien-Süd (zentrales Paketzustellamt Wien)
Wiedner Gürtel 1a u. 1b, **44** Q 12

1210 Postzentrum Wien-Nord (Fernmeldebauamt f. nördl. Niederösterreich)
Steinheilg.1, **9** G 14

1100 Fernmeldebauamt, f. südl. Niederösterreich und Burgenland
Humboldtg. 38, **44** R 12

Halbfett gedruckte Postämter sind von
0 bis 24 Uhr geöffnet.

1. Bezirk
1010 Hauptpostamt, Fleischmarkt 19, ☎ 515 09-0*,
32 N 12
1012 Stubenring 1, **32** N 13
1013 Werdertorg. 2a, **32** N 12
1014 Wallnerstr. 5-7, **32** N 12
1015 Krugerstr. 13, **32** O 12
1016 Museumstr. 12, **32** O 11
1017 Dr.-Karl-Renner-Ring 3, **32** N 11

2. Bezirk
1020 Weintraubeng. 22, **33** M 13
1022 Bahnhof Wien-Nord, **33** M 13
1023 Freudenau, Wehlistr. 309, **34** O 16
1024 Engerthstr.189-191, **33** M 14
1025 Krummbaumg. 2 (Eingang Gr. Schiffg.) **32** M 12

3. Bezirk
1030 Maria-Eis-G.1, **33** O 13
Außenschalterstelle, Erdberger Lände 36-48
33 O 14
1032 Hafeng. 24, **33** P 13
1033 Bahnhof Wien-Mitte, Landstraßer Hauptstr. 1 b,
33 O 13
1034 Leonhardg.11, **33** P 14
1035 Hetzg. 35, **33** N 13
Wiedner Gürtel 1a+1b, **44** Q 12
1036 Postzentrum Wien-Süd, Wiedner Gürtel 1a u. 1b
(Paketzustellung) 501 81-0*, **44** Q 12
1037 Marokkanerg. 17, **32** P 12

4. Bezirk
1040 Taubstummeng. 7-9, **32** P 12
1042 Phorusg. 2, **32** P/Q 11
1043 Faulmanng. 6-8, **32** O 11/12

5. Bezirk
1050 Jahng. 35-37, **44** Q 11
1052 Franzensg. 7-9, **32** P 11
1053 Am Hundsturm 11, **43** Q 10

6. Bezirk
1060 Gumpendorter Str. 70, **32** P 11
1062 Wallg. 13, **31** P 10

7. Bezirk
1070 Mondscheing. 15/Zollerg. 31, **32** O 11
1072 Zieglerg.10, **31** O/P 10

8. Bezirk
1080 Bennog. 1, **31** N 10
1082 Maria-Treu-G. 4-6, **32** N 11

9. Bezirk
1090 **Franz-Josefs-Bahnhof,** Althanstr. 10,
319 14 70-0*, **20** L 11
1092 Porzellang. 18, **32** M 11
1093 Ayrenhoffg. 4, **20** L 11
1094 Nußdorfer Str. 7, **32** M 11
1095 Zimmermanng. 4-6, **31** N 10
1096 Garnisong. 7, **32** N 11

1097 Währinger Gürtel 18-20, **31** M 10
10. Bezirk
1100 Bucheng. 77, **44** R 12
1102 Hardtmuthg. 139, **44** R 11
1103 Postzentrum Wien-Süd, Wiedner Gürtel 1a u. 1b
(mit 1036, Paketzustellung), 501 81-0*,
44 Q 12
1104 Troststr. 61, **44** S 11
1105 Hermann-Schöne-Pl. 2, **44** T 11
1106 Gellertg. 42-48, **44** R 12
1107 Kurbadstr. 12, **57** V 14
1108 Ada-Christen-G. 2, **57** U 13

11. Bezirk
1110 Unter der Kirche 22, **46** S 15
1112 Hauffg. 4, **45** R 14
1113 Mühlsangerg. 6, **47** T 17

12. Bezirk
1120 Arndtstr. 81-83, **43** Q 9
1122 Eichenstr. 50-52, **43** R 10
1123 Pohlg.12, **43** R 9
1124 Hohenbergstr.11, **43** R 9
1125 Hetzendorfer Str. 76 (Eingang Strohbergg.), **42** S 8
1126 Schallerg. 40 (Eingang Koflerg.), **43** Q 10
1127 Am Schöpfwerk 29, **43** T 9

13. Bezirk
1130 Hietzinger Hauptstr. 1a, **42** Q 8
1132 Hietzinger Hauptstr. 80, **42** Q 7
1133 Einsiedeleig. 5, **41** Q 6
1134 Speisinger Str. 41, **42** S 7

14. Bezirk
1140 Felbigerg. 37, **30** P 7
1142 Kuefsteing. 37-39, **30** O 8
1143 Baumgartenstr. 37, **30** P 7
1144 Hüttelbergstr. 2, **29** O 5
1145 Baumgartner Höhe 1, **30** N/O 7
1147 Hadersdorf, Hauptstr. 65, **28** N 3

15. Bezirk
1150 Westbahnhof, Gasg. 2, 891 15-0*,
31 P 10
1152 Loeschenkohlg. 25, **31** O 9
1153 Lehnerg. 2, **31** P 9

16. Bezirk
1160 Wattg. 56-60, **31** M 9
1162 Blumbergg. 23, **31** N 9
1163 Thalhaimerg.17-29, **31** N 9
1164 Hofferpl. 2, **31** N 10
1165 Thaliastr.127, **30** N 8
1166 Sandleiteng. 43-47 (Eingang
Rosa-Luxemburg-G.), **30** M 8

17. Bezirk
1170 Wattg. 56-60, **31** M 9
1172 Elterleinpl. 12, **31** M 9/10
1173 Dornbacher Str. 96, **18** L 7
1174 Rosensteing. 123, **31** M 9

18. Bezirk
1180 Schulg. 34, **31** L/M 10

1182 Gymnasiumstr. 26, **19** L 10
1183 Gersthofer Str. 67, **19** L 9
1184 Pötzleinsdorfer Str. 96, **18** K 8

19. Bezirk
1190 Würthg. 9, **20** K 11
1192 Rathstr. 40, **18** J 8
1193 Krottenbachstr. 42-46, **19** K 10
1194 Heiligenstädter Str. 82, **20** J 11
1195 Heiligenstädter Str. 185, **20** H 12
1196 Himmelstr. 11, **19** H 10
1197 Sieveringer Str. 102, **19** J 9

20. Bezirk
1200 Dresdner Str. 116-118, **21** L 13
1202 Klosterneuburger Str. 99, **20** K 11
1203 Treustr. 22-24, **20** L 12
1204 Nordwestbahnstr. 6, **20** L 12
1205 Leystr. 42, **20** K 12

21. Bezirk
1210 Bahnstegg. 17-23, **9** G 14
1212 Obergfellpl. 3, **9** G 13
1213 Brünner Str. 138, **9** F 14
1214 Leopoldauer Pl. 82, **10** G 16
1215 Berlag. 7-11, **9** E 13
1216 Stammersdorter Str. 35a, **2** C 14
1217 Kürschnerg. 9, EKZ Großfeldzentrum, Lokal 28, **10** F 16
1218 Scheffelstr. 13, **21** G 14

22. Bezirk
1220 Am Bahnhof 4, **35** M 17
1222 Wagramer Str. 162, **22** J 16
1223 Moissig. 14, **22** L 15
1224 Großenzersdorfer Str. 11, **86** M 19
1225 Hasibederstr. 2, Stiege 70, **24** K 19
1226 Breitenleer Str. 182, **24** J 19
1227 Süßenbrunner Hauptstr. 11, **12** F 19
1228 Eßlinger Hauptstr. 76, **37** N 21
1229 Schrödingerpl. 2, **22** K 16

1400 Wien - Vereinte Nationen (UNO-City), Wagramer Str. 5, **22** K 15
1450 Wien - Austria Center, Am Hubertusdamm 6, **21** K 14

23. Bezirk
1230 Anton-Baumgartner-Str. 123, **55** U 9
1232 Sobotag. 8-10, **55** U 10
1233 Breitenfurter Str. 305-311, **54** U 7
1234 Ketzerg. 12, **55** X 9
1235 Liesinger Pl. 2, **54** W 7
1236 Willerg. 11, **53** V 5
1237 Breitenfurter Str. 535-537, **52** V 4
1238 Jesuitensteig 1, **53** U 6
1239 Jochen-Rindt-Str. 7, **56** V 11

Schwechat
1300 Wien-Flughafen, **62** X 23

WICHTIGE BAHNHÖFE

IMPORTANT RAILWAYSTATIONS

GARES IMPORTANTES

STAZIONI FERROVIE IMPORTANTI

Franz-Josefs-Bahnhof, 9, Julius-Tandler-Pl. 3, **20** L 11
*Südbahnhof, 10, Wiedner Gürtel 1b, **44** Q 12
*Westbahnhof, 15, Europapl. 1, **31** P 10

Wien Mitte, 3, Landstraßer Hauptstr. 1c, **33** O 13
Wien Nord, 2, Praterstern, **33** M 13

*Autoverladestelle - Loading of cars - Chargement d'automobiles - Trasporto auto

KRANKENANSTALTEN   HOSPITALS
HÔPITAUX   OSPEDALI

Allgemeine Poliklinik der Stadt Wien 9, Marianneng. 10, **31/32** M 10/11
Allgemeines Krankenhaus der Stadt Wien, 9, Währinger Gürtel 18-20, **31/32** M 10/11
Anton-Proksch-Institut, Behandlungszentrum für Alkohol- und Drogenabhängige, 23, Mackg. 7-9,
   54 V 4
Ärztezentrum-Sanatorium-Döbling, 19, Heiligenstädter Str. 63, **20** K 11
Barmherzigen Brüder, Krankenhaus der, 2, Große Mohreng. 9, **32** N 12
Barmherzigen Schwestern vom heiligen Vinzenz von Paul, Spital der, 6, Stumperg. 13, **31** P 10
Elisabeth-Spital der Stadt Wien 15, Huglg. 1-3, **31** P 9
Evangelisches Krankenhaus, 9, Roßauer Lände 37, 20, **32** L/M 11/12
Evangelisches Krankenhaus für Chirurgie, 18, Hans-Sachs-G. 12, **32** M 10
Floridsdorf, Krankenhaus der Stadt Wien, 21, Hinaysg.1, **21** H 14
Franz-Joseph-Spital der Stadt Wien 10, Kundratstr. 3, **44** R 11
Goldenes Kreuz, Kranken- und Endbindungsanstalt, 9, Lazarettg. 16, **31** M 10
Göttlichen Heilandes, Krankenanstalt des, 17, Dornbacher Str. 20-26, **18** L 8
Hanusch-Krankenhaus der Wr. Gebietskrankenkasse, 14, Heinrich-Collin-Str. 30, **30** O 7
Hartmannspital, 5, Nikolsdorferg. 32-36, **44** Q 11
Heeresspital Wien, 21, Brünner Str. 238, 2, **10** D 15
Hera, Sanatorium, 9, Löblichg.14, **20** L 11
Herz-Jesu-Krankenhaus, 3 Baumg. 20a, **33** P 13
Ignaz-Semmelweis-Frauenklinik der Stadt Wien, 18, Bastieng. 36-38, **19** K 9
Kinderklinik der Stadt Wien – Glanzing, 19, Glanzingg. 35-39, **19** K 9
Lainz, Krankenhaus der Stadt Wien, 13, Wolkersbergenstr. 1, **41** S 6
Mautner Markhof'sches Kinderspital der Stadt Wien, 3, Baumg. 75, **33** P 14
Neue Wiener Privatklinik GmbH & KG, 9, Pelikang. 15, **31** M 10
Neurologisches Krankenhaus der Stadt Wien – Maria-Theresien-Schlössel, 19, Hofzeile 18-20, **20** K 11
Neurologisches Krankenhaus der Stadt Wien – Rosenhügel, 13, Riedelg. 5, **41/42** T 6l7
Orthopädisches Krankenhaus der Stadt Wien – Gersthof, 18, Wielemanng. 28, **19** L 9
Orthopädisches Spital, 13, Speisinger Str. 109 **41/42** S 6/7
Preyer'sches, Gottfried v., Kinderspital der Stadt Wien, 10, Schrankenbergg. 31, **45** S 13
Privatklinik Josefstadt, 8, Skodag. 32, **31** N 10
Privatspital Paracelsus Klinik, Grinzingerberg, 19, Ettingshauseng. 10, **19** H 10
Psychiatrisches Krankenhaus der Stadt Wien – Baumgartner Höhe, 14, Baumgartner Höhe 1,
   29/30 N/O 6/7
Pulmologisches Zentrum der Stadt Wien, 14, Sanatoriumstr. 2, **29** N/O 6
Rudolfinerhaus, 19, Billrothstr. 78, **19** J 10
Rudolfstiftung, Krankenhaus der Stadt Wien, 3, Juchg. 25, **33** P 13
Sanatorium Liebhartstal, 16, Kollburgg. 6-10, **30** M 8
St.-Anna-Kinderspital, 9, Kinderspitalg. 6, **31** N 10
St.-Elisabeth-Spital, 3, Landstraßer Hauptstr. 4a, **33** O 13
St.-Josef, Wien-Hacking, 13, Auhofstr. 189, **29** P 5
Sozialmedizinisches Zentrum Ost, 22, Langobardenstr. 122, **35** M 17/18
Unfallkrankenhaus Lorenz-Böhler der Allgemeinen Unfallversicherungsanstalt, 20, Donaueschingenstr. 13,
   21 K 13
Unfallkrankenhaus Meidling der Allgemeinen Unfallversicherungsanstalt, 12, Kundratstr. 37, **43** R 10
Wilhelminenspital der Stadt Wien, 16, Montleartstr. 37, **30** N 8

FRIEDHÖFE   CEMETERIES

CIMETIÈRES   CIMITERI

Albern, 11, Friedhof der Namenlosen, **48** T 20
Altmannsdorf, 12, Stüber-Gunther-G. 1, **43** S 9
Asperner Zentralfriedhof, 22, Langobardenstr. 180,
    35 M/N 18
Atzgersdorf, 23, Reklewskig. 25, **54** V 8
Baumgarten, 14, Waidhausenstr. 52, **29/30** O 6/7
Breitenlee, 22, Breitenleer Str., **19** H/J 19
Döbling, 19, Hartäckerstr. 65, **19** K 9
Dornbach, 17, Alszeile 28, **18** L 8
Erlaa, 23, Erlaaer Str. 86, **54** V 8
Eßling, 22, Schafflerhofstr. 368, **37** N 21
Evangelischer Friedhof, 10, Triester Str. 1, **1**, **44** R 11
- 11, Zentralfriedhof, 4. Tor, **58** U 16/17
Gersthof, 18, Möhnerg. 1, **19** L 9
Grinzing, 19, An den langen Lüssen 33, **19** H 10
Groß-Jedlersdorf, 21, Strebersdorfer Str. 4, **9** E 14
Hadersdorf-Weidlingau, 14, Friedhofstr. 12, **28** N/O 4
Heiligenstadt, 19, Wildgrubg. 20, **19** H 10
Hernals, 17, Leopold-Kunschak-Pl. 7, **18/19** L 8/9
Hetzendorf, 12, Elisabethallee 2, **42** S 8
Hietzing, 13, Maxingstr. 15, **42** R 8
Hirschstetten, 22, Quadenstr. 11, **23** K 18
Hütteldorf, 14, Samptwandnerg. 6, 28 O 4
Inzersdorf, 23, Kolbeg. 34, **55/56** U/V 10/11
Israelitischer Friedhof, 11, Zentralfriedhof,1. Tor,
    46 T/U 15
- Neuer, Zentralfriedhof, 5. Tor, **59** U 17
Jedlesee, 21, Liesneckg. 246, **8/9** F 12/13
Kagran, 22, Goldemundweg 134, **22/23** H 16/17
Kahlenberg, 19, Kahlenberger Str., **7** F 10
Kahlenbergerdorf, 19, Jungherrnsteig, **7** F 10
Kaiser-Ebersdorf, 11, Thürnlhofstr. 27, **47** T 17
Kalksburg, 23, Zemlinskyg. 26, **53** V 5

Krematorium (Städt. Feuerhalle), 11, Simmeringer
    Hauptstr. 337, **46** T 16
Lainz, 13, Würzburgg. 28, **42** R 7
Leopoldau, 21, Leopoldauer Pl. 77, **10** G 16
Liesing, Zentralfriedhof, 23, Siebenhirtenstr. 16,
    54 W 7
Mauer, 23, Friedensstr. 16, **41** T/U 6
Meidling, 12, Haidackerg. 6, **43** R 10
Neustift am Walde, 18, Pötzleinsdorfer Höhe 2, **18** J 7/8
Nußdorf, 19, Nußbergg. 44, **20** H 11
Ober-Laa, 10, Friedhofstr. 33, **57** V 14
Ober-St.-Veit, 13, Gemeindebergg. 26, **41** R 5
Ottakring, 16, Gallitzinstr. 5, **30** N 7/8
Penzing, 14, Einwangg. 55, **30** P 8
Pötzleinsdorf, 18, Starkfriedg. 67, **18** J 8
Rodaun, 23, Leinmüllerg. 20, **53** W 6
St. Marx, 3, Leberstr. 6-8, **45** Q 14
Siebenhirten, 23, Pollakg. 3, **54** W/X 8
Sievering, 19, Nottebohmstr. 51, **19** J 9
Simmering, 11, Unter der Kirche 5, **46** R/S 15
Stadlau, 22, Gemeindeaug. 27, **35** M 17
Stammersdorf-Ort, 21, Zwerchbreitelng., Clessg. 70,
    2 C 14
Stammersdorf-Zentralfriedhof, 21, Stammersdorfer
    Str. 224-260, **2** D 16
Strebersdorf, 21, Anton-Haberzeth-G., 6, **1** C 13
Südwestfriedhof, 12, Hervicusg. 44/Wundtg. 1 a,
    42 S/T 7/8
Süßenbrunn, 22, Friedhofweg, **12** F 20
Urnenhain (beim Krematorium), 11, Simmeringer
    Hauptstr. 337, **46** T 16
Zentralfriedhof, 11, Simmeringer Hauptstr. 234, 2. Tor,
    46 T 15/16, **58/59** U 15–17, V 16/17

WIEN, BEZAHLTE ANZEIGEN

Das Verzeichnis enthält wichtige Firmen in alphabetischer Reihenfolge, Hotels sind (unter H) als eigene Gruppe angeführt. Die Angaben nach **Firmennamen** (Kurzform), Branche (in Klammer), Adresse und Telefonnummer bedeuten:

fettgedruckte Zahl = Nummer des Kartenblattes;
Buchstabe und Ziffer= Suchernetz (Planquadrat);
helle Ziffer im dunklen Kreis = Firmenstandort (Symbol) innerhalb des Kartenblattes. (Wo es der Platz erlaubt zeigt der Plan zum Standortsymbol auch den Firmennamen.)
Beispiel: **FREYTAG-BERNDT** (Landkarten Druck & Verlag) 7., Schottenfeldg. 62, Tel. 523 95 O1
31 O 10 d.h. Sie finden Freytag-Berndt auf Blatt 31, im Planquadrat O 10 unter dem Ziffernsymbol
Achtung: Firmenstandorte im Bereich Wien-Innen (1. Bezirk sowie angrenzende Teile der Bezirke 2, 3, 4, 6, 7, 8 und 9) werden auf dem Kartenblatt 01 (vergrößerter Ausschnitt aus Blatt 32), gezeigt.

Firmenregister-Eintragungen:
Redaktion und Verwaltung
VERLAGSBÜRO
KARL SCHWARZER
A-3002 Purkersdorf,
Hießbergergasse 1,
☎ 02231/27 03

ADIA Interim GesmbH
Personalbereitstellung/
Personalberatung
1., Rotenturmstr. 5-9
☎ 535 58 88-0, FAX: 535 59 07
01 N 2 12a ❶

ADLER DATA Software GmbH
(EDV-Software)
17., Dornbacherstr. 82
☎ 46 26 71-0/ FAX: DW 31
(486 26 71-0)
18 L 7 ❶

ADLER-SOLUX Ges.m.b.H.
(Sonnenschutzanlagen)
23, Laxenburger Str. 216
☎ 610 01/0
56 V 11 ⓫

AEG Austria Gesellschaft m.b.H
(Elektroindustrie)
21., Brünner Straße 52
☎ 277 11-0
9 G 14 ❷

AGA Ges.m.b.H.
Vertriebsstelle
Sendnerg. 30
2320 Schwechat
☎ 0222/701 09-0
59 U 18 ❶

AIDA
(Großkonditorei)
21., Schönthalerg. 1
☎ 258 2611
10 G 15 ❸

AKG-Akustische u. Kino-Geräte
23., Lemböckgasse 21-25
☎ 866 54-0
54 W 8 ❸

AL-ALLGEMEINE IMMOBILIEN AG
13., Hietzinger Hauptstr. 74
☎ 877 74 81
FAX: 877 74 81-20
42 Q 7 ❶

Alcatel Austria AG
(Elektroindustrie)
21., Scheydgasse 41
☎ 277 22-0
8 E 12 ❺

Alcatel
(Telekommunikation)
21., Kommunikationsplatz 1
☎ 277 33-0, Telex 11 56 65
FAX: 277 33-49 88
8 E 12 ❶

ALL-COLOR
(Farben und Lacke)
10., Oberlaaerstr. 91
☎ 68 51 46-0
FAX: 68 40 34-85
57 V 13 ❸

ALLIANZ IMMOBILIEN
Treuhandgesellschaft m.b.H
4., Brucknerstr. 4
☎ 504 28 36
FAX: 504 28 38
32 O 12 ❹

AMC Österreich HandelsgesmbH
21., Richard-Neutra-G. 8
☎ 258 26 18-0
10 G 15 ❻

AMS NUSSBAUMER GMBH
(KFZ El.- u. Dieseldienst)
14., Schanzstr. 29-31
☎ 982 26 47
30/31 O 8 ❹

APOTHEKEN:

1. Bezirk

APOTHEKE „ZUM GOLDENEN REICHSAPFEL"
Mag. Helmut Kowarik
Singerstraße 15
☎ 512 41 44, FAX: 512 13 32
01 O 1 12b

BRADY-APOTHEKE „ZUM ROTEN TURM"
Dr. et Mag. W. Khünl-Brady
Rotenturmstraße 23
☎ 533 81 65
FAX: 532 76 22
01 N 2 12b

INTERNATIONALE APOTHEKE
Kärntner Ring 17
☎ 512 28 25
FAX: 512 28 25-9
01 O 2 12a

OPERN-APOTHEKE
MR. Hermann Gebauer KG
Kärntner Straße 55
☎ 512 68 64
01 O 2 12a

SCHWEDEN APOTHEKE PHARMACIE INTERNATIONAL
Schwedenplatz 2
☎ 53 32 911, FAX: 533 73 88
01 N 2 12b

WERDERTOR-APOTHEKE
Mag. Ewald Tobola
Werdertorgasse 5
☎ 533 75 50
01 N 1 12a

2. Bezirk

PRATER-APOTHEKE
Mag. pharm. Hans Eichinger
Ausstellungsstr. 15
☎ 728 04 19
33 M 14

160

3. Bezirk

FASAN-APOTHEKE
Mag. E. Poschner
Hohlweggasse 21
☎ 798 51 30
33 P 13

PAULUS APOTHEKE
Schlachthausgasse 54
☎ 712 14 63
FAX: 712 14 63-4
33/45 P 14

PETRUS APOTHEKE
Dr. Kutiak KG
Erdbergstr. 6
☎ 713 44 73
33 O 13

5. Bezirk

HAYDN-APOTHEKE
Mag. pharm. Eder KG
Margaretengürtel 98
☎ 545 46 46
43 Q 10

**APOTHEKE
ZUR HL. MAGDALENA**
Kettenbrückeng. 23
☎ 587 65 19
32 P 11

6. Bezirk

**APOTHEKE „ZUM HEILIGEN
AEGIDIUS"**
Mag. Horst Kiefer OHG.
Gumpendorfer Straße 105
☎ 596 41 56
31 P 10

7. Bezirk

**APOTHEKE „ZUR GOLDENEN
ROSE"**
Neubaugasse 37
☎ 523 22 46
31 O 10

8. Bezirk

**APOTHEKE „ZUR HEILIGEN
JOHANNA"**
Mag. Wolfgang Rank
Florianigasse 13
☎ 406 45 98, FAX: DW 4
32 N 11

9. Bezirk

AUGE-GOTTES-APOTHEKE
K: Mag. Helmut Leopold
Nußdorfer Str. 79
☎ 317 93 44
20 L 11

ST. ANNA APOTHEKE
Mag. Lothar Schweitzer
Währinger Str. 56
☎ 317 74 28, FAX: 310 78 86
32 M 11

10. Bezirk

TROST-APOTHEKE
Mag. Helga Krenn+Co.
Neilreichgasse 66
☎ 604 24 98, 604 28 22
44 S 11

APOTHEKE am WIENERFELD
Laxenburger Str. 203
☎ 67 41 25 (615 02 81)
44/56 T 11

11. Bezirk

ADLER-APOTHEKE
Simmeringer Hauptstr. 44
☎ 749 12 34, FAX: 749 4016
45 R 14

APOTHEKE „ZUR MARIAHILF"
Mag. Franz Schweder KG
Simmeringer Hauptstr. 76
☎ 749 13 88
45 R 14

12. Bezirk

APOTHEKE „AM FUCHSENFELD"
Mag. pharm. Walter Thomann
Längenfeldg. 31
☎ 813 10 77-0
FAX: 813 10 77-14
43 R 10

ST.-ANNA-APOTHEKE
Mag. Dr. Peithner KG
Homöopathische Zentraloffizin
Meidlinger Hauptstraße 86
☎ 813 10 62-0, 813 10 63-0
FAX: 813 10 62-24
43 R 9

13. Bezirk

ALTE ST. VEIT-APOTHEKE
Mag. W. Redtenbacher
Auhofstraße 141
☎ 877 56 71
29 P 6

14. Bezirk

FLORA-APOTHEKE
Hütteldorfer Str. 175
☎ 914 52 07, 914 61 24
30 P 8

ST. NIKOLAI APOTHEKE
Mag. Görgl KG
Linzerstr. 462
☎ 979 47 12
28/29 O 5

15. Bezirk

**APOTHEKE „ZUM ERZENGEL
MICHAEL"**
Dr. Karl Zeidler OHG
Sechshauser Str. 9
☎ 893 67 71, FAX: 893 04 01
31/43 Q 10

GERMANIA APOTHEKE
Mag. E. Fischill
Hütteldorferstr. 76
☎ 982 45 58
31 O 9

APOTHEKE „ZUR HL. CORONA"
Mag. H. Hoffer KG
Sechshauser Str. 104
☎ 893 60 26
FAX: 893 60 41
43 Q 9

LINDWURM-APOTHEKE
Dr. Otto Kadlez KG
Gablenzgasse 31
☎ 982 24 21
31 O 9

APOTHEKE „MARIA V. SIEGE"
Mag. pharm. Georg Steinhart
Mariahilfer Str. 154
☎ 89 23 447/FAX: 13 DW
31 P 10

16. Bezirk

**APOTHEKE „ZUR HEILIGEN
ELISABETH"**
Schuhmeierplatz 14
☎ 46 33 74 (486 33 74)
FAX: 489 54 31
31 N 9

MARIEN-APOTHEKE
Mag. Alvarado-Dupuy
Rückertgasse 26
☎ 46 22 60 (486 22 60)
31 M 9

**APOTHEKE ZUM PAPST
seit 1777**
Neulerchenfelderstr. 4
☎ 406 24 25
FAX: 405 27 82 77
31 N 10

17. Bezirk

FRIEDRICHS-APOTHEKE
Mag. Ch. Siersch KG
Kalvarienbergg. 66
☎ 408 17 60
31 M 10

18. Bezirk

SONNENAPOTHEKE
Konz: Mag. Renate Baldia
Pötzleinsdorferstr. 13
☎ 479 42 41 / FAX: DW 4
18/19 K 9

THERESIEN APOTHEKE
Mag. W. Jarisch KG
Kreuzgasse 6
☎ 406 45 52
31 M 10

19. Bezirk

ST. SEVERINUS APOTHEKE
Mag. G. u. W. Petrus
Sieveringer Str. 1
☎ 32 13 02
19 J 10

20. Bezirk

APOTHEKE ZWISCHENBRÜCKEN
Mag. Manfred W. Müller Nfg.
Dresdner Str. 128
☎ 330 86 66
21 L 13

21. Bezirk

DANUBIA APOTHEKE
Russbergstr. 64
☎ 292 13 86
9 D 13

FLORIDUS-APOTHEKE
Mag. Elisabeth B. Ryslavy
Autokaderstr./
Ladenzeile Obj. 1A
☎ 271 94 72, FAX: 270 20 67
8/9 F 13

GROSSFELD APOTHEKE
Mag. pharm. Walter Janku
Adolf Loosg. 9
☎ 259 56 20, FAX: DW 18
11 G 17

MARIAHILF-APOTHEKE
Mag. Renate Kubis
Brünner Straße 128
☎ 292 15 89
9 F 14

**APOTHEKE „Z. HL.
DREIFALTIGKEIT"**
Mag. pharm. Dr. Herfried Pock
Brünner Straße 219
☎ 294 11 17
10 D 15

22. Bezirk

ALPHA APOTHEKE
Mag. U. u. H. Burggasser
Quadenstraße 124
☎ 280 02 22
23 K 18

**APOTHEKE „ZUM LÖWEN
VON ASPERN"**
Mag. Helga Englisch
Groß-Enzersdorfer-Str. 1a
☎ 22 13 82
36 M 19

NORDOST-APOTHEKE
Mag. F. u. H. Burggasser
Emichgasse 4
☎ 282 51 37
23 L 18

ST.-GEORG-APOTHEKE
Mag. Edi OHG
Wagramer Str. 135
☎ 203 31 83-0
22 J 16

23. Bezirk

APOTHEKE „ZUR MARIAHILF"
Perchtoldsdorfer Str. 5
☎ 865 93 10
54 W 7

HERMES-APOTHEKE
Mag. Schmid
Speisinger Str. 119
☎ 888 21 52
41 T 6

PARACELSUS-APOTHEKE
Speisingerstraße 260
☎ 888 21 31
53 U 6

**AUGMÜLLER M. Kunststoff-
Verarbeitung Ges. m. b. H.**
(Kunststoffe)
12., Hofbauergasse 9
☎ 813 95 46-0
43 Q 10 ❶

AUSTRIA CENTER VIENNA
Konferenz- und
Veranstaltungszentrum
22., Am Hubertusdamm 6
☎ 2369/0
21 K 14 ❷

AUSTRIAN AIRLINES
(Hauptbüro)
10., Fontanastr. 1
☎ 1766
57 V 14 ❶

AUSTROSAAT
23., Oberlaaerstr. 279
☎ 616 70 23
56 U 12 ❼

BACH Gebrüder GmbH
Verankerungstechnik,
Licht- u. Deckensysteme
21., Oswald Redlichstr. 5
☎ 250 22-0
10 F 16 ❶

J. L. BACON GES.M.B.H.
Heizung-Lüftung-Klima-Sanitär
23., Scherbangasse 20
☎ 866 50-0
54 U 7 ❸

BALIK
(Maschinenbau)
21., Guschelbauergasse 5
☎ 270 89 91/0
9 F 13 ❶

**BAU HOLDING
AKTIENGESELLSCHAFT**
ILBAU, LANG & MENHOFER
BH Development AG, BAG,
BRVZ, TPA
22., Polgarstraße 30
☎ 217 28-0
23 K 17 ❶

BAUSCH & LOMB Ges.m.b.H.
Healthcare and Optics
Worldwide
20., Handelskai 52
☎ 332 01 50-0
Fax: 332 03 20
20 J 12 ❸

BAUSTOFF+METALL
(Baustoffe-Dämmstoffe-
Gipskartonsysteme)
23., Gorskistraße 5-7
☎ 616 36 31
56 V 11 ❸

BENDER+CO Ges.m.b.H.
(Pharmazeutika, Med. techn.
Geräte, Backmittel)
12., Dr.-Boehringer-Gasse 5-
11
☎ 80 1 05-0
42/43 S 9 ❶

**BEZIRKSJOURNAL Zeitungs-
Verlags- u.
Vertriebsges.m.b.H.**
(Zeitungsverlag)
Inkustraße 1-7/6
3400 Klosterneuburg
☎ 02243/33 1 33-0
7/102 D 10 ❸

BIOCOMFORT (Produkte zur
Gesundheitspflege)
14., Lützowg. 14
☎ 914 22 65, 914 52 50
30 P 7 ❷

BLACK & DECKER
(Elektrowerkzeugvertrieb)
23., Erlaaerstr. 165
☎ 66 1 16-0
55 V 9 ❸

BLECHA JOSEF (Kfz-Reparatur,
Kfz-Verleih, Spenglerei,
Lackiererei, Tapeziererei)
16., Lienfeldergasse 37-39
☎ 486 13 21, 485 36 72
30/31 N 8 ❷

**BOEHRINGER INGELHEIM
PHARMA Ges.m.b.H.**
12., Dr.-Boehringer-Gasse 5-
11
☎ 80 105-0
43 S 9 ❷

BOHMANN (Druck, Verlag,
elektronische Medien)
11., Leberstr. 122
☎ 74 095
45 S 14 ❷

ELEKTRO BOSTELMANN
(Elektro-Installationen)
23., Gorskistr. 19
☎ 616 15 01/0
56 V 11 ❷

BROMBERGER SCHNEE-SERVICE
(Winterdienst, Schneeräumung)
3., Untere Weißgerberstr. 5
☎ 715 78 20
33 N 13 ❷

BRUGGER GOTTFRIED OHG
20., Pasettistr. 29-31
☎ 330 36 330
FAX: 332 93 53
20 K 12 ❷

BÜROPARK DONAU
Inkustraße 1-7
3400 Klosterneuburg
7/102 D 10 ❷

CANON (Foto, Video,
Bürosysteme)
ZENTRALE:
23., Zetscheg. 11
☎ 661 46
55 V 10 ❺

CO. PACKING
Heinrich Vetter GmbH
(Lohnverpackung)
23., Perfektastr. 81
☎ 869-33 96
54 V 8 ❻

CODICO Warenhandel
Ges.m.b.H. & Co. KG
(Elektronische Bauelemente)
Mühlgasse 86-88
2380 Perchtoldsdorf
☎ 86 305-0
54 X 7 ❺

CONCORDIA, Restaurant
siehe SCHLOSS CONCORDIA

CYKLOP-CONTIPAK
(Verpackungstechnik)
6., Webg. 9
☎ 596 16 91-0
31 P 10 ❶

DIDIER in Österreich
(Anlagenbau)
23., Seybelgasse 12a
☎ 869 43 21-0
54 V 7 ❶

DIETZEL Ges.m.b.H.
(Kunststoff- und
Metallwarenfabrik)
11., 1.Haidequerstraße 3-5
☎ 76 076-0
46 Q 15 ❺

DIGITAL EQUIPMENT
ÖSTERREICH AG
10., Computerstr. 6
☎ 601 05-0, FAX: 2813 DW
43 T 10 ❶

DIGITAL EQUIPMENT
ÖSTERREICH AG
10., Gutheil Schodergasse 9
☎ 866 30-0, FAX: 31 99 DW
43 S 10 ❸

DIGITAL EQUIPMENT
ÖSTERREICH AG
(Computerhersteller)
23., Ziedlergasse 21
☎ 866 30-0
54 U 7 ❷

DONAUTURM
Aussichtsturm- und Restaurant-
betriebsgesellschaft
22., Donauturmstraße 4
☎ 23 53 68, 23 53 69
21 K 14 ❶

DORFMEISTER
(Büromaschinen)
19., Heiligenstädter Lände 19a
☎ 36 77 70-0
20 K 11 ❷

DRÄGER AUSTRIA Ges.m.b.H
(Medizinische Geräte)
23., Wallackg. 8
☎ 609 36 02
23., Perfektastr. 67
☎ 609 04-0
54 W 8 ❶

3 M ÖSTERREICH
(Technische Produkte)
Brunner Feldstr. 63
2380 Perchtoldsdorf
☎0222/86 68 60
54 X 7 ❷

M. R. DROTT KG
(Bau- u. Industriemaschinen)
22., Industriestr. 135
☎ 203 35 24-0
34 M/N 16 ❶

DR. FRISCH/SECUROP
(Bewachungs- u.
Sicherheitsdienst)
16., Wattgasse 20
☎ 46 11 57-0
31 N 9 ❹

DUROPACK
(Wellpappe Gesellschaft m.b.H.)
23., Brunner Str. 75
☎ 86 300
54 W 8 ❷

EBERSPÄCHER
(Lichtkuppeln, Systemver-
glasung, KFZ-Standheizung)
23., Richard-Strauss-Straße 4
☎ 616 16 46
55 U 10 ❷

ECO PLUS Betriebsansiedlung
und Regionalisierung in NÖ
1., Lugeck 1
☎ 513 78 50-0
FAX: 513 78 50-44
01 N2 12b ❸

A. EGGER'S SOHN Süßwaren u.
Naturmittel GmbH
VERTRIEB: Süßwaren +
KNEIPP-Gesundheitsmittel
19., Heiligenstädterstr. 158-160
☎ 37 35 38 0*
FAX: 37 35 38 47 od. 37 35 44
20 H 12 ❶

EICHLER KG
Komponenten der Heizungs-
und Klimatechnik, Armaturen,
Industriebedarf.
10., Pernerstorfergasse 5
☎ 601 64-0, FAX: 604 96 68
44 R 12 ❷

EISNER BAUMASCHINEN
VERTRIEB U. SERVICE GMBH
11., Simmeringer Hauptstr. 334
☎ 76 16 82
59 U 17 ❷

ELECOM (Computer und
Nachrichtentechn. Geräte)
21., Scheffelstraße 29
☎ 278 28 01-3
FAX: 278 28 04
21 H 14 ❺

ELECTROLUX-JUNO-ZANUSSI
Haushaltsgeräte GmbH
23., Herzigg. 9
☎ 86 641-0
Verkauf und Direktion
54 V 8 ❽

ELEKTRO POSITIV
Inh. Peter Langer
(Elektrohandel+Sicherheitstechnik)
22., Siegesplatz 25
☎ 222 333, FAX: 223 135
36 M 19 ❶

ELSAT International
Computervertriebsges.m.b.H
(Elsat International)
23., Perfektastr. 84
☎ 866 44-0, FAX: 320 DW
54 V 8 ❺

ERDBAU
Loibelsberger, Pfeffer&Co.
Baugesellschaft
23., Schwarzenhaidestr.110
☎ 667 12 44-0
55U 9 ❷

ERICSSON AUSTRIA AG
12., Pottendorfer Str. 25-27
☎ 811 00-0
43 S 9 ❸

ERKA-Metallwarenfabrik
Rudolf Kirner
12., Bonygasse 2-10
☎ 813 22 23, FAX: DW 18
43 R 10 ❷

ESCALERO Agentur für
Öffentlichkeitsarbeit GmbH
4., Argentinierstr. 26
☎ 505 70 95-0
FAX: 505 21 41
32 P 12 ❷

ESKIMO-IGLO (Unifrost)
Marchfelder Str. 2
2301 Groß-Enzersdorf
☎ 02249/35 35-0
38/50 P 22 ❶

ETNA-WERKE
Stahl- u. Anlagenbau GMBH
23., Deutschstraße 15
☎ 616 35 08 Serie
56 V 11 ❽

EUROPA-HALLE
TENNIS
23., An den Steinfeldern 2A
☎ 869 86 63
54 V 7 ❸

EUROPAPIER AG
(Papiergroßhandel)
21., Autokaderstr. 86-96
☎ 27 778
8/9 E 12 ❼

EVVA-WERK GMBH & Co. KG
Zylinderschließanlagen
12., Wienerbergstr. 59-65
☎ 811 65
43 R 9 ❶

EXQUISITY PATCHWORK
3., Ungarg. 35
☎ 718 96 96
33 O 13 ❷

FABER-CASTELL
(Bürobedarf)
23., Wagner-Schönkirch-G. 9
☎ 616 73 90
FAX: 616 66 94
56 V 11 ❹

FALPA
VERPACKUNG & OFFSETDRUCK
(Verpackungen)
21., Scheydgasse 46
☎ 277 71-0
8 E 12 ❻

FAUSTENHAMMER & Co.
(Federnfabrik)
21., Ignaz-Köck-Str. 4
☎ 270 78 80
FAX: 270 83 70
9 G 14 ❹

FESTO (Pneumatic u. Fertigungs- u.
Prozeßautomatisierung;
Druckluft- u. Elektrowerkzeuge)
14., Lützowg. 14
☎ 910 75-0
30 P 7 ❸

FORD TRIESTER STRASSE
(Autohandel+Reparatur+
Zentralersatzteillager)
10., Triester Str. 40
☎ 60 100-0
44 R 11 ❶

FREIZEIT 2000 GMBH
(Porsche-Tennishalle)
21., Donaufelder Str. 91
☎ 259 13 80
22 H 15 ❶

FREIZEIT 2000 GMBH
(Porsche-Tennishalle)
23., Liesinger Flurg. 12
☎ 869 13 77
54 W 8 ❺

FRENKEL A.u.V.
(Holzlacke)
Rembrandtgasse 2
2380 Perchtoldsdorf
☎ 865 16 00-0
54 X 7 ❹

FREUDENSPRUNG Rudolf
GmbH
(Papier-Bücher-Spielwaren)
22., Wagramerstr.128
☎ 203 43 51, 203 51 12
22 J 16 ❸

FREYTAG-BERNDT
(Landkarten, Druck&Verlag)
7., Schottenfeldg. 62
☎ 523 95 01, FAX: 38 DW
31 O 10 ❶

FREYTAG-BERNDT
(Spezialbuchhandlung für
Touristik, Freizeit u. Reisen)
1., Kohlmarkt 9
☎ 533 20 94, FAX: 533 86 85
01 N 2 12a ❺

FRISCH DR./SECUROP
siehe Dr. Frisch

GEHA Leichtmetallbau
(Aluminium-Fenster, Türen,
Portale, Wintergärten, Brand-
schutztüren)
21., Guschelbauergasse 4
☎ 278 15 63-0, FAX: 278 41 964
9 F 13 ❸

GEKO Großhandelsmarkt
Ges.m.b.H.
IMPORT-EXPORT
(Abholgroßmarkt)
23., Laxenburgerstr. 365/
Großgrünmarkt Halle A4
☎ 616 71 90-0
56 V 11 ⓭

GENERAL MOTORS AUSTRIA
22., Groß-Enzersdorfer Str. 59
☎ 22 45-0
36 M 20 ❶

GERNGROSS & friends
(Kaufhaus)
7., Mariahilfer Str. 38-48
☎ 521 80/0, FAX: 239 DW
32 O 11 ❸

GERNGROSS & friends
(Kaufhaus)
9., Julius-Tandler-Platz 3
☎ 319 65 06/0, FAX: 33 DW
20/32 L 11 ❷

GERNGROSS & friends
(Kaufhaus)
21., Franz-Jonas-Platz 2-3
☎ 270 24 21
FAX: 278 23 25
21 H 13 ❷

GESIG Werk I
(Gesellschaft f. Signalanlagen)
16., Wattgasse 20
☎ 486 52 06-0
31 N 9 ❸

GESIG Werk II
(Gesellschaft f. Signalanlagen)
16., Wögingergasse 11
☎ 485 44 73-0
30 M 8 ❶

GKN Service Austria Ges.m.b.H
(Kfz-Ersatzteile, Land-
technik, Hydraulik)
23., Slamastr. 32
☎ 616 38 80
55 V 10 ❿

GROTHUSEN Ges.m.b.H.
(Technischer Industrie- u.
Laborbedarf, Professionelle
Elektroakustik und
Videotechnik)
14., Albert Schweitzer-G. 5
☎ 970 22-0
FAX: 970 22-9
28 N/O 3 ❷

GRUBITS + CO Bauges.m.b.H.
(Bauunternehmen)
Gerasdorferstraße 245
2201 Gerasdort
☎ 02246/25 52-0
11 D 17 ❶

GRÜNER-CHEMIE
Handelsges.m.b.H.
(Chemikalien-Import/ Export)
Böheimgasse 22
2331 Vösendorf/ PF 62
☎ 0222/ 667 69 93
667 90 60
FAX: 0222/69 62 87
55 V 9 ❺

GRÜNTHAL Andreas GmbH
(Schrauben, Beschläge, Türen,
Werkzeuge)
17., Klopstockgasse 48
☎ 485 15 25-0
31 M 9 ❷

HAAS FUNK-FAHRTENDIENST
21., Karl Schäfer-Straße 6
☎ 27 700, FAX: 27 700I30
9 G 14 ❸

HAAS-HALLE
TENNIS
Marktstraße 19
2331 Vösendorf
☎ 0222/69 46 62
55 W 9 ❽

HABASIT
(Antriebs- u. Transportelemente)
23., Hetmanekgasse 13
☎ 69 45 11-0
54/55 W 9 ❶

HABERZETTL ROBERT
(Optiker)
20., Wallensteinstraße 27
☎ 33 002 93
20 L 12 ❸

HAIN, DR. FRANZ (Verlags- und
Kommissionsbuchhandlung)
22., Dr. Otto Neurath-Gasse 5
☎ 22 65 65
23 L 17 ❶

HALTMEYER GMBH & CO. KG
(Copyshop)
1., Stubenring 6
☎ 512 97 91
01 N 2 12b ❷

HALTMEYER GMBH & CO. KG
(Copyshop, reprogr. Betrieb)
14., Hütteldorfer Str.299
☎ 914 25 60
29 P 6 ❶

HALTMEYER GMBH & CO KG
(Copyshop)
18., Währinger Gürtel 17-19
☎ 406 95 91-0
31 M 10 ❻

HANDELSKAMMER DER
DOMINIKANISCHEN
REPUBLIK IN ÖSTERREICH
19., Görgengasse 30
☎ 32 31 13+14
19 J 10 ❷

HAPPY-TOURS-REISEN
(Reisebüro/Bromberger
Ges.m.b.H.)
3., Untere Weißgerberstr. 5
☎ 712 32 39
33 N 13 ❸

HARTLEBEN-DR. ROB (Bücher,
Fachzeitschriften, Antiquariat)
1., Walfischg. 14
Schwarzenbergstr. 6
☎ 512 62 41, 512 62 36
01 O 2 12a ❷

HARTLEBEN-DR. ROB (Bücher,
Papier)
14., Hütteldorfer Str. 114
☎ 982 35 60, 982 52 09
30 O 8 ❸

HARTMANN & BRAUN AUSTRIA
(Meßtechnik u.
Prozeßautomatisierung)
Brunner Feldstr. 67
2380 Perchtoldsdorf
☎ 0222/86 308-0
54 X 7 ❸

HAUS DES MEERES
VIVARIUM WIEN (Zoo)
6., Esterhazypark
☎ 587 14 17
32 P 11 ❼

HEIRU Kr. Rudolf Heinz
(Antennen- und Kabelwerk)
14., Einwanggasse 48
☎ 981 07-0
FAX: 982 93 91
30 P 8 ❸

HENKEL AUSTRIA GRUPPE
(Waschmittel, Kosmetika,
Klebstoffe
und chem. Spezialprodukte)
3., Erdbergstr. 29
☎ 711 04-0
33 O 13 ❶

HERZMANSKY
(Kaufhaus)
7., Mariahilfer Str. 26-30
☎ 521 58/0, FAX: 535 DW
32 O 11 ❶

HOECHST AUSTRIA AG
(Chemieindustrie)
12.,Altmannsdorfer Str. 104
☎ 801 01-0
42/43 T 9 ❶

HOECHST AUSTRIA AG
(Werk Floridsdorf)
21., Siemensstraße 105
☎ 801 01-0
10 G 15 ❼

HOFBAUER SEGELSCHULEN
(Segel-, Surf- und
Seefahrtsschule)
22., An der oberen
Alten Donau 185
☎ 204 34 35-0
22 K 15 ❶

HOLZHAUSEN'S NFG.
(Univ. Buchdruckerei)
7., Kandlg. 19-21
☎ 523 12 29 Serie
31 O 10 ❷

HOTELS:

HOTEL AM BRILLANTEN-
GRUND**
7., Bandgasse 4
☎ 523 22 19/523 36 62
31 O 10 ❹

HOTEL AM SACHSENGANG ****
Hotel/Restaurant
2301 Groß-Enzersdorf
☎ 02249/29 01-0
38 P 23 ❶

AUSTRIA TREND
HOTEL ANANAS
5., Rechte Wienzeile 93-95/
Sonnenhofgasse 8-10
☎ 546 20-0
32 P 11 ❶

HOTEL ATLANTA ****
9., Währinger Str. 33
☎ 405 12 39, FAX: 405 53 75
32 M 11 ❷

HOTEL-PENSION BARICH ****
3., Barichg. 3
☎ 712 22 75, 712 12 73
FAX: 712 22 75 88
33 P 13 ❶

BEST WESTERN
HOTEL BEETHOVEN ****
6., Millöckerg. 6
☎ 587 44 82-0
01 O 2 11b ❸

HOTEL BERGER ***
21., Brünner Str. 126
☎ 292 16 65-0
FAX: 292 16 65-15
9 F 14 ❶

BEST WESTERN HOTEL
RÖMISCHER KAISER ****
1., Annag. 16
☎ 512 77 51-0
01 O 1 12a ❺

HOTEL DORKAHOF
Ges.m.b.H.
7., Breite Gasse 9
☎ 523 13 45-0
01 O 1 11a ❶

HOTEL ERZHERZOG RAINER
****
(Hotel, Restaurant, Brasserie)
4., Wiedner Hauptstr. 27-29
☎ 501 11-0, FAX: 501 11-350
32 P 12 ❶

HOTEL KAISERHOF ****
4., Frankenbergg.10
☎ 505 17 01
FAX: 505 88 75/88
32 P 12 ❻

HOTEL KAROLINENHOF
21., Jedleseer Str. 75
☎ 278 78 01
FAX: 278 78 018
9/21 G 13 ❷

HOTEL THÜRINGER HOF ****
Fischer & Wilhelm
Betriebsges.m.b.H.
18., Jörgerstr. 4-8
☎ 401 79-0, FAX: 401 79-600
31 M 10 ❶

HOTEL WANDL *
Hotel-Garni
1., Petersplatz 9
☎ 534 55-0
01 N 2 12a ⑯

WESTBAHN-HOTEL-WIEN **
(Hotel, Café-Restaurant)
15., Pelzgasse 1
☎ 982 14 80, FAX: 985 21 O1
31 P 10 ❸

**WIENER GARTENHOTEL
ALTMANNSDORF ****
12., Hoffingerg. 26-28
☎ 804 75 27, FAX: DW 51
43 S 9 ❺

HOTEL-ZIPSER *
(Hotel-Pension)
8., Lange Gasse 49
☎ 404 54-0
32 N 11 ❷

**HTM Sport- und Freizeitgeräte
AG.**
(Schibindungen)
Tyroliaplatz 1
2320 Schwechat
☎ 0222/701 79-0
59 U 18 ❷

HUKLA-WERKE (Matratzen- u.
Polstermöbelfabriken)
10., Oberlaaer Str. 246
☎ 605 33-0, FAX: 605 33 111
56 U 12 ❸

IKERA Zentrale
(Fachmarkt für Fliesen
und Sanitär)
22., Maculangasse 6
☎ 250 55-0
11/23 G/H 17 ❺

IKERA
(Fachmarkt für Fliesen
und Sanitär)
19., Muthgasse 20A
☎ 36 44 44-0
20 J 12 ❷

IKERA
(Fachmarkt für Fliesen
und Sanitär)
Marktstr. 13
2331 Vösendorf
☎ 0222/69 26 26-0
55 W 9 ❻

**IMI Cornelius
Österreich Ges.m.b.H.**
Getränke-, Kühl- u.
Ausschanksysteme
22., Am Langen Felde 32
☎ 203 35 20
22/23 J 16 ❹

INA WÄLZLAGER GMBH
Marktstraße 5
2331 Vösendorf
☎ 0222/69 25 41-0
55 W 9 ❺

**INKU AG
BÖHM GMBH**
Zentrale, Lager, Ausstellungs-
zentrum, Resteverkauf
Inkustraße 1-7
3400 Klosterneuburg
☎ INKU: 02243/499-0
BÖHM: 02243/456-0
7/102 D 10 ❶

INZERSDORFER
Nahrungsmittelwerke
23., Draschestr. 107
☎ 61 406
55 U 10 ❶

ISFO-CENTER
Tennis, Fitneß u. Reisen
10., Heuberggstättenstr. 1
☎ 615 55 35 od. 615 55 36
44 T 12 ❶

ISOLIERMATERIAL GÜNTHER
(Dämmstoffe)
22., Lichtblaustr. 9
☎ 250 66
11 G 17 ❽

JERGITSCH GITTER
u. Eisenkonstruktionen GmbH.
10., Liesingbachstr. 225
☎ 68 15 48
56 V 12 ❶

JUST LEITERN AG
(Leitern u. Gerüste)
19., Heiligenstädter Str. 40
☎ 368 12 70-0
20 K 11 ❶

KAEFER
(Isoliertechnik)
23., Hetmanekg. 12
☎ 69 46 41
54/55 W 9 ❷

KAHLER & KAISER GMBH
(Optiker)
11., Simm. Hauptstr. 82
☎ 749 17 58
FAX: 23 DW
45 R 14 ❶

KAPSCH
(Kommunikationssysteme)
12., Wagenseilg. 1
☎ (+43 1) 811 11-0
43 S 10 ❶

KÄRCHER
(Reinigungsgeräte)
22., Obachgasse 26
☎ 250 60-0, FAX: 30 DW
23 H 17 ❷

KERION
(Fördermittel)
23., Großmarktstr. 18
☎ 616 66 99
56 V 11 ❼

V. E. KERN Ges.m.b.H.
Großhandel für Auto- u.
Fahrradzubehör, Elektromat.
22., Percostr. 14
☎ 250 35-0
11 G 18 ❶

**KIRNER Rudolf
ERKA-Metallwarenfabrik**
12., Bonygasse 2-10
☎ 813 22 23, FAX: DW 18
43 R 10 ❷

KLAGHOFER RUDOLF
(Baustoffe/Transporte)
14., Braillegasse 5
☎ 914 61 05
FAX: 914 61 06
30 O 7 ❶

**KLEINBAHN
ING. ERICH KLEIN**
23., Gatterederstr. 4
☎ 888 22 87, FAX: 889 11 76
54/42 U 7 ❶

KLÖCKNER-MOELLER
(Elektrizitätsges.m.b.H.)
2., Obere Augartenstr.20
☎ 330 38 90-0
32 M 12 ❷

KLÖCKNER-MOELLER
(Elektrizitätsges.m.b.H.)
22., Rautenweg 10
☎ 259 65 21
11 G 17 ❸

KOLARIK & BUBEN
(Biergroßhandel)
3., Modecenterstr. 4a
☎ 79 99 999
34/46 Q 15 ❹

KOMÖDIE AM KAI
1., Franz-Josefs-Kai 29
☎ 533 24 34-0
FAX: 533 24 34-76
01 N 1 12b ❶

KÖNIG & EBHARDT AG
(Druckerei)
21., Leopoldauer Str. 173-181
☎ 25 042
10 G 15 ❷

KONTAKT-SYSTEME INTER
(Verbindungstechnik in der
Elektronik+EDV)
23., Richard Strauss Str. 39
☎ 610 96-0
TX: 01/34101 FAX: 610 96 43
55 V 10 ❸

KRAFT & WÄRME
(Haustechnik, Rohrleitungsbau, Tankanlagen)
14., Linzer Str. 455
☎ 97 025
28 O 4 ❶

KRANNER (Recycling, Altmetalle, Quecksilber)
20., Dresdner Str. 26a
☎ 332 20 20, FAX: DW 85
20 K 12 ❸

KREFINA
(Immobilien)
6., Mariahilfer Str. 33
☎ 587 87 37-0
FAX: 586 74 76
32 O 11 ❷

KRONE Ges.m.b.H.
Vertrieb Wien
23., Großmarktstr. 7a
☎ 616 40 40
56 V 11 ❺

KSB Österreich Ges.m.b.H.
(Pumpen, Armaturen, Service)
14., Rottstr. 24
☎ 910 30-0, FAX: 910 30-200
30 P 8 ❶

KUHN KG
audio visual design
Sensitive Image
Kirchmayergasse 11
3400 Klosterneuburg
☎ 02243/821 30
FAX: 02243/85 40 64
6/101 D 8 ❶

KÜHNE & NAGEL GMBH
(Spedition)
11., Warneckestr. 10
☎ 76 090-0
47 S 18 ❶

KUNST-DRUCK GesmbH
Papier- und Informations-bearbeitung
23., Breitenfurter Str. 187
☎ 804 25 55-0, 804 08 15-0
FAX: DW 16
42 T 8 ❸

LANDIS & GYR (ÖSTERREICH) AG
(Elektroindustrie)
23., Breitenfurter Str. 148
☎ 801 08 0
42 T 8 ❶

LEITZ - AUSTRIA
(Foto, Video, TV)
18., Bäckenbrünnlg. 7b
☎ 470 15 11-0
19 L 9 ❶

LGV - FRISCHGEMÜSE WIEN
(Gemüsegenossenschaft)
11., Haidestr. 22
☎ 76 069
46 R 16 ❶

LGV-FRISCHGEMÜSE WIEN
(Gemüsegenossenschaft)
22., Wagramer Str. 147
☎ 203 65 91
22 J 16 ❶

LINDE KÄLTETECHNIK GMBH
(Kühlanlagen)
23., Altwirthgasse 6-10
☎ 66 104-0
55 U 10 ❹

LITSCHAUER Ges.m.b.H.
(Baustoffe - Baumarkt)
22., Hirschstettnerstr. 63
☎ 283 83 73/0
23 K 17 ❷

LÖBLICH + CO. KG
(Gasheiz- u. Kochgeräte)
10., Fav. Gewerbering 1
☎ 604 16 24
44 S 12 ❶

LOHBERGER GEORG GMBH
SPEDITION-LAGER-TRANSPORTE
21., Ödenburgerstr. 1-3
☎ 292 15 43
9 F 13 ❻

LÖSSL & LEITNER GMBH
21., Prager Str. 142
☎ 278 13 58-0
9 E 13 ❶

LÜTZE Elektronische Erzeugnisse Ges.m.b.H.
(Elektrotechnik)
22., Niedermoserstr. 18
☎ 257 52 52-0, FAX: DW 20
11 G 17 ❺

MAKITA Werkzeug
(Elektrowerkzeuge)
23., Kolpingstraße 13
☎ 616 27 30
55 V 10 ❶

MANNESMANN ANLAGENBAU AUSTRIA AG
(Industrie- u. Gebäudeanlagen, Umwelttechnik)
23., Oberlaaer Str. 331
☎ 610 36-0
56 U 11 ❷

MASTER MANAGEMENT TELEFON ANTWORT SERVICE CLUBS & CARDS
(Directmarketing)
21., Franz-Jonas-Platz 3/2
☎ 270 25 25, FAX: 100 DW
21 H 13/14 ❸

MAUDRICH WILHELM
(Medizinische Literatur)
9., Spitalgasse 21a
☎ 402 47 12
32 M 11 ❸

MENDER
(Klimaanlagen)
16., Steinbruchstr. 8
☎ 985 55 33
FAX: 985 55 35
30 O 8 ❶

MERTL KG
(Stahlrohre)
Häherg. 14
2320 Schwechat-Rannersdorf
☎ 0222/701 31,
FAX:O222/701 31-15
59 W 17 ❶

METABO
(Elektrowerkzeuge)
21., Marksteinergasse 9
☎ 271 43 53
8 E 12 ❽

MG - FERRO-METALL GMBH
(Eisen-, Schrott- u. Buntmetall-Grosshandel)
11., Zinnergasse 6
☎ 76 15 46
47 T 18 ❶

MIELE Ges.m.b.H.
Vertriebszentrum OST
Beratung, Kundendienst, Lager
23., Ober-Laaer-Str. 250
☎ 68 45 11-0
56 U 12 ❷

MKS Maschinen- und Koch-geräte Service Ges.m.b.H.
(Gastronomiegeräte)
23., Karl-Heinz-Straße 32
☎ 804 25 44
FAX: 804 25 44 43
42 T 8 ❷

MODECENTER
(Modegroßhandelszentrum)
3., Modecenterstr. 22
☎ 79 733
45 Q 14 ❸

MOHR MORAWA BUCHVERTRIEB GESMBH
23., Sulzengasse 2
Postadr.: 1101 Wien, Pf.260
☎ 68 46 14-0, 68 76 42-0
FAX: 68 71 30
56 U 12 ❺

MOORE (Paragon) Ges.m.b.H.
(Formularherstellung)
3., Paragonstr. 2
Ecke Erdbergstr. 218
☎ 74 051
46 Q 15 ❶

MORAWA Buchhandlung
(Buchhandel)
1., Wollzeile 11
☎ 515 62/450
01 N 2 12b ❶

NALCO CHEMICAL Ges.m.b.H.
(Spezialchemikalien)
21., Scheydgasse 34-36
☎ 270 26 35 TX: 132828
FAX: 270 26 99
8 E 12 ❸

**RESTAURANT
NAPOLEONWALD**
Gastronomie - Restaurant
13., Jaunerstr. 5
☎ 888 31 62
41 T 6 ❶

NEPTUN
Eisenhandelsges.m.b.H.
11., Zinnergasse 6a
☎ 76 15 41
47 T 18 ❸

ÖAF GRÄF & STIFT AG
(Lkw- u. Busproduktion)
**ÖAF & STEYR
Nutzfahrzeuge OHG**
(Vertrieb MAN/ÖAF/STEYR)
23., Brunnerstr. 44-55
☎ 863 25-0
54 V 7 ❻

**ÖAG Sanitär- und
Heizungsgroßhandels GmbH**
11., Schemmeristr. 66-70
☎ 760 60
FAX: 760 60-315
46 T 15 ❶

ÖFA-Akkumulatoren GMBH
(Batterien)
23., Siebenhirtenstr. 12
☎ 86 375-0
54 W 7 ❷

OPEL & BEYSCHLAG
Ges.m.b.H.
(Opel Händler und Werkstätte)
10., Grenzackerstr. 14
☎ 601 10
44 S 12 ❹

OPEL & BEYSCHLAG
Ges.m.b.H.
(Opel Händler und Werkstätte)
19., Muthg. 52
☎ 37 15 40
20 J 12 ❶

OPEL & BEYSCHLAG
Ges.m.b.H.
(Opel Händler und Werkstätte)
21., Leopoldauer Str. 141
☎ 258 55 14
10/22 G 15 ❶

ÖPULA Handelsges.m.b.H.
(Putzlappen/Papier)
Lobaustraße 81
2301 Groß Enzersdorf
☎ 02249/26 64
49 Q 22 ❶

OSRAM
23., Ober-Laaer Str. 253
☎ 68 75 11
56 U 12 ❻

ÖSTERR. BLINDENVERBAND
Landesgruppe Wien, NÖ, Bgld
LOUIS BRAILLE HAUS
Kultur- u. Integrationszentrum
14., Hägelingasse 4-6
☎ 981 89-0/FAX: 35 DW
30 O 8 ❹

Österr. Donaukraftwerke
Kraftwerk Freudenau
2., Am Praterspitz 1
☎ 728 32 72
47 R 18 ❷

**ÖSTERR. KUVERTINDUSTRIE
MYRTLE MILL SMOLA**
(Briefumschläge+Versandta-
schen)
16., Kirchstetterng. 6
☎ 491 33-0
31 O 9 ❷

OTIS GesmbH
23., Ober-Laaer Str. 282
☎ 610 05
56 U 12 ❶

OTTAKRINGER BRAUEREI
Harmer AG
16., Ottakringer Str. 91
☎ 491 00
31 N 9 ❶

**PARTY SERVICE
Feinkost Kargl**
20., Pappenheimg. 47
☎ 330 45 20
FAX: 332 42 20
20 K 12 ❹

PAWEL KARL
(Verpackungsunternehmen)
10., Sonnwendgasse 21
☎ 602 13 22-0 TX: 114726
FAX: 603 25 28
44 Q 12 ❶

PAWEL KARL
(Verpackungsunternehmen)
2., Hellingstraße 1
Wien-Freudenau
47 Q 17 ❶

PERSICANER & CO GMBH
(Techn. Handel)
10., Leebgasse 6
☎ 604 01 71, FAX: 17 DW
44 R 12 ❸

PIATNIK FERD. & SÖHNE
Wiener Spielkartenfabrik
14., Hütteldorfer Str. 229-231
☎ 914 41 51
30 P 7 ❶

PINDUR-DISPLAY
(Buchbinderei)
Auf der Schanz 6
3002 Purkersdorf
☎ 02231/28 30
27 N/O 1 ❷

PIPELIFE Rohrsysteme
21., Prager Str. 126a
☎ 38 52 48
FAX: 270 22 69
9 F 13 ❼

**PHOINIX COMPUTER-
VERTRIEBS GES.M.B.H.**
(Computer)
21., Langenzersdorferstr. 53-55
☎ 291 100
1 C 13 ❶

PLASTOPLAN
(Kunststoffe)
22., Industriepark Nord
☎ 250 40-0
11 G 17 ❹

POLOPLAST
(Kunststoffwerk)
22., Rennbahnweg
☎ 257 45 65-0
23 H 17 ❶

POLYMAG
(Tragtaschen, Folien)
10., Ober Laaer Straße 77
☎ 68 36 01-0
57 V 13 ❷

PORSCHE WIEN
23., Ketzergasse 120
☎ 86 363
54 W 8 ❹

POSAMENTIR J. GMBH
(Stahlgroßhandel)
16., Koppstr. 7
☎ 492 09 29-0
31 O 10 ❻

POSAMENTIR J. GMBH
(Stahlgroßhandel)
23., Siebenhirtenstr. 15
☎ 869 47 71
54 W 7 ❶

PRINGLE OF SCOTLAND
(Strickwaren)
1., Kohlmarkt 8-10
☎ 533 83 46
01 N 2 12a ❸

PURATOR UMWELTTECHNIK
(Umwelttechnik,
Abwasserreinigung)
23., Mosetigg. 3
☎ 661 11-0
55 V 9 ❶

RADATZ
Fleischwaren-
Vertriebsgesellschaft m.b.H.
Zentrale:
23., Erlaaer Straße 187
☎ 661 10-0
55 V 9 ❹

Filialen:
1., Schotteng. 3a
2., Am Vorgartenmarkt
  Stand 25,
  Stand 8
2., Im Werd 1
3., Landstraßer Markt
  Eingang: Landstr. Hauptstr.
3., Baumgasse 29
4., Karolinengasse 33
7., Neubaug. 7
10., Favoritenstraße 67
10., Quellenstraße 143
10., Am Viktor-Adler-Markt
  Stand 134
10., Hansson-Zentrum
  Favoritenstraße 239,
11., Am Simmeringer Markt
  Stand 37-40
12., Oswaldgasse 5
15., Meiselmarkt J 6
15., Ullmannstraße 67
16., Ottakringer Straße 71
17., Hernalser Hauptstr. 197
21., „B7" Ekazent Stammersdorf
  Brünnerstr. 219-221
22., Donauzentrum 11
23., Erlaaer Straße 189

Radatz
ZENTRUM SCHWECHAT
2320 Schwechat
☎ 707 35 34
59 V 18 ❶

RADIOBASTLER
(Elektron. Bauteile)
7., Neustiftg. 112
☎ 811 55-207
31 O 10 ❸

RADIOBASTLER
(Elektron. Bauteile)
22., Kagraner Platz 4
☎ +FAX: 202 83 58
22 J 16 ❷

RANK XEROX AUSTRIA
10., Triester Str. 70
☎ 601 97-0
43 S 10 ❺

RAPIDO-Wärmetechnik
22., Voitg. 17
☎ 258 15 01
11 G 17 ❶

REGER & RIEGER
(Gross- u. Einzelhandel mit
Dekorations- u. Möbelstoffen)
1., Wipplingerstr. 18
Schwertgasse 3
☎ 533 25 03
01 N 1 12a ❶

RENAULT-ÖSTERREICH
(Kfz-Betrieb)
10., Laaer-Berg-Str. 66
☎ 68 15 11-0
45 S 13 ❶

RITTAL-Schaltschränke GMBH
(Industrie-Elektrik)
23., Großmarktstraße 6
☎ 610 09-0
56 V 11 ⓬

ROGNER`S MARGARETENBAD
5., Strobachg. 7-9
☎ 587 08 44
32 P 11 ❸

RÖHRER Internationale
Sped. u. Transport GmbH
Industriestr. 3
2301 Groß Enzersdorf
☎ 02249/74 74/FAX: 3 DW
38 P 23/24 ❷

ROLLENBAU Ges.m.b.H.
(Rollen/Räder)
23., Paminag. 95
☎ 667 32 57
55 U 9 ❶

SAFT NIFE GmbH Austria
Batterien-Leistungselektronik
23., Ed. Kittenbergerg. 56, Obj. 8
☎ 86 593 68/0
54 V 8 ❸

SALETTL PAVILLON
19., Hartäckerstr. 80
Ganzjährig täglich
6 h früh - 2 h nachts
☎ 479 22 22
19 K 9 ❶

SANDVIK IN AUSTRIA
(Hartmetallwerkzeuge)
21., Scheydgasse 44
☎ 27 7 37
8 E 12 ❹

SAT
(Automatisierungstechnik)
21., Ruthnergasse 1
☎ 291 29-0
9 F 14 ❺

SAUTER MESS- UND
REGELTECHNIK GMBH
22., Niedermoserstr. 11
☎ 250 23-0
11 G 17 ❼

SCHEMBERA (Uhrmacher-
und Goldschmiedewerkzeuge)
23., Kolpingstraße 20
☎ 616 27 00-0
FAX: 616 27 00-12
Filiale: 1060 Wien
Gumpendorferstr. 78
☎ + FAX: 596 73 30
55 V 10 ⑩

SCHENKER & CO. AG
(Internationale Spedition)
Gottfried-Schenker-Str.
1110 Hafen Albern
☎ 33 1 30-0/FAX: DW 526
48 T 19/20 ❶

SCHERING WIEN Ges. m. b. H.
14., Scheringgasse 2
☎ 97 037
28 O 3 ❶

SCHEYBAL GMBH
(Fußabstreifer)
3., Franzosengraben 7
☎ 799 15 O1
FAX: 799 23 02
33/45 Q 14 ❺

SCHIEBEL, DIPL. ING. HANS
(Elektronische Geräte)
5., Margaretenstr. 112
☎ 546 26-0
FAX: 545 23 39
32/44 P/Q 11 ❷

SCHIEKMETALL
(Metallgroßhandel)
14., Albert Schweitzer-G. 9
☎ 97 026
28 O 3 ❸

SCHIER, OTTEN & Co
Ges.m.b.H.
Internationale Spedition
20., Taborstraße 95
☎ 33 1 35, FAX: 331 35/41-48
20 L 12 ❶

SCHIFF, INTERNATIONALES
PERÜCKENHAUS
1., Kärntner Str. 8
☎ 512 28 79
01 N 2/O 1 12a ❾

SCHIFF & STERN
11., Haidestraße 3a
Zufahrt über: 1. Haidequerstr. 5
☎ 760 19-0
46 Q 15 ❸

**SCHINDLER AUFZÜGE
UND FAHRTREPPEN AG**
10., Wienerbergstr. 21-25
☎ 601 88-0
43 S 10 ❷
SCHLOSS CONCORDIA-
Kleine Oper Wien-Restaurant
(Literatursalon, Galerie)
11., Simmeringer Hauptstr. 283
☎ 769 88 88
46 T 16 ❶

SCHMITT WALTER KG
(Betonstahlbiegerei, Eisen
und Eisenwaren, Schlosserei)
Hochstr. 16 und
Wienergasse 112-114
2380 Perchtoldsdorf
☎ 0222/869 12 88
FAX: 0222/869 12 88 12
53 X 5 ❶

SCHNEIDER M.
(NH-Schaltgerätebau
u. E-Installationen)
16., Lienfelderg. 31-33
☎ 46 16 74, FAX: DW 34
30/31 N 8 ❸

SCHUBERT MARMOR
Steine f. gehobene Wohnkultur
Steinmetzmeister Fachberatung
23., Breitenfurter Str. 249
☎ 804 22 62-0
54 U 8 ❶

SCHUH-SKI, SPORTHAUS
16., Ottakringer Straße 147,
162, 173, 179, 186
☎ 46 56 51-0
30 N 8 ❶

SCHUH-SKI, SPORTHAUS
22., Donauinsel/Reichs-
brücke Copa Cagrana
☎ 23 65 18-0
21 L 14 ❶

**HEIMSCHULEN DER
SCHULBRÜDER** (Gästehaus)
21., Anton Böck-G. 20
☎ 291 25
1 C 13 ❷

SCHWARZER KARL
(Verlagsbüro)
Hießbergerg. 1
3002 Purkersdorf
☎ 02231/2703
FAX: 02231/28 49 39
27 N 1 ❶

**SCHWECHATER
KABELWERKE** Ges.m.b.H.
Himbergerstr.50
2320 Schwechat
☎ 0222/701 70-0
59 W 18 ❶

**SCHWEISSGERÄTE HUBER
GmbH**
12., Wilhelmstraße 30
☎ 815 80 80-0
FAX: 815 80 80 50
43 R 10 ❶

SEMPERIT AG Holding
(Technische Produkte GmbH)
3., Modecenterstr. 22
☎ 79 777-0
45 Q 14 ❶

**SERVO KING KLIMAANLAGEN-
UND KÜHLTRANSPORT-
SERVICE Ges.m.b.H.**
23., Lamezanstr.11
☎ 616 16 610
55 V 10 ❶

SIGMA
(Betriebsberatung für Daten-
verarbeitung Ges.m.b.H.)
16., Koppstraße 116
☎ 49 103
30 N 8 ❹

SLAVONIA (Parketten-, Dach- u.
Fassadenbaustoffe)
11., Zinnergasse 6
☎ 769 69 29-0
47 T 18 ❷

SOBOLAK
(Intern. Möbelspedition)
22., Lexergasse 3
☎ 201 30
22 L 16 ❷

SONY AUSTRIA GMBH
(Elektrohandel)
23., Laxenburger Str. 254
☎ 610 50-0
56 W 11 ❷

SPERL, CAFE
(denkmalgeschützt)
6., Gumpendorfer Str. 11
☎ 586 41 58
01 O 2 11b ❹

**SPINDLER GÜNTHER
Transport Ges.m.b.H.**
21., Amtsstr.49
☎ 292 65 00, FAX: DW 13
9 E 14 ❶

STAFA
(Kaufhaus)
7., Mariahilfer Str. 120
☎ 523 86 21
FAX: 93 54 49
31 P 10 ❷

STEFFL
(Kaufhaus)
1., Kärntnerstraße 19
☎ 514 31/0, FAX: 90 DW
01 O 1 12a ❷

STIHL Ges.m.b.H.
(Motorsägen)
Neue Mühlgasse 93
2380 Perchtoldsdorf
☎ 0222/865 96 37
54 X 7 ❻

STRIESSNIG OTTO
(Tücher u. Krawattenfabrik)
3., Modecenterstraße 12
☎ 799 25 35
FAX: 799 21 O1
45 Q 14 ❷

**SULZER INFRA Anlagen- u.
Gebäudetechnik GesmbH**
(Anlagen- u. Gebäudetechnik,
Brandschutz, Wasser- u. Ab-
wassertechnik, Käitetechnik)
11., Leberstr. 120
☎ 740 36-0
45 S 14 ❶

TARBUK-NORD
(Nissan Automobile)
21., Shuttleworthstr. 11-15
☎ 291 50
9 F 14 ❷

**TECHN.INDUSTRIEB.
INGRISCH Ges.m.b.H.**
(Industriebürsten)
3., Klimschgasse 21
(4., Joh. Strauß-G.28)
☎ 713 36 92
33 P 13 ❷

WIEN, Wichtige Adressen

**THYSSEN STAHLUNION
AUSTRIA GMBH**
2., Freudenauer Hafenstr. 26
47 R 18 ❶

**TOSTMANN TRACHTEN
TRACHT UND TRACHTENMODE
FÜR DIE GANZE FAMILIE**
1., Schottengasse 3a/
Eingang Mölkerstiege
☎ 533 53 31
01 N 1 11b ❶

TOYOTA-HOLZER
(Service, Verkauf, Werkstätte)
23., Gregorygasse 8
☎ 804 25 61, 804 27 61
42 T 8 ❹

TRAUSMUTH
(Kegelbahnservice)
23., Scheffeneggerg. 10
☎ 804 25 50
42 T 8 ❺

TREE-RECYCLING
(Recycling, Entsorgung, Abfall-
management, mobile Akten- u.
Datenträgervernichtung, Kohle,
Koks, Holz)
23., Breitenfurter Str. 356A
☎ 869 86 11-0, FAX: DW 33
54 V 7 ❷

TROX AUSTRIA GmbH
22., Lichtblaustraße 15
☎ 250 43-0
11 G 17 ❾

TSCHÖLL, DR. LEO
(Personalbereitstellung)
3., Rechte Bahngasse 28
☎ 712 56 65
FAX: 713 58 04
32/33 O 13 ❸
01 O 2 13a ❸

UHER AG
(Zähler, Tarifgeräte,
Kfz-Elektronik)
19., Mooslackeng. 17
☎ 37 35 31 Serie
20 J 11 ❷

URANI FRANZ GmbH
(Spenglerei, Dachdeckerei
und Containerdienst)
Spirikgasse 1
2320 Schwechat
☎ 0222/706 19 40, 707 83 78
59 W 18 ❷

URANI PETER-Wien GmbH
(Spenglerei/Dachdeckerei)
11., Kanzelgarten 481
☎ 76 23 36, 76 63 47
768 68 00-02
47 S 17 ❶

VAILLANT Ges.m.b.H.
(Zentralheizungs- u. Warm-
wassergeräte)
VAILLANT Ges.m.b.H.
(Geschäftsbereich Elektro)
23., Forchheimerg. 7
☎ 86 360-0 (Verk./Verw.)
☎ 86 361-0 (Kundendienst)
☎ 86 362-0 (Geschäfts-
bereich Elektro)
54 V 8 ❷

**VANA Kupferschmiede
u. Apparatebau GmbH**
(Behälterbau, Rührwerke)
21., Czeija-Nisslg. 5
☎ 270 70 08
8 E 12 ❷

VARTA Batterie GMBH
23., Siebenhirtenstr. 12
☎ 86 375-0
54 W 7 ❷

**VILLA AURORA-PREDIGT-
STUHL UND ALTWIENER
BERGBAUERNHOF
WOLKENKUCKUCKSHEIM**
(Restaurant, Kaffeehaus,
Sängerwarte)
16., Wilhelminenstraße 237
☎ 489 33 33
FAX: 489 25 25
30 M 7 ❶

VOGLER HANS
(Wild, Geflügel)
3., Fleischzentrum Stand 19,
☎ 798 96 48
33/45 P/Q 14 ❹

VOGLER HANS
(Wild, Geflügel)
12., Vivenotgasse 19-21
☎ 813 21 56-0
43 R 9 ❷

VS Sanitär
Zweigniederlassung d. Sanitär
u.
Heizungstechnik Handels
GmbH
(Vereinigte Sanitär)
Brunnerfeldstr. 53
2380 Perchtoldsdorf
☎ 0222/86 302
54 X 7 ❶

**WABCO
Westinghouse GesmbH**
20., Höchstädtplatz 4
☎ 331 01-0
20 K 12 ❶

WEBSTER UNIVERSITY (USA)
3., Marokkanergasse 16
☎ 714 75 92
32 P 12 ❺

ab 8/96
22., Kaisermühlendamm 87-91
34 M 15 ❶

**WEISSMANN ING. CHRISTIAN
GMBH**
(Trennwände, Decken,
Innenausbau)
21., Meistergasse 4/1/33
☎ 259 73 73
FAX: 259 99 58
11 G 17 ❷

**WERTHEIM Sicherheits-
systeme GmbH**
Bankeinrichtungen, Tresore,
Geldschränke, Stahlmöbel
10., Wienerbergstr. 21-25
☎ 604 91 66-0
43 S 10 ❹

WESSELY R.
(Heizung, Sanitär)
14., Linzer Straße 81
☎ 982 72 05, 985 93 37
FAX: 982 70 22
30 P 8 ❹

WIEN-SCHALL
(Elektr. Meßgeräte)
12., Krichbaumgasse 25
☎ 811 55-100
FAX: 811 55-180
43 R 9 ❸
(Elektr. Bauteile Abteilung)

RADIOBASTLER
(Elektr. Bauteile)
☎ 811 55-200
FAX: 811 55-290
43 R 9 ❸

WIENER ALLIANZ
(Versicherung)
13., Hietzinger Kai 101-105
☎ 87 807-0, FAX: DW 260
30 P 7 ❹

**WIENER MESSEN & CONGRESS
Ges.m.b.H.**
MESSEGELÄNDE WIEN
2., Lagerhausstr. 7
☎ 727 20-0
33 N 14 ❶

171

WILDSCHEK & CO
(Chemische u. Lackfabrik)
23., Industrieg. 8
☎ 804 15 06 FAX: 804 21 69
TX: 133527
42/54 T 7 ❶

WOLFRUM KUNSTVERLAG
(Kunstbücher, Bilder, Rahmen)
1., Augustinerstr. 10/
Lobkowitzpl. 2
☎ 512 53 98-0, 512 41 78-0
512 06 30-0, FAX: 512 15 57
01 O 1 12a ❶

ZAUCHINGER HERBERT
(Einbruchsschutz)
14., Penzingerstr. 61
☎ 894 52 24
30/42 P 8 ❷

WOCILKA
DÄCHER & FASSADEN GMBH
(Dachdecker, Spengler)
2., Große Schiffgasse 24
☎ 216 68 91
FAX: 216 68 91/9
32 M 12 ❶

WÜRTH
Der Montageprofi
23., Richard-Strauss-Str. 31
☎ 610 19-0
55 V 10 ❼

ZINN-HAMMERLING
(Geschenke aus Österreich)
16., Lerchenfelder Gürtel 39
☎ 406 15 05, FAX: 406 15 07
31 10 ❷

WÖHRER & Co GESMBH
(KFZ-Handel)
23., Richard-Strauss-Str. 17
☎ 616 25 25
55 U 10 ❸

YTONG
(Baustoffe u. Bauleistungen)
8., Laudongasse 7
☎ 403 23 40
32 N 11 ❶

Österreichische Erkennungszeichen

BURGENLAND

E	Bundes-Poldion. Eisenstadt
EU	BH Eisenstadt
GS	BH Güssing
JE	BH Jennersdorf
MA	BH Mattersburg
ND	BH Neusiedl am See
OP	BH Oberpullendorf
OW	BH Oberwart

KÄRNTEN

K	Bundes-Poldion. Klagenfurt
KL	BH Klagenfurt
FE	BH Feldkirchen
HE	BH Hermagor
SV	BH St.Veit an der Glan
SP	BH Spittal an der Drau
VI	Bundes-Poldion. Villach
VL	BH Villach
VK	BH Völkermarkt
WO	BH Wolfsberg

NIEDERÖSTERREICH

P	Bundes-Poldion. St.Pölten
PL	BH St. Pölten
AM	BH Amstetten
BN	BH Baden
BL	BH Bruck an der Leitha
GF	BH Gänserndorf
GD	BH Gmünd
HL	BH Hollabrunn
HO	BH Horn
KO	BH Korneuburg
KR	BH Krems an der Donau
KS	Mag. Krems an der Donau
LF	BH Lilienfeld
ME	BH Melk
MI	BH Mistelbach
MD	BH Mödling
NK	BH Neunkirchen
SB	BH Scheibbs
SW	Bundes-Poldion. Schwechat
TU	BH Tulln
WT	BH Waidhofen an der Thaya
WY	Mag.Waidhofen an der Ybbs
WN	Bundes-Poldion. Wr. Neustadt
WB	BH Wiener Neustadt
WU	BH Wien-Umgebung
ZT	BH Zwettl

OBERÖSTERREICH

L	Bundes-Poldion. Linz
LL	BH Linz-Land
BR	BH Braunau am Inn
EF	BH Eferding
FR	BH Freistadt
GM	BH Gmunden
GR	BH Grieskirchen
KI	EH Kirchdorf an der Krems
PE	BH Perg

RI	BH Ried im Innkreis
RO	BH Rohrbach im Mühlkreis
SD	BH Schärding
SR	Bundes-Poldion. Steyr
SE	BH Steyr-Land
UU	BH Urfahr-Umgebung
VB	BH Vöcklabruck
WE	Bundes-Poldion. Wels
WL	BH Wels

SALZBURG

S	Bundes-Poldion. Salzburg
SL	BH Salzburg-Umgebung
HA	BH Hallein
JO	BH St.Johann
TA	BH Tamsweg
ZE	BH Zell am See

STEIERMARK

G	Bundes-Poldion. Graz
GU	BH Graz-Umgebung
BM	BH Bruck an der Mur
DL	BH Deutschlandsberg
FB	BH Feldbach
FF	BH Fürstenfeld
HB	BH Hartberg
JU	BH Judenburg
KF	BH Knittelfeld
LB	BH Leibnitz
LE	Bundes-Poldion. Leoben
LN	BH Leoben
LI	BH Liezen
BA	Exp. Bad Aussee
GB	Exp. Gröbming
MU	BH Murau
MZ	BH Mürzzuschlag
RA	BH Radkersburg
VO	BH Voitsberg
WZ	BH Weiz

TIROL

I	Bundes-Poldion.Innsbruck
IL	BH Innsbruck
IM	BH Imst
KB	BH Kitzbühel
KU	BH Kufstein
LA	BH Landeck
LZ	BH Lienz
RE	BH Reutte
SZ	BH Schwaz

VORARLBERG

B	BH Bregenz
BZ	BH Bludenz
DO	BH Dornbirn
FK	BH Feldkirch

WIEN

W	Bundes-Poldion. Wien

freytag & berndt
WANDERKARTEN
1:50 000
farbige Wegmarkierungen,
alpinistisch-touristische Informationen,
Ortsverzeichnis, Schutzhütten, Ausflugsgasthäuser.
Kultur, Sehenswürdigkeiten
Karten mit Radwanderrouten sind <u>unterstrichen</u>.

Österreich
* in Vorbereitung

<u>Wanderatlas Wienerwald</u>
Wanderatlas Wiener Hausberge
011   Wienerwald
021   Fischbacher A.,Roseggers Waldheimat
022   Semmering, Rax, Schneeberg
031   Ötscherland, Mariazell, Scheibbs,
      Lunzer See
041   Hochschwab, Veitschalpe, Eisenerz,
      Bruck/Mur
051* Unteres Ennstal, Eisenwurzen
062* Ennstaler Alpen, Gesäuse
071   Wachau, Dunkelsteiner Wald, Yspertal,
      Jauerling
072   Kamptal, Gars, Zwettl, Horn, Langenlois
073   Thayatal, Znaim, Retz, Gars am Kamp
081   Grünau/Almtal, Steyrtal, Sengsengebirge
082   Totes Gebirge, Windischgarsten,
      Tauplitz, Liezen
101   Lofer, Leogang, Steinberge
102   Untersberg, Eisriesenwelt, Königssee
103   Pongau, Hochkönig, Saalfelden
111   Zwettl, Nebelstein, Gmünd
121   Großvenediger, Oberpinzgau
122   Großglockner, Kaprun, Zell am See
123   Defereggen, Virgental, Matrei
131   Grazer Bergland, Schöckl, Teichalm,
      Stubenbergsee
141   Julische Alpen
151   Zillertal, Tuxer Alpen,
      Jenbach, Schwaz
152   Mayrhofen, Zillertaler Alpen,
      Gerlos, Krimml

181   Kals, Heiligenblut, Matrei
182   Lienzer Dolomiten, Lesachtal
191   Gasteiner Tal, Wagrain, Großarltal
193   Sonnblick, Großglocknerstraße,
      Unterpinzgau
201   Schladminger Tauern, Radstadt, Dachst.
202   Radstädter Tauern, Katschberg, Lungau
221   Millstätter See, Spittal/Drau, Nockalmstr.
222   Bad Kleinkirchheim, Krems i. Ktn.,
      Radenthein, Reichenau
223   Weißensee, Gailtal, Gitschtal, Naßfeld
224   Faaker See, Villach, Unteres Gailtal
225   Kreuzeckgruppe, Mölltal
231   St.Veit, Feldkirchen, Gurktal
232   Völkermarkt, Klopeiner See, Turner S.
233   Kärntner Seen, Villach, Klagenfurt
234   Klopeiner See, Rosental, Klagenfurt
235   Wörthersee 1:30 000
236   Norische Region, Hüttenberg, Wolfsberg,
      Friesach
241   Innsbruck, Stubai, Sellrain, Brenner
251   Ötztal, Pitztal, Kaunertal, Wildspitze
252   Imst, Landeck, Telfs, Fernpaß
253   Landeck, Reschenpaß, Kaunertal
261   Mühlviertel, Freistadt, Linz-Urfahr
262   Böhmerwald, Mühlviertel, Moldaustausee
271   Neusiedler See, Rust, Seewinkel

281   Dachstein, Ausseer Land,
      Filzmoos-Ramsau
282   Attersee, Traunsee, Höllengebirg
      Mondsee, Wolfgangsee
283   Attersee 1:30 000
284   Traunsee und Höllengebirge 1 :
301   Kufstein, Kaisergebirge, Kitzbüh
321   Achensee, Rofan, Unterinntal
322   Wetterstein, Karwendel, Seefeld
      Leutasch, Garmisch Partenkirch
323   Karwendel
333   Innsbruck und Umgebung 1:25
351   Lechtaler-Allgäuer Alpen,
352   Ehrwald, Lermoos, Reutte, Tann
363   Oberstdorf, Kl.Walsertal, Sonth
364   Bregenzerwald
371   Bludenz, Klostertal, Montafon
372   Arlberggebiet, Paznaun, Verwall
373   Silvretta Hochalpenstraße, Piz B
382   Zell am See, Kaprun, Saalbach
383   Europa Sportregion, Kaprun—
      Zell am See 1:30000
391   Mattsee, Wallersee, Irrsee, Fusch
      Mondsee
392   Tennengebirge, Lammertal, Gos
421   Hartberg, Friedberg, Joglland
422   Wechsel, Bucklige Welt, Bernste
471   Steiner-Sanntaler Alpen

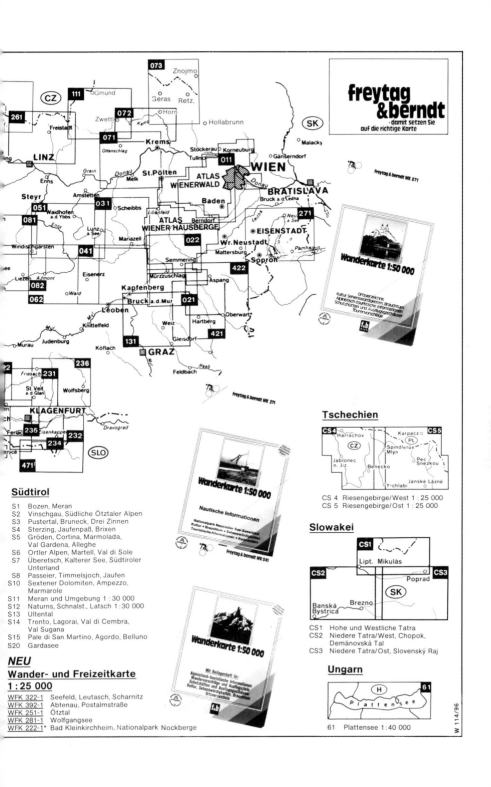

Südtirol

S1   Bozen, Meran
S2   Vinschgau, Südliche Ötztaler Alpen
S3   Pustertal, Bruneck, Drei Zinnen
S4   Sterzing, Jaufenpaß, Brixen
S5   Gröden, Cortina, Marmolada, Val Gardena, Alleghe
S6   Ortler Alpen, Martell, Val di Sole
S7   Überetsch, Kalterer See, Südtiroler Unterland
S8   Passeier, Timmelsjoch, Jaufen
S10   Sextener Dolomiten, Ampezzo, Marmarole
S11   Meran und Umgebung 1 : 30 000
S12   Naturns, Schnalst., Latsch 1 : 30 000
S13   Ultental
S14   Trento, Lagorai, Val di Cembra, Val Sugana
S15   Pale di San Martino, Agordo, Belluno
S20   Gardasee

NEU

Wander- und Freizeitkarte 1 : 25 000

WFK 322-1   Seefeld, Leutasch, Scharnitz
WFK 392-1   Abtenau, Postalmstraße
WFK 251-1   Ötztal
WFK 281-1   Wolfgangsee
WFK 222-1*   Bad Kleinkirchheim, Nationalpark Nockberge

Tschechien

CS 4   Riesengebirge/West 1 : 25 000
CS 5   Riesengebirge/Ost 1 : 25 000

Slowakei

CS1   Hohe und Westliche Tatra
CS2   Niedere Tatra/West, Chopok, Demänovská Tal
CS3   Niedere Tatra/Ost, Slovenský Raj

Ungarn

61   Plattensee 1 : 40 000

W 114/96

ERLÄUTERUNG ZU DEN VERZEICHNISSEN AUSSERHALB WIENS

Die alphabetisch geordneten Verzeichnisse enthalten die Namen der Straßen, Gassen, Wege und Plätze derjenigen Gemeinden außerhalb Wiens, die ganz oder teilweise im Kartenteil 1:20 000 dargestellt werden.
Bei jenen Gemeinden, die nur teilweise aufscheinen, werden ausschließlich jene Verkehrsflächen im Verzeichnis angeführt, die tatsächlich im Kartenteil enthalten sind.
Die fettgedruckten Zahlen geben die Nummer des Kartenblattes an, ihr folgen die Suchernetzbezeichnungen.

> Angorag. **2** A 16
> Anzengruberweg **11** D 17

Die bei Platzmangel im Plan abgekürzten Namen werden im Straßenverzeichnis sowohl in dieser Abkürzung als auch im vollen Wortlaut angegeben:

> A.-Br.-G.=Anton-Bruckner-G.
> Anton-Bruckner-G. (A.-Br.-G.) **7** D 9

EXPLANATION OF THE INDEX OUTSIDE VIENNA

The alphabetic index includes the names of all streets, roads and places of those communities outside Vienna, which are completely or partly included in the map 1:20 000. Concerning the communities partly shown in the map, only the names included in the map are listed in the street-index.
The number in the heavy type designates the map section number, it is followed by letter(s) and number(s) marking the map square(s) in which the name can be found:

> Angorag. **2** A 16
> Anzengruberweg **11** D 17

Where there is not enough space available on the plan, some names had to be abbreviated. In these cases the index shows both, full name and abbreviation, so that a cross-reference is possible:

> A.-Br.-G.=Anton-Bruckner-G.
> Anton-Bruckner-G. (A.-Br.-G.) **7** D 9

EXPLICATION DE L'INDEX EN DEHORS DE VIENNE

L'index alphabétique contient les rues, ruelles, chemins et places des communes autour Vienne, qui se trouvent en tout ou partie dans le plan 1:20 000. Au sujet des communes montrées partiellement dans le plan, seulement les noms des rues qui sont ecrits dedans se trouvent dans l'index des rues.
Les nombres en caractères gras renvoient à la page correspondante du plan, les indications suivantes au quadrillage d'orientation:

> Angorag. **2** A 16
> Anzengruberweg **11** D 17

Les noms abrégés sur le plan par manque de place se trouvent dans l'index soit sous cette forme abrégée, soit in extension:

> A.-Br.-G.=Anton-Bruckner-G.
> Anton-Bruckner-G. (A.-Br.-G.) **7** D 9

SPIEGAZIONE DELL'INDICE FUORI VIENNA

L'indice stradale alfabetico contiene i nomi delle strade, vie, dei vicoli e delle piazze di questi comuni fuori Vienna, chi sono presentati intero o parzialmente nella parte della pianta. In quei comuni, chi apparo soltanto parzialmente, sono citati soltanto questi nomi nel indice stradale, chi sono contenuti veramente nella parte del pianto.
I numeri stampati in grassetto indicano i singuli fogli; a quésti seguono le indicazioni relative al reticolo topografico per la ricerca:

> Angorag. **2** A 16
> Anzengruberweg **11** D 17

I nomi abbreviati per ragioni di spazio disponibile vengono riportati nell'elenco stradale tanto nella forma abbreviata, quanto per intero:

> A.-Br.-G.=Anton-Bruckner-G.
> Anton-Bruckner-G. (A.-Br: G.) **7** D 9

Achau 178	Kledering siehe Schwechat	Pfaffstätten 225
Baden 179–181	Klein Engersdorf siehe	Purkersdorf 226
Bad Fischau-Brunn 182	Bisamberg	Raasdorf.....................................227
Bad Sauerbrunn......................183	Klosterneuburg 203–206	Rannersdorf siehe
Bad Vöslau....................184–185	Korneuburg 207–208	Schwechat
Biedermannsdorf 186	Kottingbrunn 209	St. Andrä-Wördern 228
Bisamberg 187	Kritzendorf siehe	Scheiblingstein siehe
Breitenfurt b. Wien 188	Klosterneuburg	Klosterneuburg
Brunn am Gebirge 189–190	Laab im Walde.......................210	Schönau a.d. Triesting..............229
Deutsch Wagram 191	Langenzersdorf.......................211	Schwechat 230–232
Eggendorf 192	Laxenburg 212	Sollenau.....................................233
Felixdorf..................................193	Leobersdorf 213	Sooß..234
Gablitz 194	Leopoldsdorf 214	Südstadt siehe Maria
Gainfarn siehe Bad Vöslau	Mannswörth siehe Schwechat	Enzersdorf am Gebirge
Gerasdorf b. Wien 195	Maria Enzersdorf am Geb........215	Theresienfeld 235
Gießhübl 196	Maria Gugging siehe	Traiskirchen.....................236–238
Groß Enzersdorf 197	Klosterneuburg	Tribuswinkel siehe
Gumpoldskirchen 198	Maria Lanzendorf.................... 216	Traiskirchen
Günselsdorf 198	Matzendorf-Hölles...................216	Trumau......................................238
Guntramsdorf 199–200	Mauerbach...............................217	Vösendorf 239
Hennersdorf 200	Mödling 218–219	Weidling siehe
Hinterbrühl 201	Möllersdorf siehe Traiskirchen	Klosterneuburg
Höflein a.d. Donau siehe	Neudörfl 220	Weikersdorf am Steinfelde 240
Klosterneuburg	Oberwaltersdorf 221	Wr. Neudorf..............................241
Kaltenleutgeben......................202	Oeynhausen siehe	Wr. Neustadt 242–245
Katzelsdorf..............................202	Traiskirchen	Wöllersdorf-Steinabrückl..........246
Kierling siehe Klosterneuburg	Perchtoldsdorf 222–224	

Anningerg. **67** Zb 12
Bahnstr. **67/72** Zb/Zc 12
Biedermannsdorfer Str. **67/72** Zc 12
Fasang. **67** Zb 13
Feldg. **67/72** Zb/Zc 12
Garteng. **68** Zb 13
Hauptstr. **67/68** Zc 12/13
Hennersdorfer Str. **67** Zb 12
Hintausstr. **67/68** Zb/Zc 13

Hohlweg **68** Zb|Zc 13
Krottenbachstr. **67/68** Zb 13
Kurt-Stepancik-Pl. **67** Zc 12
Lanzendorfer Str. **68** Zb 13
Laxenburger Str. **72** Zc 12
Leopoldsdorfer Str. **68** Zb 13
Mühlg. **72** Zc 12/13
Ortsstr., Untere **68** Zc 13
Schulweg **68** Zc 13

Siedlerstr. **67** Zb 12
Spielplatzg. **67** Zb/Zc 12
Stepancik-Pl., Kurt- **67** Zc 12
Untere Ortsstr. **68** Zc 13
Weideng. **67/68** Zb 13

Wichtige Adressen

Feuerwehr, Hauptstr. 23,
☎ 722 03
Gemeindeamt, Hauptstr. 23,
☎ 715 83
Postamt, Mühlg. 16,
☎ 712 80

In diesem Straßenverzeichnis scheinen **ausschließlich** jene Straßen, Gassen, Wege und Plätze auf,
die im Kartenteil 1:20 000 dargestellt werden.

A

Adolfine-Malcher-G. **73/77** Zk 4
Agnesg. **78** Zl 5
Akademieprom. = Akademie-
  promenade
Akademiepromenade (Akademie-
  prom.) **78** Zk/Zl 5
Albrechtsg. **77** Zl/Zm 3
Allandg. **77** Zl 4
Alth.-g. = Althofg.
Althofg. (Alth.-g.) **78** Zl 4/5
Am Fischertor **77** Zl 4
Am Flachhard **77** Zm 3
Am Gänsehäufl **78** Zl 5
Am Haidhofteich **78** Zo 6
Am Haiglteich **78** Zo 6
Am Hang **77** Zm 3
Am Lorenzteich **78** Zo 5
Andreas (A.)-Hofer-Zeile **73** Zk 3
Annag. **77** Zl 4
Antonsg. **73/77** Zk 4
Anzengruberstr. (Anzeng.-str.)
  77 Zm 3
Anzeng.-str. = Anzengruberstr.
Arenastr. **73/77** Zk 4
Auf der Heide **78** Zn 5
Augustinerg. **78** Zl/Zm 5
Aurachstr. **74** Zk 5

B

Babenbergerstr. **77** Zm 3
Bachg. **78** Zl 5
Bahng. **77** Zl 4
Beeth.-g. = Beethoveng.
Beethoveng. (Beeth.-g.) **77** Zl 4
Beim Spritzerriegel **78** Zm 5
Bergsteigg. **73/77** Zk 2/3
Biondekg. **73/74** Zk 4/5
Boldrinig. **73/77** Zk 4
Braitnerstr. **77/78** Zl 4, Zm 4/5
Brandlg. **77** Zm 3
Braunstr. **74/78** Zk/Zl 5
Brenekg. **74/78** Zk 4/5
Breyerstr. **77** Zl 4
Brunnenweg (Br.-wg.) **78** Zl 5
Brusattipl. **77** Zl 3
Br.-wg. = Brunnenweg
Brzezowskyweg **73** Zj 3

C

Callianog. **73** Zk 3
Carl-Zeller-Weg **73/77** Zk 3
Christalnigg. **77** Zl 4
Conrad-v.-Hötzendorf-Pl. **77** Zl 4

D

Dammg. **77/78** Zk-Zm 4/5
Doblhoffg. **77** Zl 3
Dörflerg. **77** Zl 2, Zm 3
Dr.-Emil (E.)-Raab-Str. **77** Zm 3/4
Dr.-Rudolf-Klafsky-Str. **73** Zk 3
Dumbag. **77** Zl 2/3

E

Eichwaldg. **77** Zl/Zm 4
Elisabethstr. **77** Zl 3/4
Emil-Kraft-G. **74/78** Zk 5
Erzherzog-Rainer-Ring **77** Zl 4
Erzherzog-Wilhelm-Ring **77** Zk/Zl 4
Erzherzogin-Isabella-Str. **77**
  Zl/Zm 2
Eugeng. **77** Zl 3, Zm 2

F

Fabriksg. **78** Zl 4

Felder-Weg, Schöne- **74** Zk 5
Ferdinand (F.)-Pichler-G. **77** Zl 4
Fischertor, Am **77** Zl 4
Flachhard, Am **77** Zm 3
Flammingg. **73/77** Zk/Zl 4
Flugfeldweg **78** Zn/Zo 5
Franz-Gehrer-Str. **77/78** Zm 4/5
Franz-Joseph-Ring, Kaiser- **77** Zl 4
Franz-Ring, Kaiser- **73/77** Zk 4
Franz-Schwabl-G. **74** Zk 5
Fraueng. **77** Zl 4
Friedhofstr. **77** Zm 4
Friedrich-Schiller-Pl. **77** Zl 3
Friedrichstr. **77** Zl 3, Zm 2/3
Frim-Str., Karl- **77** Zm 3

G

Gaadener Weg **73** Zj 3
Gabelsbergerstr. **74/78** Zl 5
Gaisbühelg. **77** Zm 4
Gallstr. **77** Zm 3/4
Gamingerstr. **73** Zk 3
Gänsehäufl, Am **78** Zl 5
Garteng. **77** Zl 4
Gehrer-Str., Franz- **77/78** Zm 4/5
Genée-Str., Richard- **73** Zk 3
Germerg. **73/74** Zk 4/5
Gleichweit-Str., Karl- **78** Zm 5
Goetheg. **74** Zk 5
Göschlg. **78** Zl 5
Grabeng. **77** Zl 4
Grillparzerstr. **73/77** Zk 4
Grundauerweg **78** Zm 5
Gutenbr.-str. = Gutenbrunner-str.
Gutenbrunnerstr. (Gutenbr.-str.)
  77 Zl 3
Gymnasiumstr. **74/78** Zk 4

H

Habsburgerstr. **77** Zl 3
Hahn-Str., Julius- **78** Zl 5
Haidhofstr. **78** Zm/Zn 5, Zo 6
Haidhofteich, Am **78** Zo 6
Haiglteich, Am **78** Zo 6
Hainisch-G., Marianne
  (M.-H.-G.) **78** Zl 5
Halsriegelstr. **77/78** Zm 3-5
Hang, Am **77** Zm 3
Hanny-Str., Johann- **77** Zm 3
Hansyg. **74/78** Zk 5
Harterg. **78** Zm 4
Haueisg. **74/78** Zl 4
Hauptpl. **77** Zl 4
Haydnstr. **74** Zk 4/5
Heide, Auf der **78** Zn 5
Heiligenkreuzer G. (Heilig. G.)
  77 Zl 3/4
Heilig. G. = Heiligenkreuzer G.
Heinrich (H.)-Strecker-G. **73/77** Zk 3
Helenenstr. **77** Zl 2/3
Helferstorferg. (H.-g.) **77** Zl 4
Herrnkircheng. **78** Zm 4
H.-g. = Helferstorferg.
Hildegardg. **77** Zl 4
Hochstr. **73** Zk 3
Hofackerg. **78** Zl 5
Hofer-Zeile, Andreas (A.)- **73** Zk 3
Höfle-G., Josef- **78** Zl 4/5
Horag. **77** Zm 4
Hötzendorf-Pl., Conrad-v.- **77** Zl 4
Hu.-g. = Huppmanng.
Huppmanng. (Hu.-g.) **77** Zl 4
Hutweide, Zur **77** Zm 3

I

Ignazweg **73** Zk 3/4
Isabella-Str., Erzherzogin-
  77 Zl/Zm 2

Isidor-Trautzl-Str. **77** Zm 4

J

Jägerhausg. **77** Zl 2/3
J.-K.-Str. = Josef-Klieber-Str.
Johannesg. **77** Zl 3
Johann-Hanny-Str. **77** Zm 3
Johann-Klerr-Str. **77** Zm 3
Johann-Strauß-G. **73/77** Zk 3
Johann-Wagenhofer-Str. **73** Zk 3
Josef-Höfle-G. **78** Zl 4/5
Josefiweg **73** Zk 3/4
Josef-Klieber-Str. (J.-K.-Str.) **77** Zl 2
Josef-Koch-Str. **77** Zl 3
Josef-Kollmann-Str. **78** Zl 5
Josef-Müller-Str. **73/77** Zk 3
Julius-Hahn-Str. **78** Zl 5

K

Kaiser-Franz-Joseph-Ring **77** Zl 4
Kaiser-Franz-Ring **73/77** Zk 4
Kanalg. **78** Zl 5
Karl-Frim-Str. **77** Zm 3
Karl-Gleichweit-Str. **78** Zm 5
Karlsg. **77** Zl 2/3
Kartäuserweg (Kart.-weg) **73** Zk 3
Kart.-weg = Kartäuserweg
Kastnerweg **78** Zl 5
Kiebitzmühlg. **78** Zo 6
Klafsky-Str., Dr.-Rudolf- **73** Zk 3
Kleingartenweg **78** Zl 5
Klerr-Str., Johann- **77** Zm 3
Klesheimstr. **77** Zl/Zm 4
Klieber-Str., Josef (J.-K.-Str.)
  77 Zl 2
Koch-Str., Josef- **77** Zl 3
Kollmann-Str., Josef- **78** Zl 5
Komzakg. **73** Zk 4
Kornhäuselstr. **77** Zl 3
Kraft-G., Emil- **74/78** Zk 5
Kreuzbühelg. **77** Zm 4
Kropfwieseng. **78** Zo 5

L

Lambrechtg. **78** Zl 4
Längenfelderg. **77** Zm 4
Lbg.-str. = Leitzenbergerstr.
Leesdorfer Hauptstr. **77/78** Zl 4/5
Lehnerg. **78** Zl 5
Leitzenbergerstr. (Lbg.-str.)
  77/78 Zl 4
Lokalbahnzeile **78** Zl 5
Lorenzteich, Am **78** Zo 5

M

Mackg. **74** Zk 5
Malcher-G., Adolfine- **73/77** Zk 4
Marcellinenweg **73** Zk 3?4
Marchetstr. **73/77** Zk/Zl 3
Marieng. **73/77** Zk 4
Marienhofg. **77** Zm 3
Markhof-Str., Mautner-von- **73** Zk 4
Martin-Mayer-G. **73** Zk 4
Mautner-von-Markhof-Str. **73** Zk 4
Matz-Str., Udo- **77** Zm 4
Max-Schönherr-G. (M.-S.-G.)
  73 Zk 3
Mayer-G., Martin- **73** Zk 4
Maynolog. **77** Zm 3/4
Meiereig. **78** Zl 5
Melkerg. **78** Zl 5
M.-H.-G. = Marianne-Hainisch-G.
Michael-Tauscher-G. **77** Zl/Zm 3
Millöckerstr. (Mill.-str.) **77** Zm 2
Mill.-str. = Millöckerstr.

Mitterbergstr. **73/77** Zk 3
Mittersteig (Mitterstg.) **73** Zk 3
Mitterstr.= Mittersteig
M.-S.-G. = Max-Schönherr-G.
Mozartstr. **73/77** Zk 3
Mühlg. **77/78** Zl 4/5
Mühlstg. = Mühlstiege
Mühlstiege (Mühlstg.) **77** Zl 3
Müller-Str., Josef- **73/77** Zk 3
Müller-Str., Wenzel- **78** Zm 4/5

N

Neumisterg. **74** Zk 5
Neustiftg. **77** Zl 4

O

Oetkerweg **78** Zn 5

P

Palffyg. **77** Zl 4
Pelzg. **77** Zl 3
Pergerstr. **77** Zl 3
Pergerweg **73** Zk 3l4
Peterhofg. **77** Zl 3
Pfaffstättner Str. **74** Zk 5
Pfarrg. **77** Zl 4
Pfarrpl. **73/77** Zk 4
Pichler-G., Ferdinand (F.)- **77** Zl 4
Pötschnerg. **77** Zl/Zm 3
Prinz-Solms-Str. **77/78** Zl 4
Promenadeweg **77** Zl 3

Q

Querg. **77** Zm 2

R

Raab-Str., Dr.-Emil (E.)- **77** Zm 3/4
Radetzkystr. **77** Zl/Zm 3
Rainer-Ring, Erzherzog- **77** Zl 4
Rainerweg **73/77** Zk/Zl 3
Rathausg. **77** Zl 4
Rathg. **78** Zl 5
Rauheneckg. **77** Zl/Zm 3
Reichertweg **73** Zj/Zk 3
Renng. **73/77** Zl 4
Richard-Genée-Str. **73** Zk 3
Rohrfeldg. **77/78** Zm 4

Rohrg. **77** Zl/Zm 4
Rollettg. (Roll.-g.) **77** Zl 3
Roll.-g. = Rollettg.
Römerg. **74/78** Zk 5, Zl 4
Roseggerstr. **77** Zl/Zm 4
Rosenbüchelg. **78** Zm 4l5
Rudolf-Zöllner-Str. **77** Zm 4
Ruppertg. **78** Zl 5

S

Sackg. (S.-g.) **77** Zl 4
Sagerbachg. **78** Zo 6
Sandwirtg. **77** Zl 3
Sauerhofstr. **77** Zl/Zm 3
Sch.-g. = Schm400erg.
Schiestlstr. **73** Zk 4
Schießgraben **78** Zm 5
Schi.-g. = Schinzlg.
Schildbachweg **78** Zo 5
Schiller-Pl., Friedrich- **77** Zl 3
Schimmerg. **77** Zl/Zm 3
Schinzlg. (Schi.-g.) **77** Zl 3
Schloßg. **77** Zl 3
Schmidtg. **77** Zl 3
Schm400erg. (Sch.-g.) **78** Zl 4
Schöne-Felder-Weg **74** Zk 5
Schönherr-G., Max (M.-S.-G.)
    73 Zk 3
Schubertg. **73/77** Zk 3
Schützeng. **78** Zm 4/5
Schwabl-G., Franz- **74** Zk 5
Schwartzstr. **78** Zl 5
S.-g. = Sackg.
Siedlerweg **78** Zl 5
Solms-Str., Prinz- **77/78** Zl 4
Spiegelg. **73/77** Zk 4
Spiegeln, Zu den **73** Zk 4
Spitzerriegel, Beim **78** Zm 5
Stadlerg. **77** Zm 3/4
Steinbruchg. **77** Zl 2
Steinfeldg. **78** Zo 6
Stiftg. (St.-g.) **78** Zl 4
Strasserng. **77** Zl 4
Strauß-G., Johann- **73/77** Zk 3
Strecker-G., Heinrich (H.)-
    73/77 Zk 3
Sukfüllweg **73** Zk 3

T

Tauscher-G., Michael- **77** Zl/Zm 3

Theaterpl. **73/77** Zl 4
Theresieng. **77** Zk/Zl 4
Trabrenng. **74** Zk 5
Trautzl-Str., Isidor- **77** Zm 4
Trennerstr. **77** Zm 3/4
Triester Str. **79** Zo 7
Trimplingg. **77** Zl/Zm 3
Trostg. **73** Zk 4

U

Udo-Matz-Str. **77** Zm 4
Uetzg. **77** Zl/Zm 4

V

Valeriestr. **77** Zl 4
Veltenweg **78** Zl 5
Vöslauer Str. **77** Zl/Zm/Zn 3

W

Wagenhofer-Str., Johann- **73** Zk 3
Waldg. **77** Zm 2
Waltersdorfer Str. **77/78** Zl 4, Zm 5
Wasserg. **77** Zl 4
Wasserleitungsstr. **77** Zl/Zm 2
Weichselg. **77** Zl 4
Weideng. **78** Zo 6
Weikersdorfer Pl. **77** Zl 3
Weilburgstr. **77** Zl 2/3
Welzerg. **73** Zk 3/4
Wenzel-Müller-Str. **78** Zm 4/5
W.-g. = Wieseng.
Wiener Str. **73/74** Zk 4/5
Wieseng. (W.-g.) **77** Zm 3
Wilhelm-Ring, Erzherzog-
    77 Zk/Zl 4
Wimmerg. **78** Zl/Zm 5
Witzmanng. (Witzm.-g.) **73/77** Zk 3
Witzm.-g. = Witzmanng.
Wörthg. **77/78** Zl 4

Z

Zeller-Weg, Carl- **73/77** Zk 3
Ziehrerweg **73** Zk 3
Zöllner-Str., Rudolf- **77** Zm 4
Zöllnerweg **73/77** Zk 3/4
Zu den Spiegeln **73** Zk 4
Zur Hutweide **77** Zm 3

Wichtige Adressen, bezahlte Anzeigen

Arbeiterkammer f. NÖ,
  Elisabethstr. 38, ☎ 482 16
Bezirksgericht, Conrad-von-
  Hötzendorf-Pl. 6, ☎ 865 00-0
Bezirkshauptmannschaft,
  Vöslauer Str. 9, ☎ 807 11
Bezirkshauptmannschaft,
  (ab Herbst 96), Schwartzstr.
Feuerwehren:
  Grabeng.18, ☎ 893 11, 215 32
  Waltersdorfer Str. 34 a,
  ☎ 893 22
  Helenenstr. 2, ☎ 433 33
Gemeindeamt, Hauptpl.1,
  ☎ 868 00-0
Gendarmerie, Conrad-von-
  Hötzendorf-Pl. 6, ☎ 851 33-0
Krankenhaus, Wimmerg. 19,
  ☎ 895 00-0
NÖ Gebietskrankenkasse,
  Vöslauer Str. 8, ☎ 443 82-0

Postämter:
  2500 Kaiser-Franz-Joseph-
  Ring 35, ☎ 485 61-0
  2502 Kanalg. 9, ☎ 806 60-0
Rotes Kreuz, Rathg. 9
  Rettung Notruf ☎ 144
  Bezirksstelle ☎ 806 46
  Rettungskolonne ☎ 806 44
Stadtpolizei, Rathausg. 2,
  ☎ 400-0

EVN Energie-Versorgung Niederösterreich AG
Regionaldirektion
Bezirksleitung
Waltersdorfer Straße 4
2500 Baden
☎ 02252/200-0
77 Zl 4 ❶

GEVA Elektronik-Handelsgesellschaft mbH
(Automatisierungstechnik)
Wienerstr. 89
2500 Baden
☎ 02252/85 552-0
74 Zk 5 ❶

LEICHTFRIED GmbH
(EDV-Service, Schulung,
BW-Software, Netzwerke)
Frauengasse 10
2500 Baden
☎ 02252/432 73-0,
FAX: DW 17
77 Zl 4 ❷

MOTEL BADEN
Schützengasse 36
2500 Baden
☎ 02252/871 31
78 Zm 5 ❶

POKORNY ANDREA GMBH
(Werbung)
Pfarrgasse 16
2500 Baden
☎ 02252/416 95
77/73 Zl 4 ❸

In diesem Straßenverzeichnis scheinen **ausschließlich** jene Straßen, Gassen, Wege und Plätze auf, die im Kartenteil 1:20 000 dargestellt werden.

Alois-Windisch-Str. **89** Ye/Yf 98/99
Am Saatzen **90** Ye 99
An der Wasserleitung **89** Ye/Yf 98
Auf den Riegeln **89** Yf 97
Badg. **89/90** Ye 99
Bahng. **90** Ye 99
Bahnzeile **90** Ye 99
Berghofg. **Ye** 99
Bergschlößlstr. **89** Yf 97
Bergstr. **89** Ye/Yf 97/98
Bienenweg **89/90** Ye 99
Birkenweg **89** Yf 98
Blätterstr. **89** Yf 98
Bliemel-G., Mathias- **90** Yf 99
Blumentalg. **89** Ye 98
Brückelwieseng. **90** Yf 99
Brunner G. **89** Yf 98/99
Brunner Hauptstr. **89** Yf/Yg 98
Brunnerwald **90** Yg 1
Burgg., Obere **89** Yf 97
Czettel-Str., Hans- **89** Yf 98
Deuschlerg. **89/90** Yd/Ye 99
Dr.-Bruno-Rydel-G. **89** Yf 98
Dreistetter Str.
  89/90 Yd/Ye 98/99
Eisensteinweg **89** Ye 97
Emmeringstr. **90** Ye 99
Feldg. **90** Yf 99
Fischauer Str. **89** Ye 98
Fischbachg. **90** Ye/Yf 99
Fischlingg. **89** Yd 98
Föhrenweg **89** Yf 98
Garteng. **89/90** Ye/Yf 98/99

Goldsteinstr. **90** Yd/Ye 99
Grüneg. **89/90** Ye 98l99
Hangweg **90** Ye 99
Hans-Czettel-Str. **89** Yf 98
Hanuschg. **90** Ye 99
Hauptstr. **89/90** Ye/Yf 98/99
Heuweg **90** Ye 99
Hofackerg. **90** Ye 99
Hohe Wand Str. **89** Yf 98
Institutsg. **90** Ye 99
Jägerzeile **89** Yf 97/98
Johannesweg **89** Yf 98/99
Kadettenweg **90** Ye 99
Kapellenstr. **90** Ye 99
Karl-Steurer-G. **89** Yf 97
Kirchsteig **89** Ye/Yf 98
Klühhufg. **90** Yf 99
Kohlg. **89/99** Ye 99
Kupelwieserg. **91** Yf 2
Langackerstr. **89** Yf 98
Leberweg **90** Ye 99
Lercheng. **90** Ye 99
Mathias-Bliemel-G. **90** Yf 99
Neusserg. **90** Ye 99
Obere Burgg. **89** Yf 97
Paulineng. **89** Yd/Ye 99
Pfarrgrundg. **90** Ye 99
Pointeng. **89** Ye/Yf 98
Poppeng. **90** Yf 99
Prossetg. **89** Yf 98
Rainerg. **90** Ye 99
Raxg. **90** Yf 99
Redeng. **89** Yf 97

Robert-Stolz-Str. **89** Yf 98
Roseng. **89** Yf 98
Rydel-G., Dr.-Bruno- **89** Yf 98
Saatzen, Am **90** Ye 99
Schafflerweg **89** Yf 98
Schloßpl. **89** Yf 98
Schloßweg **89** Yf 98
Schneebergg. **90** Yf 99
Schulg. **89** Ye/Yf 98/99
Sonnwendg. **90** Ye 99
Steinaebeng. **90** Yd/Ye 99
Steurer-G., Karl- **89** Yf 97
Stolz-Str., Robert- **89** Yf 98
Teichpl. **89** Yf 98
Theodor-Wichmann-G. **89** Ye 98
Ungarfeldg. **90** Yf 99
Viaduktstr. **89** Yf 97/98
Waldstr. **89** Ye 98
Wasserleitung, An der **89** Ye/Yf 98
Weikersdorfer Str. **89** Yf/Yg 98
Weingartenstr. **89** Yf 97
Wichmann-G., Theodor- **89** Ye 98
Wienerinstr. **89** Ye 98
Wiener Neustädter Str. **90** Ye/Yf 99
Wiener Str. **90** Ye 99
Wiesfeldg. **90** Ye 99
Windbachg. **89/90** Ye/Yf 99
Windisch-Str., Alois-
  98 Ye/Yf 98/99
Winzendorfer G. **89** Yf 98
Winzerweg **90** Ye 99

Wichtige Adressen

Feuerwehren:
  Wiener Str. 14, ☎ 25 00
  Schloßplatz, ☎ 74 74
Gemeindeamt,
  Wr. Neustädter Str. 1,
  ☎ 22 13-0, 75 96-0
Gendarmerie, Wr. Neustädter Str. 1,
  ☎ 22 33, Notruf 133
Postamt, Wr. Neustädter Str. 1,
  ☎ 22 10

In diesem Straßenverzeichnis scheinen **ausschließlich** jene Straßen, Gassen, Wege und Plätze auf,
die im Kartenteil 1:20 000 dargestellt werden.

Alter Kurpark **94** Ym 9
Am Rederberg **94** Ym 9
Aug. **94** Yl 9
Bahng. **94** Yl 9
Bahnhofspl. **94** Ym 9
Bergg. **94** Ym 9
Buchinger-Weg, Matthias
  (M.-Buch.-Weg) **94** Yl 9
Eicheng. **94** Yl 9
Elurg. **94** Yl 9
Ernst-Löger-G. **94** Ym 9
Feldg. **94** Yl 9
Föhreng. **94** Yl/Ym 9
Garteng. **94** Yl 9

Hallischeng. **94** Yl 9
Hartigg. **94** Ym 9
Hauptpl. **94** Ym 9
Haydng. **94** Yl 9
Hirteng. **94** Ym 9
Kircheng. **94** Ym 9
Kurpark, Alter **94** Ym 9
Löger-G., Ernst- **94** Ym 9
M.-Buch.-Weg=Matthias-
  Buchinger-Weg
Mattersburger Str. **94** Yl/Ym 9
Matthias-Buchinger-Weg
  (M.-Buch.-Weg) **94** Yl 9
Postg. **94** Yl/Ym 9

Promenade **94** Yl/Ym 9
Rederberg, Am **94** Ym 9
Reichlg. **94** Yl 9
Satzg. **94** Yl 9
Schubertallee **94** Yl 9
Schulstr. **94** Yl/Ym 9
Stiegeng. **94** Yl/Ym 9
Waldg. **94** Yl 9
Weinbergg. **94** Yl 9
Wetterkreuz, Zum **94** Yl 9
Wiener Neustädter Str. **94** Yl/Ym 9
Wiesener Str. **94** Ym 9
Zehentstr. **94** Yl 9
Zum Wetterkreuz **94** Yl 9

Wichtige Adressen

Feuerwehr, Wiesener Str.,
  ☎ 328 12
Gemeindeamt, Wr. Neustädter Str. 2
  ☎ 322 03-0
Postamt, Wr. Neustädter Str. 5,
  ☎ 322 40

In diesem Straßenverzeichnis scheinen **ausschließlich** jene Straßen, Gassen, Wege und Plätze auf,
die im Kartenteil 1:20 000 dargestellt werden.

Das Gemeindegebiet umfaßt Bad Vöslau, Gainfarn und Großau

A

Abg.-g. = Altenbergg.
Alleeg. **81/82** Zp 3
Altenbergg. (Abg.-g.) **82** Zp 4
Am Felde **81** Zq 2
Am Viertelgraben **81** Zq 3
Am Weinfr. = Am Weinfried
Am Weinfried (Weinfr.) **81** Zp 2
An-der-Remise **82** Zp 3
Anton-Bauer-Str. **81** Zo 2
Anzengruberstr. **81** Zp 2
Anzengruberweg **81** Zo 2
August-Schneider-G. **82** Zp 3

B

Bachg. **81** Zq 2
Badner Straße **77/81** Zo 3, Zp 2
Badpl. **81** Zp 2
Bahnstr. **81** Zp 3
Bahnzeile **77/82** Zo/Zp 3
Bauer-Str., Anton- **81** Zo 2
Beethovenstr. **82** Zp 4, Zq 3
Bergg. **81** Zq 1/2
Bouég. **81** Zq 2
Breiteg. **81** Zq 2
Bremeng. **77** Zo 2/3
Breyerg. **81** Zp 3
Bru.-g. = Brucknerg.
Brückl-G., Josef- **81** Zq 2
Brucknerg. (Bru.-g.) **82** Zp 4
Brümmerstr. **81/82** Zq 3
Brunng. **81** Zq 1/2

C

Castellig. **81/82** Zp 3

D

Dammg. **82** Zp 3
Dr.-Sigmund (Sigm.)-Stransky-Str.
   81 Zp 2
Dr.-Walter-Gebhardt-G. **81** Zq 2

E

Edgar-Penzig-Franz-Str.
   81 Zp/Zq 2
Erl-G., Josef- **81** Zp 3
Ernst-Wutzel-G. (E.-W.-G.)
   81 Zp/Zq 2
E.-W.-G. = Ernst-Wutzel-G.

F

Falkstr. **81** Zo/Zp 3
Faltorg. **81** Zq 2
Färberstr. **81** Zp 3
Fasang. **82** Zp 3/4
Felde, Am **81** Zq 2
Feldg. **82** Zq 3
Feuerwehrpl. **81** Zq 1
Florastr. **81** Zp 2
Flugfeldstr. **82** Zp 3/4
Forstnerg. **81** Zq 1
Franz-Pexa-G. **81** Zp 3
Franz-Prendinger-Str.
   (F.-Prend.-Str.) **81** Zq 3
Franz-v.-Suppé-Weg (F.-v.-S.-Weg)
   81 Zp 2
Franz-Wippel-G. (F.-W.-G.) **82** Zp 4
Friedhofg. **81** Zq 1
Friedrich-Kheck-Str. **82** Zp 3/4, Zq 3
Friesstr. **81/82** Zp/Zq 3
Fuchsenzeile **81** Zo 2/3
F.-v.-S.-Wg. = Franz-v.-Suppé-Weg
F.-W.-G. = Franz-Wippel-G.

G

Garteng. **82** Zq 3/4
Gebhardt-G., Dr.-Walter- **81** Zq 2
Gerichtsweg **81** Zq 2/3
Gewerbeg. **81** Zo 3
Geymüllerstr. **81** Zp 3
Ghegag. **81/82** Zp 3
Gmöslweg **81** Zq 1
Goetheg. **81** Zq 1
Goldeckg. **81** Zo/Zp 2/3
Grafg. **81** Zq 2
Graf-G., Ignaz- **82** Zq 3/4
Grenzg. **81** Zq 3
Griesenäckerstr. **77** Zo 3
Grillparzerg. **81** Zp 2
Großauer Str. **81** Zq 1
Gürtelg. **77/81** Zo 2
Guttmannstr. **81** Zp 3

H

Haderer-G., Hans- **81** Zo 2
Hamerlingg. **81** Zq 2
Hanseng. (H.-g.) **77/81** Zo 3
Hans-Haderer-G. **81** Zo 2
Hans-Herzog-G. **81/82** Zp 3
Hanuschg. **81** Zp 3
Harzbergstr. **81** Zp 2
Hauptstr. **81** Zq 1/2
Haydn-G., Josef (J.)- **77** Zo 3
Heideg. **77/81** Zo 2
Helmer-Str., Oskar- **81** Zq 1
Herrmanng. **81** Zp 2
H.-g. = Hanseng.
Hochstr. **81** Zp 2
Hofg. **81** Zq 2
Hönigsberger-G., Johann- **81** Zq 3
Hügelg. **81** Zq 2

I

Ignaz-Graf-G. **82** Zq 3/4
Industriestr. **77/81** Zo/Zp 3

J

Jägermayerstr. **81** Zp 2
Johannesg. **81** Zq 2
Johann-Hönigsberger-G. **81** Zq 3
Johann-Strauß-Str. **81** Zp 2
Josef-Brückl-G. **81** Zq 2
Josef-Erl-G. **81** Zp 3
Josef (J.)-Haydn-G. **81** Zo 3
Josefspl. **81** Zp 2

K

Kanalg. **82** Zp 3
Kernstockg. **81** Zp 2
Kheck-Str., Friedrich-
   82 Zp 3/4 Zq 3
Kircheng. **81** Zq 2
Kirchenpl. **81** Zq 2
Kleeg. **81** Zq 3
Konrad-Poll-Str. **81** Zq 3
Kornblumeng. **81** Zq 3
Kottingbrunner Str. **81** Zq 2
Kreuzg. **81** Zq 2
Ku.-g. = Kudernag.
Kudernag. (Ku.-g.) **81/82** Zp 3
Kurzeg. **81** Zq 1

L

Landstr. **81** Zq 3
Langeg. **81** Zp 2
Lannerg. **81** Zq 2
Leharg. **82** Zp 4

Lenau-G., Nikolaus- **82** Zp 3
Lilieng. **81** Zq 3
Lindenbergg. **81** Zq 2
Ludwigstr. **81** Zp 2
Luther-G., Martin- **81** Zo/Zp 2

M

Magdaleneng. **81** Zq 2
Maital **81** Zp 2
Malfattiweg **81** Zp 2
Marieng. **81** Zq 3
Marienhofg. **81** Zq 3
Martin-Luther-G. **81** Zo/Zp 2
Merkensteiner Str. **81** Zq 1
Michael-Scherz-Str. **81** Zq 3
Millöckerg. **81** Zq 2
Mo.-g. = Mozartg.
Mozartg. (Mo.-g.) **82** Zp 4
Mühlg. **81** Zq 2/3

N

Nägelistr. **81** Zp 2/3
Neug. **81** Zq 2
Neustädter Str., Wiener-
   81 Zp 2, Zq 3
Nikolaus-Lenau-G. **82** Zp 3

O

Oberkircheng. **81** Zp/Zq 2
Oskar-Helmer-Str. **81** Zq 1

P

Paitzriegelg. **82** Zo/Zp 3
Penzig-Franz-Str., Edgar-
   81 Zp/Zq 3
Perschlingg. **81** Zq 2
Petzg. **81** Zq 2
Pexa-G., Franz- **81** Zp 3
Poll-Str., Konrad- **81** Zq 3
Prendinger-Str., Franz- **81** Zq 3
Primelg. **81** Zq 3

R

Raiffeiseng. (Raiff.-g.) **81** Zq 1
Raiff.-g.=Raiffeiseng.
Rathausg. **81** Zp 2
Raulestr. **81** Zp 2/3
Rebeng. **77** Zo 3
Reiter-Str., Rudolf- **81** Zp 2/3
Remise, An der **82** Zp 3
Resselg. **81** Zq 1
Rohrg. **81** Zq 3
Roseggerstr. **81** Zp/Zq 3
Rudolf-Reiter-Str. **81** Zp 2/3

S

Sackg. **81** Zq 2
Scherz-Str., Michael- **81** Zq 3
Schillerg. **81** Zq 2
Schloßg. **81** Zp/Zq 3
Schloßpl. **81** Zp 2
Schlumbergerstr. **81** Zp 2
Schneider-G., August- **82** Zp 3
Schnöllerg. **81** Zq 3
Schrammelg. **81** Zq 2
Schubertpl. **81** Zp 2
Sellnerg. **81** Zp 2
Sinag. **81** Zo/Zp 3
Sonnenweg **81** Zp 1
Sooßer Str. **77** Zo 3
Spitalg. **81** Zq 1
Sportplatzg. **82** Zp 3

Steinbruchg. **81** Zp/Zq 1
Steinplatteng. (Stpl.-g.) **81** Zq 1
Stpl.-g. = Steinplatteng.
Stransky-Str., Dr.-Sigmund **81** Zp 2
Strauß-Str., Johann- **81** Zp 2
Suppé-Weg, Franz-v. (F.-v.-S.-Wg.)
  81 Zp 2
Swarovskyg. **82** Zq 4

T

Tattendorfer Str. **81/82** Zp/Zq 3/4
Teichg. **81** Zq 2

U

Uferg. **81** Zq 2/3
Ungerfeldg. **77** Zo 3

V

Veilcheng. **81** Zq 3
Viertelgraben, Am **81** Zq 3
Viktoriaweg (V.-wg.) **81** Zp 7
V.-wg. = Viktoriaweg

W

Waldandachtstr. **81** Zo 2
Waldwiese **81** Zp 2
Wasserg. **81** Zq 1
Wasserleitungsg. **81** Zq 2
Weberg. **81** Zp 3
Weinbergstr. **81** Zo 2
Weinfried, Am (Am Weinfr.) **81** Zp 2
W.-g. = Winklerg.
Wiener Neustädter Str. **81** Zq 2/3
Wieseng. **81** Zq 3

Winklerg. (W.-g.) **77** Zo 3
Wippel-G., Franz (F.-W.-G.)
  82 Zp 4
Wolfstr. **81** Zp 3
Wutzel-G., Ernst (E.-W.-G.)
  81 Zp/Zq 2

Z

Zeiselg. **81** Zq 1
Z.-g. = Ziegelofeng.
Ziegelofeng. (Z.-g.) **77/81** Zo 3
Zieglerstr. **81** Zo 2
Zw.-g. = Zwierschützg.
Zwierschützg. (Zw.-g.) **82** Zq 3

In diesem Straßenverzeichnis scheinen **ausschließlich** jene Straßen, Gassen, Wege und Plätze auf,
die im Kartenteil 1:20 000 dargestellt werden.

Achauer Str. **67** Zb 11
Ahornstr. **66/67** Zb 10/11
Am Mödlingbach **72** Zc 11
Bachg. **72** Zc 11
Bauer-Str., Josef- **66** Zb 10
Bergfeldstr. **67** Zb 11
Birkenweg (B.-wg.) **66** Zb 10
Borromäumstr. **66** Zb 10
Buchenweg **66** Zb 10
B.-weg = Birkenweg
Enziang. **67** Zb 11
Erlenweg (E.-wg.) **66** Zb 10
Escheng. **66** Zb 10
E.-wg. = Erlenweg
Fasanstr. **67** Zb 11
Finkenstr. **67** Zb 11
Fliederwg. (F.-wg.) **67** Zb 11
F.-wg. = Fliederweg
Garteng. **66** Zb 10
Georg-Humbhandl-G. **67** Zb 11
Haidweg **66** Zb 10
Holzgruber-Str., Leopold- **66** Zb 10
Humbhandl-G., Georg- **67** Zb 11
Johann-Kaltner-Pl. **66** Zb 10
Johann (J.)-Korntheuer-Pl.
  66 Zb 10

Johann (Joh.)-Weghuber-Str.
  67 Zb 11
Josef-Bauer-Str. **66** Zb 10
Josef-Ressel-Str. **67** Zb 11
Kaltner-Pl., Johann- **66** Zb 10
Kapellenwg. **66** Zb 10
Kaplan-Str., Viktor- **67** Zb 11
Kastanienweg (K.-wg.) **66** Zb 10/11
Kirschenweg **67** Zb 11
Klosterstr. **66** Zb 10
Korntheuer-Pl., Johann (J.)- **66** Zb 10
K.-wg. = Kastanienweg
Laxenburger Str. **72** Zb/Zc 11
Leopold-Holzgruber-Str. **66** Zb 10
Lercheng. **67** Zb/Zc 11
Lindenstr. **67** Zb 11
Ludwig-Pl., Siegfried- **71** Zc 10
Maderspergerstr. **67** Zb 11
Marcus-G., Siegfried (S.)- **67** Zb 11
Mödlingbach, Am **72** Zc 11
Mühleng. **66** Zb 10
Ortsstr. **66/67** Zb 10/11
Parkstr. **66** Zb 11

Perlasg. **66** Za/Zb 10
Ressel-Str., Josef- **67** Zb 11
Rheinboldtstr. **67** Zb 11
Schöffelg. (Schö.-g.) **72** Zc 11
Schö.-g. = Schöffelg.
Schönbrunner Allee **66** Z/Za 10
Schönbrunner Str. **67** Zb 11
Schulweg **66** Zb/Zc 10
Siegfried-Ludwig-Pl. **71** Zc 10
Siegfried (S.)-Marcus-G. **67** Zb 11
Straße 1 **71** Zc 10
Straße 3 **71** Zd 9/10
Straße 14 **71** Zc/Zd 10
Thurg. **66** Zb 10
Ulmenweg **66** Zb 10/11
Viktor-Kaplan-Str. **67** Zb 11
Weghuber-Str., Johann (Joh.)- **67** Zb 11
Weideng. **72** Zc 11
W.-g. = Wieseng.
Wieseng. (W.-g.) **72** Zc 11

Wichtige Adressen, bezahlte Anzeigen

Feuerwehr, Wiener Str. 7,
  ☎ 713 22
Gemeindeamt, Ortsstr. 46,
  ☎ 711 31-0, 711 32
Gendamerie, zuständiger
  Posten: Laxenburg
Postamt, Josef-Bauer-Str. 6
  ☎ 712 70

RADATZ im A & O
Josef-Bauer-Str. 6
2362 Biedermannsdorf
☎ 02236/732 77
67 Zb 11 ❶

BISAMBERG

Das Gemeindegebiet umfaßt Bisamberg und Klein Engersdorf.

Adalbert-Stelzmüller-G. **98** Aa 11
Am Donaugraben **98** Ab 11
Amtsg. **98** Aa 11
Am Wehrgraben **98** Aa/Ab 11
Anton-Zickl-G. **98** Aa 11
Bergblickg. **98** Aa 11
Bergg. **98** Aa 11
Bergstr. **98** Aa 12
Berndlweg **98** Ab 10
Biberweg, Oberer (O.-Bw.)
    98 Aa 11
Biberweg, Unterer (U.-Bw.)
    98 Aa 11
Birkeng. **98** Aa 12
Blaha-Str., Franz- **98** Ac 11
Brait-G., Paul- **98** Aa 11
Brunnstubeng. **98** Aa/Ab 11
Bundesstr. **98** Aa 10/11, Ab 10
Dabsch-Str., Josef- **98** Aa 11,
    Ab 11/12
Donaugraben, Am **98** Ab 11
Eichenstr. **98** Aa 12
Fasang. **98** Ab 11
Fober-Str., Ludwig (L.)- **98** Ab 12
Föhrenstr. **98** Aa 12
Frankeg. **98** Aa 11
Franz-Blaha-Str. **98** Ac 11
Franz (F.)-Georg (G.)-Koller-Str.
    98 Ab 11
Franz-Hrabalek-G. **98** Ab 11
Franz-Weymann-G. **98** Aa 10/11
Franz-Zeiller-G. **98** Ab 11
Getreideg. **98** Ab 11
Glock-G., Josef- **98** Aa/Ab 11
Hagenbrunner Str. **98** Aa 12
Hans-Widermann-G. **98** Ab 11
Hauptstr. **98** Aa 11, **102** Aa 11

Hauptstr., Kl.-Engersdorfer
    98 Ab 12
Hochfeldg. **98** Aa 12
Hofrat-Hugo-Steiner-G.
    (Hr.-H.-Steiner-G.) **98** Aa 10
Hrabalek-G., Franz- **98** Ab 11
Hr.-H.-Steiner-G. = Hofrat-
    Hugo-Steiner-G.
Im Weinberg **98** Aa 12
Josef-Dabsch-Str. **98** Aa 11,
    Ab 11/12
Josef-Glock-G. **98** Aa/Ab 11
Josef-Serlath-G. **98** Ab 11
Kaiserallee **98** Ab 10
Kellerg. **98** Aa 11l12
Kircheng. **98** Aa 11
Kl.-Engersdorfer-Hauptstr.
    98 Ab 12
Kleinengersdorfer Str. **98** Ab 10,
    Ac l0/11
Koller-G., Franz (F.)-Georg (G.)-
    98 Ab 11
Korneuburger Str. **98** Aa 11,
    Ab 10/11
Kornfeldg. **98** Ab 11/12
Lavendelweg **98** Aa 11
Lercheng. **98** Ab 11/12
Lerchsteig **98** Aa 11
Ludwig (L.)-Fober-Str. **98** Ab 12
Matzenauerg. **98** Ab 12
Mühlweg, Oberer **98** Ac/Ad 11
Mühlweg, Unterer **98** Ab/Ac 11
Mürzsprungstr., **98** Aa 11/12
Oberer Biberweg (O.-Bw.)
    98 Aa 11
Oberer Mühlweg **98** Ac/Ad 11
O.-Bw. = Oberer Biberweg

Otto-Traun-G. **98** Ab 11
Parkring **98** Aa 11
Paul-Brait-G. **98** Aa 11
Pfarrg. **88** Aa 11
Rebhuhng. **98** Ab 11
Roseng. **98** Ab 10
Rothg. **98** Aa 10
Sandgrubeng. **98** Ab 11/12
Schießbergweg **98** Ab 12
Schloßg. **98** Aa 11
Schloßgärtnerei **98** Aa 11
Schulg. **98** Aa 11
Serlath-G., Josef- **98** Ab 11
Setzg. **98** Aa 11
Spargelfeldstr. **98** Ab 11
Steiner-G., Hofrat-Hugo
    (Hr.-H.-Steiner-G.) **98** Aa 10
Stelzmüller-G., Adalbert- **98** Aa 11
Stettner Weg **98** Ad 10/11
Traun-G., Otto- **98** Ab 11
Türkenbundg. (Türk.-g.) **98** Aa 11
Türk.-g. = Türkenbundg.
U.-Bw. = Unterer Biberweg
Unterer Biberweg (U.-Bw.)
    98 Aa 11
Unterer Mühlweg **98** Ab/Ac 11
Vogelsangg. **98** Aa 12
Wehrgraben, Am **98** Aa/Ab 11
Weinberg, Im **98** Aa 12
Weintorg. **98** Aa 11
Weymann-G., Franz- **98** Aa 10/11
Widermann-G., Hans- **98** Ab 11
Zeiller-G., Franz- **98** Ab 11
Zickl-G., Anton- **98** Aa 11
Zöchg. **98** Aa 11/12

Wichtige Adressen

Feuerwehren:
    Josef-Dabsch-Str. 4, ☎ 631 22
    Kleinengersdorfer Hauptstr. 48,
    ☎ 20 30
Gemeindeamt, Korneuburger
    Str. 21, ☎ 620 00-0
Amtshaus Kleinengersdorf,
    Kellerg. 34, ☎ 49 53
Postamt, Hauptstr. 36-38,
    ☎ 632 70-0

In diesem Straßenverzeichnis scheinen **ausschließlich** jene Straßen, Gassen, Wege und Plätze auf,
die im Kartenteil 1:20 000 dargestellt werden.

Akeleig. **51** V 1
Amselg. **51** W 2
Anton-Nirschl-G. **51** V 1
Auf der Hundskehle **51** V 1
Auweg **51** W 1
Berggassl (Berg.-g.) **51** W 2
Berg.-g. = Berggassl
Birkeng. **51** W 1/2
Bonifatiusg. **51** W 1/2
Bucheng. **51** W 2
Dr.-Kasimir (Kas.)-Graff-G.
  51 W 1/2
Drosselweg **51** W 2
Edlinger-G., Josef (J.)- **51** V 2
Enzmanng. **51** W 1/2
Erlenwg. **51** V 1
Fasang. **51** W 1
Finkeng. **51** W 1
Fliederweg **51** V 1
Franz-Lehár-G. **51** V/W 2
Franz-Schubert-Str. **51** V 1/2
Frauenwaldg. (Frauenw.-g.)
  51 W 1
Frauenw.-g. = Frauenwaldg.
Fritz (Fr.)-Konir-Str. **51** W 1
Fuchsweg **51** W 1
Georg-Sigl-Str. **51** V 1
Graff-G., Dr.-Kasimir (Kas.)-,
  51 W 1/2
Grenzg. **52** V 3
Haseng. **51** V 1
Hauptstr. **51/52** V/W 1, V 2/3
H.-g. = Holzhammerg.
Hirschentanzstr. **51** V-X 1
Hochmaystr. **51** V 1/2
Hofmannsthal-Weg, Hugo (H.)-v.-
  51 W 3

Holzhammerg. (H.-g.) **51** X 1
Huber-G., Josef (J.)- **52** V 3
Hugo (H.)-v.-Hofmannsthal-Weg
  51 W 3
Hundskehle, Auf der **51** V 1
Irisg. **51** W 1
Jägersteig **51** X 1
Josef (J.)-Edlinger-G. **51** V 2
Josef (J.)-Huber-G. **52** V 3
Josef (Jos.)-Schöffel-Str. **51** W/X 1
Kellerwaldg. (Kellerwd.-g.) **51** W 1
Kellerwd.-g. = Kellerwaldg.
Königsbühelstr. **51** V 1
Konir-Str., Fritz (Fr.)- **51** W 1
Kornblumenweg **51** V 1
Kuckuckssteig **51** W 1/2
Laaber Str. **51** V 1/2
Lattergbn.-str. = Lattergrabenstr.
Lattergrabenstr. (Lattergbn.-str.)
Lehár-G., Franz- **51** V/W 2
Lattermaisberstr. **51** X 1
Leopold (L.)-Stich-G. **51** V 2
Liesingtalstr. **51/52** V 2/3, W 1/2
Margaritenweg **51** V 1
Meisenweg **51** W/X 1
Mondg. **51** V 1
Nachtigallwg. **51** V 1
Neubaug. **51** V 2
Nirschl-G., Anton- **51** V 1
Ostendeweg **52** V 3
Paul-Peters-G. **51** W 1
Peters-G., Paul- **51** W 1
Pilzweg **51** W 1
Primelweg **51** V 1
Promenadeweg **51** V 2
Quellenweg **51** V 1
Rehsteig **51** V 1

Römerweg **51** V 1
Roten Kreuz, Zum **51** X 1
Schneeglöckchenweg
  (Schneegl.-wg.) **51** W 2
Schneegl.-wg =
  Schneeglöckchenweg
Schöffel-Str., Josef (Jos.)- **51** W/X 1
Schrammelg. **51** V 2
Schubert-Str., Franz- **51** V 1/2
Schulg. **51** W 1
Schwalbeng. (Schw.-g.) **51** V/W 2
Schw.-g. = Schwalbeng.
Sigl-Str., Georg- **51** V 1
Sonneng. **51** V 1
Sparkassenweg (Spark.-wg)
  51 X 1
Spark.-wg. = Sparkassenweg
Sperlingg. **51** V 2
Sternenweg **51** W 1/2
Stich-G., Leopold (L.)- **51** V 2
Tanneng. **51** W 1
Tell-G., Wilhelm (W.)- **51** W 1
Ulmenweg **51** V 1
Veilcheng. **51** V 1
Waldstr. **51** V/W 2
Wambacherweg (Wamb.-wg.)
  51 X 1
Wamb.-wg. = Wambacherweg
Weidenweg **51** V 1/2
Wiesengrund **51** V 1I2
Wilhelm (W.)-Tell-G. **51** W 1
Zum Roten Kreuz **51** X 1
Zyklameng. (Zykl.-g.) **51** W/X 1
Zykl.-g. = Zyklameng.

Wichtige Adressen

Feuerwehr, Stelzerbergstr. 3,
  ☎ 22 22
Gemeindeamt Ost, Hirschen-
  tanzstr. 3, ☎ 23 42-0
Gendarmerie, Hauptstr. 109a
  ☎ 22 33-0
Postämter:
  Waldstr. 8, ☎ 22 60
  Hauptstr. 19, ☎ 22 70

In diesem Straßenverzeichnis scheinen **ausschließlich** jene Straßen, Gassen, Wege und Plätze auf,
die im Kartenteil 1:20 000 dargestellt werden.

A

Adalbert (A.)-Stifter-G. **65** Z 7
Adler-Str. Viktor- **64** Y 6
Adolf-Hruza-Str. **64/65** Z 6I7
Adolf (A.)-Sterz-Str. **65** X/Y 8
A.-g. = Asterng.
A.-G.-Str. = August-Gliederer-Str.
Albrecht-G. Heinrich- **64** Z 6
Alexander-Groß-G. **64/65** Y 6/7
Alfons-Petzold-G. **65** Z 7
Alois (A.)-Pummer-G. **65** Z 7
Alois (A.)-Raminger-Str. **64** Y 6
Am Platengrund **65** Z 7
Am Ried **64** Y 6
Am Rosendorn **64** Z 5
Am Rosenstamm **64** Z 6
Anderle-Pl., Franz (F.-A.-Pl.)
    65 Z 7
Andreas (A.)-Hofer-Str. **64** Z 6
Anrissenweg (A.-wg.) **65** Y 7
Anton-Bruckner-G. **65** Y 8
Anton-Schlesinger-G. (A.-Schl.-G.)
    65 Z 7
Anton-Seidl-G., **64** Z 6
Anzengruber-G., Ludwig
    (L.-Anz.-G.) **64** Z 5
Arbeiterg. **64** Y 6
A.-Schl.-G. = Anton-Schlesinger-G.
Asterng. (A.-g.) **65** Z 7
Auf der Schanz **54** X 8
Auf der Stierwiese **65** Z 8
August-Gliederer-Str. (A.-G.-Str.)
    54 X 8
A.-wg. = Anrissenweg

B

Babenbergerstr. **65** Y 7/8 Z 7
Bablik-Str., Heinrich- **65** Y 7
Bachleiteng. **64** Z 5
Bahnhofpl. (Bhf.-pl.) **65** Z 7
Bahnstr. **65** Z 7
Bardorfg. (Bd.-g.) **64** Z 6
Barmhartstalweg **64** Z 6
Bauer-G., Dr.-Leopold- **64** Z 6
Bd.-g. = Bardorfg.
Beck-G., Rudolf- **65** Z 7
Beethoven-Str., Ludwig (L.)- **64** Z 5
Bhf.-pl. = Bahnhofplatz
Bismarckweg **64** Y 5
Blaumenweg **64** Z 6
Bruckner-G., Anton- **65** Y 8
Bru.-g. = Brunneng.
Brunneng. (Bru.-g.) **64** Y 6
Brunnerbergstr. **64** Y 6
Burgenlandg. **65** Y 7/8

D

Dahlieng. (D.-g.) **65** Z 7
Danklstr. **54** X 8
D.-g. = Dahlieng.
Dr.-Julius-Wengraf-Str. **65** Z 7
Dr.-Karl-Dorr-Str. **65** Z 7
Dr.-Leopold-Bauer-G. **64** Z 6
Dr.-Rudolf (R.)-Strecker-G. **64** Z 6
Dorr-Str., Dr.-Karl- **65** Z 7
Dreihäuserg. **64/65** Z 6/7

E

Eisteichg. **65** Z 8
Enzersdorfer Str. (Enzersdfr. Str.)
    65 Z 7
Erleng. **65** Y 8

F

F.-A.-Pl. = Franz-Anderle-Pl.
Falkensteinerweg (Fa.-wg.) **64** Y 6
Fa.-wg. = Falkensteinerweg

Feldstr. **65** Y 7
Ferdinand-Hanusch-G. **65** Y 6/7
Ferdinand (Ferd.)-Raimund-G.
    54 X 8
Fischer-G., Ludwig (L.)- **64** Z 6
F.-K.-G. = Franz-Kerb-G.
F.-K.-G. = Franz-Krikawa-G.
F.-N.-G. = Fridtjof-Nansen-G.
Franz-Anderle-Pl. (F.-A.-Pl.)
    65 Z 7
Franz-Keim-G. **64** Z 6
Franz-Kerb-G. (F.-K.-G.) **65** Z 7
Franz-Krikawa-G. (F.-K.-G.) **64** Z 6
Franz-Rehmann-G. (F.-R.-G.)
    64 Y 6
Franz-Schubert-Str. **65** Y/Z 8
Franz-Schuhmeier-G. (F.-Schu.-G.)
    64 Y 6
Fridtjof-Nansen-G. (F.-N.-G.)
    64 Y 6
Friedrich (F.)-Janik-G. **64** Y5
Friedrich-Schiller-Str. **64** Y 6
F.-R.-G. = Franz-Rehmann-G.
Froschenauerg. **65** Z 7
F.-Schu.-G. = Franz-Schuhmeier-G.
Fuchs-G., Jakob- **65** Z 7
Fürst-Johannes-Str. **64/65** Z 6/7

G

Gattermaier-G., Ing.-Josef
    (Ing.-J.-G.-G.) **65** Z 7
Gattringer-Str., Leopold
    64/65 Y 6–Z 7
Gewerbelagerweg **65** Y/Z 7
Gießhüblerweg **64** Z 5
Gliederer-Str., August (A.-G.-Str.)
    54 X 8
Goldtruhenweg (G.-wg.) **65** Y 7
Grillparzerg. **65** Y 8
Grohestr. **64** Z 6
Groß-G., Alexander- **64/65** Y 6/7
G.-wg = Goldtruhenweg

H

Hamerlingg. **55** Y 8
Hanusch-G., Ferdinand- **65** Y 6/7
Haydn-G., Josef (J.)- **65** Y 8
Heideweg **65** Y 8
Heinrich-Albrecht-G. **64** Z 6
Heinrich-Bablik-Str. **65** Y 7
Heinrich (H.)-Waggerl-Weg **64** Z 5
Heinrich-Wassmuth-G. (H.-W.-G.)
    65 Z 7
Herzogbergstr. **64** Y 5/6
Heug. **65** Z 7
Hof-G. Josef (J.)- **65** Z 7
Hofer-Str., Andreas (A.)- **64** Z 6
Hösslerweg (H.-wg.) **64** Z 6
Hötzendorferstr. **54** X 8
Hruza-Str., Adolf- **64/65** Z 6/7
Hugo (H.)-Wolf-G. **65** Y 7
Huttarystr. **54** X 8, **65** Y 8
H.-W.-G. = Heinrich-
    Wassmuth-G.
H.-wg. = Hösslerweg
Hyrtlstr. **64** Y 6

I

I. d. Sch. M. = In den Schön
    Mauern
Illnerg. **65** Y 8
In den Schön Mauern (I. d. Sch. M.)
    65 Z 7
Industriestr. A. **65** Y 8
Industriestr. B. **65** Y 8
Industriestr. D. **65** Y 8
Ing.-J.-G.-G. = Ing.-Josef-
    Gattermaier-G.

Ing.-Josef-Gattermaier-G.
    (Ing.-J.-G.-G.) **65** Z 7
Ing.-Julius (J.)-Raab-Str. **65** Y 7

J

Jakob-Fuchs-G. **65** Z 7
Janik-G., Friedrich (F.)- **64** Y 5
Johann-Steinböck-Str. **65** Y/Z 8
Johann-Strauß-G. (J.-Str.-G.)
    64 Y 6
Josef-Gattermaier-G., Ing.
    (Ing.-J.-G.-G.) **65** Z 7
Josef-Haydn-G. **65** Y 8
Josef (J.)-Hof-G. **65** Z 7
Josef-Strebl-G. **65** Y 8
J.-Str.-G. = Johann-Strauß-G.
Jubiläumstr. **64/65** Z 6/7

K

Kaiserried **64** Y/Z 6
Keim-G., Franz- **64** Z 6
Kerb-G., Franz (F.-K.-G.) **65** Z 7
Kernstock-G., Ottokar (O.-K.-G.)
    65 Z 7
Kesslerweg **64** Z 6
K.-g. = Kircheng.
Kircheng. (K.-g.) **65** Z 7
Körner-Weg, Theodor (Th.-K.Wg.)
    64 Y 6
Kressg. **65** Y 8
Kreuzbaum-Weg, Roter **64** Z 6
Krikawa-G., Franz (F.-K.-G.)
    64 Z 6
Krotenbachg. **65** Z 8
Külberweg **64** Z 6

L

Langäckerg. **64/85** Y 6/7
L.-Anz.-G.=Ludwig-Anzengruber-G.
Leopold-Gattringer-Str.
    64/65 Y 6–Z 7
Lerchenhöhe **64** Z 6
Liechtensteinerstr. **64** Y/Z 6
Ludwig-Anzengruber-G.
    (L.-Anz.-G.) **64** Z 5
Ludwig (L.)-Beethoven-Str.
    64 Z 5
Ludwig (L.)-Fischer-G. **64** Z 6

M

Madersperger. **64** Z 5
Maurer-G., Otto- **65** Z 7
Max-Schrems-G. **65** Y 7/8
Meixner-G., Oswald- **65** Z 7
Mohrenb.-g. = Mohrenbrunng.
Mohrenbrunng. (Mohrenb.-g.)
    64 Z 6
Mozartg. **64** Z 5
Musterhofg. **65** Z 7
Müllner-Weg, Tierarzt-Ludwig-
    65 Y/Z 7

N

Nansen-G., Fridtjof (F.-N.-G.)
    64 Y 6
Nelkeng. (N.-g.) **65** Z 7
Nestroyweg **64** Z 5
N.-g. = Nelkeng.

O

O.-K.-G. = Ottokar-Kernstock-G.
Oswald-Meixner-G. **65** Z 7
Ottokar-Kernstock-G. (O.-K.-G.)
    65 Z 7
Otto-Mauer-G. **65** Z 7

P

Pechh.-g.= Pechhüttenbrunneng.
Pechhüttenbrunneng. (Pechh.-g.)
  64 Y 6
Peter (P.)-Rosegger-G. **54** X 8
Petzold-G., Alfons- **65** Z 7
Pfirsichg. **64** Z 6
Platengrund, Am **65** Z 7
Pöllangraben **64** Y 6
Primelg. (Pr.-g.) **65** Z 7
Professor (Prof.)-Rieger-G. **65** Y 7
Pummer-G., Alois (A.)- **65** Z 7

R

Raab-Str., Ing.-Julius (J.)- **65** Y 7
Radetzkystr. **54** X 8
Raimund-G., Ferdinand (Ferd.)-
  54 X 8
Raminger-Str., Alois (A.)- **64** Y 6
Rehmann-G., Franz (F.-R.-G.)
  64 Y 6
Reihenhausweg (Reihenh.-wg.)
  65 Z 7
Reihenh.-wg. = Reihenhausweg
Rennweg **65** Z 7/8
Resselweg **65** Y 7
Richard-Wagner-G. (R.-W.-G.)
  65 Y 7
Ried, Am **64** Y 6
Rieger-G., Professor (Prof.)-
  65 Y 7
Römerweg **65** Y 7
Röntgeng. **65** Z 7
Rosegger-G., Peter (P.)- **54** X 8
Rosendorn, Am **64** Z 5
Rosenstamm, Am **64** Z 6
Rosenstammg. **64** Z 6
Roter Kreuzbaum-Weg **64** Z 6
R.-St.-Str. = Rudolf-Steiner-Str.
Rudolf-Beck-G. **65** Z 7
Rudolf-Steiner-Str. (R.-St.-Str.)
  54 X 8
R.-W.-G. = Richard-Wagner-G.

S

Schanz, Auf der **54** X 8
Scheibeng. **64** Z 5/6
Schiller-Str., Friedrich- **64** Y 6
Schlesinger-G., Anton (A.-Schl-G.)
  65 Z 7
Schöffelg. **64** Z 6
Schönefeldtg. **54** X 8
Schön Mauern, In den
  (I. d. Sch. M.) **65** Z 7
Schreberg. **65** Y 8
Schrems-G., Max- **65** Y 7/8
Schubert-Str., Franz- **65** Y/Z 8
Schuhmeier-G., Franz (F.-Schu.-G.)
  64 Y 6
Sd.-wg. = Siebendirnweg
Siebendirnweg (Sd.-wg.) **64** Z 5
Sieghartsbergweg **64** Z 6
Sonnenr.-g. = Sonnenroseng.
Sonnenroseng. (Sonnenr.-g.)
  64 Z 6
Sonnentrügenweg (So.-wg.) **64** Z 5
So.-wg. = Sonnentrügenweg
Sportplatzweg (Sp.-wg.) **64** Z 7
Sp.-wg. = Sportplatzweg
Sulzfeldg. **65** Z 7
Steinböck-Str., Johann- **65** Y/Z 8
Steiner-Str., Rudolf (R.-St.-Str.)
  54 X 8
Steingrübelweg (St.-wg.) **64** Y 6
Sterz-Str., Adolf (A.)- **65** X/Y 8
Stierwiese, Auf der **65** Z 8
Stifter-G., Adalbert (A.)- **65** Z 7
Strauß-G., Johann (J.-Str.-G.)
  64 Y 6
Strebl-G., Josef- **65** Y 8
Strecker-G., Dr.-Rudolf (R.)- **64** Z 6
Streitpointeng. **65** Y 7
St.-wg. = Steingrübelwg.

T

Tegetthoffg. **65** Y 8
Teichg. **65** Y 8

Theodor-Körner-Weg (Th.-K.- Wg.)
  64 Y 6
Th.-K.-Wg =Theodor-Körner-Weg
Tierarzt-Ludwig-Müllner-Weg
  65 Y/Z 7
Tu.-g. = Tulpeng.
Tulpeng. (Tu.-g.) **65** Z 7
Turnerstr. **64** Z 6

V

Vesperkreuzstr. **64/65** Y 6/7
Vierbatzstr. **64** Y 6
Viktor-Adler-Str. **64** Y 6
Vogelweiderweg (Vogelw.-wg.)
  64 Z 5
Vogelw.-wg. = Vogelweiderweg

W

Waggerl-Weg, Heinrich (H.)-
  64 Z 5
Wagner-G., Richard (R.-W.-G.)
  65 Y 7
Waldmüllerg. (W.-g.) **65** Z 7
Wällischhofstr. **64** Z 6
Wasserwerkstr. **64** Y/Z 6
Wassmuth-G., Heinrich (H.-W.-G.)
  65 Z 7
Weideng. **65** Z 7
Weinert-G., Wilhelm- **64** Z 6
Wengraf-Str., Dr.-Julius- **65** Z 7
Wiener Str. **65** Y/Z 7/8
Wiesenweg (W.-wg.) **64** Z 6
Wildgansg. **65** Y 8
Wilhelm-Weinert-G. **64** Z 6
Winzerweg **65** Z 7
Wolf-G., Hugo (H.)- **65** Y 7
Wolfholzg. **54** X 7
W.-wg. = Wiesenweg

Am Kalendaberg **14** D 23
Am Rand **14** D 23
Am Wagram **14** D 23
Andreas-Hofer-G. **14**, D 23
Arndtstr. **14** D 23
Collin-Str., Heinrich (Heinr.)-
   14 D 23
Erzh.-Carl-Str. = Erzherzog-Carl-Str.
Erzherzog-Carl-Str. (Erzh.-Carl-Str.)
   14 D 23
Grünwald-G., Jakob (J.)- **14** D 23
Ha.-g. = Haspingerg. **14** D 23

Haspingerg. (Ha.-g.) **14** D 23
Hauptstr. **14** D 23
Heinrich (Heinr.)-Collin-Str. **14** D 23
Hofer-G., Andreas- **14** D 23
Jakob (J.)-Grünwald-G. **14** D 23
Kalendaberg, Am **14** D 23
K.-g. = Kircheng.
Kircheng. (K.-g.) **14** D 23
Körner-Str., Theodor (Th.)-
   14 D 23
Leipziger Pl. **14** D 23
Parbasdorfer Str. **14** D 23

Promenadenweg **14** D 23
Rand, Am **14** D 23
Roseggerg. (Ros.-g.) **14** D 23
Ros.-g. = Roseggerg.
Sachsenklemme **14** D 23
Sm.-g. = Smolag.
Smolag. (Sm.-g.) **14** D 23
Theodor (Th.)-Körner-Str. **14** D 23
Varnhageng. (Varnh.-g.) **14** D 23
Varnh.-g. = Varnhageng.
Wagram, Am **14** D 23

Wichtige Adressen

Feuerwehr
   Jakob-Grünwald-G. 1
   ☎ 35 70
Gemeindeamt, Friedhofallee 9,
   ☎ 22 09-0
Gendarmerie, Friedhofallee 9,
   ☎ 22 33-0, 46 80-0, Notruf 133
Postamt, Friedhofallee 9,
   ☎ 22 60

In diesem Straßenverzeichnis scheinen **ausschließlich** jene Straßen, Gassen, Wege und Plätze auf,
die im Kartenteil 1:20 000 dargestellt werden.

·damit setzen Sie
auf die richtige Karte

·damit setzen Sie
auf die richtige Karte

Das Gemeindegebiet umfaßt Eggendorf und Siedlung Maria-Theresia.

Adlerg. **86** Zz 5
Ahorng. **86** Zz 5
Akazieng. **86** Zz 5/6
Amselg. **86** Zz 5
Baumg. **86** Zz 5
Birkeng. **86** Zz/Ya 5
Blumeng. **86** Zz/Ya 5
Brunneng. **86** Zy 5
Bucheng. **86** Zz 5/6
Dachsweg **86** Zz 5
Dahlieng. **86** Zz/Ya 5
Drosselg. **86** Zz 5
Eberg. **86** Zz 5
Edelweißweg **86** Zy 5
Efeug. **86** Zz 5
Eibeng. **86** Zz/Ya 5
Eicheng. **86** Zz 5
Elsterg. **86** Zy 5
Entenweg (E.-wg.) **86** Zz 5
Enzianweg **86** Zy 5
Erikaweg **86** Zy 5
Erleng. **86** Ya 5
Escheng. **86** Zz 5
E.-wg. = Entenweg
Fasang. **86** Zz 5
Fichteng. **86** Zz/Ya 5
Finkeng. **86** Zz 5
Fliederg. **86** Zz/Ya 5
Föhreng. **86** Zz 5
Forelleng. Zz 5

Fuchsg. **86** Zz 5
Gamsweg **86** Zz 5
Garteng. **86** Ya 5
Geierweg (G.-wg.) **86** Zz 5
Ginsterg. **86** Ya 5
G.-wg. = Geierweg
Habichtweg (H.-wg.) **86** Zz 5
Hasenweg **86** Zz 5
Heckeng. **86** Zz/Ya 5
Hirscheng. **86** Zz 5
Hollerg. **86** Ya 5
H.-wg. = Habichtweg
Irisweg **86** Zy 5
Jasminweg **86** Zz 5
Kastanieng. **86** Zz 5
Kiefernweg **86** Ya 5
Kleeblattg. **86** Zy 5
Lärcheng. **86** Zz 5
Laubeng. **86** Zz 5
Lilieng. **86** Zz/Ya 5
Lindeng. **86** Zz 5
Luchsg. **86** Zz 5
Maria-Theresien-Str. **86** Zy-Ya 5
Meiseng. **86** Zy/Zz 5
Möwenweg **86** Zy 5
Nelkeng. **86** Zz/Ya 5
Pappelg. **86** Zz 5
Rabeng. **86** Zz 5
Rehg. **86** Zz 5
Reiherweg (R.-wg.) **86** Zz 5

Roseng. **86** Zz/Ya 5
Rusteng. **86** Zz/Ya 5
R.-wg. = Reiherweg
Schedlerstr. **86** Zy/Zz 5/6
Schnepfenweg (Sch.-wg.) **86** Zz 5
Schwalbenweg **86** Zy 5
Sch.-wg. = Schnepfenweg
Sperberweg (Sp.-wg.) **86** Zz 5
Sperlingweg (Sp.-wg.) **86** Zy/Zz 5
Sp.-wg. = Sperberweg
Sp.-wg. = Sperlingweg
Storchenweg (Sto.-wg.) **86** Zz 5
Sto.-wg. = Storchenweg
Strauchg. **86** Zz 5
Tanneng. **86** Zz 5/6
Taubeng. **86** Zy 5
Teichg. **86** Zz 5
Trappeng. **86** Zy/Zz 5
Trappenweg **86** Zy 5
Tulpeng. **86** Zz/Ya 5
Ulmeng. **86** Zz 5
Vogelg. **86** Zy/Zz 5
Waldg. **86** Zz 5
Weideng. **86** Ya 5
Wiener Neustädter Str. **86** Zz/Ya 5
Wieseng. **86** Zz 5
Wildg. **86** Zz 5
Zeisigweg (Z.-wg.) **86** Zy 5
Z.-wg. = Zeisigweg

Wichtige Adressen

Gemeindeamt, Hauptstr. 106,
☎ 732 34-0
Gendarmerie, Josef-Nachtigall-G. 3,
☎ 732 33, Notruf 133
Postamt, Kircheng. 3,
☎ 732 61

In diesem Straßenverzeichnis scheinen **ausschließlich** jene Straßen, Gassen, Wege und Plätze auf,
die im Kartenteil 1:20 000 dargestellt werden.

Alleeg. **86** Zz 3/4
Am Russendamm **86** Ya 4
Anton-Bruckner-G. **86** Zz 4
Arbeiterg. **86** Zy 4
Auer-von-Welsbach-G. **85** Zz 3
Badg. **85** Zz 3
Bahnhofpl. **86** Zy 4
Bahnstr. **85/86** Zy/Zz 4
Bahnzeile **86** Zy 4
Baug. **86** Zy 4
Beethoveng. **86** Zz 4
Bräunlichg. **86** Zy/Zz 4
Bruckner-G., Anton- **86** Zz 4
Dammg. **86** Zz 4
Dr.-Mauksch-G. **86** Zz 4
Engelg. **86** Zz/Ya 4
Etrich-G., Hugo- **85** Zz 3
Fabriksg. **86** Zy 4
Feldg. **86** Zz 4
Franz-Grillparzer-G. **86** Zz 4
Franz-Liszt-G. **86** Zz 4
Franz-Schubert-G. **86** Zz 4
Garteng. **86** Zz 4
Ghega-G., Karl (K.)-Ritter
  (R.)-von- **85** Zz 3
Grenzg. **86** Zz/Ya 4
Grillparzer-G., Franz- **86** Zz 4
Hauptpl. **86** Zz 4
Hauptstr. **85/86** Zy/Zz 3/4
Haydn-G., Joseph- **86** Zz 4
Heinrich (H.)-Waggerl-G.
  85/86 Zz 4
Hugo-Etrich-G. **85** Zz 3

Joseph-Haydn-G. **86** Zz 4
Kaplan-G., Viktor- **85** Zz 3
Karl-Michael-Ziehrer-G.
  85/86 Zz/Ya 4
Karl (K.)-Ritter(R.)-von-Ghega-G
  85 Zz 3
Kirchhofg. **86** Zy 4
Komzakg. **86** Zz 4
Kurzg. **86** Zz 4
Lange G. **86** Zz/Ya 4
Lehárg. **86** Zz 4
Liszt-G., Franz- **86** Zz 4
Madersperg. **85/86** Zz 3/4
Marcus-G., Siegfried (S.-M.-G.)
  85 Zz 3
Mauksch-G., Dr.- **86** Zz 4
Mayrg. **85** Zz 3
Mießlg. **86** Zz 4
Mitterhofer-G., Peter- **85** Zz 3
Mittlere G. **86** Zz 4
Mohrstr. **86** Zz 4
Mozartg. **86** Zz 4
Mühlstr. **86** Zy 4
Negrellig. **85/86** Zz 4
Nestroyg. **85** Zz 3/4
Neubaug. **86** Zz/Ya 4
Neug. **86** Zy/Zz 4
Parkg. **85** Zz 3/4
Peter-Mitterhofer-G. **85** Zz 3
Petzoldg. **86** Zz 4
Pulverweg **86** Zz 4
Querg. **86** Zy 4
Raimundg. **85/86** Zz 4

Resselg. **85** Zz 3/4
Roseggerg. **85** Zz 3
Russendamm, Am **86** Ya 4
Sackg. **86** Zz 4
Sandg. **86** Zz 4
Schubert-G., Franz- **86** Zz 4
Schulstr. **86** Zz/Ya 4
Sedlmayerg. **86** Zz/Ya 4
Siedlerg. **86** Zz/Ya 4
Siegfried-Marcus-G. (S.-M.-G.)
  85 Zz 3
S.-M.-G. = Siegfried-Marcus-G.
Spitalg. **86** Zz 4
Stadiong. **86** Zz 4
Stampfg. **85** Zz 3
Steinfeldg. **86** Zz 4
Stifterg. **85** Zz 3/4
Straußg. **86** Zz 4
Viktor-Kaplan-G. **85** Zz 3
Waggerl-G., Heinrich (H.)-
  85/86 Zz 4
Waldzeile **86** Zz 4
Welsbach-G., Auer-von- **85** Zz 3
Werfelg. **85/86** Zz 4
W.-g. = Wieseng.
Wg.-g. = Wildgansg.
Wieseng. (W.-g.) **85** Zz 3
Wildgansg.(Wg.-g.) **86** Zz 4
Zellerg. **85/86** Ya 3/4
Ziehrer-G., Karl-Michael-
  85/86 Zz/Ya 4
Zweigg. **85** Zz 4

Wichtige Adressen

Gemeindeamt, Hauptstr. 31,
  ☎ 637 11-0
Postamt, Hauptstr. 25,
  ☎ 630 60
Rotes Kreuz, Gutensteiner Str. 2
  ☎ 622 44

**STANDORT + MARKT
Beratungsges.m.b.H.**
Mayrgasse 160
2603 Felixdorf
☎ 02628/624 76
85 Zz 3 ❷

Alfons-Maria-G., Schwester-
   103 L 98
Bergg. **103** M 98/99
Bräuerfeld **103** L/M 98
Brauhausg. **103** L/M 98
Buchgrabeng. **103** M 98
Dingelstedtg. **103** L 98/99, M 98
Dürerg. **103** M 98
Feldg. **103** L 98

Hamerlingg. **103** L/M 98
Himmelreichstr. **103** M 98
Hochbuchstr. **103** M 98
Klimtg. **103** M 98
Kupetzstr. **103** L 98
Lenaug. **103** L 98
Linzer Str. **103** L 98, M 98/99, N 99
Madergrabenstr. **103** L 99, M 98/99
Schöffelg. **103** M 98

Schwester-Alfons-Maria-G.
   103 L 98
Schwindg. **103** M 98
Steinbruchg. **103** M 98
Wagnerg. **103** M 98
Waldmüllerg. **103** M 98
Wohlmuthg. **103** M 98

Wichtige Adressen

Feuerwehr, Hauptstr. 31,
   ☎ 34 10
Gemeindeamt, Linzer Str. 99,
   ☎ 34 66-0
Gendarmerie, Ferdinand-
   Ebner-G. 3, ☎ 33 33, Notruf 133
Postamt, Linzer Str. 103,
   ☎ 22 70

In diesem Straßenverzeichnis scheinen **ausschließlich** jene Straßen, Gassen, Wege und Plätze auf,
die im Kartenteil 1:20 000 dargestellt werden.

GAINFARN

siehe Bad Vöslau

Albert-Schweitzer-G. **2** A 16
Albert (A.)-Sever-Str. **2** A 15/16
Alexander (A.)-Hirschl-G. **11** E 18
Andreas (A.)-Hofer-Weg **11** D/E 17
Angorag. **2** A 16
Anzengruberweg **11** D 17
Auerbachweg **10** D 16
Bahnstr. **11** D 18
Beerenweg **10** D 16
Beethovenweg **10** D 16/17
Blumenweg **11** D 17
Böck-G., Josef (J.)-, **11** D 18
Böhm-G., Johann- **11** D 18
Brahmsweg **10** D 16
Brehmweg **10** D 16
Brötzenbergerg. **2** A 16
Brünner Str. **2** A 16
Campingplatzweg **11** F 18
Dr.-Josef (J.)-Piringer-G. **11** D 17
Dr.-Karl-Renner-G. (Dr.-K.-R.-G.)
11 D 18
Dr.-K.-R.-G. = Dr.-Karl-Renner-G
Dungler-G.- Josef (Jos.)- **2** A 16
Ernst-Winkler-G. **11** D 18
Felix-Göschl-G. (F.-G.-G.) **11** D 18
F.-G.-G. = Felix-Göschl-G.
Franz-Wallner-G. **11** D 17
Franz-Welte-Wg. (F.-W.-Wg.)
11 D 17
Freudg. **11** D 17/18
Friedhofsg. **11** D 18
Fuhrich-Wg., Gustav- **10** D 16
F.-W.-Wg. = Franz-Welte-Wg.
Gemeindeweg **10/11** D 16/17
G.-Sch.-G. = Georg-Schilk-G.
Georg-Schilk-G. (G.-Sch.-G.)
11 D 18
Gerasdorfer Str. **11** D 16/17
Girardiweg (Gir.-wg.) **11** D/E 17/18
Gir.-wg. = Girardiweg
Glaser-G., Michael (M.-Gl.-G.)
11 D 18
Goetheweg **11** D 16/17
Göschl-G., Felix (F.-G.-G.) **11** D 18
Grillparzerweg (Grillp.-wg.)
11 D/E 17
Grillp.-wg. = Grillparzerweg
Guido-Rütgers-G. **11** D 18
Gustav-Fuhrich-Wg. **10** D 16
Hadrigan-G., Thomas (T.)- **11** D 17
Halbleheng. **11** D 18
Hanuschg. **2** A 16
Hauptstr. **11** D 18
Haydnweg **11** D 16/17
Hirschl-G., Alexander (A.)-, **11** E 18
Heldenweg **11** D 17
Hofer-Weg, Andreas (A.)-
11 D/E 17
Hoffmannweg **11** D 17
Hugo-Mischek-G. **11** D 18
Hugo-Schuran-Weg **11** D/E 18
Industriestr. **11** E 18
Jägerweg **11** D/E 17

Joachimsthalerg. **2** A 16
J.-N.-G. = Johann-Neumayr-G.
Johann-Böhm-G. **11** D 18
Johann (J.)-Kaller-G. **11** D 17
Johann (J.)-Kruder-Weg **11** D 17
Johann-Neumayr-G. (J.-N.-G.)
11 D 18
Josef (J.)-Böck-G. **11** D 18
Josef (Jos.)-Dungler-G. **2** A 16
Kaller-G., Johann (J.)-, **11** D 17
Kantweg **10** D 16
Kaplanstr. **11** F 18
Karl-Praunseys-Str. (K.-P.-Str.)
2 A 16
Karl-Suschitz-G. (K.-Susch.-G.)
11 D 18
Katzengruberg. **11** D 18
Kircheng. **11** D 18
Kirchenlucken **11** E 18
Konrad (K.)-Prantl-G. **11** D 18
K.-P.-Str. = Karl-Praunseys-Str.
Kraus-G., Raimund- **11** D 18
Kronfeldg. **2** A 16
Kruder-Weg, Johann (J.)- **11** D 17
K.-Susch.-G. = Karl-Suschitz-G.
Kuhng. **11** D 18
Kunschak-G., Leopold (L.-Kun.-G.)
11 D 18
Lannerweg **10** D 16
Leharweg **11** D 17
Lenauweg **11** D 17
Leopold-Kunschak-G. (L.-Kun.-G.)
11 D 18
Leopold-Pichler-Weg **11** E 18
Leopold-Schlederer-G.
(L.-Schle.-G.) **11** D 18
Leopoldauer Str. **11** D 17/18, E 17
Lindenweg **11** D 16/17
L.-Kun.-G.= Leopold-Kunschak-G.
Lorenzg. **11** D 18
Lorenz (L.)-Steiner-G. **11** D 18
Löschniggweg **10** D 16
L.-Schle.-G. = Leopold-
Schlederer-G.
Maderspergerstr. **11** F 18
Marcusstr. **11** F 18
M.-Gl.-G. = Michael-Glaser-G.
Michael-Glaser-G. (M.-Gl.-G.)
11 D 18
Michael-Rathmeyer-G. (M.-R.-G.)
2 A 16
Mischek-G., Hugo- **11** D 18
M.-R.-G. = Michael-Rathmeyer-G
Mozartweg **11** D 16/17
Nestroyweg **10** D 16
Neumayr-G., Johann (J.-N.-G.)
11 D 17
Nordostbahnstr. **11** E/F 18
Ostbahng. **12** D 19
Östliche Scheunenstr. **11** D 18
Paulig. **11** D 18
Paul-Str., Peter- **11** D 18
Peter-Paul-Str. **11** D 18

Pichler-Weg, Leopold- **11** E 18
Piringer-G., Dr.-Josef (J.)-, **11** D 17
Prantl-G., Konrad (K.)-, **11** D 18
Praunseys-Str., Karl (K.-P.-Str.)
2 A 16
Predigstuhlwg. **10** D 16
Preglg. **11** D 18
Raimundweg **11** D 17
Raimund-Kraus-G. **11** D 18
Rathmeyer-G., Michael (M.-R.-G.)
2 A 16
Renner-G., Dr.-Karl (Dr.-K.-R.-G.)
11 D 18
Resselg. **11** E 18
Rohrerg. **11** D 18
Roseggerweg **10** D 16/17
Rosenweg **10** D 16
Rütgers-G., Guido-, **11** D 18
Sängerknabenweg **10** D 16/17
Schanzenweg **10/11** C/D 16, D 17
Scheiterweg **10** D 16
Scheunenstr., Östliche **11** D 18
Scheunenstr., Westliche **11** D 18
Scheunenviertel **11** D 18
Schilk-G., Georg (G.-Sch.-G.)
11 D 18
Schillerweg **11** D/E 17
Schlederer-G., Leopold
(L.-Schle.-G.) **11** D 18
Schmalbachstr. **11** F 18
Schönherrweg **11** D/E 17
Schrödingerg. **11** D 18
Schubertweg **10** D 16/17
Schulg. **11** D 17
Schuran-Weg, Hugo- **11** D/E 18
Schweitzer-G., Albert- **2** A 16
Seewg. **11** E 18
Sever-Str., Albert (A.)- **2** A 15/16
Sparkassag. **12** D 19
Stammersdorfer Str.
10/11 D 16–18
Steiner-G., Lorenz (L.)- **11** D 18
Straußweg **10** D 16/17
Suengweg **10** D 16
Suschitz-G., Karl (K.-Susch.-G.)
11 D 18
Süßenbrunner Str. **11** D/E 18
Theodor-Wagner-G. **2** A 16
Thomas (T.)-Hadrigan-G. **11** D 17
Uferweg **11** E 18
Verbindungsg. (V.-g.) **11** D 18
V.-g. = Verbindungsg.
Volkertg. **2** A 16
Wagner-G., Theodor- **2** A 16
Wagramer Str. **11** F 18
Wallner-G., Franz- **11** D 17
Weisselg. **2** A 16
Welte-Wg., Franz (F.-W.-Wg.)
11 D 17
Westliche Scheunenstr. **11** D 18
Wienerweg **11** D 17
Winkler-G., Ernst-, **11** D 18

Wichtige Adressen, bezahlte Anzeigen

Feuerwehr, Hauptstr. 28,
☎ 0663-02 48 50
Gemeindeamt, Kircheng. 2
☎ 22 72-0
Gendarmerie, Bahnstr. 2,
☎ 22 33, Notruf 133
Postamt, Bahnstr. 2a, ☎ 22 60
Rotes Kreuz, Hauptstr. 28
☎ 22 44

GRUBITS+CO Bauges.m.b.H.
(Bauunternehmen)
Gerasdorfer Straße 245
2201 Gerasdorf
☎ 02246/25 52-0
11 D 17 ●

A. d. Sch.=An der Schafwiese
Ahornweg, **63** Za 4
Alleeg. **64** Za 5
Anton-Jahn-G. **63** Za 4
An der Schafwiese (A.d.Sch)
  64 Za 5
Arnoldg. **63** Za 3
Bergg. **63** Za 4
Birknerg. **64** Z/Za 5
Brunneng. **63** Za 3/4
Dreisteinstr. **64** Za 5
Eichbergstr. **63** Za 3
Franz-Schubert-G. **64** Z 5

Garteng. **64** Z/Za 5
Gemeindesteig (Gem.-stg.)
  63 Za 4
Gem.-stg. = Gemeindesteig
Gießhübler Str. **64** Za 5
Gießhübler Weg **64** Z 5
Hagenauertalstr. **63/64** Za 4/5
Hauptstr. **63/64** Za 3-5
Jahn-G., Anton- **63** Za 4
Johannesg. **64** Za 5
Perchtoldsdorfer Str. **63** Z/Za 4
Perlhofg. **63/64** Za 4/5
Pfarrpl. **63** Za 4

Riedhofg. **63** Za 4
Roseggerg. **63** Za 3
Rosendornbergg. (Rosend.-g.)
  64 Zl Za 5
Rosend.-g. = Rosendornbergg.
Schafwiese, An der (A. d. Sch.)
  64 Za 5
Schillerstr. **63** Za 3
Schubert-G., Franz- **64** Z 5
Schulg. **63** Za 4
Siedlungsg. **64** Za 5
Tirolerhofweg **63** Z 4

Wichtige Adressen

Feuerwehr, Hauptstr. 105,
  ☎ 261 33, 264 81
  (Brandmeldung)
Gemeindeamt, Hauptstr. 73
  ☎ 264 64
Postamt, Hauptstr. 73,
  ☎ 262 70

Adalbert-Stifter-G. (A.-St.-G.)
  38 P 23
Akazienweg 37 O 22
Albert (A.)-Hejpeter-G. 37/38 P 22
Am Anger 50 S 23/24
Am Augraben 38 P 22
Am Damm 37/38 P 22
Am Holzplatz 38 O/P 23
Am Ortsried 50 R 23, S 24
Anger, Am 50 S 23/24
Anton (A.)-Bruckner-G. 38 P 24
Asperng. 38 O 22
Asternweg 38 P 23
A.-St.-G. = Adalbert-Stifter-G
Aug. 37/38 P 22
Augraben, Am 38 P 22
Autokinostr. 37 O 22
Auvorstadtg. 38 P/Q 22
Badg. 37 O/P 22
Baumg. 50 S 23
Bellegardeg. (B.-g.) 49 Q 22
Berthold-Pl., Bischof (B.)-
  38 O 22/23
B.-g.=Bellegardeg.
Birkenweg 38 O 22
Bischof (B.)-Berthold-Pl.
  38 O 22/23
Blanchardg. 37/38 O 22
Brennereiweg 38 N/O 23
Bruckner-G., Anton (A.)- 38 P 24
Brunneng. 50 S 24
Buchenweg 37/38 O 22
Damm, Am 37/38 P 22
Dammstr. 50 S 23/24
Dr.-Anton (A.)-Krabichler-Pl.
  38 O 22/23
Dr.-Josef (J.)-Zahn-G. 38 O 22/23
Dr.-Karl (K.)-Renner-Ring
  38 O 22/23
Dr.-Paul (P.)-Fuchsig-G. 38 O/ P 24
Dragonerweg (D.-Wg.) 50 Q 22
D.-wg. = Dragonerweg
Eder-G., Heinrich- 38 P 23
Elisabethstr. (El.-str.) 38 O 23
El.-str. = Elisabethstr.
Erlenweg 38 O 22
Erzherzog (E.)-Karl-G. 49 Q 22
Eschenweg 37/38 O 22
Eßlingg. 38 O 22
Fasanweg 38 O 23
Ferdinand (F.)-Raimund-G.
  38 O/P 24
Ferry-Wilhelm-Gebauer-G.
  (F.-We.-G.) 38 P 24
Fliederg. 38 P 22
Franz (F.)-Lehár-G. 38 P 23
Franzosenweg 50 Q 22

Freisinger G. (Fr.-G.) 38 O 23
Fr.-G. = Freisinger G.
Friedhofg. 38 P 22
Fritz-Muliar-G. 38 P 23
Fuchsig-G., Dr.-Paul (P.)-
  38 O/P 24
F.-W.-Ge.-G. = Ferry-Wilhelm-
  Gebauer-G.
Gärtnerg. 38 O 23
Gebauer-G., Ferry-Wilhelm
  (F.-W.-Ge.-G.) 38 P 24
Grenadierweg (G.-wg.) 50 Q 22
Grillparzerg. 38 P 23
Guntherstr. 37/38 M/N 22
G.-wg. = Grenadierweg
Hans (H.)-Kudlich-Ring 38 O
Hauptpl. 38 O 22
Haydng. 38 O/P 24
Heinrich-Eder-G. 38 P 23
Hejpeter-G., Albert (A.)-
  37/38 P 22
Holunderweg (Hol.-wg.) 38 P 23
Holzplatz, Am 38 O/P 23
Hol.-wg. = Holunderweg
Hubertusstr. 50 S 23
Husarenwg. 50 Q 22
Industriestr. 38 P 24
Jägersteig 50 S 23
Johann (Jh.)-Nestroy-G. 38 O/P 23
Johann (J.)-Strauß-G. 38 O/P 23
Josef (J.)-Reither-Ring 38 O 22
Kaiser-Franz-Josef-Str. 38 O/P 22
Kanonierweg 49/50 Q 22
Kastanienallee 37/38 O 22
Kirchenpl. 38 O 22
Kleingarteng. 37 O 22
Kohlfeldg. 38 P 22/23
Korng. 38 O 23
Krabichler-Pl., Dr.-Anton (A.)-
  38 O 22/23
Krayg. 49 Q 22
Kudlich-Ring, Hans (H.)- 38 O 23
Kürassierweg 50 Q 22
Lannerg. 38 O/P 24
Lehár-G., Franz (F.)- 38 P 23
Lilieng. 38 P 23
Lindenweg 38 O 23
Lobaustr. 37/38 O-Q 22
Maisg. 38 O 22
Malvenweg 38 P 23
Marchfelder Str. 38 P 22
Margaritenweg (Marg.-wg.)
  38 P 23
Marg.-wg. = Margaritenweg
Mariensee 38 O 23/24
Mitterfeldweg 38 M 22/23
Mitterweg 50 S 24

Mozartg. 38 P 24
Mühlbruckweg 50 S 24
Mühlleitner Str. 38 O 22/23, P 23
Mühlsteing. 50 S 24
Muliar-G., Fritz- 38 P 23
Napoleong. 38/50 P/Q 22
Nelkeng. 38 P 22
Nestroy-G., Johann (Jh.)-
  38 O/P 23
Oberfeldg. 38 N 22/23, O 23
Ortsried, Am 50 R 23, S 24
Parkstr. 50 R/S 23, S 24
Prinz-Eugen-Str. 37/38 O 22
Pysdorfer Str. 38 N 23
Raasdorfer Str. 38 O 23
Raimund-G., Ferdinand (F.)-
  38 O/P 24
Rathausstr. (Rath.-str.) 38 O 22
Rath.-str. = Rathausstr.
Reither-Ring, Josef (J.)- 38 O 22
Renner-Ring, Dr.-Karl (K.)-
  38 O 22/23
Robert-Stolz-G. 38 P 24
Roseggerstr. 38 O 22
Roseng. 38 O 23, P 22/23
Rutzendorfer Str. 38 O 23
Scheuneng. 38 O 23
Schießstattring 38 O 23
Schloßhofer Str. 38 O/ P 23, P 24
Schl.-wg.=Schulgartenweg
Schrammelg. 38 O 24
Schubertg. 38 O 24
Schulgartenweg (Schl.-wg.)
  50 S 23/24
Sonnenblumenweg 38 P 23
Steinbügelweg 38 P 22
Stifter-G., Adalbert (A.-St.-G.)
  38 P 23
Stolz-G., Robert- 38 P 24
Strauß-G., Johann (J.)- 38 O/P 23
Trappenweg 38 O 23
Tulpeng. 38 P 22
Ulanenweg. 49/50 Q 22
Ulmenweg 37/38 O/P 22
Unterfeldg. 38 O 23
Wagramg. 38 O 22
Waldhagenweg 37 O 22
Weidenweg 37 O 22
Weingarteng. 38 O/P 22
Weinlingerg. 38 O 22
Wiener Str. 37/38 N/O 22
Zahn-G., Dr.-Josef (J.)- 38 O 22/23
Ziegelofenstr. 37/38 O/P 22
Ziehrerg. 38 O 24

Wichtige Adressen, bezahlte Anzeigen

Alleeweg **75** Zg 7
Am Kanal **75** Zg/Zh 7
Anton (A.)-Wagner-G. **75** Zg 6/7
Badener Str. **69** Zf 6, **74** Zg 6
Badg. **69/70** Zf 6/7
Bahng. **75** Zg 7
Bahnzeile **75** Zg 7
Bilko-G., Franz (F.)- **75** Zg 7
Br.-g. = Bründlbachg.
Bründlbachg. (Br.-g.) **69** Zf 6
Dr.-Franz-Oswald-Str. **75** Zg 7
Feldg. **75** Zg 7
Franz (F.)-Bilko-G. **75** Zg 7
Franz-Schmidt-G. **74** Zg 6
Füllenkellerwg. **75** Zg 7
Garteng. **74/75** Zg 6/7
Gartensätzweg **74** Zg 6
Gartenwg. (G.-wg.) **75** Zg 7
G.-wg. = Gartenwg.
Guntramsdorfer Str. **70** Zf 7
Heidestr. **75** Zf/Zg 7
Industriestr. **75** Zh 7
Jubiläumsstr. **69/70** Zf 6/7
Kajetan (K.)-Schellmann-G.
  (K.-Schellm.-G.) **74/75** Zg 6/7

Kalkwerkstr. **69** Zf 6
Kanal, Am **75** Zg/Zh 7
Karl-Müller-Wg. **75** Zg 7
Ki.-g. = Kircheng.
Kircheng. (Ki.-g.) **69** Zf 6
Kirchenpl. **69** Zf 6
Klinger-G., Richard (R.)-,
  75 Zg 7
K.-Schellm.-G. = Kajetan (K.)-
  Schellmann-G.
Kurzeg. **69** Zf 6
Mödlinger Str. **69** Zf 6
Mühlackerg. **75** Zg 6/7
Müller-Wg., Karl- **75** Zg 7
Neug. **75** Zg 6
Neustiftg. **69** Zf 6
Oswald-Str., Dr.-Franz- **75** Zg 7
Parkwg. **75** Zg 7
Peter-Rosegger-Str. (P.-R.-Str.)
  69 Zf 6
Pfaffstättner Str. **75** Zg 7
Probusg. **70** Zf 7
P.-R.-Str. = Peter-Rosegger-Str.
Richard (R.)-Klinger-G. **75** Zg 7
Rosalienwg. **75** Zg/Zh 7

Rosegger-Str., Peter (P.-R.-Str.)
  69 Zf 6
R.-T.-Str.=Rudolf-Tamchina-Str.
Rudolf-Tamchina-Str. (R.-T.-Str.)
  75 Zg 7
Ruffenbrunnerg. **75** Zg 7
Schellmann-G., Kajetan
  (K.-Schellm.-G.) **74/75** Zg 6/7
Schillerstr. **69/70** Zf 6/7
Schmidt-G., Franz- **74** Zg 6
Schpl.=Schrannenpl.
Schrannenpl. (Schpl.) **74** Zg 6
Schulg. **69** Zf 6
Steingrubenweg **75** Zg 7
Tamchina-Str., Rudolf (R.-T.-Str.)
  75 Zg 7
Thallernstr. **70** Zf 7
Traiskirchner Str. (Traisk. Str.)
  74 Zg 6
Traiskirchner Wg. (Traisk. Wg.)
  75 Zg 6/7
Traisk. Str. = Traiskirchner Str.
Traisk. Wg. = Traiskirchner Wg.
Wagner-G., Anton (A.)- **75** Zg 6/ 7
Wiener Str. **69** Zf 6, **74/75** Zg 6/7

Wichtige Adressen

Feuerwehr, Wiener Str. 108,
  ☎ 622 22
Gemeindeamt, Schrannenpl. 1,
  ☎ 621 01-0, 629 40
Gendarmerie, Rosalienweg,
  ☎ 622 33, Notruf 133
Postamt, Wiener Str. 40,
  ☎ 622 60

Anton-Bruckner-Str. **82** Zs 5
Beethoven-G., Ludwig-van-
  84 Zs 5
Blumauer Str. **84** Zs 5/6
Brennereig. **84** Zs 5
Bruckner-Str., Anton- **82** Zs 5
Czettel-G., Hans (H.)- **82** Zs 5
Fasang. **82** Zs 5
Dr.-Karl-Renner-Str. **82** Zs 5
Dr.-Theodor-Körner-Str. **82** Zs 5
Giradonig. **82** Zs 5
Hans (H.)-Czettel-G. **82** Zs 5

Körner-Str., Dr.-Theodor- **82** Zs 5
Johann-Strauß-G. **82** Zs 5
Josef-Lanner-Str. **82** Zs 5
Lanner-Str., Josef- **82** Zs 5
Leobersdorfer Str. **82** Zs 5
Ludwig-van-Beethoven-G. **84** Zs 5
Mozart-G., Wolfgang-Amadeus-
  84 Zs 5
Rennbahng. **82** Zs 5
Renner-Str., Dr.-Karl- **82** Zs 5
Rittmann-G., Robert- **82** Zs 5
Robert-Rittmann-G. **82** Zs 5

Robert-Stolz-G. **84** Zs 5
Schönauer Str. **84** Zs 5
Schubertg. **84** Zs 5
Stolz-G., Robert- **84** Zs 5
Strauß-G., Johann **82** Zs 5
Waldg. **82** Zs 5
Wärndorfer Str. **82** Zs 5
Wasserg. (W.-g.) **82** Zs 5
W.-g. = Wasserg.
Wiener Neustädter Str. **84** Zs/Zt 5
Wolfgang-Amadeus-Mozart-G.
  84 Zs 5

Wichtige Adressen

Arbeiter Samariter Bund,
  Leobersdorfer Str. 3,
  ☎ 622 44
Gemeindeamt,
  Europapl. 1, ☎ 628 80
Gendarmerie,
  Wr. Neustädter Str. 2
  ☎ 639 33, Notruf 133
Postamt, Europapl. 1
  ☎ 635 80

In diesem Straßenverzeichnis scheinen **ausschließlich** jene Straßen, Gassen, Wege und Plätze auf,
die im Kartenteil 1:20 000 dargestellt werden.

A
Adalbert-Stifter-G. **71** Ze 9
Alois-Negrelli-G. (A.-N.-G.)
  71 Ze 9
A. Kir. = Am Kirchanger
Am Kanal **70** Ze/Zf 8
Am Kirchanger (A. Kir.) **70** Zf 8
Am Tabor **71** Zf 9
A.-N.-G. = Alois-Negrelli-G.
Anningerstr. **70** Zf 8
Anton (A.)-Wildgans-Weg **71** Zf 9
Arthur-Schnitzler-G. (A.-Sch.-G.)
  71 Zf 9
A.-Sch.-G. = Arthur-Schnitzler-G.
Auer-von-Welsbach-G.
  (A.-v.-Wb.-G.) **71** Ze 9
A.-v.-Wb.-G = Auer-von-
  Welsbach-G.

B
Bachg. **71** Zf 9
Bahnstr. **71** Zf 9, **76** Zg 9
Berberitzenwg. (Be.-wg.) **75** Zg 9
Bertha (B.)-von (v.)-Suttner-Str.
  71 Zd/Ze 9
Berthold-Brecht-G. **70** Ze 8/9
Beschlägestr. (B.-str.) **76** Zg 9
Be.-wg. = Berberitzenwg.
B.-str. = Beschlägestr.
Birkeng. **71** Zd/Ze 9
Brecht-G., Berthold- **70** Ze 8/9
Brunng. **70** Zf 8
Bucheng. (Bu.-g.) **71** Ze 9
Burgunderg. **70/71** Ze 8/9

C
Clematiswg. **75** Zg 8

D
Dr.-Ignaz-Weber-G. **70** Zf 8
Dr.-Karl-Renner-Str. **71** Zd/Ze 9
Dr.-Theodor (Th.)-Körner-Pl.
  70/71 Zd 8/9

E
Eggendorferg. **70** Zf 8
Eicheng. **71** Ze 9
Eichkogelstr. **70/71** Ze 8/9
Enziang. **75** Zg 8
Europahof **70** Zf 8

F
Falkeng. **76** Zg 9
Fasang. **76** Zg 9
Feldg. **70** Zf 8, **75** Zg 8
Ferdinand-Moser-G. **70** Zf 8
Ferdinand-Raimund-Weg
  (F.-R.-Wg.) **71** Ze 9
Fichteng. **71** Zd 9
Finkeng. **76** Zg 9
Flurg. **70** Zf 8
Föhreng. **71** Zd 9
Frank-Stahl-Str. **71** Ze 9
Franz-Grillparzer-Str. **71** Ze/Zf 9
Franz-Lehár-G. **70** Ze 8
Franz-Liszt-G. **70** Zf 8
Franz-Novy-G. **70/71** Ze 8/9
Friedhofsstr. **70/71** Ze 9, Zf 8/9
F.-R.-Wg.= Ferdinand-Raimund-Weg

G
Garteng. (G.-g.) **71** Zf 9
Geranienwg. **75** Zg 8
Gewerbeg. **71** Zf 9
G.-g. = Garteng.

Ghega-G., Karl-Ritter-von
  (K.-R.-v.-G.-G.) **71** Ze 9
Grillparzer-Str., Franz- **71** Ze/Zf 9
Großschopfstr. **71** Zd/Ze 9
Grünlandweg (Grünld.-wg.)
  70 Zf 8
Grünld.-wg. = Grünlandweg
Gumpoldskirchner Str. **70** Zf 8

H
Haferg. **71** Ze 9
Hauptstr. **70** Zf 8
Haydn-G., Josef (J.)- **70** Zf 8
Heintschel-Str., Rudolf- **70** Zf 8,
  75 Zg 8

I
In den Weinbergen **70** Zf 8
In der Wögling **70** Zf 8
Industriestr. **70/71** Zd 8/9, Ze 9

J
J.-M.-G. = Johann-Madersperger-G.
Johann-Madersperger-G.
  (J.-M.-G.) **71** Zf 9
Johann-Nestroy-G. **71** Ze 9
Johann (J.)-Strauß-G. **70** Ze 8
Josef (J.)-Haydn-G. **70** Zf 8
Josef (J.)-Lanner-Str. **70** Ze 8
Josef (J.)-Ressel-G. **70** Zf 9
Josef (J.)-Schemmerl-G. **71** Ze 9
Josef-Weinheber-G. (J.-Weinh.-G.)
  71 Zf 9
J.-Weinh.-G. = Josef-Weinheber-G.

K
Kamillenwg. (Kam.-wg.) **75** Zg 8
Kammeringstr. **70** Zf 8
Kam.-wg. = Kamillenwg.
Kanal, Am **70** Ze/Zf 8
Kaplan-G., Viktor- **71** Zf 9
Karl-Millöcker-Str. **71** Ze 8
Karl-Ritter-von-Ghega-G.
  (K.-R.-v.-G.-G.) **71** Ze 9
Kelteng. **70** Zf 8
Kerng. **71** Zf 9
Kirchanger, Am (A. Kir.) **70** Zf 8
Kircheng. **70/71** Zf 8/9
Kirchenpl. **70** Zf 8
Klingerstr. **75** Zg 8
Kornblumenpl. **75** Zg 8
Körner-Pl., Dr.-Theodor (Th.)-
  70/71 Zd S/9
Kreß-G., Wilhelm (W.)- **71** Ze 9
K.-R.-v.-G.-G. = Karl-Ritter-von-
  Ghega-G.
Kurt-Tucholsky-G. **70** Ze 8/9

L
Lanner-Str., Josef-, **70** Ze 8
Lärcheng. **71** Zd/Ze 9
Laxenburger Str. **71** Zf 9
Lenau-G., Nikolaus (N.)- **71** Ze 9
Lehár-G., Franz- **70** Ze 8
Levkojenwg. (Lev.-wg.) **75** Zg 8
Lev.-wg. = Levkojenwg.
Lichteneckerg. **70** Zf 8
Ligusterwg. (L.-wg.) **75** Zg 8
Lindeng. **71** Ze 9
Liszt-G., Franz- **70** Zf 8
L.-wg. = Ligusterwg.

M
Madersperger-G., Johann (J.-M.-G.)
  71 Zf 9

Marcus-G., Siegfried (S.-M.-G.)
  71 Zf 9
Melissenwg. (M.-wg.) **75** Zg 8
Millöcker-Str., Karl- **71** Ze 8
Mitterhofer-G., Peter (P.)- **71** Ze 9
Mödlinger Str. **70** Zf 8
Möllersdorfer Str. **75** Zf/Zg 8
Moser-G., Ferdinand- **70** Zf 8
Mozart-G., Wolfgang-Amadeus-
  70 Ze/Zf 8
Mühlg. **75/76** Zg 8
Münchendorfer Str. **76** Zf/Zg 9/10
M.-wg. = Melissenwg.

N
Negrelli-G., Alois (A.-N.-G.)
  71 Ze 9
Nestroy-G., Johann- **71** Ze 9
Neuburgerstr. **70/71** Ze 8/9
Neudorfer Str. **71** Ze/Zf 9
Neug. **70** Zf 8
Neusselg. (N.-g.) **70** Zf 8
N.-g. = Neusselg.
Nikolaus (N.)-Lenau-G. **71** Ze 9
Novy-G., Franz- **70/71** Ze 8/9

O
Ozeanstr. **71** Zd 9

P
Parkstr. **70** Zd/Ze 8
Peter (P.)-Mitterhofer-G. **71** Ze 9
Peter-Rosegger-G. (P.-R.-G.)
  71 Ze 9
Petunienpl. **75** Zg 8
Pfarrg. (Pf.-g.) **70** Zf 8
Pf.-g. = Pfarrg.
Phloxg. **75** Zg 8
P.-R.-G. = Peter-Rosegger-G.
Primelwg. **75** Zg 8

R
Radiog. **71** Zf 9
Raiffeiseng. **70** Zf 8
Raimund-Weg, Ferdinand
  (F.-R.-Wg.) **71** Ze 9
Rapschg. **71** Ze 9
Rathauspl. (R.-pl.) **70** Zf 8
Renner-Str., Dr.-Karl- **71** Zd/Ze 9
Ressel-G., Josef (J.)- **71** Zf 9
Rhabarberwg. **75** Zg 8
Rieslingg. **70/71** Ze 8/9
Roggeng. **71** Ze 9
Rohrfeldg. **71** Ze 9
Rohrg. **70/71** Zf 8/9
Römerg. **70** Zf 8
Rosegger-G., Peter (P.-R.-G.)
  71 Ze 9
Roseng. **75** Zg 8
R.-pl. = Rathauspl.
Rudolf-Heintschel-Str. **70** Zf 8,
  75 Zg 8

S
Schemmerl-G., Josef (J.)- **71** Ze 9
Schloßg. **71** Zf 9
Sch.-g. = Schreinerg.
Schnitzler-G., Arthur (A.-Sch.-G.)
  71 Zf 9
Schreinerg. (Sch.-g.) **71** Zf 9
Schulg. **70** Zf 8
Siedlerg. **70** Zf 8
Siegfried-Marcus-G. (S.-M.-G.)
  71 Zf 9
S.-M.-G. = Siegfried-Marcus-G.
Spechtg. **76** Zg 9

GUNTRAMSDORF

Sportplatzstr. **70/71** Zf 8/9
Stahl-Str., Frank- **71** Ze 9
Steinfeldg. **70** Zf 8
Stifter-G., Adalbert- **71** Ze 9
Straße 6 **71** Zd 9
Straße 7 **71** Zd 9
Straße 8 **71** Zd 9
Straße 9 **71** Zd 9
Straße 10 **71** Zd 9
Strauß-G., Johann (J.)- **70** Ze 8
Suttner-Str., Bertha (B.)- von (v.)-
71 Zd/Ze 9

T

Tabor, Am **71** Zf 9
Taborg. **76** Zf/Zg 9
Tanneng. **71** Zd 9
Teichg. **70** Ze/Zf 8
Thymianwg. (Thy.-wg.) **75** Zg 8

Thy.-wg. = Thymianwg.
Tour u. Andersson-Str. **71** Zd 9
Triester Str. **70** Zd-Zf 8, **75** Zg 8
Tucholsky-G., Kurt- **70** Ze 8/9
Tulpenwg. (Tu.-wg.) **75** Zg 8
Tu.-wg. = Tulpenwg.

V

Veilcheng. (V.-g.) **75** Zg 8
Veltlinerg. **71** Ze 9
V.-g. =Veilcheng.
Viaduktstr. **70** Zd 8
Viktor (V.)-Kaplan-G. **71** Zf 9

W

Wasserg. **71** Zf 9
Weber-G., Dr.-Ignaz- **70** Zf 8
Weinbergen, In den **70** Zf 8

Weinheber-G., Josef (J.-Weinh.-G.)
71 Zf 9
Weizeng. **71** Ze 9
Welsbach-G., Auer-von
(A.-v.-Wb.-G) **71** Ze 9
Wieseng. **75** Zg 8
Wildgans-Weg, Anton (A.)- **71** Zf 9
Wilhelm (W.)-Kreß-G. **71** Ze 9
Wodikg. **75** Zg 8
Wögling, In der **70** Zf 8
Wolfgang-Amadeus-Mozart-G.
70 Ze/Zf 8

Z

Ziegelofeng. **70** Zf 8

Wichtige Adressen, bezahlte Anzeigen

Feuerwehr, Kircheng. 2,
☎ 522 22
Gemeindeamt, Rathauspl.1,
☎ 535 01-0
Gendarmerie, Kircheng. 2,
☎ 522 33-0
Postämter:
2353 Kirchenpl. 3,
☎ 522 60
2354 Dr.-Karl-Renner-Str. 25,
☎ 431 60

AKUSTIK BLASCH
(Schall- u. Wärmedämmung)
Siehe Wiener Neudorf

FARM GOLD HANDELS GMBH
(Trockenfrüchte und Kerne)
Siehe Wiener Neudorf

FRANKSTAHL
Röhren- u. Stahlgroßhandel
Frankstahlstraße 2
2353 Guntramsdorf
☎ 02236/446 07
71 Ze 9 ❶

HASCO-AUSTRIA GmbH
(Normalien)
Industriestraße 21
2353 Guntramsdorf
☎ 02236/202-0
71 Zd 9 ❻

TOUR & ANDERSSON
HYDRONICS GmbH
(Heizungs-u. Sanitärtechnik)
Tour u. Andersson-Str. 2
2353 Guntramsdorf
☎ 02236/230 00-0
71 Zd/Ze 9 ❷

WIENER PAPIER
(Papiergroßhandel)
Siehe Wiener Neudorf

HENNERSDORF   PLZ. 2332, Vorwahl 02235

Achauer Str. **67** Y/Z 12
Am Teich **67** Y/Z 12
Bachg. **67** Y 11/12
B.-g. = Blattg..
Blattg. (B.-g.) **67** Y 12
Böhler-G., Dr.- **67** Z 12
Dr.-Böhler-G. **67** Z 12
Dr.-Koch-G. **67** Z 12
Dr.-Koralevsky-G. **67** Y 11
Flemingstr. **67** Z 12
Florianipl. **67** Y 11
Friedhofspl. **67** Y 11
Garteng. **67** Y 11/12
Grillparzerstr. **67** Y/Z 12
Hauptpl. **67** Y 11
Hauptstr. **67** Y 11/12

Höbelg. **67** Y 11
Johann-Wiesmayer-G. **67** Y 11/12
Josef-Postl-G. **67** Y 12
Karl-Heinrich-Waggerl-G. **67** Y 12
Keplerg. **67** Z 12
Kirchenpl. **67** Y 11
Koch-G., Dr.- **67** Z 12
Koralevsky-G., Dr. **67** Y 11
Nestroyg. **67** Y 12
Neuweilerg. **67** Y 12
Österle-G., Rudolf- **67** Y 11
Pestalozzig. **67** Z 12
Postl-G., Josef- **67** Y 12
Raimundg. **67** Y 12
Roseggerg. **67** Y 12
Rothneusiedler Str. **67** Y 11

Rudolf-Österle-G. **67** Y 11
Stifterg. **67** Y 12
Straße A **67** Y 11
Straße B **67** Y 11
Teich, Am **67** Y/Z 12
Teichfeldg. **67** Y 11/12
Waggerl-G., Karl-Heinrich- **67** Y 12
Werksstr. **67** Y 11
Wiesmayer-G., Johann- **67** Y 11/12
Zehetnerg. (Z.-g.) **67** Y 12
Z.-g. = Zehetnerg.

Wichtige Adressen, bezahlte Anzeigen

Feuerwehr, Florianipl.,
☎ 812 22
Gemeindeamt, Achauer Str. 2,
☎ 812 30
Postamt, Achauer Str. 2,
☎ 812 60

A. d. H. = An der Hortigstr.
Alfred-Schmidt-Weg (A.-Sch.-Wg.)
  64 Zb 5
Alt-Weg, Rudolf-von (R.-v.-A.-Wg.)
  64 Zb 5
Am Eichberg **63** Zb 3
Am Grillenbühel **64** Zb 5
An der Hortigstr. (A.-d.-H.) **63** Za 4
Anningerstr. **63** Zb 4
Anningerweg **64** Zb 5
A.-Sch.-Wg. = Alfred-Schmidt-Weg
Bachg., Obere (O.)- **63** Zb 4
Bachg., Untere (U.)- **64** Zb 5
Badg. **64** Za/Zb 5
Bahnpl. **63/64** Zb 4/5
Bärenkogelweg **63/64** Za 4/5
Bechadeweg **64** Za 5
Beethoveng. (B.-g.) **63** Zb 4
B.-g. = Beethoveng.
Braumüllerstiege (Br.-stg.) **64** Zb 5
Br.-stg. = Braumüllerstiege
Brühlegg. **63** Zb 4
Corraweg (C.-w.) **64** Zb 5
C.-w. = Corraweg
Dreisteinstr. **64** Za 5
Eichberg, Am **63** Zb 3
Eichbergstr. **63** Zb 3/4
Ferdinand (Ferd.)-Raimund-
Promenade **63** Zb/Zc 4
Forstweg (F.-wg.) **63** Zb 4
Forellensteig **63** Zb 4
Föhrenallee **63** Zb 4
Franz-Liszt-Str. **63** Za 4
Franz (Fr.)-Schubert-Str.
  63 Zb/Zc 4
Fürstenweg **65** Za 5
F.-wg. = Forstweg
Gaadner Str. **63/64** Zb 4/5
Garteng. **64** Zb 5
Gemeindeweg (G.-wg.) **63** Zb 4

Gießhübler Str.
  63/64 Za 4/5, Zb 5
Gmeiner-G., Hermann (H.)-
  63 Zb 4
Graf-Mailath-G. **64** Zb 5
Grillenbühel, Am **64** Zb 5
Grillparzerpromenade **64** Zb 5
Grutschg. **64** Zb 5
G.-wg. = Gemeindeweg
Hauptstr. **63/64** Zb 4/5
Helmstreitg. **64** Zb 5
Hermann (H.)-Gmeiner-G. **63** Zb 4
Hochstr. **63** Zb 4
Hohlg. **63** Zb 4
Höldrichsmühlweg **63** Zb 4
Hortigstr. **63/64** Za/Zb 4, Za 5
Hortigstr., An der (A.-d.-H.)
  63 Za 4
Hundskogelweg **63** Za 4
Johannesstr. **64** Za/Zb 4
Kientalg. **63** Zb 4
Kornhäuselweg **64** Zb 5
Kröpfelsteigstr. **63** Zb 4
Lieben-Promenade, Robert-
  63 Zb 4
Liszt-Str., Franz- **63** Za 4
Mailath-G., Graf- **64** Zb 5
Mannlicherg. **64** Zb 5/6
Nestroyweg **64** Zb 5
Neug. **64** Zb 5
Obere (O.) Bachg. **63** Zb 4
Parkstr. **63/64** Zb 4/5
Postweg **64** Zb 5
Promenadenweg **64** Zb 5
Raimund-Promenade, Ferdinand
  (Ferd.)- **63** Zb/Zc 4
Regenhartstr. (Rht.-str.) **64** Zb 5
Rht.-str. = Regenhartstr.
Reitweg **63** Za 4
Robert-Lieben-Promenade **63** Zb 4

Römerwandweg **63/64** Zb 4/5
Roseggersteig **63** Zb 4
Rudolf-Schmidt-Steig **63** Zb 4
Rudolf-Schmidt-Weg **63** Zb 4
Rudolf-Schwarz-Promenade
  63 Zb 4
Rudolf-von-Alt-Weg (R.-v.-A.-Wg.)
  64 Zb 5
R.-v.-A.-Wg. = Rudolf-von-Alt-Weg
Schmidt-Steig, Rudolf- **63** Zb 4
Schmidt-Weg, Alfred (A.-Sch.-Wg.)
  64 Zb 5
Schmidt-Weg, Rudolf- **63** Zb 4
Schöffelweg **63** Zb 4
Schubert-Str., Franz (Fr.)-
  63 Zb/Zc 4
Schuhmacherg. **63** Zb 3/4
Schwarz-Promenade, Rudolf-
  63 Zb 4
Sonnleiten **63** Za/Zb 4
Sportweg (Sp.-wg.) **64** Zb 5
Sp.-wg. = Sportweg
Stefanieweg **63** Zb 4
Untere (U.) Bachg. **64** Zb 5
Vereinsweg (V.-wg.) **64** Za 5
V.-wg. = Vereinsweg
Wagnerstr. **64** Zb 5
Waldg. **63/64** Zb 4/5
Waldmüllersteig **64** Za 5
Wasserweg **64** Zb 5
Weissenbachstr. **63** Zb 3
Weißes Kreuz-Weg (W. K.-Wg)
  63 Zb 4
Wieseng. **64** Za 5
Winzersteig (Wi.-stg.) **63** Zb 4
Wi.-stg.=Winzersteig
W. K.-Wg. = Weißes Kreuz-Weg

Wichtige Adressen, bezahlte Anzeigen

In diesem Straßenverzeichnis scheinen **ausschließlich** jene Straßen, Gassen, Wege und Plätze auf,
die im Kartenteil 1:20 000 dargestellt werden.

siehe Klosterneuburg   **HÖFLEIN AN DER Donau**

KALTENLEUTGEBEN

Bahngasse 51 X 2
Bergg. 51 X 2
Doktorbergstr. 51 X 1/2
Dreifaltigkeitspl. 51 X 2
Flösselg. 51 X 2
Gerng. 51/52 X 2/3

Hauptstr. 51/52 X 2/3
Höheng. 51 X 2
Karlsg. 51 X 1
Marienweg 51 X 1
Promenadeg. 51 X 2
Stollwiese 51/52 X 2/3

Stefanieg. 51 X 2
Waldmühlg. 51 X 2
Wilhelmstr. (Wilh.-str.) 51 X 2
Wilh.-str.=Wilhelmstr.
Winternitzg. 51 X 2

Wichtige Adressen

Feuerwehr, Hauptstr. 78,
☎ 222
Gemeindeamt, Hauptstr. 78,
☎ 213-0
Postamt, Hauptstr. 78,
☎ 210

In diesem Straßenverzeichnis scheinen **ausschließlich** jene Straßen, Gassen, Wege und Plätze auf,
die im Kartenteil 1:20 000 dargestellt werden.

KATZELSDORF

Am Anger 93 YI 6
Am Berg 93 Ym 6
Am Kanal 93 Yk 6
Am Mühlbach 93 YI 6
Am Teich 93 YI/Ym 6
Anger, Am 93 YI 6
Aug. 93 YI 6
Bahnstr. 93 Yk 6
Berg, Am 93 Ym 6
Birkenweg 93 Ym 6
Brucknerweg 93 Ym 6
Brunneng. 93 YI 6
Buchenweg 93 Ym 6
Dammstr. 93 YI/Ym 6
Dorfg. 93 YI/Ym 6
Eichbüchler Str. 93 YI/Ym 6
Fasang. 93 YI/Ym 6

Feldweg 93 YI 6
Fichtenweg 93 Ym 6
Grillg. 93 YI 6
Gschaidtweg 93 YI 6
Hauptstr. 93 YI/Ym 5/6
Hofgarten 93 Ym 6
Kanal, Am 93 Yk 6
Kapellauweg 93 YI/Ym 6
Kellerstr. 93 YI/Ym 6
Kircheng. 93 Ym 6
Kurzeg. 93 YI 6
Lazarettg. 93 YI/Ym 6
Leithaweg 93 YI 6
Leopold-Probst-Weg 93 Ym 5/6
Lercheng. 93 YI 6
Lindeng. 93 Ym 6
Mühlbach, Am 93 YI 6

Mühlg. 93 YI 6
Probst-Weg, Leopold- 93 Ym 5/6
Prof.-Ernst-Wurm-G. 93 YI 6
Pürrerg. 93 YI 6
Raiffeisenstr. 93 YI 6
Römerweg 93 YI 6I7
Schloßstr. 93 YI 6
Schneebergg. 93 Yk 6
Schreiberweg 93 YI 6
Stadlg. 93 YI 6
Steinfeldg. 93 YI 6
Tannenweg 93 Ym 6
Teich, Am 93 Ym 6
Triftweg 93 YI 6I7
Waldweg 93 YI 7
Wurm-G., Prof.-Ernst- 93 YI 6

Wichtige Adressen

Gemeindeamt, Hauptstr. 47,
☎ 782 00-0
Postamt, Hauptstr. 50,
☎ 782 60

In diesem Straßenverzeichnis scheinen **ausschließlich** jene Straßen, Gassen, Wege und Plätze auf,
die im Kartenteil 1:20 000 dargestellt werden.

KIERLING

siehe Klosterneuburg

KLEDERING

siehe Schwechat

KLEIN ENGERSDORF

siehe Bisamberg

Das Gemeindegebiet umfaBt Höflein a.d.D., Kierling, Klosterneuburg, Kritzendorf, Maria Gugging, Scheiblingstein, Weidling und Weidlingbach.

A

Abel-Str., Pater 101 C 9
A.-Br.-G. = Anton-Bruckner-G.
Adalbert-Stifter-G. 100 B 7/8
Adam-Müller-Guttenbrunn-Str.
　(A.-M.-Gutt.-Str.) 6 D 8
Adolf-Robl-Weg 5/6 D 6/7
Agnesstr. 7 D 9, 101 C 9
Albert (A.)-Böhm-G. 101 C 9
Albr.-bg.-g. = Albrechtsbergerg.
Albrechtsbergerg. (Albr.-bg.-g.)
　101 C 9
Albrechtstr. 101 A 8, B 8/9
Alleestr. 7 D 9/10
Alleiten 101 A 8
Alte Badstr. 96 Ab 8
Altenhofg. 96 Ab 7
Altsiedlerg. 6 E 8
Am Durchstich (Klosterneuburg)
　101 C 10
Am Durchstich (Kritzendorf)
　96 Ab 7/8, Ac 7
Am Eichberg 95 Ac 6
A.-M.-Gutt.-Str. = Adam-Müller-
　Guttenbrunn-Str.
Am Haserlberg 96 Ac 6/7
Am Klosterbruch 96 Ac 7
Am Ölberg 100 B 7/8
Am (A.) Renninger 101 C 9
Am Rosenbühel 100 A 8
Andreas-Hofer-Str. 7 D 9/10
Anton-Bruckner-G. (A.-B.-G.) 7 D 9
Anton-Schattner-Steig (A.-Sch.-Stg.)
　97 A 8
Anton (A.)-Schurz-G., 6 D 7
Anton-Wallner-G. 4 F 4
Anzengruberg. (Klosterneuburg)
　7 D 9/10, E 10
Anzengruberg. (Kierling) 100 C 7
Anzengruber-G., Ludwig (Ludw.)-
　96 Ab 7
Artilleriestr. 16/17 H/J 4/5
A.-Sch.-Stg. = Anton Schattner-Stg.
Aufeldg. 7 D 10, 101 C 10
August-Spanny-G. 99 B/C 5
Augustinerg. 101/102 A 8
Au, In der 101 B 9/10, C 10
Austr. 96/97 Ab 8
Auweg 96 Ac 7

B

Babenbergerg. 101 C 8/9
Babog. 7 D 9
Bachg. (B.-g.) 101 B 9
Bäckerg. 96 A 8
Bäckerkreuzg. 100 B 8
Backovsky-G., Ferdinand (F.)
　100 C 7
Badg. (Maria Gugging) 99 B 4/5
Badg. (Kritzendorf) 96 Ab 7/8
Badstr. 96 Ab 8
Badstr. Alte 96 Ab 8
Badstr., Neue 96 Ab 8
Bahng. 96 Aa/A 8
Bahnhofspl. 96 Ab 7l8
Bahnstr. 95/96 Ac 6
Bahnweg (Höflein) 96 Ac 6
Bahnzeile 96 Ab/Ac 7
Beeth.-g. = Beethoveng.
Beethoveng. (Beeth.-g.) 96 Ab 7
Beindlg. 101 B 8
Beneschg. 100 A/B 8
Berchtesgadenerhofg. 101 C 9
Bergg. (Maria Gugging) 99 B 5
Bergg. (Kritzendorf) 96 Ab 7
Bertholdg. 7 D 10
Billrothweg 4 G 3

Binder-G., Christof (Ch.)- 95 Ac 6
Biragog. 101 C 10
Birkenallee 101 C 10
Birkenweg 96 Ab 8
Böhler-Weg, Prof. (P.)-Lorenz (L.)-
　100 C 7
Böhm-G., Albert (A.)- 101 C 9
Bormann-G., Dr.-Eugen
　(Dr.-E.-Borm.-G.) 101 C 9
Brahmsg. 96 Aa 8
Brandmayerstr. 6/7 D 8/9
Bremeng. 96 Aa 8
Brenner-Str., Josef (J.)- 101 B 8/9
Br.-g. = Brunneng.
Brückenstr. 96 Ac 6
Bruckner-G., Anton (A.-Br.-G.)
　7 D 9
Brunneng. (Br.-g.) 99 B 5
Brunnenweg 96 Ab 8
Brunner-Weg, Thomas- 96 Ab 7
Brunngrabeng. 100 C 7
Brunnleiten 100/101 A 8
Brunnstubenweg 6 D/E 8
Buchbergg. 101 C 9
Bucheng. 3 G 2
Buchgrabenstr. 99 B/C 6
Buchkammerl 100 A 8
Burgstr. 101 C 9

C

Christof (Ch.)-Binder-G. 95 Ac 6

D

Dammweg 101 A 10
Danubiastr. 6/7 D 9, E 8/9
Dehmg. 6 E 7/8
Dettenbrunng. 100 B 7
Dietrichsteing. 101 B 9
Dietschen 101 B/C 6
Dr.-Andreas (A.)-Weißenbäck-G.
　96 Aa 8
Dr.-E.-Borm.-G. =
　Dr.-Eugen-Bormann-G.
Dr.-Eugen-Bormann-G.
　(Dr.-E.-Borm.-G.) 101 C 9
Dr.-Holzknecht-G. 101 C 9
Dr.-Strebl-G. 101 B 9
Dr.-Teichmann-G. 100 B 7/8
Dr.-Vogl-G. 101 B 8l9
Dr.-Weiss-G. 101 B 9
Dr.-Wellner-G. 100 B 8
Domani-G., Karl (K.)- 101 B 9
Donaulände 96 Ac 6/7
Donauring 95/96 Ac 6/7
Donaustr. (Klosterneuburg)
　7 D 10, 101 C 10
Donaustr. (Höflein) 95/96 Ac 5/6
Donner-G., Raphael- 101 C 9
Doppelng. 100 C 7
Doppelngraben 100 C 7
Dorfbergg. 99 B 6
Döry-G., Nikolaus (N.)- 100 C 7
Dreiföhrenweg 96 Ab/Ac 8
Durchschlag, Oberer 96 Ab 8
Durchschlag, Unterer 96/97 Ab 8
Durchschlagweg 101 B 9
Durchstich, Am (Klosterneuburg)
　101 C 10
Durchstich, Am (Kritzendorf)
　96 Ab 7/8, Ac 7
Durchstichstr. 96 Aa/Ab 8

E

Ecklebeng. (Eckl.-g.) 95 Ac 6
Eckl.-g. = Ecklebeng.

Egon (E.)-Schiele-G. 100 A/B 7
Eichberg, Am 95 Ac 6
Eichbergg. 100 B 7
Eichweg 7 E 9
Eigelsberg 6 D 8/9
Eisenhütte 100 B 7
Elisabethg. (Klosterneuburg)
　101 C 8
Elisabethg. (Weidling) 6 D 7/8
Erlenweg 96 Ab 8
Ernst-Wagner-G. 100 B 7
Erzherzog (E.)-Rainer-G. 7 D 10

F

Fabian-G., Johann (J.)- 100 B/C 7
Falbg. 100 B 6
Fasanenweg 96 Ab/Ac 8
Federlweg 101 C 9
Felderg. 6/7 D 8/9
Felderweg 101 B/C 10
Feldg. 100 B 6/7, C 7
Feldstr. 96 Aa/Ab 7/8
Feldweg (F.-wg.) 6 D 8
Fellergraben 100 B 8
Fellersteig 100 B 8
Ferdinand (F.)-Backovsky-G.
　100 C 7
F.-g. = Fliederg.
Finkenwg. (F.-w.) (Kritzendorf)
　96 Ab 8
Finkenweg (Weidling) 6 E 8/9
Fischerg. 101 B 9
Fischer-Steig, Gustav- 5/6 G 6/7
F.-K.-W. = Franz-Kober-Wg.
Flexleiten 96 Aa/Ab 7
Fliederg. (F.-g.) 6 E 8
Fliederweg 101 B 9
Fohgraben 6 D 7
Föhreng. 100 C 7
Frankeng. 101 B 9
Frankg. 6 D 8
Franz-Horst-G. 100 B 7
Franz-Kober-Wg. (F.-K.-W.)
　101 D 9
Franz-Moißl-G. 101 B 8/9
Franz-Rumpler-G. 101 C 9
Franz-Schubert-G. 96 Aa 7/8
Freibergg. (Freibg.-g.) 100 A 7
Freibg.-g. = Freibergg.
Freisinger G. 100/101 A/B 8
Freyeng. 99 B 4/5
Frey-G., Max- 100 A/B 7
Friedhofg. 101 C 9
Friedr.-g. = Friedrichg.
Friedrichg. (Friedr.-g.) 6 D 8
Friedrich (F.)-Sacher-G. 100 B 7/8
Frueaufg. 99 B 5
Fuchsg. 96 Aa 7/8
F.-w. = Finkenwg.
F.-wg. = Feldweg

G

Gadesg. 101 C 9
Gallanzerg. 3/4 G 2/3
Gallerg. 6 D 8
Gartenlände 96 Ab 8
Gärt.-g. = Gärtnerg.
Gärtnerg. (Gärt.-g.) 7 D 9
Ginsterg. 3 G 2
Glockeng. 99 B 4/5
Goetheg. 100 A 8
Goldfuchsg. 100 A 8
Golerg. 100 B 8
Göppinger Pl. 101 C 9
Graben 101 C 10
Grabmandlg. 7 D 9

Grillparzerg. (Grillp-g.) **100** C 7
Grillp.-g. = Grillparzerg.
Grünberger-Weg, Karl- **6** E 8
Grüng. **99** B 5
Grüntal **100** A/B 6
Gschwendt **7** D/E 9
Gugl, In der **101** B S/9
Gustav-Fischer-Steig **5/6** G 6/7

H

Haderg. **96** Aa 8
Hadersfelder Str. **96** Aa 6/7, Ab 7
Hafnergraben **6/7** D 8/9, **101** C 8/9
Hait.-g. = Haitingerg.
Haitingerg. (Hait.-g.) **7** D 9
Hammer-Purgstall-G. (H.-P.-G.)
  6 D 8
Hans-Pettenauer-G. (H.-Pett.-G.)
  101 A 8
Hans (H.)-Pühringer-G. **100** A/B 7
Hans (H.)-Tuhsel-Weg **96** Ac 7
Hart.-g. = Hartmanng.
Hartlweg **96** Ac 7
Hartmanng. (Hart.-g.) **101** C 9
Haschhofstr. **100** C/D 7
Haselbachg. **99** B/C 5
Haseldfr.-g. = Haseldorferg.
Haseldorferg. (Haseldfr.-g.)
  101 C 9
Hasenweg **97** Ab 8
Haserlberg, Am **96** Ac 6/7
Haserlbergwiese **96** Ac 6/7
Hauptplatz (Klosterneuburg)
  101 B/C 10
Hauptpl. (Kritzendorf) **97** Ab 8
Hauptstr. (Höflein) **95/96** Ac 5–7
Hauptstr. (Kierling) **99/100** B 5/6,
  C 6/ 7
Hauptstr., Kritzendorfer **96** A-Ab 8,
  Ab/Ac 7
Hauptstr. (Maria Gugging) **99** B 4/5
Hauptstr. (Weidling) **5/6** D 8,
  E 6–8, F/G 6
Hauserg. **100** A 8
Haydng. **96** Aa 8
Helbingg. **7** D 10
Heckenrosenweg (H.-w.) **6** E 8
Heißlerg. **101** C 9
Hengsbergg. **100** A/B 8
Henningg. **101** B 8
Hermann (H.)-Pfordte-G. **6** D 7/8
Hermannstr. **101** C 9
Hermineng. **96** Aa 8
Herrenbergg. **99** B 5
Hertherg. **6** D 8
Herzogenburger G. **96** Ab/Ac 7
Heuweg **96** Ab 7
Hilbertpromenade **99** B 5
Hillebrandg. **100** B/C 7
Himmelbauer-Pl., Roman (R.)-
  99/100 B 6
Himmelweg **7** E 9
Hintersdorfer Str. **99** B 5, C 4/5
Hirschbergg. **3/4** G 2/3
Hirscheng. **96** Aa 8
Hirschsteig **96** Aa 8
Hochäckerg. **99** A/B 4
Hofer-Str., Andreas- **7** D 9/10
Hofkirchnerg. **101** B 9
Hofstattg. **101** B 9
Hoheneggersteig **96** Ab 7
Höhenstr. **7** D/E 9
Holzg. (Höflein) **96** Ac 6
Holzg. (Klosterneuburg)
  100/101 A 7/8, B 7
Holzknecht-G., Dr.- **101** C 9
Hölzlg. **101** B 9
Hörbiger-Prom., Paul- **7** D 9
Horst-G., Franz- **100** B 7
H.-Pett.-G. = Hans-Pettenauer-G.

H.-P.-G. = Hammer-Purgstall-G.
Huberg. **96** A 8
Hundskehle **101** B 9
Hütersteig **99** B 5
Hüttenzeile **96** Ab 8
H.-w. = Heckenrosenweg

I

Ignaz (Ign.)-R.-Schiner-G. **7** D 9
In der Au **101** B 9/10, C 10
In der Gugl **101** B 8/9
Inführ-Pl., Karl- **101** A 8
Inkustr. **101** D 10
Irrenfeldg. **100** B 6/7

J

Jägersteig **101** B 9
Jägerzeile (J.-z) **96** Ab 8
Jahng. **101** C 9
Jakobg. **101** A 8
Jan.-g. = Janschkyg.
Janschkyg. (Jan.-g.) **6** D 8
Jasmin. **6** E 8/9
Johann (J.)-Fabian-G. **100** B/C 7
Johann (J.)-Nagl-G. **96** Aa 8
Johann (Joh.)-Strauß-G. **7** D 10
Josef (J.)-Brenner-Str. **101** B 8/9
Josef (J.)-Schmutzer-G. **99** B/C 5
Josef-Schöffel-G. **7** D 9
Josefsteig **7** D/E 9/10
Josef-Trat-G. **7** D 9
Jüngling-G., Ludwig- **96** Aa 7/8
J.-z. = Jägerzeile

K

Käferkreuzg. **100/101** A/B 7/8
Kahlenbergerweg **6** E 8
Kahrer-G., Max- **101** B 7
Kaisersteig **101** B 9
Kammerjoch **7** E 10
Kardinal (Kard.)-Piffl-Pl. **101** C 9
Karl (K.)-Domani-G. **101** B 9
Karl-Grünberger-Weg **8** E 8
Karl-Inführ-Pl. **101** A 8
Karl (K.)-Rudolf (R.)-Werner-G.
  101 B 8/9
Kautekg. **101** B 9
Kellergrabeng. **3/4** G 2/3
Kepperg. **96** Aa 7/8
Kernstockg. **100** B 8
Kierlinger G. (Weidling) **6** D 8
Kierlinger G. (Kritzendorf)
  96 A/Aa 8
Kierlinger Str. **100/101** B 8/9, C 7/8
Ki.-pl. = Kirchenpl.
Kirchenpl. (Ki.-pl.) **100** B 6
Kirchensteig **6** D 8
Kirchmayerg. **6** D/E 8
Klarlackenstr. **97** Ab 8
Klingg. **96/97** A 8
Klosterbruch, Am **96** Ac 7
Klosterneuburger G. **6/7** D 8/9
Klubstr. **96/97** Ab 8
Knebelsbergerg. (Knebelsb.-g.)
  100/101 A 8
Knebelsb.-g. = Knebelsbergerg.
Kober-Wg., Franz (F.-K.-W.)
  101 D 9
Kochgrabeng. **6** D 8
Kochwasser-G., Otto (O.)-, **100** B 6
Kohlertg. **101** C 9
Köhler-Weg, Leander- **96** Aa 7/8
Kolda-G., Wladimir **100** B 6/7
Kollersteig **7** D 9/10, E 10
Koloniestr. (K.-str.) **101** C 10
Konradtg. **101** B 8/9
Körner (Körn.)-G., Theodor (Th.)-
  7 D 9/10

Kostersitz-G., Ubald (U.)- **7** D 9
Krähenweg **101** A/B 9
Kremsmünster Steig **100** B 8
Kreutzerg. **101** B 9
Kreuzweg **99** A 4
Kritzendorfer Hauptstr. **96** A-Ab 8,
  Ab/Ac 7
K.-str. = Koloniestr.
Küffnerg. **101** C 8

L

Lambergg. **101** A/B 8
Lange G. **6** D 7, **100/101** C 7–9
Langstögerg. **101** B 9
Lannersteig **7** D 10
Lauerg. **96** Ab 7
Leander-Köhler-Weg **96** Aa 7/8
Lebsaft-G., Wilhelm (W.)- **101** C 9
Lehrerwiese **4** G 3
Lenaug. (Klosterneuburg) **101** A 8
Lenaug. (Weidling) **6** D 8
Lenaug. (Len.-g.) (Höflein) **96** Ac 6
Lenaug. (Kierling) **99** B 5/6
Len.-g. = Lenaug. (Höflein)
Lenzstiege **6** E 7
Leopoldsgr. = Leopoldsgraben
Leopoldsgraben (Leopoldsgr.)
  100 B/C 7
Leopoldstr. **101** C 9
Leopold-Trattinnick-G. (L.-T.-G.)
  100 B 8
Lessingg. **100/101** C 8
Linker Strandweg **101** B 10
Löblichg. **6** D 8
Lothringerstr. **7** D 10
L.-T.-G. = Leopold-Trattinnick-G.
Ludwig (Ludw.)-Anzengruber-G.
  96 Ab 7
Ludwig-Jüngling-G. **96** Aa 7/8

M

Magdeburgg. **7** D 10, **101** C 10
Maital **99** B 6
Maitisg. **100** B 6
Managettag. **6** E 7, D 8
Managettasteig **5/6** E 6/7
Markg. **101** C 9
Markgrafeng. (Mgf.-g.) **101** C 10
Marschallg. **99** B 6
Marschallweg **97** Ab 8
Martinsteg, Oberer **101** A8/9, B 9
Martinsteg, Unterer **101** B 9
Martinstr. **100/101** A 8-B 9
Marzelling. (Marz.-g.) **101** C 9
Marz.-g. = Marzelling.
Max-Frey-G. **100** A/B 7
Max-Kahrer-G. **100** B 7
Max-Poosch-G. **100** A/B 7
Medekstr. **101** B 9
Meisenweg (M.-wg.) **6** E 8
Metzgerg. **7** D 9
Meynertg. **101** C 9
Mgf.-g. = Markgrafeng.
Milchstr. **101** B 10
Militärweg (Mi.-wg.) **101** C 10
Mistelg. **4** G 3
Mittelstr. (Weidling) **6/7** D 8/9
Mittelstr. (Höflein) **96** Ac 6
Mittelweg (Kierling) **100** C 8
Mittelweg (Klosterneuburg)
  101 B 9
Mittelweg (Klosterneuburg)
  101 C 10
Mitterg. **96** Ab 6/7
Mitterweg **6** E 7
Mi.-wg. = Militärweg
Mödlinger G. **100** B 8
Moißl-G., Franz- **101** B 8/9
Moritzweg **6** E 8

Mozartg. **7** D 10
Mühlberg **6** E 8
Mühlbergstiege **6** E 8
Mühleng. **101** C 9
Müller-Guttenbrunn-Str.,
  Adam (A.-M.-Gutt.-Str.) **6** D 8
M.-wg = Meisenweg

N

Nagl-G., Johann (J.)- **96** Aa 8
Neidhardg. **101** C 8
Neubaug. **99** B 5
Neudauerstr. **96** Ab 7
Neue Badstr. **96** Ab 8
Neug. (Maria Gugging) **99** B 5
Neug. (Kierling) **100** A/B 7
Neuwg. **101** A 9
N.-g. = Nonneng.
Nibelungenwg. **101** A 9
Niedermarkt **101** B 9
Nikolaihofg. **101** C 9
Nikolaus (N.)-Döry-G. **100** C 7
Nivenburgg. **101** B 9
Nonneng. (N.-g.) **101** C 9

O

Oasenweg **101** B 10
Oberer Durchschlag **96** Ab 8
Oberer Martinsteg **101** A 8/9, B 9
Oberst-Schmid-G. **99** C 5
Ochsenprom. **101** C 8/9
Ödbergstr. **7** D 9
Öden, Untere **7** D 9
Ölberg, Am **100** B 7/8
Oleanderg. **7** D/E 9
Ortnerg. **101** C 9
Ottog. **101** C 9
Otto (O.)-Kochwasser-G. **100** B 6

P

Paradiesweg **96** Ab 8
Parkweg **96/97** Ab 8
Parsch-Prom., Pius- **7** D 9
Passauer G. **101/102** A 8
Paßgrub **95** Ac 5
Pater-Abel-Str. **101** C 9
Paul-Hörbiger-Prom. **7** D 9
Peter-Rosegger-G. **96** Aa/A 8
Peter-Rosegger-Str. **7** D 9
Pettenauer-G., Hans (H.-Pett.-G.)
  101 A 8
Pfordte-G., Hermann (H.)- **6** D 7/8
Piffl-Pl., Kardinal (Kard.)- **101** C 9
Pioniertraverse **101** B 9/10
Pius-Parsch-Prom. **7** D 9
Planckhg. **100** B 7
Planierungsstr. **95** Ac 5/6
Plöckingstr. **99** B 4/5
Pontonierweg (Pont.-w.) **101** C 9
Pont.-w. = Pontonierweg
Poosch-G., Max- **100** A/B 7
Prägarten **7** D 9/10
Preiseckerg. **96** Aa 8
Prem-G., Wilhelm (W.)- **101** B 9
Probst-Ubald-Weg **7** E 9
Prof.(P.)-Lorenz (L.)-Böhler-Weg
  100 C 7
Prof.-Ludwig-Strauch-G. **101** A/B 8
Promenade **100** C 8
Promenade **101** C 10
Pühringer-G., Hans- (H.) **100** A/B 7
Purgstall-G., Hammer (H.-P.-G.)
  6 D 8

Q

Querg. **96** Ac 6

R

Raim.-g. = Raimundg.
Raimundg. (Raim.-g.) **101** B 9
Raphael-Donner-G. **101** C 9

Rathauspl. **101** C 9
Rathg. **8** D 8
Rechter Strandweg **101** B/C 10
Rehsteig **96** Ab 8
Reicherg. **5/6** D 6–8
Reihergraben **100** C 7/8
Reißg. **100** B 6
Renninger, Am (A.) **101** C 9
Robl-Weg, Adolf- **5/6** D 6/7
Rolandsbergg. **100/101** C 8
Rollfährestr. **97** Aa 9, **101** A/B 9
Roman (R.)-Himmelbauer-Pl.
  99/100 B 6
Roman (R.)-Scholz-Pl. **101** C 9
Roseggerg. **100** C 7
Roseggerg. (Roseg.-g.) **6** D 8
Rosegger-G., Peter- **96** Aa/A 8
Rosegger-Str., Peter- **7** D 9
Roseg.-g. = Roseggerg.
Rosenbühel, Am **100** A 8
Rosenbühelg. **6** D 7
Rotkreuzg. **99** A/B 4
Rumpler-G., Franz- **101** C 9
Rundstr. **101** C 10
Rustenwg. **96** Ab 8

S

Sacher-G., Friedrich (F.)-
  100 B 7/8
Sachseng. **7** D 9
Säulenweg **6** D/E 7
Schattner-Steig, Anton
  (A.-Sch.-Stg.) **101** A 8
Schauerg. **100** C 8
Scheiblingsteing. **3/4** G 2/3
Schelhammerg. **96** A 8, **100** A 8
Schiefergarten **101** C 9
Schiele-G., Egon (E.)- **100** A/B 7
Schießstattg. **101** C 9
Schießstattgraben **100** C 8
Schiner-G., Ignaz (Ign.)-R.- **7** D 9
Schladg. **100** A 7
Schleheng. **3** G 2
Schmaler Graben (Schm. Gr.)
  6 D 7
Schm. Gr. = Schmaler Graben
Schmid-G., Oberst- **99** C 5
Schmutzer-G., Josef (J.)- **99** B/C 5
Schnepfenweg (Schn.-wg.)
  96 Ab 8
Schn.-wg. = Schnepfenweg
Schöffel-G., Josef- **7** D 9
Scholz-Pl., Roman (R.)- **101** C 9
Schömerg. **101** C 9/10
Schranneng. (S.-g.) **101** B 9
Schrebergartenweg **96** Ab 7/8,
  Ac 7
Schrederg. **8** D 8
Schredtg.(Klosterneuburg) **101** A 8
Schredtg. (S.-g.) (Weidling) **6** D 8
Schubertg. **100** C 8
Schubertg. **101** A 8
Schubert-G., Franz- **96** Aa 7/8
Schuberthöhe **99** B 5
Schulg. **95/96** Ac 6
Schumanng. **100** C 7
Schurz-G., Anton (A.)- **6** D 7
Schwahappelg. **6** D 8
Seilweg **7** E 10
Seitweg **7** E 10
Sepp-Weiss-G. **6** D 7
S.-g. = Schranneng.
S.-g. = Schredtg. (Weidling)
Siedendorferg. **100** B 8
Siedersbergg. **6** E 8
Siedersgraben **8** E 8
Sieveringer Str. **5/6** G 6/7
Silberseestr. **96** Ac 6/7
Silbersee, Unterer **96** Ac 7
Skallg. **7** C 9

Sommerau **100** B 7
Sonnenstr. **101** C 10
Sonnleiteng. **96** Aa 6
Spanglweg **16** H 4
Spanny-G., August- **99** B/C 5
Spohrweg **100** C 6/7
Sportplatz **97** Ab 8
Sportplatzstr. **97** Ab 8
Stadionweg **101** B 10
Stadtpl. **101** B 9
Statzeng. **101** A 8
Stegleiten **100** B/C 7
Steigerg. **100** B 7
Steinbrunng. **99** C 6
Steineckg. **99** B 5
Steinhäuslg. **101** C 9
Steiningerg. **7** D 10
Steinriegelstr. **4** F 3/4, **5** G 5/6
Steinwandg. (Steinwd.-g.) **7** D 9
Steinwd.-g. = Steinwandg.
Stifter-G., Adalbert- **100** B 7/8
Stiftg. **96** Ac 6
Stiftspl. **101** B/C 9
Stockertg. **101** C 9
Stollhofg. **100** C 7
Stölling. **5** D 6
Stolpeckg. **101** B/C 9
Strandbadstr. **101** C 10
Strandweg, Linker **101** B 10
Strandweg, Rechter **101** B/C 10
Strauch-G., Prof.-Ludwig- **101** A/B 8
Strauß-G., Johann (Joh.)- **7** D 10
Strebl-G., Dr.- **101** B 9
Sudetendeutscher (Sudetendt.) Pl.
  101 C 9
Sudetendt. Pl. = Sudeten-
  deutscher Pl.
Südt. G. = Südtiroler G.
Südtiroler G. (Südt. G.) **6** E 8
Südtiroler Weg **6** D 8, E 7/8
Summerg. **100** C 7

T

Tanneng. **100** B 8
Taubnerstr. **7** E 10
Tauchnerg. **101** C 9
Teichg. **99** B 4
Teichmann-G., Dr.- **100** B 7/8
Theodor (Th.)-Körner (Körn.)-G.
  7 D 9/10
Thomas-Brunner-Weg **96** Ab 7
Töckerg. **96** A 8
Trat-G., Josef- **7** D 9
Trattinnick-G., Leopold (L.-T.-G.)
  100 B 8
Trepplweg **97** Ab 9
Tuhsel-Weg, Hans- (H.)- **96** Ac 7
Tullner Str. **3** G 2
Tulpeng. **7** E 9
Türkenschanzg. **100/101** B 7/8
Turnerweg **96** Ac 7
Tutzsteig **101** C 9

U

Ubald (U.)-Kostersitz-G. **7** D 9
Ubald-Weg, Probst- **7** E 9
Ulmenweg **97** Ab 8
Untere Öden **7** D 9
Unterer Durchschlag **96/97** Ab 8
Unterer Martinsteg **101** B 9
Unterer Silbersee **96** Ac 7
Uraniag. **96** Ac 7
Urbanusg. **6** E 8
Urberweg **100/101** B 8

V

Villenstr. **97** Ab 8
Villenstrand **96** Ab/Ac 8

Vituspl. **96** Aa 8
Vivenotweg **6** D/E 8
Vogelweide-G., Walter-v.-d.
 101 B 8/9
Vogl-G., Dr.- **101** B 8/9

W

Wagnerg. **101** A 8
Wagner-G., Ernst- **100** B 7
Waisenhausg. **101** A 8
Waldg. (Maria Gugging) **99** A/B 4
Waldg. (Weidling) **7** E 9
Waldzeile **96** Ab 8
Wallner-G., Anton- **4** F 4
Walter-v.-d.-Vogelweide-G.
 101 B 8/9
Wasserg. (W.-g.) **6** D 8
Wasserstr. **101** C 10
Wasserweg **97** Ab 8
Wasserzeile **101** B 9
Weidenwg. (W.-wg.) **96** Ab 8
Weidlingbachg. **6** D 8

Weidlinger Str. **7** D 9/10
Weinbergg. **7** D 9, **101** C 9
Weingrabeng. **6** D 8
Weinmayerstr. **7** D 9
Weißd.-g. = Weißdorng.
Weißdorng. (Weißd.-g.) **3** G 2
Weißenbäck-G., Dr.-Andreas (A.)-
 96 Aa 8
Weißenhofer Str. **96** Aa 6/7, Ab 7
Weiss-G., Dr.- **101** B 9
Weiss-G., Sepp- **6** D 7
Welfenpl. **101** B/C 9
Wellner-G., Dr.- **100** B 8
Werner-G., Karl (K.)-Rudolf (R.)-
 101 B 8/9
W.-g. = Wasserg.
Widmanng. **101** C/D 9
Wiener Str. **7** D/E 10, **101** B 9,
 C 9/10
Wigandg. **100** A 8
Wikingerweg **96** Ab 8
Wilbrandtg. **101** C 9
Wilhelm (W.)-Lebsaft-G. **101** C 9

Wilhelm (W.)-Prem-G. **101** B 9
Winterg. **6** E 7
Wisentg. **101** C 9
Wladimir-Kolda-G. **100** B 6/7
Wochenendg. **96** Ac 7
Wolfsgraben **7** D/E 9
Wosakg. **100** A 8
Wunderlg. **100** B 7
W.-wg. = Weidenwg.

Z

Zeinerng. **96** Aa 8
Ziegelofeng. (Kritzendorf)
 96 Aa/Ab 7
Ziegelofeng. (Klosterneuburg)
 100/101 B 8/9
Ziegelofenlacke **97** Ab 8
Ziehrerg. **7** D 10
Zinnleiten **96** Aa 6
Zwergjoch **7** E 10

Wichtige Adressen, bezahlte Anzeigen

A
A.-D.-G. = Albrecht-Dürer-G.
Akazienweg (A.-w.) **97** Ab 9
Albrecht-Dürer-G. (A.-D.-G.)
   87 Aa 10
Albrechtsg. **87** Ac 9/10
Alexander-G., Rudolf (R.)-
   97 Ac/Ad 9
Alten Str., An (A.) der (d.) **97** Ad 9
Alte Schießstattg. **87** Ab 9
Am Neubau **97** Ac 9
An (A.) der (d.) alten Str. **97** Ad 9
An der Landesbahn **97** Ad 9
Anton (A.)-Jordan-G. **97** Ac 9
Anton-Lorenz-Str. **97** Ad 9
Augustinergarten, Im **97** Ac 10
Austr., Obere **97** Ab 9
A.-w. = Akazienweg

B
Bahnhofpl. **97** Ac 9
Bankmannring **87** Ac 10
Beim Mauthaus **97/98** Ac/Ad 10
Bernhard-Str., Propst (Pr.)-
   97 Ac 10
Bertha-(B.) von-Suttner-Str. **97** Ad 9
Bisamberger Str. **97/98** Ab/Ac 10
Bodingbauer-Str., Karl- **87** Ad 9
Brückenstr. **87** Ab/Ac 9
Burckhard-Ring, Dr.-Max-
   97 Ab 9/10, Ac 9

C
Chimanigasse **97** Ac 9/10
Czech-G., Rosalia (R.)- **87** Ab 10

D
Dabsch-Str., Josef (J.-D.-Str.)
   97 Ad 9/ 10
Dammstr. **97** Ab 9
Deutschmeister-Str.
   (Deutschm.-Str.) **87** Ac 9/10
Deutschm.-Str=Deutschmeister-Str.
Dr.-Albert-Schweitzer-Str.
   (Dr.-A.-Sch.-Str.) **97** Ad 8/9
Dr.-A.-Sch.-Str. = Dr.-Albert-
   Schweitzer-Str.
Dr.-Jesch-Str. **97** Ad 9
Dr.-Krammer-Str. **97** Ac 9/10
Dr.-Ludwig-Str. **97** Ad 9
Dr.-Max-Burckhard-Ring
   97 Ab 9/10, Ac 9
Dr.-Neugebauer-Str. **87** Ad 9
Dr.-Rudolf-Finz-Str. **97** Ad 10
Dr.-Starzer-Str. **97** Ad 9
Donaulände **97** Ab 9
Donaustr. **97** Ab 9/10, Ac 10
Dostal-Str., Nico (N.)- **87** Ad 10
Dürer-G., Albrecht (A.-D.-G.)
   97 Aa 10

E
Eberleg. **97** Ac 9
Eichendorffweg **98** Ac 10
Eisenbahng. (Eisenb.-g.) **97** Ac 9
Eisenb.-g. = Eisenbahng.
Eschenbachstr. **98** Ab/Ac 10

F
Fasang. **97** Ab 10
Faßzieherg. **87** Ab 10
Feldg. **87/98** Ab 10
Ferdinand (F.)-Kottek-Str. **97** Ac 10
Fetty-G., Konrad (K.)- **97** Ac 10
F.-Gugg.-Str. = Franz-
   Guggenberger-Str.

Finz-Str., Dr.-Rudolf- **97** Ad 10
Fischerzeile, In der **97** Ab 9
Flötzersteig (Fl.-stg.) **97** Ab 9/10
Fl.-st. = Flötzersteig
Flurg. **97/88** Ac 10
Franz-Guggenberger-Str.
   (F.-Gugg.-Str.) **87** Ad 10
Franz (F.)-Wirer (W.)-v.-
   Rettenbach-Str. **97** Ad 9
Franz (F.)-Zeissl-Str. **87** Ad 8
Frauental, Im **97** Ad 9
Friedrich-Koth-Str. **97** Ad 10
Fritsche-Str., Josef (J.-Fri.-Str.)
   97 Ad 9

G
Gärtnerg. **97** Ab 10
Girakstr. **97** Ae/Ad 9
Grete-Melion-Str. **87/98** Ac 10
Gruber-G., Hans- **97** Ac/Ad 9
Guggenberger-Str., Franz
   (F.-Gugg.-Str.) **87** Ad 10

H
Hafner-Str., Josef- **97** Ad 9
Hans-Gruber-G. **97** Ac/Ad 9
Hans-Kudlich-Str. **87/88** Ac 10
Hans-Mühl-G. **97** Ac/Ad 9
Hans-(H.) Sachs-G. **87** Aa/Ab 10
Hans (H.)-Wilczek-Str. **97** Ac 9/10
Hauptpl. **97** Ac 10
Hede (H.)-v.-Trapp-Str. **97** Ad 9
Hofaustr. **97** Ac 9
Hoveng. **97** Ab 9/10

I
Im Augustinergarten **97** Ac 10
Im Frauental **87** Ad 9
Im Jägerfeld **88** Ac/Ad 10
Im Kirchfeld **97** Ac 10
Im Trenkenschuh **97** Ac 9
I. d. Tutt.-br. = In der Tutten-
   hoferbreite
In der Fischerzeile **97** Ab 9
In der Tuttenhoferbreite
   (I. d. Tutt.-br.) **97** Ad 10
In der Zigein (I. d. Z.) **97** Ab 9
Industriestr. **97** Ad 10
Industriezeile **97** Ad 10
In d. Z. = In der Zigein
In Sandhübeln **97/98** Ac 10

J
Jägerfeld, Im **86** Ac/Ad 10
Jägersteig **97** Ab 9/10
Jahnstr. **97** Ab 10
J.-D.-Str.=Josef-Dabsch-Str.
Jesch-Str., Dr.- **87** Ad 9
J.-Fri.-Str. = Josef-Fritsche-Str.
Jochingerg. **97/98** Ab/Ac 10
Johann-Pamer-Str. **97** Ab 10
Jordan-G., Anton (A.)- **97** Ac 9
Josef-Dabsch-Str. (J.-D.-Str.)
   97 Ad 9/ 10
Josef-Fritsche-Str. (J.-Fri.-Str.)
   97 Ad 9
Josef-Hafner-Str. **97** Ad 9
Josef (J.)-Molzer-Str. **97** Ad 10
Josef-Roller-Str. **97** Ad 9
Josef (J.)-Schwarzböck-G.
   97 Ac/Ad 9

K
Kaiserallee **97/98** Ab 10
Kaiser-Str., Koloman (K.-K.-Str.)
   97 Ad 10

Kanalstr. **97** Ab 9
Kaplan-Str., Viktor- **97** Ad 9
Karl-Bodingbauer-Str. **97** Ad 9
Kielmannsegg. **97** Ab 10
Kircheng. **87** Ac 10
Kirchenpl. **87** Ac 10
Kirchfeld, Im **97** Ac 10
K.-K.-Str. = Koloman-Kaiser-Str.
Kleinengersdorfer Str.
   97/88 Ab 10, Ac 10/11
Klosterneuburger Str. **97** Ab 9
Koloman-Kaiser-Str. (K.-K.-Str.)
   97 Ad 10
Konrad (K.)-Fetty-G. **97** Ac 10
Kornfeldstr. **97** Ad 8
Koth-Str., Friedrich- **87** Ad 10
Kottek-Str., Ferdinand (F.)- **97** Ac 10
Krammer-Str., Dr.- **87** Ac 9/10
Kreuzensteiner Str. **97** Ac/Ad 9
Kudlich-Str., Hans- **87/98** Ac 10
Kwizdastr. **97** Ab 10

L
Laaer Str. **97/98** Ac 9/10, Ad 10
Landesbahn, An der **97** Ad 9
Lebzelterg. (Lebz.-g.) **97** Ac 10
Lebz.-g. = Lebzelterg.
Leobendorfer Str. **97** Ac 9/10, Ad 9
Leopold-Loibl-Str. **87** Ad 10/11
Liebleitner-Ring, Prof.-Dr.-Karl
   (Pr.-Dr.-K.-Liebl.-Rg.) **97** Ad 9
Loibl-Str., Leopold- **87** Ad 10/11
Lorenz-Str., Anton- **97** Ad 9
Ludwig-Str., Dr.- **97** Ad 9

M
Maulpertschstr. **97** Ac 10
Mauthaus, Beim **97/98** Ac/Ad 10
Mc-Donald`s-Str. **97** Ae 9
Mechtlerstr. **97** Ac 10
Melion-Str., Grete- **97/98** Ac 10
Molzer-Str., Josef (J.)- **97** Ad 10
Muckeraustr. **87** Ad 9
Mühl-G., Hans (H.)- **97** Ac/Ad 9
Mühlweg, Unterer **98** Ab/Ac 10

N
Neubau, Am **85** Ac 9
Neugebauer-Str., Dr.- **85** Ad 9
Nico (N.)-Dostal-Str. **87** Ad 10
Nivenburgg. **97** Ab 9
Nordwestbahnstr. **97** Aa/Ab 10

O
Obere Austr. **97** Ab 9

P
Pamer-Str., Johann- **97** Ab 10
Parkweg **97** Ab 9
Paul-Stransky-Str. (P.-Str.-Str.)
   97 Ad 10
Pestalozzistr. **97/98** Ac 10
Pionierstr. **97** Ab 9
Pr.-Dr.-K.-Liebl.-Rg. = Prof.-Dr.-
   Karl-Liebleitner-Ring
Prof.-Dr.-Karl-Liebleitner-Ring
   (Pr.-Dr.-K.-Liebl.-Rg.) **97** Ac 9/10
Propst (Pr.)-Bernhard-Str. **97** Ac 10
P.-Str.-Str. = Paul-Stransky-Str.

R
Rettenbach-Str., Franz (F.)-
   Wirer-(W.) v.- **97** Ad 9
Roller-Str., Josef- **97** Ad 9
Rosalia (R.)-Czech-G. **97** Ab 10

Roseggerstr. **97/88** Ac 10
Roßm.-g. = Roßmühlg.
Roßmühlg. (Roßm.-g.) **97** Ac 10
Rudolf (R.)-Alexander-G.
 97 Ac/Ad 9

S

Sachs-G., Hans-(H.) **97** Aa/Ab 10
Salzlacke **97** Ab 9
Salzstr. **97** Ac 10
Sandhübeln, In **97/98** Ac 10
Schanzfeldg. **97/98** Ac 10
Schaumannstr. **97** Ab 10, Ac 9/10
Scheibenstand, Zum **97** Ac 9
Scheiterweg **97** Ac 9
Scherzg. (S.-g.) **97** Ac 9
Scheunenstr. **97** Ad 10
Schießstattg., Alte **97** Ab 9
Schubertstr. **97/98** Ab 10
Schulg. **97** Ab 10
Schwarzböck-G., Josef (J.)-
 97 Ac/ Ad 9
Schweitzer-Str., Dr.-Albert
 (Dr.-A.-Sch.-Str.) **97** Ad 8/9
S.-g. = Scherzg.
Siedlerstr. **97** Ad 9

Spitalg. **85** Ac 10
Sportplatzstr. (Sp.-pl.-str.) **97** Ab 9
Sp.-pl.-str. = Sportplatzstr.
Starzer-Str., Dr.- **97** Ad 9
Steibstr. **98** Ac/Ad 10
Stettner Weg **97/98** Ac 10
Stockerauer Postweg **97** Ac 9
Stockerauer Str. **97** Ac 9/10, Ad 8/9
Stransky-Str., Paul (P.-Str.-Str.)
 97 Ad 10
Strauchstr. **97** Ad 9
Sudetendeutschestr. **97/98** A 10
Suttner-Str., Bertha (B.)-von-
 97 Ad 9

T

Teiritzstr. **97/98** Ac/Ad 10
Trapp-Str., Hede (H.)-v.- **97** Ad 9
Trenkenschuh, Im **97** Ac 9
Tuttenhoferbreite, In der
 (I. d. Tutt.-br.) **97** Ab 10

U

Ungerwegg. **97/98** Ab 10
Unterer Mühlweg **98** Ab/Ac 10

V

Viktor-Kaplan-Str. **97** Ad 9

W

Wallekstr. **98** Ac 10
Wallg. **97** Ab 9
Wasweg **97** Ac 10
Werftstr. **97** Ac/Ad 10
Wiener Ring **97** Ab/Ac 10
Wiener Str. **97** Ab/Ac 10
Wilczek-Str., Hans (H.)- **97** Ac 9/10
Wildstr. **97** Ad 8
Windmühlgasse **97** Ac 10
Wolfsaug. **97** Ab 9

Z

Zeissl-Str., Franz (F.)- **97** Ad 8
Zigein, In der (I. d. Z.) **97** Ab 9
Zum Scheibenstand **97** Ac 9

Wichtige Adressen, bezahlte Anzeigen

Arbeiterkammer, Gärtnerg. 1,
 ☎ 24 04-0
Bezirksgericht, Hauptpl. 18,
 ☎ 36 21-0
Bezirkshauptmannschaft,
 Bankmannring 5, ☎ 25 66-0
Feuerwehr, Stockerauer Str. 96
 ☎ 617 61-0, Notruf 122
Gemeindeamt, Hauptpl. 39,
 ☎ 25 76-0
Gendarmerie, Stockerauer Str. 28,
 ☎ 22 33-0, 21 36, 27 59
Krankenhaus, Wiener Ring 3–5,
 ☎ 25 81-0
NÖ. Gebietskrankenkasse,
 Bankmannring 22,
 ☎ 21 58-0
Postamt, Prof.-Dr.-Karl-
 Liebleitner-Ring 20-22,
 ☎ 22 62-0
Rotes Kreuz, Jahnstr. 7,
 ☎ 22 44-0, 58 58-0,
 Notruf 144

BLAHA-BÜROMÖBEL
Kleinengersdorfer Str. 100*
2100 Korneuburg
 ☎ 02262/750 50
BLAHA-GARTENMÖBEL
Kleinengersdorfer Str. 110*
2100 Korneuburg
 ☎ 02262/750 66
98 Ac 10 ❶

FETTER CAR
Autohandel, Reparaturwerkstätte
f. PKW+LKW, Reifenhandel
Laaerstr.
2100 Korneuburg
 ☎ 02262/622 02
98 Ad 10 ❶

FLAGA FLÜSSIGGAS
Flüssiggas, Flüssiggasanlagen
Alternative Energietechnik:
Raumlüftungsanlagen
und Wärmepumpen
An der Bundesstraße
2100 Korneuburg
 ☎ 02262/47 11-0
98 Ae 11 ❷

ÖBAU-FETTER
(Eisenwaren, Sanitärartikel,
exquisiter Hausrat, Spielwaren,
Werkzeug, Jagd- u. Fischerei-
zubehör)
Hauptplatz 6-7
2100 Korneuburg
 ☎ 02262/24 54-0
97 Ac 10 ❷

ÖBAU-FETTER (Baumarkt,
Baustoffe, Brennstoffe)
Laaer Straße
2100 Korneuburg
 ☎ 02262/24 54-0
98 Ae 11 ❶

PACHER JOSEF ING. GmbH
Ingenieurholzbau + Dachausbau
Zimmermeister, Dachdecker- u.
Spenglerarbeiten
Jahnstr. 3-5
2100 Korneuburg
 ☎ 02262/24 96-0
97 Ab 10 ❶

---

* Straße liegt im Gemeinde-
 gebiet von Bisamberg

Adler-G., Viktor (V.-A.-G.) 83 Zs 3
Ahorng. 82 Zq 4
A.-Korel-G. 82 Zs 4
Alleeg. 82 Zq 3
Am Wall 82 Zs 3
Anton-Bruckner-G. 82 Zq 3/4
Anzengruberg. 81/82 Zq/Zr 3
Arbeiterg. 82 Zr 3
Austererg. 82 Zq 3
Austr. 82 Zr/Zs 4
Bach-G., Johann-Sebastian-
82 Zq 3/4
Badner Str. 81 Zr 3
Bahnstr. 81/83 Zs/Zt 3
Beethoveng. 82 Zr/Zs 4
Bergg. 83 Zt 3
Birkeng. 82 Zq 3/4
Böhm-Str., Johann- 83 Zs 3
Braun-G., Karl- 83 Zs 4
Br.-g. = Brunng.
Brücklg. 82 Zq 3
Bruckner-G., Anton- 82 Zq 3/4
Brunng. (Br.-g.) 82 Zr 4
Bucheng. 82 Zq 4
Carl-Michael-Ziehrer-G. 82 Zs 4
Daffingerg. 83 Zt 3
Dammg. 82 Zq 3
Defreggerg. 81 Zs 3
Dostal-Weg, Nico- 82 Zq 4
Dr.-Adolf-Schärf-G.,
(Dr.-A.-Sch.-G.) 82 Zq 4
Dr.-A.-Sch.-G. =
Dr.-Adolf-Schärf-G.
Dr.-Bruno-Kreisky-Str. 82 Zq 4
Dr.-Karl-Renner-G. 83 Zs 3
Dr.-Otto-Tschadek-G. 82 Zs 4
Dr.-Theodor-Körner-G. 82 Zr 3
Eicheng. 82 Zp/Zq 4
Emmerich-Kalman-G. 82 Zq 3/4
Erleng. 8 Zq 4
Escheng. 82 Zq 4
Feldg. 82 Zr/Zs 4
Felix-Stika-G. 83 Zs/Zt 3
Fichteng. 82 Zq 4
Figl-G., Ing.-Leopold
(Ing.-L.-F.-G.) 82 Zq 4
Fleischmann-G., Josef- 82 Zs 3
F.-L.-G. = Franz-Liszt-G.
Flugfeldstr. 82 Zq/Zr 4/5
Föhreng. 82 Zp 4
Franz-Gruber-G. 82 Zq 4
Franz-Horr-G. 83 Zs 3
Franz-Lehár-G. 82 Zq 3/4
Franz-Liszt-G. (F.-L.-G.) 83 Zs 3
Franz-Nagl-G. 82 Zs 3
Friedrich-Schmolka-G. 82 Zq 3
Gainfarner Str. 82 Zr 3
Ganghoferstr. 82 Zr 3
Garteng. 82 Zr 3/4
Gauermanng. 81/83 Zs 3
Goetheg. 82 Zq 3/4

Grenzg. 83 Zt 3
Grillparzerg. 82 Zs 4
Gruber-G., Franz- 82 Zq 4
Haindl-G., Karl- 83 Zt 3
Hammererstr. 82 Zq 3l4
Hauptpl. 82 Zr 3
Hauptstr. 82 Zr 3/4
Haydn-G., Josef- 82 Zr 4
Heinrich-Heine-G. 82 Zq 4
Heine-G., Heinrich- 82 Zp 4
Helmer-Str., Oskar- 83 Zs 3
Horr-G., Franz- 83 Zs 3
Hügelg. 83 Zs/Zt 3
Industriestr. 81 Zr 3
Ing.-J.-R.-G. = Ing.-Julius-Raab-G.
Ing.-Julius-Raab-G.(Ing.-J.-R.-G.)
82 Zq 4
Ing.-Leopold-Figl-G. (Ing.-L.-F.-G.)
82 Zq 4
Ing.-L.-F.-G. = Ing.-Leopold-Figl-G.
Inselg. 83 Zt 3
Johann-Böhm-Str. 83 Zs 3
Johann-Riegler-G. 81/82 Zr 3
Johann-Sebastian-Bach-G.
82 Zq 3/4
Johann-Strauß-G. 82 Zs 4
Josef-Fleischmann-G. 82 Zs 3
Josef-Haydn-G. 82 Zr 4
Josef-Lanner-G. 82 Zs 4
Josef-Pürrer-G. 82 Zs 4
Josef-Ressel-G. 82 Zs 4
Kalman-G., Emmerich- 82 Zq 3/4
Karl-Braun-G. 83 Zs 4
Karl-Haindl-G. 83 Zt 3
Karl-Lange-G. 82 Zr 4
Karl-Millöcker-G. 82 Zq 3/4
Karl-Zeller-G. 82 Zq 3
Kircheng. 82 Zr 4
Kirchenpl. 82 Zr 3
Kiss-G., Ladislaus- 82 Zs 3
Korel-G., A.- 82 Zs 4
Körner-G., Dr.-Theodor- 82 Zr 3
Kottingbrunner Weg 83 Zt 2/3
Kreisky-Str., Dr.-Bruno- 82 Zq 4
Kreuz-Str., Rote- 82 Zp/Zq 4
Kurzeg. 81/82 Zr 3
Ladislaus-Kiss-G. 82 Zs 3
Lange-G., Karl- 82 Zr 4
Lanner-G., Josef- 82 Zs 4
Lärcheng. 82 Zq 4
Lehár-G., Franz- 82 Zq 3/4
Lessingg. 82 Zs 4
Lilieng. 82 Zs 3
Lindeng. 82 Zr 4
Liszt-G., Franz (F.-L.-G.) 83 Zt 3
Makartg. 83 Zs/Zt 3
Maria-Theresien-Str. 82 Zr 4
Millöcker-G., Karl- 82 Zq 3/4
Mittlerer Weg 82 Zs 3/4
Mozartg. 82 Zr 3
Nagl-G., Franz 82 Zs 3

Narzissenweg (Na.-wg.) 82 Zs 3
Na.-wg. = Narzissenweg
Nelkenstr. 82 Zs 3
Nestroyg. 82 ZplZq 4
Neubaug. 81/82 Zr 3
Nico-Dostal-Weg 82 Zq 4
Oskar-Helmer-Str. 83 Zs 3
Peserlg. 81 Zs 3
Pürrer-G., Josef- 82 Zs 4
Raab-G., Ing.-Julius (Ing.-J.-R.-G.)
82 Zq 4
Raimundg. 82 Zq 4
Reimerg. 82 Zr 3
Renner-G., Dr.-Karl- 83 Zs 4
Renng. 82 Zr 3/4
Ressel-G., Josef- 82 Zs 4
Richard-Riedel-G. 82 Zr 4
Riedel-G., Richard- 82 Zr 4
Riegler-G., Johann- 81/82 Zr 3
Rilkeg. 82 Zq 4
Robert-Stolz-G. 82 Zq 4
Roseng. 82 Zq 4
Rote-Kreuz-Str. 82 Zp/Zq 4
Sackg. 82 Zs 4
Schärf-G., Dr.-Adolf
(Dr.-A.-Sch.-G.) 82 Zq 4
Sch.-g. = Schillerg.
Schillerg. (Sch.-g.) 83 Zt 3
Schloßallee 82 Zr 3/4
Schloßg. 82 Zr 3
Schmolka-G., Friedrich- 82 Zq 3
Schönauer Str. 82 Zr/Zs 4
Schubertg. 82 Zs 4
Schulg. 82 Zr/Zs 3/4
Schwarzer Weg 81/83 Zs/Zt 3
Spitzwegg. 81 Zs 3
Sportplatzg. 82 Zr 3
Stika-G., Felix- 83 Zs/Zt 3
Stolz-G., Robert- 82 Zq 4
Strauß-G., Johann- 82 Zs 4
Tanneng. 82 Zq 4
Traubenweg 81 Zr/Zs 3
Tschadek-G., Dr.-Otto- 82 Zs 4
Tulpeng. 82 Zs 3
Ulmeng. 82 Zq 4
V.-A.-G. = Viktor-Adler-G.
Viktor-Adler-G. (V.-A.-G.) 83 Zs 3
Vöslauer Str. 81/82 Zr 3
Wagramer Hauptstr. 83 Zs/Zt 3
Waldg. 81/82 Zr 3
Waldmannsg. 82 Zs 3
Waldmüllerg. 81/83 Zs 3
Wall, Am 82 Zs 3
Weideng. 82 Zq 4
Weinbergstr. 81 Zs 3
Wiener-Neustädter-Str.
81/82 Zr/Zs 3
Zeller-G., Karl- 82 Zq 3
Ziegelofeng. 83 Zt 3
Ziehrer-G., Carl-Michael- 82 Zs 4

siehe Klosterneuburg   **KRITZENDORF**

Babenbergerg. **39** T/U 1   Hauptstr. **39** U 1   Mauerwaldg. **39** T 1
Eicheng. **39** T 1   Herborng. **39** T 1   Waldg. **39** T 1
Franz-Wernhart-Str. **39** T 1   Hoffeldstr. **51** U 1   Wernhart-Str., Franz- **39** T 1

Wichtige Adressen

Gemeindeamt, Schulg. 2,
  ☎ 22 06-0, 24 77, 30 57
Postamt, Schulg. 2
  ☎ 22 80

In diesem Straßenverzeichnis scheinen **ausschließlich** jene Straßen, Gassen, Wege und Plätze auf,
die im Kartenteil 1:20 000 dargestellt werden.

Ackerlg. **102** C 12
Ackerlgraben **102** C 12
Adamec-Str., Otto- **102** C/D 12
Alleestr. **8** D 11, **102** C 11
Alleestr., Obere (Ob.) **102** C 10/11
An den Mühlen **102** A/B 10/11
An den Schanzen **102** A 10
An der Bahn **102** C 11
Andreas-Hofer-Str. **102** B/C 11
Anton-Hanak-G. **102** B 11
Apfelstr. **102** D/E 12
Aug. **102** B/C 11
Bäckersteig **1** A 12
Bahn, An der **102** C 11
Bahnboden **102** C 11
Bahng. **102** B 11
Bahnhofspl. **102** B 11
Bahnzeile **8** D 12
Barsch-Str., Dr.-Leopold (L.)- **1** C 12
Barwichg. **102** C 11
Bergg. **102** B 11
Bierwolfg. **8** D 12
Bisambergg. **102** B 11
Blumenweg **102** C 12
Buchenweg **102** A/B 11
Burleiten **102** B 11
Charoux-Str., Siegfried (S.)-
　　102 C/D 11
Chimanig. **102** C 11
Chorherrenpl. **102** B 11
Dirnelstr. **8** D 12
Dirnelwiese **8** D 12
Dr.-Georg-Prader-Str. **1** C 12
Dr.-G.-Stelzm.-Str. = Dr.-Gustav-
　　Stelzmüller-Str.
Dr.-Gustav-Stelzmüller-Str.
　　(Dr.-G.-Stelzm.-Str.) **102** B 11
Dr.-Halm-Weg **102** B 10
Dr.-Leopold (L.)-Barsch-Str. **1** C 12
Dr.-Ludwig-Str. **102** C 12
Dr.-Weinbrenner-G. **102** C 10/11
Donaufeldg. **102** A 10
Engelweg **102** C 11
Eschenweg (E.-wg.) **102** B 11
E.-wg.=Eschenweg
Fasang. **1** C 12
Feldg. **102** B 11
Fichteng. **102** A/B 11
Finkeng. **102** C 12, **1** C 12
Friedhofstr. **102** C 11/12
Gärtnerg. **102** C 12
Gettel-Str., Walter (W.)- **102** C 11
Gusel-Str., Paul- **102** C 11
Haaderstr. **102** C 11
Haader Str., Obere (Ob.-)
　　102 C 11
Halm-Weg, Dr.- **102** B 10
Hanak-G., Anton- **102** B 11
Hauptpl. **102** B 11
Haydnstr. **102** C 11
Hendlingen, In **102** A 11
Herbert (H.)-Spiess-G. **102** C 11
Hochaustr. **8** D 12
Hofer-Str., Andreas **102** B/C 11
Hohlfelderg. **102** B 11
Im Kühhagel **102** C 11/12
In Hendlingen **102** A 11

In kurzen Quartalen **1** B 12
Innerthalen, Unter **102** A 12
In Schiffeln **102** B 11
Jägerstr. **102** C 12
Jahnstr. (J.-str.) **102** B 11
J.-str. = Jahnstr.
Johann-Kurz-G. **102** B 11
Johann-Masser-Weg **102** B 10
Jubiläumsg. **102** B 11
Jungenbergg., Obere **1** C 13
Kahlbg.-g. = Kahlenbergg.
Kahlenbergg. (Kahlbg.-g.) **5** D 12
Karl (K.)-Kaubek-Str. **102** D 11
Kaubek-Str., Karl (K.)- **102** D 11
Kellerg. **1** C 12/13, **102** B 11/12,
　　C 12
Kircheng., Obere **102** B/C 11
Kircheng., Untere **102** B/C 11
Klausgraben **1** B/C 12
Klausgraben, Unterer **1** C 12
Klosterneuburger Str. **102** B 11,
　　C 10/11
Korneuburger Str. **98** Aa 11,
　　102 A/B 11
Kreuz-Str., Weißes- **102** C 11/12
Krottendorferstr. **8** D 12
Kühhagel, Im **102** C 12
Kurz-G., Johann- **102** B 11
Lagerstr. **8** E 11
Landlg. **8** D 12
Lanerbergg. **102** B 12
Lercheng. **1** C 12
Lichtlgraben **102** C 12
Lindeng. **102** B 11
Ludwig-Str., Dr.- **102** C 12
Magdalenenhofstr. **102** B 11/12
Masser-Weg, Johann- **102** B 10
Mautg. **102** B 11
Meiseng. **102** C/D 12
Menschenrechte, Str. der **1** C 12
Mitterreiterweg **102** B/C 11
Mitterweg **102** B 11
Mühlen, An den **102** A/B 10/11
Mühlweg **102** B 11
Neumayerwg. **102** B/C 10/11
Neustadlg. **102** C 11
Obere (Ob.) Alleestr. **102** C 10/11
Obere (Ob.-) Haader Str. **102** C 11
Obere Jungenbergg. **1** C 13
Obere Kircheng. **102** B 11
Otto-Adamec-Str. **102** C/D 12
Pamesserg. **102** A/B 11
Pappelstr. **8** E 11
Paul-Gusel-Str. **102** C 11
Paul (P.)-Stich-G. **102** C/D 11
Peitl-Str., Probst- **8** D 12
Plantagenstr. **102** B 11
Prader-Str., Dr.-Georg- **1** C 12
Praunstr. **102** C 10/11
Propst-Peitl-Str. **8** D 12
Quartalen, In kurzen **1** B 12
Rebsch-g. = Rebschulg.
Rebschulg. (Rebsch.-g.) **102** C 11
Rehgraben **102** B 11
Sarobg. **102** B 11
Sauergraben **102** C 11
Schanzen, An den **102** A 10

Scheydg. **8** E 12
Schiffeln, In **102** B 11
Schneiderallee **102** B 10/11
Schrammelg. **102** C 11
Schulstr. **102** B 11
Setzfeldg. **1** C 12
Siegfried (S.)-Charoux-Str.
　　102 C/D 11
Spechtg. **7** D 12, **102** C 12
Spiess-G., Herbert (H.)- **102** C 11
Stelzmüller-Str., Dr.-Gustav
　　(Dr.-G.-Stelzm.-Str.) **102** B 11
Steyrerg. **102** B/C 11
Stich-G., Paul (P.)- **102** C/D 11
Straße der Menschenrechte
　　1 C 12
Straße Süd **102** D 11
Straße West **102** D 11
Strebersdorfer Str. **1** C 12,
　　102 C 12
Sulzeng. **102** B 11
Tuttenhofstr. **102** A 10/11, B 11
Tutzg. **102** B 11
Uferstr. **102** C 11
Ulmenstr. **8** E 11
Unter Innerthalen **102** A 12
Untere Kircheng. **102** B/C 11
Unterer Klausgraben **1** C 12
Walter (W.)-Gettel-Str. **102** C 11
Weg A **102** D 11
Weg B **102** D 11
Weg C **102** D11
Weg D **102** D11
Weg E **102** D 11
Weg F **102** D11
Weg G **102** D11
Weg H **102** D11
Weg I **102** D11
Weg K **102** D 11
Weg L **102** D 11
Weg M **102** D11
Weg N **102** D 11
Weg O **102** D 11
Weg P **102** D11
Weg 1 **102** B 10/11
Weg 2 **102** B/C 10/11
Weg 3 **102** B/C 10/11
Weg 4 **102** C 10/11
Weg 5 **102** B/C 10
Weg 6 **102** B 10
Weg 7 **102** B 10
Weg 8 **102** B 10
Weg 9 **102** B 10/11
Weg 10 **102** B 10
Weg 11 **102** B 10
Weg 12 **102** B 10/11
Weg 13 **102** B 10/11
Weg 14 **102** B/C 10/11
Weideng. **8** D 12
Weinbrenner-G., Dr.- **102** C 10/11
Weintorg. **102** C 12
Weißes-Kreuz-Str. **102** C 11/12
Wenkog. **102** B 11
Wiener Str. **102** B 11, C 11/12
Winzerg. **102** B 11

Wichtige Adressen

Feuerwehr Klosterneuburger
　　Str. 3, ☎ 22 22, 24 60
Gemeindeamt, Hauptpl.10,
　　☎ 23 08-0
Gendarmerie, Schulstr. 24,
　　☎ 22 33-0, 25 87-0
　　Notruf 133
Postamt, Hauptpl. 1,
　　☎22 60-0

Achauer Str. **72** Zc/Zd 11
Am Kanal **72** Zc 11
Am Wassersprung **72** Zc 11
Andreas (A.)-Toifl-G.
  71/72 Zd 10/11
Anselmg. **71/72** Zd 10/11
Aspangbahnstr. **72** Zc 11
Bahnstr. **72** Zc 11
Beckeg. (B.-g.) **72** Zc 11
B.-g. = Beckeg.
Berger-G., Johann- **71** Zd 10
Berl-G., Franz- **72** Zd 11
Degenhartg. **72** Zd 11
Dinter-G., Monsignore-Karl
  71 Zd 10
Ebner-Str., Martin (M.)- **72** Zd 11
Eduard-Hartmann-Pl. **72** Zd 11
Falkenierg. (Falk.-g.) **72** Zd 11
Falk.-g. = Falkenierg.
Figl-Str., Leopold- **72** Zc 11
F.-K.-Str. = Fürst-Kaunitz-Str.
Franz-Berl-G. **72** Zd 11
Franz (Fr.)-Josephs-Pl. **72** Zd 11
Friedhofg. **72** Zc/Zd 11
Friedrich-Rauch-G. **72** Zd 11
Friedrich-Stöckler-Pl. **72** Zd 11
Fürst-Kaunitz-Str. (F.-K.-Str.)
  72 Zd 11
Guntramsdorfer Str. **72** Zd/Ze 11
Gusindeg. **72** Zc 11
Hahnenwiesenweg **72** Zd 11
Haidbrunnenweg **72** Zd 11
Hartmann-Pl., Eduard- **72** Zd 11
Has-G., Paul- **71/72** Zd 10/11
H.-A.-Str. = Herzog-Albrecht-Str.

Heinrich-Ott-G. **72** Zd 11
Herbert-Rauch-G. **72** Zc 11
Herzog-Albrecht-Str. (H.-A.-Str.)
  72 Zd 11
Hofackerg. **72** Zd 11
Hofstr. **72** Zd 11
Industriestr. **71/72** Ze 10/11
Jägerg. **72** Zd 11
Johann-Berger-G. **71** Zd 10
Johann-Siegmayer-G. (J.-S.-G.)
  72 Zd 11
Johannespl. **72** Zd 11
Josef-Rendl-G. **72** Zd 11
Josef-Vas-G. **72** Zd 11
J.-S.-G. = Johann-Siegmayer-G.
Kanal, Am **72** Zc 11
Kappelleng. **72** Zd 11
Karl-Schreiweis-G. (K.-Sch.-G.)
  72 Zd 11
Kaunitz-Str., Fürst (F.-K.-Str.)
  72 Zd 11
Klosterstr. **72** Zd 11
K.-Sch.-G. = Karl-Schreiweis-G.
Leopold-Figl-Str. **72** Zc 11
Leopold-Rauch-Pl. **72** Zd 11
Martin (M.)-Ebner-Str.   **72** Zd 11
Maximilian (M.)-Neuwirt-G.
  71/72 Zd 10/11
Monsignore-Karl-Dinter-G. **71** Zd 10
Münchendorfer Str. **72** Zd/Ze 11
Na.-g. = Nattererg.
Nattererg. (Na.-g.) **72** Zc 11
Neudorfer Str. **72** Zd 11
Neuwirt-G., Maximilian (M.)-
  71/72 Zd 10/11

Niklas-Steuber-G. **72** Zc/Zd 11
Ott-G., Heinrich- **72** Zc 11
Parapluiwiese **72** Ze 11
Paul-Has-G. **71/72** Zd 10/11
Postg. **72** Zd 11
Rauch-G., Friedrich- **72** Zd 11
Rauch-G., Herbert- **72** Zc 11
Rauch-Pl., Leopold- **72** Zd 11
Rendl-G., Josef **72** Zd 11
Riedl-G., Schloßhauptm.
  (Sch.-R.-G.) **72** Zd 11
Schloßhauptm.-Riedl-G.
  (Sch.-R.-G.) **72** Zd 11
Schloßpl. **72** Zd 11
Schreiweis-G., Karl (K.-Sch.-G.)
  72 Zd 11
Sch.-R.-G. = Schloßhauptm.-
  Riedl-G.
Siegmayer-G., Johann (J.-S.-G.)
  72 Zd 11
Steuber-G., Niklas- **72** Zc/Zd 11
Stöckler-Pl., Friedrich- **72** Zd 1'
Straße 7 **71** Zd 9/10
Straße 10 **71** Zd 9
Straße 13 **71** Zd 9
Straße 14 **71** Zd/Ze 10
Straße 15 **71** Ze 9/10
Straße 16 **71** Ze 10
Toifl-G., Andreas (A.)-
  71/72 Zd 10/ 11
Van-G., Josef- **72** Zd 11
Wassersprung, Am **72** Zc 11
Wiener Str. **72** Zc/Zd 11

Wichtige Adressen

Feuerwehr, Herbert-Rauch-G.
  ☎ 712 22
Gemeindeamt, Schloßpl. 7-8,
  ☎ 711 01-0
Gendarmerie, Schloßpl.1,
  ☎ 712 33, 720 89
Postamt, Hofstr. 10,
  ☎ 712 60

Alleeg. **83** Zu 3
Anton (A.)-Bruckner-G.
   83 Zu 3
Anton-Sonntag-G. (A.-S.-G.)
   83 Zt 3
Arbeiterg. **83** Zt 3
A.-S.-G. = Anton-Sonntag-G.
Badener Str. **83** Zt 3
Beethoveng. **83** Zt 3
Bruckner-G., Anton (A.)- **83** Zu 3
Dr.-Theodor-Körner-Str. **83** Zt 3
Dornauer Str. **83** Zt 3
Enzesfelder Str. **83** Zt 2/3
Färberg. **83** Zu 3
Feldg. **83** Zt 2/3
Franz-Geißler-G. **83** Zt 3
Franz-Lehár-G. **83** Zu 3
Franz-Maier-G. **83** Zu 3
Franz (Fr.)-Wenger-G. **83** Zu 3
Freiherr-v.-Wittmann-G. **83** Zu 3
Friedhofstr. **83** Zu 3
Garteng. **83** Zu 3
Geißler-G., Franz- **83** Zt 3
G.-g. = Grabeng.
Goetheg. **83** Zt 2
Grabeng. (G.-g.) **83** Zt 3
Grabeng., Obere **83** Zt 2/3
Günselsdorfer Str. **84** Zs 4
Hauptschulplatz **83** Zt 3
Hauptstr. **83** Zt/Zu 2/3
Haydn-G.. Josef- **83** Zt/Zu 2
Heimg. (H.-g.) **83** Zt 3
Heinrich-Herold-G. **83** Zu 3
Herold-G., Heinrich- **83** Zu 3
Heug. **83** Zu 3
H.-g. = Heimg.

Hirtenberger Str. **83** Zt 2/3
Hörbinger-Str., Leopold-
   83 Zt 2/3
Johann (Joh.)-Strauß-G. **83** Zt 3
Josef-Haydn-G. **83** Zt/Zu 2
Kaplan-G., Viktor- **83** Zu 3
Kirchenpl. **83** Zt 3
Körner-Str., Dr.-Theodor- **83** Zt 3
Kottingbrunner Weg **83** Zt 2/3
Kreativtechnikg. **83** Zt 3
Kurze G. **83** Zu 2
Lehár-G., Franz- **83** Zu 3
Leopold-Hörbinger-Str.
   83 Zt 2/3
Leopold-Schiffer-G. (L.-Sch.-G.)
   83 Zu 3
Lindenbergg. **83** Zt 2
L.-Sch.-G. = Leopold-Schiffer-G.
Maier-G., Franz- **83** Zu 3
Mariazeller G. **83** Zt/Zu 2
Marktpl. **83** Zu 3
Marktrichterg. **83** Zu 3
Mozartg. **83** Zu 3
Mühlg. **83** Zu 2
Oberg. **83** Zu2
Obere Grabeng. **83** Zt 2/3
Obere Setzg. **83** Zu 2
Parkg. **83** Zu 3
Querg. **83** Zu 3
Rabenwaldg. **83** Zu 3
Raiffeiseng. **83** Zu 3
Robert-Tittelbach-G. **83** Zu 3
Roseggerg. **83** Zt 2
Rosenweg (R.-wg.) **83** Zu 3
Rozporka-G., Walter- **83** Zt 3
R.-wg. = Rosenweg

Schärtlingg. **83** Zu 3
Sch.-g. = Schillerg.
Schiffer-G., Leopold (L.-Sch.-G.)
   83 Zu 3
Schillerg. (Sch.-g.) **83** Zt 2
Schubertg. **83** Zu 3
Schulg. **83** Zt 2/3
Setzg., Obere **83** Zu 2
Sonntag-G., Anton (A.-S.-G.)
   83 Zt 3
Spitalg. **83** Zu 3
Sportplatzg. **83** Zt 3
Stenzelg. **83** Zt 3
Stolzg. **83** Zt 3
Strauß-G., Johann (Joh.)-
   83 Zt 3
Südbahnstr. **83** Zt 3
Tittelbach-G., Robert- **83** Zu 3
Trautmannsdorffstr. **83** Zu 3
Triestingg. **83** Zu 3
Umlauffg. **83** Zt/Zu 2
Viktor-Kaplan-G. **83** Zu 3
Walter-Rozporka-G. **83** Zt 3
Wasserg. **83** Zu 2/3
Wenger-G., Franz (Fr.)- **83** Zu 3
W.-H. = Wittmannsdorfer Hof
Wiener Neustädter Str.
   83 Zu/Zv 2
Wieseng. **83** Zu 2
Wittmann-G., Freiherr-v.-
   83 Zu 3
Wittmannsdorfer Hof (W.-H.)
   83 Zu 3
Wittmannsdorfer Str. **83** Zu 2
Ziegelofeng. **83** Zu 3

Wichtige Adressen

Feuerwehr, Färberg. 6,
  ☎ 622 22
Gemeindeamt, Rathauspl.1,
  ☎ 623 97-0, 623 96-0
Gendarmerie, Badener Str.1,
  ☎ 622 33-0, 643 33,
  Notruf 133
Postamt, Badener Str. 2
  ☎ 622 60-0
Rotes Kreuz, Dornauer Str.19,
  ☎ 624 00, 620 15

In diesem Straßenverzeichnis scheinen **ausschließlich** jene Straßen, Gassen, Wege und Plätze auf,
die im Kartenteil 1 : 20 000 dargestellt werden.

Achauer Str. **68** Y/Z 13
Ahorng. **68** Y 13
Am Wiesenwerk **68** Z 13
Arbeiterg. **68** Z 14
Badg. **57** X 13
Baumg. **68** Y 13
Birkeng. **57** X 13, **68** Y 13
Bucheng. **57** X 13
Dieselg. **88** Y/Z 14
Eibeng. **68** Y 13
Eicheng. **68** Y 13
Escheng. **68** Y 13
Fasang. **68** Y 13
Felberg. **57** X 13
Feldg. **68** Y 13
Feuerwehrstr. **68** Y 13
Fichteng. **68** Y 13
Fischerg. **68** Y 13
Fliederg. **68** Y 13
Föhreng. **68** Y 13
Friedhofstr. **68** Y 13

Garteng. **57** X 13
Getreideg. **68** Y 13
Goethestr. **57** X 13, **68** Y 13
Grabeng. **68** Y 13
Grenzg., **57** X 13
Hauptstr. **68** Y/Z 13
Haydnstr. **57** X 13, **68** Y 13
Hennersdorfer Str. **68** Y/Z 13
Himberger Str. **57** X 13,
  68 Y 13/14
Jagdg. **68** Y 14
Jesserstr. **68** Z 13
Kanadag. **57** X 13
Keilg. **68** Y 13/14
Kreuzg. **68** Y 13/14
Kurze G. **68** Y 13
Lange G. **57** X 13
Lärcheng. **68** Y 13
Lindenwg. **57** X 13, **68** Y 13
Maria Lanzendorfer Str.
  68 Z 13/14

Mirabelleng. **57** X 13
Mittelg. **68** Y 13
Ober-Laaer-Str., **57** X 13,
  68 X 13
Ottog. **68** Z 14
Plataneng. **57** X 13, **68** Y 13
Rebeng. **57** X 13, **68** Y 13
Roseng. **57** X 13
Rustenfeldg. **57** X 13
Schloßg. **68** Z 13
Schubertg. **57** X 13
Schulg. **68** Z 13
Schützeng. **68** Y 14
Siedlerg. **57** X 13
Strauchg. **57** X 13
Ulmenweg **68** Y 13
Weizeng. **57** X 13
Werksstr. **68** Y 13l14
Wieseng. **68** Y 13
Wiesenwerk, Am **68** Z 13
Wiesenwerkg. **68** Z 13

Wichtige Adressen, bezahlte Anzeigen

Feuerwehr, Hennersdorfer Str.19,
  ☎ 472 02
Gemeindeamt, Hauptstr. 27,
  ☎ 424 36-0
Gendarmerie, Hauptstr. 25,
  ☎ 424 33-0
Postamt, Hauptstr. 25,
  ☎ 470 93

HOIDN Ingeborg Ges.m. b. H.
  (Dachdecker, Spengler)
  Hauptstraße 18
  2333 Leopoldsdorf
  ☎ 02235/471 01
  68 Z 13 ❶

**IDEAL Waagen- und
Maschinenbau GmbH**
  Wägetechnik/Industrie-
  anlagenbau
  Arbeitergasse 32-34
  2333 Leopoldsdorf
  ☎ 02235/475 25, FAX: 75 DW
  68 Z 14 ❶

**PWG-WERBEARTIKEL
VERTRIEBSGESMBH**
  Arbeitergasse 44
  2333 Leopoldsdorf
  ☎ 02235/400-0, FAX: DW 89
  68 Z 14 ❷

MANNSWÖRTH   siehe Schwechat

Das Gemeindegebiet umfaßt Maria Enzersdorf am Gebirge und Südstadt.

Alter Wiener Weg **65** Za 7
Am Geißriegel **64** Z 6, Za 5/6
Am Hausberg **64** Za 6
Am Hühnerkogel **64** Za 5/6
Am Rauchkogel **64** Za 6
Am Steinfeld **65** Za 7
Am Steinriegel **64** Za 6
An der Lucken **64** Z/Za 6
Auholz, Im **64** Za 6
Barmhartstalstr. **64** Z/Za 5, Z 6
Barmhartstalweg **64** Z 5
Clemens (C.)-Maria (M.)-
　Hofbauer-G. **64** Za 5
Dobrastr. **65** Za 8
Dr.-Mehes-G. **64** Za 6
Donaustr. **65** Z/Za 8
Dreihäuserg. **64/65** Z 6/7
Erlach-G., Fischer-v.- **64** Za 5
Erlaufstr. **65** Za 8
Ferdinand (F.)-Georg (G.)-
　Waldmüller-Str. **64** Za 5
Ferdinand (Ferd.)-Gießer-G.
　64 Za 6
Ferdinand (F.)-Maller-G.
　64 Za 5
Ferdinand-Raimund-G. (F.-R.-G.)
　64 Za 5
Fischer-v.-Erlach-G. **64** Za 5
Franziskanerpl. (Fr.-pl.) **65** Z 7
Franz-Josef-Str. **64/65** Za 6/7
Franz-Keim-G. **64** Z 6
F.-R.-G. = Ferdinand-Raimund-G
Fr.-pl. = Franziskanerpl.
Fürstenstr. **64** Za 6
Fürstenweg **64** Za 5
Gabrieler Str. **65** Za 7
Geißriegel, Am **64** Z 6, Za 5/6
Gießer-G., Ferdinand (Ferd.)-
　64 Za 6
Gießhübler Str. **64** Z 6, Za 5/6
Gp.-g. = Grillparzerg.
Grillparzerg. (Gp.-g.) **65** Za 7
Gusinde-G., Martin (M.)-
　64 Za 5
Hauptstr. **65** Z/Za 7
Hausberg, Am **64** Za 6

Helferstorferstr. **64/65** Za 6/7
Herrgottschnitzerg. (H.-g.) **65** Z 7
Heug. **65** Z/Za 7
H.-g. = Herrgottschnitzerg.
Hofbauer-G., Clemens (C.)-
　Maria (M.) **64** Za 5
Hofg. **64** Za 6
Hohe Wand Str. **65** Za 8
Höhenweg **64** Za 5
Hubatsch-G., Sepp- **64** Za 5
Huber-G., Karl- **64** Z 6
Hühnerkogel, Am **64** Za 5/6
Im Auholz **64** Za 6
Im Rebengrund **64** Za 6
In den Langäckern **65** Za 7
In den Schnablern
　65 Z/Za 7, Z 8
Johannesstr. **64/65** Za 5–7
Johann (J.)-Steinböck-Str. **65** Za 8
Josef-Leeb-G. **64/65** Za 6/7
Josef-Schöffel-G. (J.-Sch.-G.)
　64 Za 5
Josef (J.)-Weinheber-G. **64** Za 5
J.-Sch.-g. = Josef-Schöffel-G.
Kaiserin-Elisabeth-Str. **65** Za 7
Kampstr. **65** Z/Za 8
Karl-Huber-G. **64** Za 6
Karl (K.)-Heinrich (H.)-Waggerl-
　Weg **64** Z 6
Karl-Peyfuß-Pl. **64** Z 6
Keim-Gasse, Franz- **64** Z 6
Kircheng. **64/65** Z 6/7
Langäckern, In den **65** Za 7
Leeb-G., Josef- **64/65** Za 6/7
Liechtensteinstr. **64** Za 6
Lotteweg **64** Za 5
Lucken, An der **64** Z/Za 6
Maller-G., Ferdinand (F.)- **64** Za 5
Mariazeller G. **64/65** Z 6/7, Za 7
Martin (M.)-Gusinde-G. **64** Za 5
Mehes-G., Dr.- **64** Za 6
Mitteräckerstr. **64** Za 5/6
Ottensteinerstr. **65** Za/Zb 8
Pacherg. **64** Za 6
Paul-Schebesta-G. (P.-Sch.-G.)
　64 Za 5

Perlg. **64/65** Za 6/7
Peyfuß-Pl., Karl- **64** Z 6
P.-Sch.-G. = Paul-Schebesta-G.
Raimund-G., Ferdinand (F.-R.-G.)
　64 Za 5
Rauchkogel, Am **64** Za 6
Rebengrund, Im **64** Za 6
R.-g. = Roseggerg.
Riefelg. **65** Z 7
Riemerschmidg. **65** Za 7
Robert (R.)-Stolz-Str. **64** Za 6
Roseggerg. (R.-g.) **65** Za 7
Schebesta-G., Paul (P.-Sch.-G.)
　64 Za 5
Sch.-g. = Schloßg.
Schloßg. (Sch.-g.) **65** Za 7
Schnablern, In den
　65 Z/Za 7, Z 8
Schöffel-G., Josef (J.-Sch.-G.)
　64 Za 5
Schulpl. **64** Za 6
Sepp-Hubatsch-G. **64** Za 5
Siedlungsstr. **64** Za 5
Sonnbergstr. **64** Z/Za 6
Steinböck-Str., Johann (J.)- **65** Za 8
Steinfeld, Am **65** Za 7
Steinriegel, Am **64** Za 6
Stojanstr. **64** Za 5/6
Stolz-Str., Robert (R.)- **64** Za 6
Südtiroler Str. **64** Za 5/6
Theißpl **65** Za 8
Thurnbergstr. **65** Za 8
Urlaubskreuzstr. **64** Za 5
Waggerl-Weg, Karl (K.)-
　Heinrich (H.)- **64** Za 6
Waldg. **64** Za 6
Waldmüller-Str., Ferdinand (F.)-
　Georg (G.)- **64** Za 5
Weinheber-G., Josef (J.)-
　64 Za 5
Werner-G., Zacharias- **64** Za 5/6
Wienerbruck-Str. **65** Za 8
Wiener Weg, Alter **65** Za 7
Zacharias-Werner-G. **64** Za 5/6
Zipsg. **65** Za 7
Zwetschkenallee **64** Za 6

Wichtige Adressen, bezahlte Anzeigen

---

siehe Klosterneuburg　　　　　　　　　　　　　　　　　　**MARIA GUGGING**

Achauer Str. **68** Za 14/15
Bahnz. = Bahnzeile
Bahnzeile (Bahnz.) **68** Za 15
Europastr. **68** Z 15
Faszlerg. **68** Za 14
Feldg. **68** Z 14/15
Felix-Nierling-G. **68** Z 14
Florianig. **68** Za 14/15
Frauerg. **68** Za 14
Friedrich-Melzer-Str. **68** Za 14

Hafnerg. (H.-g.) **68** Za 14
Havala-G., Rudolf (R.-Hav.-G.)
  68 Z 15
H.-g. = Hafnerg.
Himberger Str. (Himb.-Str.)
  68 Za 15
Himb.-Str. = Himberger Str.
Johann-Vollnhofer-Str. **68** Za 15
Leopoldsdorter Str. **68** Z 14,
  Za 14/15

Melzer-Str., Friedrich- **68** Za 14
Nierling-G., Felix- **68** Z 14
R.-Hav.-G. = Rudolf-Havala-G.
Rosalieng. **68** Z/Za 15
Rudolf-Havala-G. (R.-Hav.-G.)
  68 Z 15
Vollnhofer-Str., Johann-
  68 Za 15
Wiener Str. **68** Z/Za 15

Wichtige Adressen

Feuerwehr,
  Unt. Hauptstr. 47-49
  ☎ 472 00
  Himberger Str 4
  ☎ 429 22
Gemeindeamt, Achauer Str. 24,
  ☎ 422 04
Postamt, Hauptstr. 43,
  ☎ 422 10

In diesem Straßenverzeichnis scheinen **ausschließlich** jene Straßen, Gassen, Wege und Plätze auf,
die im Kartenteil 1:20 000 dargestellt werden.

Adlerweg **85** Zx/Zy 3
Amon-Ring, Professor-E.- **85** Zy 2
Amselweg **85** Zy 3
Am Sportplatz **85** Zx 2/3
Am Teichweg **85** Zy 2/3
Badener Str. **85** Zx/Zy 2/3
Bahng. **85** Zy 2
Bahnzeile (B.-z.) **85** Zx 2
Birkenweg **85** Zy 3
Brunneng. **85** Zy 3
Buchenweg **85** Zy 3
Burgunderweg **85** Zy 3
B.-z. = Bahnzeile
Dr.-Max-Jung-Str. **85** Zy 3
Eibenstr. **85** Zx 3
Eichenweg **85** Zy 3
Elsterweg **85** Zy 3
Erlenweg **85** Zx 3
Falkenweg **85** Zy 3
Feldg. **85** Zy 2
Fichtenweg **85** Zx 2
Finkenweg **85** Zy 3

Fliederweg **85** Zy 3
Föhrenweg **85** Zx 3
Försterweg **85/86** Zy 3/4
Hauptstr. **85** Zx 2
Hohe Wand Str. **85** Zx 3
Höllesstr. **85** Zx/Zy 2
Holzweg **85** Zx 2
Jägerweg **85** Zx/Zy 3
Jung-Str., Dr.-Max- **85** Zy 3
Kircheng. **85** Zy 2
Krautgartenweg **85** Zx 2
Lärchenweg **85** Zx 3
Lilienweg **85** Zy 3
Lindenweg **85** Zy 3
Meisenweg **85** Zy 3
Narzissenweg **85** Zy 3
Nelkenweg **85** Zy 3
Ötscherstr. **85** Zx/Zy 3
Pecherweg **85** Zx 2
Professor-E.-Amon-Ring **85** Zy 2
Rabenweg (Ra.-wg.) **85** Zy 3
Ra.-wg. = Rabenweg

Raxstr. **85** Zx/Zy 3
Rosenstr. **85** Zy 3
Schießplatzstr. **85** Zx/Zy 2
Schneebergstr. **85** Zy 3
Schwalbenweg (Sch.-wg.) **85** Zy 3
Sch.-wg. = Schwalbenweg
Siedlungsstr. **85/86** Zy 3/4
Sollenauer Weg **85** Zx 2/3
Sperberweg **85** Zy 3
Sportplatz, Am **85** Zx 2/3
Sportplatzstr. **85** Zx/Zy 3
Tannenweg **85** Zx 3
Teichweg, Am **85** Zy 2/3
Traminerweg **85** Zy 3
Traubenweg **85** Zy 3
Tulpenweg **85** Zy 3
Waldstr. **85** Zx 2
Wand Str., Hohe **85** Zx/Zy 3
Weidenweg **85** Zy 3
Weingartenweg **85** Zx/Zy 3
Wiesenweg (W.-weg) **85** Zx 2
W.-weg = Wiesenweg

Wichtige Adresse

Gemeindeamt, Kircheng. 1
  ☎ 629 07

Adalbert (Ad.)-Stifter-G. **15** K 1
Andreas-Hofer-Str. **15** K 1
Augustwd.-str. = Augustinerwaldstr.
Augustinerwaldstr.
 (Augustwd.-str.) **15** L 1
Aussichtsstr. **15** K 1
Bach-G., Robert- **15** K 1
Beethoveng. **15** J/K 1
Bergg. **15** J 1
Buchenstr. **15** K 1
Eicheng. **15** K 1
Eichenwaldstr. **15** J 1
Franz-Schubert-G. **15** K 1
Gerlachstr. **15** K 1
Goethestr. **15** K 1
Götzstr. **15** K 1
Guigizerstr. **15** K 1

Hauptstr. **15** K 1, L 1/2
Heiligenbergstr. **15** K 1
Hochstr. **15** K 1
Jägersteig **15** J/K 1
Hofer-Str., Andreas- **15** K 1
Johann-Strauß-G. **15** K 1
Josef-Track-Str. **15** K 1
Kaunitzg. **15** K 1
Kreuz-G., Rote (R.-K.-G.) **15** L 1
Lannerg. **15** J/K 1
Laudong. (L.-g.) **15** K/L 1
L.-g. = Laudong.
Lützowg. **15** K 1
Millöckerstr. **15** L 1
Mühldorfg. **15** J 1
Passauerwaldg. **15** J 1
Pilzengraben **15** J 1

R.-K.-G. = Rote-Kreuz-G.
Robert-Bach-G. **15** K 1
Roseggerg. **15** K 1
Rote-Kreuz-G. (R.-K.-G.) **15** L 1
Rundstr. **15** J/K 1
Sackg. **15** J 1
Schöffelstr. **15** K 1
Schubert-G., Franz- **15** K 1
Sonnenweg **15** K 1
Steinbachstr. **15** J–L 1
Stifter-G., Adalbert (Ad.)- **15** K 1
Strauß-G., Johann- **15** K 1
Talg. **15** K 1
Track-Str., Josef- **15** K 1
Türkenstr. **15** K 1
Wieseng. **15** K 1

Wichtige Adressen

Feuerwehr, Hauptstr. 246,
 ☎ 979 71 22
Gemeindeamt,
 Allhangstr. 14-16,
 ☎ 979 16 77-0
Gendarmerie, Hauptpl.1,
 ☎ 979 10 85
Postamt, Hauptstr. 163,
 ☎ 979 16 60

In diesem Straßenverzeichnis scheinen **ausschließlich** jene Straßen, Gassen, Wege und Plätze auf,
die im Kartenteil 1:20 000 dargestellt werden.

A

Achsenaug. **65** Zb 7
Adalbert (A.)-Kowatschitsch-G.
  64 Zb 6
Am Eichkogel **70** Zd 7
An der Goldenen Stiege
  69/70 Zc 6/7
An der Königswiese **64** Zb 5
An der Laxenburger Bahn
  70 Zb/Zc 8
Andreas-Hofer-G. **70** Zc 7/8
Anningerstr. **70** Zc 7
Anton-Wildgans-Weg **64** Zb 6
Arbeiterg. **70** Zc 8
Auholz, Im **64** Za 6

B

Babenbergerg. **65** Zb 7
Bachg. **65** Zb 7
Bachg., Untere (U.)- **65** Zb 8
Bachpromenade **65** Zb 7
Badstr. **65** Zb 7, **70** Zc 7
Bahnhofpl. **65** Zb 7
Bahnstr. **65** Zb 6/7
Beethoveng. **70** Zc 7
Bernhardg. **70** Zc 7
Bozner G. **70** Zc/Zd 8
Brandström-G., Elsa- **65** Zb 7
Brixner G. **70** Zc 8
Brühler Str. **64** Zb 5–7, Zc 5/6
Brunecker G. **70** Zc 8
Buchberger-G., Ferdinand-
  65 Zb 7/8

C

Carl-Zwilling-G. **70** Zc 7

D

Demelg. **65** Zb 7
Deutsch-Pl., Josef- **65** Zb 7
Dr.-Friedrich-Stöhr-G.
  (Dr.-F.-St.-G.) **65** Za/Zb 8
Dr.-Franz-Josef (F.-J.)-Schicht-G.
  70 Zc 7
Dr.-F.-St.-G. = Dr.-Friedrich-Stöhr-G.
Dr.-Gohren-G. **70** Zd 7
Dr.-Hans-Schürff-G. **65** Zb 7
Dr.-Karl-Giannoni-G. **65** Za/Zb 7
Dr.-Ludwig-Rieger-Str. **70** Zc 7
Dr.-O.-F.-G. = Dr.-Otto-Fürster-G.
Dr.-Otto-Fürster-G. (Dr.-O.-F.-G.)
  65 Zb 7
Dominikanersteig (Dom.-steig)
  65 Zb 7
Dom.-steig = Dominikanersteig
Duursmag. **65** Zb 8

E

Eichkogel, Am **70** Zd 7
Eisentorg. **65** Zb 7
Eli.-str. = Elisabethstr.
Elisabethstr. (Eli.-str.) **65** Zb 7
Elsa-Brandström-G. **65** Zb 7
Enzersdorfer Str. **65** Za/Zb 7

F

Fabriksg. **65** Zb 7, **70** Zc 7/8
Felberbrunn, Im **70** Zc 8
Feldg. **70** Zc 7
Ferdinandsg. **70** Zb 8
Ferdinand-Buchberger-G. **65** Zb 7/8
Ferdinand-Fleischmann-G.
  65 Za/Zb 7
Ferdinand-Raimund-G. (F.-R.-G.)
  70 Zc 7
Fh.-g. = Freihofg.

Fleischg. **65** Zb 7
Fleischmann-G., Ferdinand-
  65 Za/Zb 7
Franz-Keim-G. (Fr.-K.-G.)
  65 Zb 7
Franz-S.-Gschmeidler-
  Promenade **65** Za/Zb 7
Franz-Schubert-G. **70** Zc 7
Franz-Skribany-G. (F.-Skr.-G.)
  65 Zb 7
Frauensteing. (Fr.-g.)
  64/65 Zb 6/7
Freiheitspl. (Fr.-pl.) **65** Zb 7
Freihofg. (Fh.-g.) **65** Zb 7
F.-R.-G.=Ferdinand-Raimund-G.
Fr.-g. = Frauensteing.
Friedrich-Lehr-Str. **65** Zb 8
Friedrich-Schiller-Str. **65** Zb 7/8
Fr.-K.-G. = Franz-Keim-G.
Fr.-pl. = Freiheitspl.
F.-Skr.-G. = Franz-Skribany-G.
Fürstenstr. **64/65** Za 6-Zb 7
Fürster-G., Dr.-Otto- (Dr.-O.-F.-G.)
  65 Zb 7

G

Gabrieler Str. **65** Za/Zb 7
Gärtnerg. **70** Zc 7
Gassner-G., Ing.-Johann (J.)-
  65 Zb/Zc 7
Giannoni-G., Dr.-Karl-
  65 Za/Zb 7
Goetheg. **65** Zd 7, **70** Zc 7
Gohren-G., Dr.- **70** Zd 7
Goldenen Stiege, An der
  69/70 Zc 6/7
Gp.g. = Grillparzerg.
Grenzg. **65** Za 7/8, Zb 8
Gretl-Sätz-Steig **65** Zb 7, **70** Zc 7
Griesg. **70** Zc 7
Grillparzerg. (Gp.-g.) **65** Zb 7
Grutschg. **70** Zc 7
Gschmeidler-Promenade,
  Franz-S.- **65** Za/Zb 7
Gumpoldskirchner Str. **70** Zd 7
Guntramsdorfer Str.
  70 Zc 7–Zd 8

H

Hamerlingg. **70** Zc 7
Hartigstr. **65** Zb 8, **70** Zc 8
Hauptstr. **65** Zb 7
Haydng. **65** Za/Zb 8
Herzogg. (H.-g.) **65** Zb 7
H.-g. = Herzogg.
Hochbründlg. **65** Za 7
Hofer-G., Andreas- **70** Zc 7/8
Höfler-G., Ludwig- **70** Zc 7
Husarentempelg. **69** Zc 5
Hyrtlpl. **65** Zb 7/8
Hyrtlstr. **65** Zb 8

I

Im Auholz **64** Za 6
Im Felberbrunn **70** Zc 8
In den Messerern **70** Zd 7
I. d. Krautg.-= In den Krautgärten
In den Krautgärten (I. d. Krautg.)
  70 Zc 7
Ing.-Johann (J.)-Gassner-G.
  65 Zb/Zc 7

J

Jägerhausg. **69** Zc 6
Jakob-Thoma-Str. **65** Za/Zb 7
Jasomirgottg. **65** Zb 7
Johann-Strauß-G. **65** Za 7

Johannessteig **69** Zc 6
Josef-Deutsch-Pl. **65** Zb 7
Josef-Lowatschek-G. **65** Zc 7
Josef-Schleussner-Str. **65** Zb 8
Josef-Weinheber-G. **65** Za 7
Josefsg. **65** Zb 7

K

Karl-Liebleitner-G. **64** Zb 6
Kärntner G. **70** Zc 7/8
Karlsg. **65** Zb 8
Keim-G., Franz (Fr.-K.-G.)
  65 Zb 7
K. G. = Kurze G.
Kielmansegg. **65** Zb 7, **70** Zc 7
Kircheng. **64** Zb 6
Klosterg. **65** Zb 7
Kneipp-G., Sebastian (S.-K.-G.)
  65 Zb 7
Koch-G., Robert- **70** Zc 8
Königswiese, An der **64** Zb 5
Kowatschitsch-G., Adalbert (A.)-
  64 Zb 6
Krautgärten, In den (I. d. Krautg.)
  70 Zc 7
Kreuz-G., Weißes- **65** Zb 7, **70** Zc 7
Kürnbergerg. **70** Zc 7
Kurze G. (K.-G.) **70** Zc 7

L

Laxenburger Bahn, An der
  70 Zb/Zc 8
Leinerinneng. **70** Zc 7
Lehr-Str., Friedrich **65** Zb 8
Lercheng. **65** Zb 7
Liebleitner-G., Karl- **64** Zb 6
Liechtensteinerstr. **64** Zb/Zc 6
Lowatschek-G., Josef- **70** Zc 7
Ludwig-Höfler-G. **70** Zc 7

M

Mannagettag. **65** Zb 7/8
Maria-Theresien-G. **65** Zb 8
Meiereig. **69** Zc 5
Meraner G. **70** Zc 8
Messerern, In den **70** Zd 7
M.-g. = Mühlg.
Milow-G., Stefan (St.-M.-G.)
  65 Zb 7
Mölkerg. **65** Zb 7
Mozartg. **65** Zb 7
Mühlg. (M.-g.) **64** Zb 6

N

Nanseng. **65** Za 7
Neubaug. (N.-g.) **65** Za 8
Neudorfer Str. **65** Zb 7
Neug. **65** Za/Zb 7
Neusiedler Str. **65** Zb 7, **70** Zc 7
Neuweg **64** Zb 6 **69** Zc 7
N.-g. = Neubaug.
Norbert (N.)-Sprongl-G. **65** Zb 7

P

Parkstr. **64/65** 2b 6/7
Passauer G. **65** Za 7
Payerg. **65** Za 8, Zb 7/8
Perlg. **65** Za 7
Pfandlbrunng. **70** Zc 7
Pfarrg. **64/65** Zb 6/7
Prießnitzg. **70** Zd 7
Promenadenwg. **64** Zb 5

Q

Quellenstr. **70** Zc 7

R
Raimund-G., Ferdinand (F.-R.-G.)
 70 Zc 7
Reitererg. **65** Zb 7
Restituta-G., Schwester (Sr.)-
 Maria (M.)- **65** Zb 7
R.-g. = Rupprechtg.
Richard (R.)-Wagner-G.
 64 Za/Zb 6
Rieger-Str., Dr.-Ludwig- **70** Zc 7
Robert-Koch-G. **70** Zc 8
Roseggerweg **64** Zb 6
Rupprechtg. (R.-g.) **70** Zc 7

S
Salurner G. **70** Zc/Zd 8
Sätz-Steig, Gretl- **65** Zb 7,
 70 Zc 7
Schefferg. **70** Zc 7
Schicht-G., Dr.-Franz-Josef (F.-J.)
 70 Zc 7
Schießstättenweg **69/70** Zc 6/7
Schiller-Str., Friedrich-
 65 Zb 7/8
Schleussner-Str., Josef- **65** Zb 8
Schöffelpl. **65** Zb 8
Sch.-pl. = Schrannenpl.
Schrannenpl. (Sch.-pl.) **65** Zb 7
Schürff-G., Dr.-Hans- **65** Zb 7
Schubert-G., Franz- **70** Zc 7
Schulweg **65** Zb 8

Schwester (Sr.)-Maria (M.)-
 Restituta-G. **65** Zb 7
Sebastian-Kneipp-G. (S.-K.-G.)
 65 Zb 7
Siedlerg. **65** Zb 8, **70** Zc 8
S.-K.-G. = Sebastian-Kneipp-G.
Skribany-G., Franz (F.-Skr.-G.)
 65 Zb 7
Spechtg. **65** Zb 7, **70** Zc 7
Spitalmühlg. **64/65** Zb 6/7
Sprongl-G., Norbert (N.)-
 65 Zb 7
Stefan-Milow-G. (St.-M.-G.)
 65 Zb 7
Stefanieg. (St.-g.) **65** Zb 8
Steinbruchweg **69** Zc 6
Steinfelderg. **70** Zc 7
Sterzingerg. **70** Zc 7/8
St.-g. = Stefanieg.
St.-M.-G. = Stefan-Milow-G.
Stöhr-G., Dr.-Friedrich
 (Dr.-F.-St.-G.) **65** Za/Zb 8
Strauß-G., Johann- **65** Za 7
Südtiroler Str. **70** Zc 7/8

T
Tamussino-G., Thomas (Th.)-
 65 Zb 7
Technikerstr. **65** Zc 7
Templerg. **65** Zb 8
Thoma-Str., Jakob- **65** Za/Zb 7

Thomas (Th.)-Tamussino-G.
 65 Zb 7
Türkeng. **65** Zb 8

U
Ungarg. **65** Zb 8
Untere (U.)- Bachg. **65** Zb 8

V
Viechtlg. **65** Zb 7

W
Wagner-G. Richard (R.)-
 64 Za/Zb 6
Wehrg. (W.-g.) **65** Zb 7
Weinheber-G., Josef- **65** Za 7
Weißes-Kreuz-G. **65** Zb 7, **70** Zc 7
Weyprechtg. **65** Zb 8
W.-g. = Wehrg.
Wiener Str. **65** Zb 7/8
Wieseng. **70** Zc 7
Wildgans-Weg, Anton- **64** Zb 6
Windtalg. **69** Zc 6
Winzerg. **65** Za 7

Z
Zwilling-G., Carl- **70** Zc 7

Wichtige Adressen, bezahlte Anzeigen

---

siehe Traiskirchen   **MÖLLERSDORF**

Am Brunnenfeld **93** Yj 6
Am Hohenbrand **94** Yj 8
Am Kanal **93** Yh/Yj 6/7
Am Mühlbach **93** Yh 7
Anton-Proksch-Sdlg. **94** Yj 8
Aug. **93** Yh/Yj 6
Bauhof, Zum **94** Yh 8
Bickfordstr. **93/94** Yj/Yk 7
Braunstorfer-G., Leopold- **94** Yh 8
Brunnenfeld, Am **93** Yj 6
Bürgermeister (Bgm.)-
   Eitzenberger-G. **94** Yh/Yj 7/8
Dammweg **93** Yh 6
Dr.-Ignaz (I.)-Semmelweis-G.
   94 Yj 7
Dr.-Ludwig (L.)-Leser-G.
   94 Yj 8
Eitzenberger-G., Bürgermeister
   (Bgm.)- **94** Yh/Yj 7/8
Feldg. **93** Yj 7
Figl-G., Leopold- **94** Yj 8
Franz-Liszt-G. **94** Yj 8
Garteng. **93/94** Yj 7
Hauptstr. **93/94** Yj 6/7
Haydn-G., Josef- **93** Yj 7
Hohenbrand, Am **94** Yj 8
Homogensdlg. **94** Yj/Yk 7/8
Johann-Reiter-G. **94** Yj 8
Josef-Haydn-G. **93** Yj 7

Kanal, Am **93** Yh/Yj 6/7
Kanalg. **93** Yh/Yj 6
Kiesweg **93** Yh 6
Kirchpl. **94** Yj 7
Kollwentz-Str., Matthias- **94** Yj 7/8
Kommerzialrat-Karl-Markon-Str.
   93 Yj 6
Konsumg. **93/94** Yj 6/7
Körner-G., Theodor (Th.)- **94** Yj 7
Kranawettg. **93/94** Yj 7
Krautackerried **94** Yj 8
Kurzeg. **94** Yj 8
Lehárg. **93/94** Yj 7
Leithaweg **93** Yh 6
Leopold-Braunstorfer-G. **94** Yh 8
Leopold-Figl-G. **94** Yj 8
Leser-G., Dr.-Ludwig (L.)- **94** Yj 8
Liszt-G., Franz- **94** Yj 8
Markon-Str., Kommerzialrat-Karl-
   93 Yj 6
Marting. **94** Yj 7/8
Matthias-Kollwentz-Str. **94** Yj 7/8
Mitterweg **93/94** Yj 7/8
Mozart-G., Wolfgang (W.)-
   Amadeus (A.)- **94** Yj 8
Mühlbach, Am **93** Yh 7
Neugebäu **94** Yj 8
Nikolaus-G., St. **93** Yh 7
Parkweg **93** Yj 7

Pöttschinger Str. **93/94** Yh/Yj 7/8
Proksch-Sdlg., Anton- **94** Yj 8
Raiffeiseng. **94** Yj 7
Raiffeisenpl. **93** Yj 7
Rebenweg **94** Yj 8
Reiter-G., Johann- **94** Yj 8
Renner-Siedlung **93** Yh/Yj 7
Rosenweg **94** Yh 8
Rudolf-Steiner-G. **94** Yj 7
Sackg. **93** Yj 7
St.-Nikolaus-G. **93** Yh 7
Sauerbrunner Str. **94** Yj/Yk 8
Seestr. **93** Yh/Yj 6
Schreing. **93** Yj 7
Schulg. **94** Yj 8
Semmelweis-G., Dr.-Ignaz (I.)-
   94 Yj 7
Siedlungsg. **93** Yj 7
Steiner-G., Rudolf- **94** Yj 7
Theodor (Th.)-Körner-G. **94** Yj 7
Waldg. **94** Yj 8
Wehrg. **93** Yj 7
Weinbergstr. **94** Yj 8
Wieseng. **94** Yj 7/8
Wolfgang (W.)-Amadeus (A.)-
   Mozart-G. **94** Yj 8
Zollikofenpl. **93** Yj 7
Zum Bauhof **94** Yh 8

Wichtige Adressen

Feuerwehr, Siedlerg. 2,
☎ 772 47
Gemeindeamt, Rathaus,
☎ 772 77-0
Gendarmerie, Rathaus
☎ 772 33-0, 793 91,
Notruf 133
Postamt, Rathaus 2,
☎ 773 83-0

Achtelfeldstr. **80** Zn 9
Ahornweg **80** Zp 9
Am Lus **80** Zo 9
Am Satzfeld **80** Zo 1 o
Aug. **80** Zo 9
Bachörtlweg **80** Zn 9/10
Badener Str. **80** Zo 10
Bahnspitz **80** Zo 9/10
Bahnstr. **80** Zo/Zp 9
Birkenweg **80** Zo 9
Brückenstr. **80** Zo 9
Carolusstr. **80** Zn/Zo 9
Dammweg **80** Zn 9
Dr.-Hans-Riedl-Str. **80** Zo 9
Ebreichsdorfer Str. **80** Zo 9
Fabriksstr. **80** Zn/Zo 9
Flurg. **80** Zn/Zo 9
Gebösstr. **80** Zo 9

Grundfelsg. **80** Zo 9
Gustav-Preiner-Str. **80** Zo 9
Hauptstr. **80** Zo 9
Helmer-Str., Oskar- **80** Zo 9
Hubert (H.)-Wilheim-Str.
　80 Zo 9/10
Johann (Joh.)-Steinböck-Str.
　80 Zo 9
Josef-Lechner-Str. **80** Zo 9
Karl-Operschall-Str.,
　(K.-O.-Str.) **80** Zo 9/10
K.-O.-Str. = Karl-Operschall-Str.
Krautgartenweg (Kr.-wg.) **80** Zp 9
Kr.-wg. = Krautgartenweg
Lechner-Str., Josef- **80** Zo 9
Lus, Am **80** Zo 9
Operschall-Str., Karl
　(K.-O.-Str.) **80** Zo 9/10

Oskar-Helmer-Str. **80** Zo 9
Pfarrg. **80** Zo 9
Preiner-Str., Gustav- **80** Zo 9
Riedl-Str., Dr.-Hans- **80** Zo 9
Sackg. **80** Zo 9
Satzfeld, Am **80** Zo 10
Siedlerstr. **80** Zo 9
Steinböck-Str., Johann (Joh.)-
　80 Zo 9
Tattendorfer Str. **80** Zo 9
Teichweg **80** Zn 10
Triestingweg **80** Zn/Zo 9
Trumauer Str. **80** Zo 9
Weingartenstr. **80** Zo 9
Wilheim-Str., Hubert (H.)-
　80 Zo 9/10

In diesem Straßenverzeichnis scheinen **ausschließlich** jene Straßen, Gassen, Wege und Plätze auf,
die im Kartenteil 1:20 000 dargestellt werden.

siehe Traiskirchen   **OEYNHAUSEN**

A

Adam (A.)-Strenninger-G. **53** X 6
Adolf (A.)-Holzer-G., **53** X 6
A.d.H. = An den Höfeln
A. d. St. = Auf den Steineckeln
A.-D.-Str. = Alexander-Daum-Str.
A. d. T. = Auf den Tetern
Ahornweg (A.-wg.) **63** Z 4
Alexander-Daum-Str. (A.-D.-Str.)
  53 X 6
Alfred-Merz-G. **54** W/X 7
Alois-Reisinger-Str. **64** Y 5
Alpenlandstr. **54** X 7
Alphons-Petzold-G. **54** W 7
Alt-Str., Jakob- **65** Y 7
Ambros-Rieder-G. **53** X 5/6
Am Goldbiegelberg **64** Y 5
Am Rain **64** Y 5
Am Sossenhügel **53** W 6
Am Wallgraben **53** X 5
An den Höfeln (A. d. H.) **53** X 6
Angerersteig **53** X 5
Anton (A.)-Bruckner-G. **54** X 7
Anton (A.)-Preiß-G. **54** X 7
Anton-Schachinger-G. **64** Y 5
Anton-Teschko-Str. (A.-T.-G.)
  64 Y 6
Anton-Wildgans-G. (A.-W.-G.)
  54 X 7
Anzengruberg. **53** W 6
Arenstetteng. **53** X 5
Arthur-Schuricht-Str. (A.-Sch.-Str.)
  53 X 6
A.-Sch.-Str. = Arthur-Schuricht-Str.
Aspetteng. **53** W/X 6/7
Aspettenstr. **53** W/X 7
A.-T.-G. = Anton-Teschko-Str.
Aubachstr. **54** W 7
Auf den Steineckeln (A. d. St.)
  53 X 5
Auf den Tetern (A. d. T.) **64** Y 5
Auf den Zuckermanteln **65** Y 7
A.-W.-G. = Anton-Wildgans-G.
A.-wg. = Ahornweg

B

Babb.-g. = Babenbergerg.
Babenbergerg. (Babbg.-g.)
  53 W 6
Bachackerg. **54** X 7
Bachinger-G., Rudolf (R.-B.-G.)
  53 X 5
Bahng. **53** W 5
Bahnzeile **53** W/X 6
Balthasar-Kleinschroth-Str.
  (B.-K.-Str.) **53** W 5
Balthasar-Krauß-G. **53** W 6
Barbachg. **53** X 5, **64** Y 5
Beatrixg. **53** X 5/6
Beethoveng. **53** W 5/6
Begr.-g. = Begrischg.
Begrischg. (Begr.-g.) **53** X 5
Bergg. **53** X 5
Bernhard (B.)-Weiß-G. **53** X 6
Bertha (B.)-von (v.)-Suttner-G.
  54 W/X 7
Birkenweg **63** Z 4
Bizisteg **54** X 7
B.-K.-Str. = Balthasar-Klein-
  schroth-Str.
Blankenfeldg. **54** X 7
Böckl-Weg, Herbert (H.-B.-Wg.)
  53 W 6
Braun-G., Wilhelm (W.)- **64** Y 5
Breitenecker-G., Franz (Fr.)-
  53 X 6
Brennerg. **54** X 7
Brosch-G., Franz- **54** W/X 7
Bruckner-G., Anton (A.)- **54** X 7
Brunnerbergstr. **64** Y 5

Brunner Feldstr. **54** W/X 7, B5 Y 7
Brunnerg. **64** Y 6
Brunner Str. **54** X 7
Buchenweg **63** Z 4

C

Christoph (Ch.)-Gluck-G. **53** X 6
Corneliusg. **53/54** X 6/7

D

Dahlienweg (D.-wg.) **63** Z 4
Daum-Str., Alexander (A.-D.-Str.)
  53 X 6
Dechant-Zeiner-G. **53** X 5
Deyl-G., Josef- **53** W/X 6
Distlg. **64** Y 6
Donauwörther Str. **53** W 5–X 6
Dr.-Alois (A.)-Sonnleitner-G.
  54 W 7
Dr.-Anton (A.)-Haßelwanter-Pl.
  63 Z 4
Dr.-G.-Neum.-G. = Dr.-Gustav-
  Neumann-G.
Dr.-Gorlitzer-G. **53** W 5
Dr.-Gustav-Neumann-G.
  (Dr.-G.-Neum.-G.) **64** Y 5
Dr.-Heinrich (H.)-Werner-G.
  53 X 6
Dr.-Moritz (M.)-Zander-G. **53** X 6
Dr.-Natzler-G. **53** X 6
Dr.-Ottokar (O.)-Janetschek-G.
  53 W 6
Dr.-Ottokar (O.)-Kernstock-G.
  53 X 6
Dr.-Pirquet-Str. **53** W 5
Dr.-Schreber-G. **54** X 7
D.-wg. = Dahlienweg

E

Ebendorfer-Str., Thomas
  (Th.-E.-Str.) **53** W 5
Eichendorffg. **54** X 7
Eichenweg **63** Z 4
Eichertg. **65** Y 7
Eigenheimstr. **53** X 6
Eisenhüttelstr. **53** X 6
Elisabethstr. **64** Y 5/6
Elsner-G., Otto (O.-E.-G.) **64** Y 5
Erlenweg **63** Z 4
Eschenweg **63** Z 4

F

Fehnerweg **64** Y 5
Feldg. **53** W/X 6
Feldstraße, Brunner **54** W/X 7
Felix (F.)-Petyrek-G. **54** W 7
Ferdinand (Ferd.)-Gussenbauer-G.
  64 Y 5
Ferdinand-Schirnböck-G.
  (Fr.-Schirnb.-G.) **53** X 6
F.-g. = Fuggergassl
Fichtenweg **63** Z 4
Figl-Promenade, Leopold **53** W 6
Flick-G., Johannes (J.)- **54** X 7
Fliederweg (Fl.-wg.) **63** Z 4
Fl.-wg. = Fliederweg
Föhren-G., Siebzehn- **53** X 5
Frank-G., Steinberg- **53** W 6
Franz (Fr.)-Breitenecker-G.
  53 X 6
Franz-Brosch-G. **54** W/X 7
Franz (Fr.)-Garnhaft-G. **53** W 6
Franz-Kantner-Weg **64** Y 6
Franz-Josef-Str. **53** X 6
Franz (F.)-Lehár-G. **54** W 7
Franz-Liszt-G. **53/54** X 6/7
Franz (F.)-Mähring-Pl. **53** W 6

Franz-Piperger-G. **64** Y 6
Franz (Fr.)-Schmidt-G. **54** X 7
Franz (Fr.)-Siegel-G. **53** W 6
Franz (Fr.)-Vesely-G. **53** W/X 6
Frey-G., Wenzel (W.)- **53** X 6
Freytag-G., Gustav (G.-F.-G.)
  64 Y 5
Friedhofg. **64** Y 6
Friedrich-Rückert-G. **54** W 7
Fröhlichg. **53** X 5
Fronius-Str., Hans- **54** X 7
Fr.-Schirnb.-G. = Ferdinand-
  Schirnböck-G.
Fuggergassl (F.-g.) **53** X 6

G

Garnhaft-G., Franz (Fr.)- **53** W 6
Gauguschg. **53** W/X 6
Geltner-Str., Pfarrer-Franz
  (Pf.-F.-G.-Str.) **53** X 6
Georg (G.)-Teibler-G. **54** W 7
G.-F.-G. = Gustav-Freytag-G.
Gluck-G.,Christoph(Ch.)- **53** X 6
Goethestr. **53** W 6
Goldbiegelberg, Am **64** Y 5
Goldbiegelg. **64** Y 5
Gorlitzer-G., Dr.- **53** W 5
Gottschallg. **53** X 6
Greiner-Str., Karl- **53** X 6
Grengg-Gasse, Maria (M.-G.-G.)
  54 X 7
Grienauerg. **53** X 6
Grillparzerstr. **53** W 6
Guggenbergerg. **53** X 5
Gustav-Freytag-G. (G.-F.-G.)
  64 Y 5
Gussenbauer-G., Ferdinand (Ferd.)-
  64 Y 5

H

Hableg. **53** X 5
Hagenauer Str. **64** Y 5
Hamerling-G., Robert (R.)-
  54 W 7
Hans-Fronius-Str. **54** X 7
Hans (H.)-Sewera-G. **53** X 6
Harberger-Str., Karl- **64** Y 5
Haßelwanter-Pl., Dr.-Anton (A.)-
  63 Z 4
Haydng. **53** W 5
H.-B.-Wg. = Herbert-Böckl-Weg
Heinrich (H.)-Waßmuth-Str.
  53 X 6
Herbert-Böckl-Weg (H.-B.-Wg.)
  53 W 6
Herzogbergstr. **63/64** Y 5/6,
  Z 4/5
Hochbergstr. **64** Y 5
Hochmayer-G., Rudolf (R.)-
  53/54 W 6/7
Hochstr. **53** W/X 5
Höhenstr. **53** X 5, **64** Y 5
Höfeln, An den (A. d. H.) **53** X 6
Höller-Str., Josef (J.)- **64** Y 6
Höllriegelstr. **53** W 5
Holzer-G., Adolf (A.)- **53** X 6
Hofmannsthalg. **53/54** X 6/7
H.-Strecker-Gasse (H.-Str.-G.)
  53 X 6
H.-Str.-G.=H.-Strecker-G.
Huber-G.,Pfarrer- **53/54** X 6/7
Hugo-Wolf-G. **64** Y 6
Hyrtllallee **53** X 5
Hyrtlg. **53** X 5/6

I

Iglseeg. **53** W 6
Industriestr. **54** X 7

J

Jakob-Alt-Str. **65** Y 7
Jakob (J.)-Regenhart-G.
53 X 6
Jakob (J.)-Trinksgeld-G.
53 W 5/6
Janetschek-G., Dr.-Ottokar (O.)-
53 W 6
Janko-Str., Rudolf (R.)- **64** Y 6
J.-K.-G. = Josef-Kainz-G.
Johannes (J.)-Flick-G. **54** X 7
Johann (J.)-Trampler-G. **53** X 5
Johann-Wurth-Str. (J.-W.-Str.)
63 Y 5
Josef-Deyl-G. **53** W/X 6
Josef (J.)-Höller-Str. **64** Y 6
Josef-Kainz-G. (J.-K.-G.) **54** X 7
Josef (J.)-Kollmann-G. **53** X 6
Josef (J.)-Weissenecker-G.
53 W 7
Jüttner-G., Karl (K.)- **53** X 6
J.-W.-Str.=Johann-Wurth-Str.

K

Kainz-G., Josef (J.-K.-G.)
54 X 7
Kaisersteig **53** W 6
Kaltenleutgebner Str. **53** W 5
Kantner-Weg, Franz- **64** Y 6
Karl-Greiner-Str. **53** X 6
Karl-Hans-Strobl-G. (K.-H.-Str.-G.)
53 X 6
Karl-Harberger-Str. **64** Y 5
Karl (K.)-Jüttner-G. **53** X 5
Kautzg. **53** X 5
Kernstock-G., Dr.-Ottokar (O.)-
53 X 6
Ketzerg. **53/54** W 6l7
K.-g. = Kleistg.
K.-H.-Str.-G. = Karl-Hans-Strobl-G.
Kindermanng. **53** W 5/6
Kleinschroth-Str., Balthasar
(B.-K.-Str.) **53** W 5
Kleistg. (K.-g.) **53** W/X 6
Klieber-G., Meister- **53** W 6
Kneipp-G., Sebastian (Seb.)-
53 W/X 6
Koholzerg. **53** X 6
Kollmann-G., Josef (J.)- **53** X 6
Kolonieg. **53** W 6
Körner-G., Theodor (Th.)- **53** X 6
Krauß-G., Balthasar- **53** W 6
Krautg. **53** X 5/6
Kriegsherrg. (Kriegsh.-g.) **53** X 5
Kriegsh.-g. = Kriegsherrg.
Kunigundbergstr. **64** Y 5/6
Kunschak-G., Leopold (L.)-
64 Y 6

L

Lärchenweg **63** Z 4
Lang-G., Mathias (Math.)- **53** X 6
Latschkag. **64** Y 6
Leeb-G., Wolfgang- **53/54** W 6/7
Lehár-G., Franz (F.)- **54** W 7
Lenaug. **53/54** X 6/7
Leonhardibergg. (Leonhbg.-g.)
53 X 5
Leonhbg.-g. = Leonhardibergg.
Leopold-Figl-Promenade
53 W 6
Leopold (L.)-Kunschak-G. **64** Y 6
Leopold (L.)-Schäftner-G. **53** X 5
Lilienweg (L.-wg.) **63** Z 4
Lindbergg. **64** Y 5
Lindenweg **63** Z 4
Liszt-G., Franz- **53** X 6/7
Lohensteinstr. **53** W/X 5
L.-wg. = Lilienweg

M

Mähring-Pl., Franz (F.)- **53** W 6
Malata-G., Oskar (O.)- **65** Y 7
Margules-Weg, Max (M.)- **53** W 6
Maria-Grengg-G. (M.-G.-G.)
54 X 7
Marienpl. (Mar.-pl.) **53** X 6
Marktfeldg. **54** W/X 7
Marktpl. **53** X 6
Mar.-pl. = Marienpl.
Marzg. **53** X 5
Mathias (Math.)-Lang-G. **53** X 6
Max (M.)-Margules-Weg **53** W 6
Meister-Klieber-G. **53** W 6
Merz-G., Alfred- **54** W/X 7
M.-G.-G. = Maria-Grengg-G.
Michael-Wenger-G. (M.-W.-G.)
53 W 5
Mozartg. **53/54** X 6/7
Mühlg. **53/54** X 6/7
M.-W.-G. = Michael-Wenger-G.

N

Natzler-G., Dr.- **53** X 6
Nelkenweg **63** Z 4
Neuber-G., Wilhelm (W.)-
53/54 X 6/7
Neumann-Gasse, Dr.-Gustav
(Dr.-G.-Neum.-G.) **64** Y 5
Neustiftg. **53** X 6

O

O.-E.-G. = Otto-Elsner-G.
Oskar (O.)-Malata-G. **65** Y 7
Otto-Elsner-G. (O.-E.-G.)
64 Y 5
Ottog. **53** X 5
Otto-Zimmermann-Str. **64** X/Y 5

P

Petersbachg. **54** W 7
Petyrek-G., Felix (F.)- **54** W 7
Petzold-G., Alphons- **54** W 7
Pfarrer-Franz-Geltner-Str.
(Pf.-F.-G.-Str.) **53** X 6
Pfarrer-Huber-G. **53/54** X 6/7
Pfarrer-Karl (K.)-Seemann-
Promenade **53** X 5
Pf.-F.-G.-Str. = Pfarrer-Franz-
Geltner-Str.
Piperger-G., Franz- **64** Y 6
Pirquet-Str., Dr.- **53** W 5
Plättenstr. **53** X 6
Pop.-g. = Popovicg.
Popovicg. (Pop.-g.) **53** W 6
Preiß-G., Anton (A.)- **54** X 7

Q

Querg. **53** X 5

R

Rabensteinerg. **53** W 6
Rablg. **53** X 6
Rain, Am **64** Y 5
R.-B.-G. = Rudolf-Bachinger-G.
Regenhart-G., Jakob (J.)- **53** X 6
Reicherg. **53** X 5
Reisinger-Str., Alois- **64** Y 5
Rembrandtg. **54** W/X 7
Richard-Wagner-G. (R.-W.-G.)
53 X 6
Rieder-G., Ambros- **53** X 6
Robert (R.)-Hamerling-G. **54** W 7
Robert (Rob.)-Schumann-G.
54 X 7
Römerfeldg. **53/54** X 6/7

Roseggerg. **53** X 5
Rosenthalg. **53/54** W 6/7
Rosenweg **63** Z 4
Rudolf-Bachinger-G. (R.-B.-G.)
53 X 5
Rudolf (R.)-Hochmayer-G.
53/54 W 6/7
Rudolf (R.)-Janko-Str. **64** Y 6
Rudolfg. **64** Y 5
Rückert-G., Friedrich- **54** W 7
R.-W.-G. = Richard-Wagner-G.

S

Saliterg. **53/54** X 6/7
Schachinger-G., Anton- **64** Y 5
Schäftner-G., Leopold (L.)- **53** X 5
Sch.-g. = Schönererg.
Schieẞgrabensteig **64** Y 5
Schillerpromenade **53** W 5
Schirgenwaldallee (Schwld.-allee)
63 Z 4
Schirnböck-G., Ferdinand
(Fr.-Schirnb.-G.) **53** X 6
Schmidt-G., Franz (Fr.)- **54** X 7
Schöffelstr. **64** Y 5
Scholaug. **53** W 5
Schönererg. (Sch.-g.) **53** W 7
Schreber-G., Dr.- **54** X 7
Schreckg. (Schr.-g.) **54** X 7
Schremsg. **64** Y 6
Schr.-g. = Schreckg.
Schubertg. **53** W 6
Schumann-G., Robert (Rob.)-
54 X 7
Schuricht-Str., Arthur
(A.-Sch.-Str.) **53** X 6
Schwedenweg **64** Y 6
Schweglerg. **53** W/X 6
Schwld.-allee = Schirgenwald-
allee
Sebastian (Seb.)-Kneipp-G.
53 W/X 6
Seemann-Promenade,
Pfarrer-Karl (K.)- **53** X 5
Semlerg. (Seml.-g.) **53** X 5
Seml.-g. = Semlerg.
Sewera-G., Hans (H.)- **53** X 6
Siebzehn-Föhren-G. **53** X 5
Siegel-G., Franz (Fr.)- **53** W 6
Sonnbergstr. **53** W/X 5
Sonnleitner-G., Dr.-Alois (A.)-
54 W 7
Sossenhügel, Am **53** W 6
Sossenstr. **53** X 5/6
Speichmühlg. **54** W/X 7
Sph.-g. = Spiegelhoferg.
Spiegelhoferg. (Sph.-g.) **54** X 7
Steinberg-Frank-G. **53** W 5
Steineckeln, Auf den (A. d. St.)
53 X 5
Strecker-G., H. (H.-Str.-G.)
53 X 6
Strenninger-G., Adam (A.)-
53 X 6
Strobl-G., Karl-Hans
(K.-H.-Str.-G.) **53** X 6
Stücklweg **64** Y 5
Stuttgarter Str. **53** X 6
Suttner-G., Bertha (B.)-von (v.)-
54 W/X 7

T

Talg. **53** W 5
Tannenweg **63** Z 4
Teibler-G., Georg (G.)- **54** W 7
Teschko-Str., Anton (A.-T.-G.)
64 Y 6
Tetern, Auf den (A. d. T.) **65** Y 5
T.-g. = Türkeng.

Theodor (Th.)-Körner-G. **53** X 6
Theresieng. **53** X 5
Th.-E.-Str. = Thomas
  Ebendorfer-Str.
Thomas-Ebendorfer-Str.
  (Th.-E.-Str.) **53** W 5
Tilgnerg. **53** X 6
Tirolerhofallee **63** Z 4
Trampler-G., Johann (J.)- **53** X 5
Trinksgeld-G., Jakob (J.)- **53** W 5/6
Tröschg. **53** X 5
Türkeng. (T.-g.) **53** X 6
Tulpenweg **63** Z 4

U
Uhlandg. **65** Y 7
Ulmenweg **63** Z 4

V
Veilchenweg **63** Z 4
Vesely-G., Franz (Fr.)- **53** W/X 6
Vesperkreuzstr. **64/65** Y 6l7

Vierbatzstr. **64** Y 6
Voglsangg. (Vogls.-g.) **53** X 6
Vogls.-g. = Voglsangg.

W
Wagner-G., Richard (R.-W.-G.)
  53 X 6
Waldmühlg. **53** W 5
Waldmüllerg. **64** Y 5
Waldstr. **63** Z 4
Wallgraben, Am **53** X 6
Walzeng. **53** X 5
Waßmuth-Str., Heinrich (H.)-
  53 X 6
Wegbachg. **64** Y 6
Weing. **53** X 5
Weissenecker-G., Josef (J.)- **54** X 7
Weiß-G., Bernhard (B.)- **53** X 6
Wenger-G., Michael (M.-W.-G.)
  53 W 5
Wenzel (W.)-Frey-G. **53** X 6
Werner-G., Dr.-Heinrich (H.)-
  53 X 6

W.-g. = Widterg.
Widterg. (W.-g.) **65** Y 7
Wiener G. **53** W/X 6
Wiesboithstg. **64** Y 6
Wildgans-G., Anton (A.-W.-G.)
  54 X 7
Wilhelm (W.)-Braun-G. **64** Y 5
Wilhelm (W.)-Neuber-G.
  53/54 X 6/7
Wolfgang-Leeb-G. **53/54** W 6/7
Wolf-G., Hugo- **64** Y 6
Wurth-Str., Johann (J.-W.-Str.)
  64 Y 5
Wüstenrotstr. **63** Z 4

Z
Zander-G., Dr.-Moritz (M.)- **53** X 6
Zechm.-g. = Zechmeiste
Zechmeisterg. (Zechm.-g.) **53** X 5
Zeiner-G., Dechant- **53** X 5
Zimmermann-Str., Otto- **64** X/Y 5
Zuckermanteln, Auf den **65** Y 7
Zwingenstr. **54** X 7

Albrechtsg. **74** Zk 5
Badener Str. **74** Zk 6
Bahng. **74** Zk 5
Billrothg. **78** Zl 5
Dolp-Str., Dr.-Josef- **74** Zj/Zk
Dr.-Josef-Dolp-Str. **74** Zj/Zk 6
Einödstr. **74** Zj 5
Elred-Lippmann-G., **74** Zk 5
Emil-Kögler-G. **74** Zj 5
Ernst-Kolba-Weg **74** Zj 5
Feldg. **74/78** Zk 5
Franz (Fr.)-Josef-Str. **74** Zj/Zk
Gartenweg **74** Zj 6, Zk 5
Glanner-G., Josef- **74** Zk 5
Gmöslg. **74** Zj 5
Grenzg. **74** Zk 5
Grüll-G., Josef- **74/78** Zk 5
Hauptpl. **74** Zk 5/6
Hauptstr. **74** Zk 5/6

Hörsteinerg. **74** Zk 5
Hösl-G., Johann- **74** Zk 6
Irblingweg **73/74** Zh 4
Johann-Hösl-G. **74** Zk 6
Johann-Stadlmann-G. **74** Zk 1
Josef-Glanner-G. **74** Zk 5
Josef-Grüll-G. **74/78** Zk 5
Karl-Richter-G. **74** Zk 6
Kaspar-G., Rudolf- **74** Zk 5/6
Kircheng. **74** Zk 5/6
Kögler-G., Emil- **74** Zj 5
Kolba-Weg, Ernst- **74** Zj 5
Lederhasg. **74** Zk 6
Lichteneckerg. **74** Zk 5
Lippmann-G., Elred- **74** Zk 5
Mittelstr. **74** Zk 5
Mozartg. **74/78** Zk 5
Mühlfeldg. **74** Zk 5
Neug. **74** Zk 5

Prechtlg. **74** Zk 5
Preyhsg. **74** Zk 5
Probusg. **74** Zk 5
Rennbahnzeile **74** Zk/Zl 5
Richter-G., Karl- **74** Zk 6
Rohrteichg. **74** Zj 5/6
Rudolf-Kaspar-G. **74** Zk 5/6
Schiestlg. **74** Zk 5
Schulg. **74** Zk 5
Seeligerstr. **74/78** Zk/Zl 6
Spitzendorferg. **74** Zj/Zk 5
Stadlmann-G., Johann- **74** Zk 6
Steinfeldg. **74** Zj/Zk 5
Stiftg. **74** Zk 5
Türkeng. **74** Zj 5
Weinbergstr. **74** Zj 5
Wiener Str. **74** Zj/Zk 6
Wüsteg. **74/78** Zk/Zl 5

Wichtige Adressen

Feuerwehr, Albrechtsg. 5,
  ☎ 876 53
Gemeindeamt,
  Dr.-Josef-Dolp-Str. 2,
  ☎ 889 85-0, 887 26-0
Gendarmerie, Probusg. 2,
  ☎ 891 33-0, Notruf 133
Postamt, Badener Str. 51,
  ☎ 863 00

-damit setzen Sie
auf die richtige Karte

-damit setzen Sie
auf die richtige Karte

Alois-Mayer-G. **103** O 99
Am Feuerstein **103** P 98
Andreas-Scheu-G. **103** P 98
Anton (A.)-Gotsch-G. **103** O 98
Anton (Ant.)-Wenzel (Wenz.)-
  Prager-G. **27** O 1
Auf (A.) der (d.) Schanze **27** O 1
Bachg. **103** N 99
Bad Säckingen Str. **103** N 99
Bahnhofstr. **27** N 1
Bergg. **103** O 99
Buchmüller-G., Hans (H.)- **27** O 1
Deutschwaldallee **103** O 99
Deutschwaldstr. **103** O/P 99
Dr.-Eduard (E.)-Weiß-G. **27** N 1
Dr.-Hild-G. **103** N 99
Feuerstein, Am **103** P 98
Florian-Trautenberger-G. **103** N 99
Franz (F.)-Guschl-G. **27** N 1
Franz-Ruhm-G. **103** O 98
Franz (F.)-Schubert-G. **103** O 99
Fürstenbergg. **103** O 99
Gotsch-G., Anton (A.)- **103** O 98
Grillparzerg. **103** O/P 99
Gruber-G., Karl- **103** N 99
Guschl-G., Franz (F.)- **27** N 1
Hamerling-G., Robert- **103** N 99
Hanke-G., Rudolf (R.)- **103** P 99
Hans (H.)-Buchmüller-G. **27** O 1
Hardt-Stremayr-G. **103** N 99
Hartelsfurterweg **103** O 98
Hauptpl. **103** N/O 99
Heimgarten **103** P 99
Herreng. **103** N 99
Hießbergerg. **27** N 1

Hild-G., Dr.- **103** N 99
Hohenwarter-G., Robert- **103** P 99
Humplik-G., Prof.-Josef (J.)-
  103 N 99
Hyrtlg. **103** P 99
Im Kenzelbrunn (Kenzelbr.) **27** O 2
J.-L.-G. = Josef-Lichtenwöhrer-G.
Johann (J.)-Kral-G. **103** P 98
Johann (J.)-Strauß-G. **27** N 1
Josef-Lichtenwöhrer-G. (J.-L.-G.)
  103 N 99
Kaiser-Josef-Str. **103** O 99
Karlg. **27** N 1
Karl-Gruber-G. **103** N 99
Karli-Schäfer-G. **103** O/P 98
Karl-Kurz-G. **103** N/O 99
Kellerwiese **103** O 99
Kenzelbrunn (Kenzelbr.), Im **27** O 2
Kieslingg. **27** N 1
Konstantin-Walz-G. **103** N 99
Körner-G., Theodor (Th.)- **103** O 99
Kral-G., Johann (J.)- **103** P 98
Kressg. **103** O 99
Kurz-G., Karl- **103** N/O 99
Leischingg. **27** O 2
Lichtenwöhrer-G., Josef (J.-L.-G.)
  103 N 99
Linzer Str. **103** N 99
Luisenstr. **103** O 99
Marterbauerstr. **103** O 99
Mayer-G., Alois- **103** O 99
Neug. **103** N 99
Pfarrhofg. **103** N 99
Prager-G., Anton (Ant.)-Wenzel
  (Wenz.)- **27** O 1

Prof.-Josef (J.)-Humplik-G.
  103 N 99
Pummerg. **103** O 99
Rechenfeldstr. **103** O 98/99
Robert-Hamerling-G. **103** N 99
Robert-Hohenwarter-G. **103** P 99
Rochusg. **103** O 99
Roseggerg. **103** O 99
Rudolf (R.)-Hanke-G. **103** P 99
Ruhm-G., Franz- **103** O 98
Säckingen Str., Bad **103** N 99
Schäfer-G., Karli- **103** O/P 98
Schanze, Auf (A.) der (d.) **27** O 1
Scheu-G., Andreas- **103** P 98
Schöffelg. **103** O 99
Schubert-G., Franz (Fr.)- **103** O 99
Schuhg. **27** N 1
Schuhmeierstr. **27** N 2
Schwarzhuberg. **103** O 99
Speicherbergg. **103** O/P 98/99
Strauß-G., Johann (J.)- **27** N 1
Stremayr-G., Hardt- **103** N 99
Süßfeldstr. **103** M/N 99
Theodor (Th.)-Körner-G. **103** O 99
Trautenberger-G., Florian- **103** N 99
Tullnerbachstr. **103** O 98/99, P 98
Waldg. **27** O 2
Walz-G., Konstantin- **103** N 99
Weiß-G., Dr.-Eduard (E.)- **27** N 1
Wiener Str. **27** O 1/2
Wientalstr. **103** P 98
Wienzeile **27** O 1
Winterg. **27** N 1
Wurzbachg. **27** N 2
Ziegelfeldg. **103** O 99

Wichtige Adressen, bezahlte Anzeigen

Arbeitersamariterbund,
  Wiener Str. 2,
  ☎ 22 44
Bezirksgericht, Hauptpl. 6,
  ☎ 33 31-0
Bezirkshauptmannschaft,
  Außenstelle, Hauptpl. 4,
  ☎ 21 01-0, 21 02-0
Feuerwehr, Kaiser-Josef-Str. 6,
  ☎ 21 22-0, 22 22-0
Gemeindeamt, Hauptpl. 1,
  ☎ 36 01-0, 31 59
Gendarmerie, Bachg. 8,
  ☎ 21 33-0, 42 33-0
Postamt, Linzer Str. 3,
  ☎ 22 60-0
Rotes Kreuz,
  Kaiser-Josef-Str. 65,
  ☎ 21 44-0, Notruf: 144

In diesem Straßenverzeichnis scheinen **ausschließlich** jene Straßen, Gassen, Wege und Plätze auf,
die im Kartenteil 1:20 000 dargestellt werden.

Aderklaaer Weg **26** H/J 23
Altes Dorf **26** J 23
Bahnstr. **26** H 23
Breitenleer Str. **26** J 3
Bucheng. **26** H 23
Dorf, Altes **26** J 23
Feldg., Kleine **26** J 23

Feldg., Lange **26** J 23/24
Friedhofweg **26** J 23
Glinzendorfer Str. **26** J 24
Großenzersdorfer Str. **26** J/K 23
Großhoferweg **26** J 24
Kleine Feldg. **26** J 23
Lange Feldg. **26** J 23/24

Lindeng. **26** J 24
Markgrafneusiedler Str. **26** J 24
Roseng. **26** J 23
Wagramer Str. **26** H/J 23
Weingartenweg **26** J 23

Wichtige Adressen

Gemeindeamt, Bahnstr. 5,
  ☎ 89 392
Postamt, Bahnstr. 7,
  ☎ 89 260

siehe Schwechat   **RANNERSDORF**

Adolf (A.)-Lorenz-G. **95** Ab 4
Aigner-G., Alois (A.)- **95** Ab 5
Almweg **3** F 2
Alois (A.)-Aigner-G. **95** Ab 5
Am Anger 1 **95** Ab 5/6
Am Anger 2 **95** Ab 5/6
Am Damm **95** Ac 4
Am Heuberg **3** E 1
Am Steinriegel **3** F 2
Am Waldrand **3** E 2
Anger 1, Am **95** Ab 5/6
Anger 2, Am **95** Ab 5/6
Arzgrub **3** D 2
Bachg. **3** D 1
Bergg. **95** Ab 4
Brückenweg **3** E 1
Burgsteig **95** Ac 4
Casinostr. **3** D 1
Damm, Am **95** Ac 4
Donaulände **95** Ac/Ad 5
Dr.-Nachmann-G. **3** E 1
Feldg. **95** Ab 5/6
Gartenweg **3** D 2

Greifensteiner Wg. **95** Ac/Ab 4
Hadersfelder Str. **95** Ac 4/5
Haselbacher Str. **99** C 4
Hauptstr. (Greifenstein)
  95 Ab 4, Ac 4/5
Hauptstr. (Hadersfeld) **95** Ab 5/6
Hauptstr. (Hintersdorf) **3** D/E 2,
  4 D 3
Heuberg, Am **3** E 1
Himmelstr. **3** D 1
Hirschbergwg. **3** F 2
Hochfeldweg **3** D 1
Hochstr. **3** F 2
Josef (J.)-Strauch-G. **95** Ac 4
K.-a. = Kastanienallee **95** Ac 4
Kaltwasserstr. **3** E 1
Kastanienallee (K.-a.) **95** Ac 4
Kirchbacher Str. **3** D 2
Klammweg **3** D 1
Klostersitzg. **95** Ac 5
Kogelweg **3** E 2
Lorenz-G., Adolf (A.)- **95** Ab 4
Mitterwg. **95** Ab/Ac 4

Moorbuchenweg **3** F 2
Nachmannn-G., Dr.- **3** E 1
Oberkirchbacher Str.
  3 D/E 1/2, F 2, **4** E/F 3
Sackg. **95** Ac 4
Schloßbergweg **3** D 1/2
Schloßg. **95** Ab 5
Schönmais **3** F 2
Schulerweg **3** F 2
Sommerweg **3** D 2
Sonnenweg **3** E 2
Steinriegel, Am **3** F 2
Sterng. **3** D/E 1
Strauch-G., Josef (J.)- **95** Ac 4
Talg. **3** E 1
Unterkirchbacher Str. **3** D/E 1/2
Waldg. (Altenberg) **95** Ab 4
Waldg. (Hintersdorf) **4** D 3
Waldrand, Am **3** E 2
Waldweg **95** Ab 5
Weidenweg **3** D/E 2
Weidlingbachstr. **3** F/G 2

Wichtige Adressen

Feuerwehr, Greifensteiner Str. 14,
  ☎ 387 22, 322 22
Gemeindeamt, Altg. 30,
  ☎ 322 23
Gendarmerie, Kirchenpl. 2,
  ☎ 322 33, 386 33
Postamt, Greifensteiner Str. 16,
  ☎ 322 60

In diesem Straßenverzeichnis scheinen **ausschließlich** jene Straßen, Gassen, Wege und Plätze auf,
die im Kartenteil 1:20 000 dargestellt werden.

SCHEIBLINGSTEIN   siehe Klosterneuburg

Anton-Wildgans-G. **83** Zt 3
Auerspergstr. **83** Zt 3
Aug. **84** Zt 4
Auweg **82** Zs 4
Blumauer Str. **84** Zt 5
Braung. **84** Zt 5
Czettel-Str., Hans- **83** Zt/Zu 3
Dr.-Leopold-Figl-Str. **83** Zt 3
Dornauer Str. **83** Zt 3
Feldg. **84** Zt 5
Figl-Str., Dr.-Leopold-
   83 Zt 3
Friedhofstr. **84** Zt 5
Garteng. **84** Zt 4/5
Gärten, Hinter den **84** Zt 5

Georg-Nußbaum-G. (G.-N.-G.)
   83 Zt 3
G.-N.-G. = Georg-Nußbaum-G.
Gruber-Pl., Karl- **84** Zt 5
Hans-Czettel-Str. **83** Zt/Zu 3
Häuser-Str., Robert- **83** Zt 3
Hinter den Gärten **84** Zt 5
Ing.-Carl-Jukel-Str. **84** Zt 5
Johann (J.)-Strauß-G. **84** Zt 5
Jukel-Str., Ing.-Carl- **84** Zt 5
Karl-Gruber-Pl. **84** Zt 5
Kircheng. **84** Zt 5
Liechtensteing. **84** Zt 5
Nußbaum-G., Georg (G.-N.-G.)
   83 Zt 3

Rebschulg. **83** Zt 3
Robert-Häuser-Str. **83** Zt 3
Siebenhauser Pl. **83** Zt 3
Siebenhauser Str.
   (Siebenhsr.Str.) **83** Zt 3
Siebenhsr. Str. =
   Siebenhauser Str.
Sollenauer Str. **84** Zt/Zu 5
Spitalg. **83** Zt 3
Steinfeldstr. **84** Zt/Zu 5
Strauß-G., Johann (J.)- **84** Zt 5
Trautmannsdorffstr. **83** Zt/Zu 3
Wildgans-G., Anton- **83** Zt 3
Windischgrätzg. **84** Zt 5

Wichtige Adressen

Feuerwehr, Liechtensteing. 5
   ☎ 620 00
Gemeindeamt, Liechtensteing.3
   ☎ 635 72

Das Gemeindegebiet umfaßt Kledering, Mannswörth, Rannersdorf und Schwechat.

A

Abflugstr. **62** X 23
Ableidingerg. **59** V 18
Ackerg. **58** W 16
Ah.-wg. = Ahornweg
Ahornweg (Ah.-wg.) **59** X 18
Aichinger-G., Franz (Fr.)- **60** U 20
Alfred (Al.)-Horn-Str. **59** U 18
Alois-Kellner-Str. **59** X 17
Ailecg. **58/59** V 16/17
Alanovapl. **59** V 18
Altkettenhofer Str. **59** V 18
Am Concorde-Park **60** V 19
Am Grund **59** U 18
Am Waldfriedhof **60** V 19
Andreas (A.)-Hofer-Pl. **59** U 18
Andromedaweg (An.-wg.) **59** X 16
An.-wg. = Andromedaweg
Arbeiterg. **59** U 18
Auf der Ried **48, 60** T/U 19
Auf der Spannweide **48, 60** T/ U 19
Ausfahrtstr. **62** X 23
Autobahnweg **61** V 21
Auweg **61** V 21
Aymerg. **60** V 19

B

Badg. **59** U 18
Bahng. **59** U/V 18
Bahng. Hintere **59** U/V 18
Bahnhofpl. **58** W 16
Baierg. **59** X 17
Baumeisterg. **61** V 21
Beethovenstr. **59** V 18
Beiglg. **59** X 17
Bergzeile **59** V/W 18
Besucherstr. **62** X 23
Birkenweg (Bi.-wg.) **59** X 18
Bi.-wg. = Birkenweg
Blumenweg **58** W 16
Brauhausstr.
  59 V 18, W 17/18, X 17
Brucker Bundesstr. **60** V/W 19
Bruck-Hainburger Str.
  59/60 U 18/19
Bucherg. **59** U 18
Bundesstr., Brucker **60** V/W 19
Bundesstr., Hainburger **60** V 19
Burkl-G., Johann- **59** W 18
Busstr. **62** X 23

C

Concorde-Park, Am **60** V 19

D

Danubiastr. **60** U/V 20
Deimg. **59** X 17
Delphinweg (D.-wg.) **59** W 18
Dohlenweg **59** W/X 17
Dr.-Fritz (F.)-Heß-G. **59** V 18
Dr.-Josef (J.)-Mayr-G. **58** W 16
Drachenweg (Dr.-wg.) **59** V 18
Dreherstr. **59** U 18
Dr.-wg. = Drachenweg
D.-wg. = Delphinweg

E

Ehrbusterg. **59** V 18
Ehrenbrunng. **59** V 18
Einfahrtstr. **62** X 23
Einhorng. **59** W/X 18
Eisteichstr. **59/60** U 18/19
Enfieldg. **59** V 17
Engelg. **59** U 18

Engler-Str., Karl (K.)- **60** U 20
Erlenweg (Er.-wg.) **59** X 18
Er.-wg. = Erlenweg
E-Str. **62** X 23
Europapl. **59** W 17/18
Eyblerg. **59** V 18

F

Fabriksg. **58** V/W 16
Feldg. **60** U 20
Felmayerg. **59** W 18
Feuerwehrg. (Feuerw.-g.) **58** W 16
Feuerw.-g. = Feuerwehrg.
Fhf.-str. = Friedhofstr.
Finster-G., Franz- **60** U 20
Frachtring Nord **62** X 23
Frachtring Süd **62** X 23
Frachtstr. **62** X 23
Franz (Fr.)-Aichinger-G. **60** U 20
Franz-Finster-G. **60** U 20
Franz-Göpfhart-G. **59** W 18
Franz-Meissl-G. **60** U 20
Franz (Fr.)-Rendl-G. **59** W 18
Franz (Fr.)-Schubert-Str. **59** V 18
Franz-Schuster-Str. **59** W 18
Franz-Wlk-G. **60** U 20
Frauenbachg. **59** X 17
Freyenthurng. **60** U 20
Freyhausg. **61** U 21
Friedhofstr. (Fhf.-str.) **59** V 18
Friesg. **59** X 18

G

GAC-Str. **62** X 22
Gangweg, Kalter (K.) **59** X 17
Gansterweg **59** X 17
Gartenstr. **59** V/W 18
Gärtnerg. **58** W 16
Gefiag. **58** V/W 16
Gerberweg **59** U 18
Germaniastr. **59** U 18
Gerschlagerg. (G.-g.) **59** X 17
G.-g. = Gerschlagerg.
Ginsterweg (Gi.-wg.) **59** X 18
Gi.-wg. = Ginsterweg
Gladbeckstr. **59** V 17/18
Goldackerweg **61** U 21
Göpfhart-G., Franz- **59** W 18
Gr.-g. = Grulichgasse
Grulichg. (Gr.-g.) **59** V 18
Grüng. **60** U 20
Grund, Am **59** U 18

H

Habichtweg **59** W 17
Häherg. **59** W/X 17
Haidmühlg. **59** X 17
Hainburger Bundesstr. **60** V 19
Hammerbrotg. **59** U 18
Hangarstr. **62** X 22/23
Hans (H.)-Kudlich-G. **61** V 21
Hanuschg. **59** W 18
Hauptpl. **59** V 18
Hausfeldg. **61** V 21
Hausleithnerg. **61** V 21
Haydnstr. **59/60** V 17/18
Heideweg **60** U 20
Heideweg (H.-wg.), Klampferer
  59 U 18
Heihsweg **59** X 17
Heinrich-Pevny-Str. **60** U 20
Herkulesweg (Herk.-wg.)
  59 W 18
Herk.-wg. = Herkulesweg
Heß-G., Dr.-Fritz (F.)- **59** V 18

Himberger Str. **59** V–X 18
Hinfnerg. **58** W 16
Hintere Bahng. **59** U/V 18
Hofer-Pl., Andreas (A.)- **59** U 18
Hofstätteng. (Hofst.-g.) **59** W 17
Hofst.-g. = Hofstätteng.
Hofweg **59** W 17
Horn-Str., Alfred (Al.)- **59** U 18
Hudlerg. **59** W 18
Hü.-g. = Hüttendorferg.
Hüttendorferg. (Hü.-g.) **60** U 20
Hüttenwerkweg (H.-wg.) **59** U 18
Hutweidestr. **59** X 18
H.-wg. = Hüttenwerkweg
H.-wg. = Klampferer Heideweg

I

Ignaz-Köck-Str. **60** U 20
Industriestr. **59/60** V 18/19
Inlandstr. **62** X 23
Innerbergerstr. **59** U 18

J

Jägerhausg. **61** U 21
Jesuitenmühlstr. **59** U 18
Johann-Burkl-G. **59** W 18
Johann (J.)-Resch-Str. **60** U 20
Josef-Renner-G. (J.-R.-G.)
  59 W 18
J.-R.-G. = Josef-Renner-G.
Justerg. **60** U 19

K

Kalter (K.) Gangweg **59** X 17
Kammsetzerg. (Kamms.-g.)
  59 W 18
Kamms.-g. = Kammsetzerg.
Kapuzinerpl. **59** V 18
Karl (K.)-Engler-Str. **60** U 20
Karl (K.)-Posch-G. **59** V 18
Karl (K.)-Widter-Weg **59** U 18
Kaudersg. **59** V 18
Kellerbergstr. **59** V 18
Kellerweg **59/60** V 18/19
Kellner-Str., Alois- **59** X 17
Klampferer Heideweg (H.-wg.)
  59 U 18
Klederinger Str. **58/59** W 16/17,
  U/V 17
Köck-Str., Ignaz- **60** U 20
Krähenweg **59** X 17
Kudlich-G., Hans (H.)- **61** V 21

L

Lecherg. (L.-g.) **59** W 17
Lederfabrikg. (Le.-g.) **59** U 18
Le.-g. = Lederfabrikg.
Leierpl. **59** W 18
Lenzg. (L.-g.) **59** U 18
Leopold (L.)-Prechtl-G. **59** V 18
L.-g. = Lechergasse
L.-g. = Lenzgasse
Liesingtalstr. **59** W 17
Löweng. **59** V 18
Luchsweg (L.-wg.) **59** W 18
Ludwig-Poihs-Str. **59** U 18
L.-wg. = Luchsweg

M

Mailerg. **59** U 18
Mannswörther Str.
  59 U 18, **60** U 19/20,
  61 U–W 21/22

Mappesg. **59** W 18
Marg.-g. = Margulesgasse
Margulesg. (Marg.-g.) **59** W 17/18
Mayr-G., Dr.-Josef (J.)- **58** W 16
Meissl-G., Franz- **60** U 20
M.-g. = Mischekgasse
Mischekg. (M.-g.) **59** V 18
Mock-G., Walter- **59** W 18
Möhringg. **59** V 18
Moosweg (M.-wg.) **59** X 18
Morchweg 48 T 19
Möwenweg **59** W 17
Mozartstr. **60** U 19
Mühlg. **59** U/V 18
M.-wg. = Moosweg

N

Netzg. **59** W 18
Neukettenhofer Str.
  59/60 V 18, W 18/19
Nordstr. **62** X 22|23
Nußinselweg (N.-wg.) **59** U 18
N.-wg = Nußinselweg

O

Oberfeldweg **59** X 17
ÖMV-Str. **60** U 20
Orionpl. **59** W 18
Ostbahnstr. **58** V/W 16

P

Pappelweg (Pa.-wg.) **59** X 18
Parkhausstr. **62** X 23
Parkstr. **62** X 23
Parzg. **59** U 18
Paul (P.)-Schiff-G. **59** U 18
Pa.-wg. = Pappelweg
Pechhüttenstr. **59** U 18
Pegasuspl. **59** W 18
Pellerg. **59** V 18
Perseusweg (Per.-wg.) **59** W 18
Per.-wg. = Perseusweg
Pevny-Str., Heinrich- **60** U 20
Pfauweg (Pf.-wg.) **59** W 18
Pf.-wg. = Pfauweg
P.-g. = Provianthausg.
Phönixweg (Ph.-wg.) **59** W 18
Ph.-wg. = Phönixweg
Pirusg. **59** W 17
Pitschenderweg **59** U 18
Plankenwehrstr. **59** V 18
Poigenauweg **61** W 22
Poihs-Str., Ludwig **59** U 18
Ponzweg **59** W 17
Posch-G., Karl (K.)- **59** U 18
Prechtl-G., Leopold (L.)- **59** V 18
Preissmühlg. **59** X 17
Preßburger-Bahn-Pl. **59** U 18
Primbergerpl. **59** V 18
Primelweg (Pr.-wg.) **59** X 18
Prinz-Eugen-Str. **59** U 18
Provianthausg. (P.-g.) **59** U 18

Pr.-wg. = Primelweg

R

Radetzkystr. **59** U 18
Raiffeiseng. (R.-g.) **61** U/V 21
Rappachg. **58** W 16
Rascherweg 48 T 19
Rathauspl. **59** V 18
Reichartg. **60** U 20
Reinhartsdorfg. **59** X 17
Reintalstr. **60** V 19
Reitbahng. **59** V 17/18
Rendl-G., Franz (Fr.)- **59** W 18
Renner-G., Josef (J.-R.-G.)
  59 W 18
Resch-Str., Johann (J.)- **60** U 20
R.-g. = Raiffeiseng.
Ried, Auf der **48, 60** T/U 19
Riegerweg (Rie.-wg.) **60** U 20
Rie.-wg. = Riegerweg
Rödlichg. **59** W 18
Römerstr. **60/61** U 20/21, V 21
Rosenweg (R.-wg.) **59** X 18
Rothbachg. **59** X 17
Rothmühlstr. **59** W 18
Rußfabrikg. (Rußf.-g.) **59** U 18
Rußf.-g. = Rußfabrikg.
Rustenweg (Ru.-wg.) **59** X 18
Ru.-wg. = Rustenweg
R.-wg. = Rosenweg

S

Sagsg. **59** U 18
Schießstättenstr. (Sch.-str.)
  59 V 18
Schiff-G., Paul (P.)- **59** U 18
Schildweg (Sch.-wg.) **59** W 18
Schlackenhausg. **59** U 18
Schleifenstr. **62** X 23
Schloßmühlstr. **48, 59, 60**
  T 19, U 18/19
Schloßstr. **59** V 18
Schmidg. **59** U/V 18
Schöffelg. **59** U 18
Schödlg. **59** V 18
Sch.-str. = Schießstättenstr.
Schubert-Str., Franz (Fr.)- **59** V 18
Schuhmeierstr. **59** V 18
Schulg. **59** W 17
Schuster-Str., Franz- **59** W 18
Schusterbergg. **58** W 18
Schwarzmühlstr. **59** W 18
Schwarzenbachweg 48 T 19
Schweningerg. **59** W 18
Sch.-wg = Schildweg
Sendnerg. **59** U/V 18
S.-g. = Siedlerg.
Siedlerg. (S.-g.) **58** W 16
Skorpionweg (Sk.-wg.) **59** W 18
Sk.-wg. = Skorpionweg
Spannweide, Auf der **48, 60** T/U 19
Spirikg. **59** W 18
Stankag. **59** W 17

Stb.-wg. = Steinbockweg
Stegg. **59** V 18
Steinbockweg (Stb.-wg.) **59** X 18
Steinmetzg. **58** W 16
Steinriegelg. **60/61** U 20, V 20/21
St.-g. = Storcheng.
Storcheng. (St.-g.) **61** V 21
Südrandstr. **60** V 20

T

Tandlerstr. **60** V 19
Tankdienststr. **62** X 23
Tanklagerstr. **62** X 23
Thurnmühlstr. **59** U 18
Tiefenbacherg. **59** V 18
Trappenweg **59** X 17
Tulpenweg (Tu.-wg.) **59** X 18
Tu.-wg. = Tulpenweg
Tyroliapl. **59** U 18

U

Uferpromenade **60** U 19

V

Versorgungsstr. **62** X 22/23
Verwaltungsstr. **62** X 23

W

Wacheg. (W.-g.) **59** W 18
Waldfriedhof, Am **60** V 19
Wallhofg. **59** W 17
Walter-Mock-G. **59** W 18
Wartherg. **61** V 21
Weglg. **59** V 18
Werkstättenring Nord
  62 X 22/23
Werkstättenring Süd
  62 X 22/23
Werkstättenstr. **62** X 22/23
Weststr. **62** W/X 22
W.-g. = Wacheg.
Weinhoferstr. **59** W/X 18
Werkbachg. **59** U 18
Widderweg (W.-wg.) **59** W 18
Widter-Weg, Karl (K.)- **59** U 18
Wiener Str. **59** U/V 18
Wismayrstr. **59** V/W 18
Wirtingerstr. **59** W 17/18
Wlk-G., Franz- **60** U 20
W.-wg. = Widderweg

Z

Zainethbr.-g. = Zainethbrückeng.
Zainethbrückeng. (Zainethbr.-g.)
  61 V 21
Zeitlhofg. **59** V 18
Zigeunerstraßl **60** V 19
Zirkelweg **59** W 18

Wichtige Adressen, bezahlte Anzeigen

Bezirksgericht, Am Concorde-Park
☎ 707 63-0, 707 21 19-0
Bezirkshauptmannschaft
(Außenstelle), Hauptpl. 4,
☎ 702 62 71-0, 702 61 77-0
Feuerwehr: Schwechat-Mitte,
Brauhausstr. 18,
☎ 707 66 11-0
Schwechat-Mannswörth,
Mannswörther Str. 96,
☎ 707 10 49
Schwechat 4-Kledering
Klederinger Str. 106,
☎ 707 73 81
Gemeindeamt, Rathauspl. 9,
☎ 701 08-0
Polizei, Wiener Str. 13,
☎ 701 50-0
Wachzimmer:
Blumenweg 2,
Mannswörther Str. 94,
Plankenwehrstr. 2,
Wiener Str. 13,
Flughafen Wien-Schwechat,
☎ 701 66-0

Postämter:
2320 Schwechat,
Wiener Str. 2, ☎ 707 63 51
2323 Mannswörth,
Mannswörther Str. 95/1,
☎ 707 63 70
2324 Rannersdorf,
Brauhausstr. 47, ☎ 707 62 31
1300 Wien-Flughafen,
☎ 707 65 51
Rotes Kreuz, Bruck
Hainburger Str. 27,
☎ 701 44

AGA Ges.m.b.H.
VERTRIEBSSTELLE
Sendnerg. 30
2320 Schwechat
☎ 0222/701 09-0
59 U 18 ❶

HTM Sport- und Freizeit-
geräte AG
(Schibindungen)
Tyroliaplatz 1
2320 Schwechat
☎ 0222/701 79-0
59 U 18 ❷

MERTL KG
(Stahlrohre)
Häherg. 14
2320 Schwechat-
Rannersdorf
☎ 0222/701 31
FAX: 0222/701 31-15
59 W 17 ❶

RADATZ
ZENTRUM SCHWECHAT
2320 Schwechat
☎ 0222/707 35 34
59 V 18 ❶

SCHWECHATER
KABELWERKE Ges. m. b. H.
Himberger Str. 50
2320 Schwechat
☎ 0222/701 70-0
59 W 18 ❶

URANI FRANZ GMBH
(Spenglerei, Dachdeckerei
und Containerdienst)
Spirikg. 1
2320 Schwechat
☎ 0222/706 19 40,
707 83 78
59 W 18 ❷

Ahorng. **86** Zx 4
Alleeg. **86** Zx 5
Am Schauerfeld **86** Zx 4
Am Schießplatz **86** Zy 5
Anninger Str. **84/86** Zw/Zx 4/5
Anton-Löschner-G. **86** Zy 5
Anzengruberg. **84** Zw 4
Aspangbahnweg **84** Zw 5
Aug. **86** Zx 5
Bachweg **86** Zx 4
Bahng. **86** Zx 4/5
Bahnzeile **86** Zy 4/5
Bahnzeile, Rechte **86** Zx 4
Benzolstr. **86** Zw/Zx 5
Birkeng. **86** Zx 4
Blumauer Str. **86** Zx 5
Blumeng. **86** Zx 4
Böhlerg. **86** Zx 5
Brunnenfeldstr. **86** Zx 4
Brunnen G., Heilsamer **86** Zw 4
Bucheng. **86** Zx 4
Dammg. (D.-g.) **86** Zx 4
D.-g. = Dammg.
Dr.-Karl-Renner-Str. **86** Zx 4
Ebenfurther Str. **86** Zy 5
Ebenseer Str. **86** Zy/Zz 5
Edelweißweg **86** Zx/Zy 4
Eicheng. **86** Zx 4
Eisernes Tor Str. **84** Zw 4/5
Enzianweg **86** Zx 4
Feldg. **86** Zx 5
Föhreng. **86** Zx 4
Friedhofstr. **86** Zx 4
Garteng. (G.-g.) **86** Zx 4
G.-g. = Garteng.
Gladiolenweg **86** Zx 4

Goe.-g. = Goetheg.
Goetheg. (Goe.-g.) **86** Zy 5
Grillparzerg. **84** Zw 4
Großmittelstr. **86** Zy 5
Haidäckerg. **86** Zx 5
Hammerhofg. **86** Zx 5
Harzbergstr. **86** Zw/Zx 4/5
Hauptpl. **86** Zx 5
Heideroseng. **86** Zy 5
Heilsamer Brunnen G. **86** Zw 4
Hohe Wand G. **86** Zx 4
Industriestr. **84** Zw 5
Industriestr. Nord **84** Zv/Zw 5
Keineräckerg. **86** Zx 4
Kindergarteng. **86** Zx 5
Kirchenfeldg. **86** Zx 5
Kircheng. **86** Zx 4
Königshügelg. **86** Zy 5
Körnerg. **86** Zx 4
Kurze G. **86** Zx 5
Lärcheng. **85/86** Zx/Zy 4
Leobersdorfer Str. **86** Zw/Zx 4
Lindeng. **86** Zx 4
Löschner-G., Anton- **86** Zy 5
Maria-Theresien-Str. **86** Zx/Zy 5
Matzendorfer Str. **86** Zx 4
Mühlstr. **86** Zx/Zy 5
Nelkeng. **86** Zx 4
Nestroyg. **84** Zw 4
Neubaug. **86** Zx 4
Neuwiesmudg. **86** Zx 5
Pacherg. **86** Zx 5
Pappelg. **86** Zy 4
Petrig. **86** Zy 5
Petripl. **86** Zy 5
Puchbergerg. **86** Zx 4

Raaberbahng. **86** Zx 5
Rabenwaldg. **86** Zw 4/5
Raimundg. **86** Zw 4
Raxstr. **85/86** Zx/Zy 4
Rechte Bahnzeile **86** Zx 4
Renner-Str., Dr.-Karl- **86** Zx 4
Roseggerg. **86** Zw 4
Roseng. **86** Zx 4
Rudolfg. **86** Zy 5
Rustong. **86** Zx/Zy 4
Sackg. **86** Zx 5
Schauerfeld, Am **86** Zx 4
Schedlerstr. **86** Zy 5
Sch.-g. = Schillerg.
Schießplatz, Am **86** Zy 5
Schillerg. (Sch.-g.) **86** Zy 5
Schneebergstr. **86** Zx 5
Schönauer Str. **84/86** Zw/Zx 5
Schubertg. **86** Zx 5
Schulg. **86** Zx 5
Stifterg. **86** Zy 5
Tannenring **86** Zx 4
Tor Str., Eisernes **84** Zw 4/5
Tulpenweg **86** Zx 4
Waldpark **84** Zw 4
Waldparkstr. **84** Zw 4
Wand G., Hohe **86** Zx 4
Weideng. **86** Zx 4
Weinbergg. (W.-g.) **86** Zx 4
W.-g. = Weinbergg.
Wiener Neustädter Str.
    86 Zx/Zy 5
Wiener Str. **85** Zw/Zx 5
Wildgansg. **86** Zw 4
Zyklamenweg **86** Zx 4

Wichtige Adressen

Feuerwehr, Hauptpl. 5,
  ☎ 472 22
Gemeindeamt, Hauptpl. 1,
  ☎ 472 85-0, 474 85-0
Gendarmerie, Hauptpl.1,
  ☎ 472 33, 422 83, Notruf 133
Postamt, Hauptpl. 9,
  ☎ 472 61
Rotes Kreuz, Gutensteiner Str. 2,
  ☎ 622 44, Notruf 144

In diesem Straßenverzeichnis scheinen **ausschließlich** jene Straßen, Gassen, Wege und Plätze auf,
die im Kartenteil 1:20 000 dargestellt werden.

Alois-Mentasti-Str. **77** Zo 3
Badner Str. **77** Zn 3
Bahng. **77** Zo 3
Bezirksstr. **77** Zn/Zo 3
Dörflerg. **77** Zn 2
Fischer-Str., Leopold-
  77 Zn/Zo 3

Friedrich-Wilhelm-Raiffeisen-Pl.
  77/81 Zn 3
Garteng. **77** Zn 3
Hauptstr. **77** Zn 2/3
Lenz-Str., Oscar- **77** Zn 2/3
Leopold-Fischer-Str. **77** Zn/Zo 3
Mentasti-Str., Alois- **77** Zo 3

Oscar-Lenz-Str. **77** Zn 2/3
Raiffeisen-Pl., Friedrich-
  Wilhelm- **77** Zn 3
Siedlungsstr. **77** Zo 3
Thomas-Wendt-Str. **77** Zn 2/3
Vöslauer Str. **77** Zn/Zo 3
Wendt-Str., Thomas- **77** Zn 2/3

Wichtige Adressen

Feuerwehr, Hauptstr. 38,
  ☎ 848 40
Gemeindeamt, Hauptstr. 48,
  ☎ 875 73

In diesem Straßenverzeichnis scheinen **ausschließlich** jene Straßen, Gassen, Wege und Plätze auf, die im Kartenteil 1:20 000 dargestellt werden.

SÜDSTADT

siehe Maria Enzersdorf am Gebirge

Bachg. **88** Yb 4
Badner Str. **87/88** Yc 3/4
Bahnstr. **87/88** Yb 3/4
Birkeng. **88** Yc 4
Blumeng. **86** Ya 4
Bucheng. **88** Yc 4
Dieselweg **86** Ya 5
Eggendorfer Str. **88** Yb 5
Edisong. **86** Ya 5
Engerthstr. **86** Ya 4
Escheng. **87** Yb/Yc 4
Etrichg. **86** Ya 5
Felixdorfer Str. **86** Ya 4/5
Fichteng. **88** Yb/Yc 4
Florianig. **88** Yb 4
Flugfeldstr. **88** Yd 4
Föhreng. **88** Yc 4
Fourlanig. **88** Yb 5
Garteng. **85** Ya 4
Gerlg. **88** Yb 5
Getreideg. **88** Yb 4
Gewerbeparkstr. **87/88** Yb 3/4
Ghegag. **86** Ya 5

Grazer Str. **88** Yb/Yd 4
Grillparzerstr. **88** Yb 5
Hauptpl. **88** Yb 4
Haydng. **88** Yb 4
Heideg. **87/88** Yb 3/4
Imster G. **88** Yb 4
Kaplang. **86** Ya 5
Kirchenackerwg. **88** Yb 5
Kircheng. **88** Yb 4/5
Kressg. **86** Ya 5
Lahnerg. **88** Yb 4
Lärcheng. **88** Yb/Yc 4
Lehárg. **88** Yb 4
Lenaug. **88** Yb 5
Lichtenwörther Str. **88** Yd 4/5
Maderspergerg. **86** Ya 5
Maria-Theresien-G. **88** Yb/Yc 4
Markusg. **86** Ya 5
Mozartg. **88** Yb 4
Nassereither G. **88** Yb 4
Nestroyg. **88** Yb 5
Ottoweg **86** Ya 5
Porscheg. **86** Ya 5

Renng. **88** Yb 5
Resselg. **86** Ya 5
R.-g. = Rilkeg.
Rilkeg. (R.-g.) **88** Yb 5
Roseggerstr. **88** Yb 5
Saarg. **88** Yb 5
Schnitzlerg. **88** Yb 5
Schubertpl. **88** Yb 4
Sportplatzg. **88** Yb 5
Steinfeldg. **88** Yb 5
Stifterg. **88** Yb 5
Straußg. **88** Yb 4
Tenniszeile **88** Yc 5
Tirolerbachg. **88** Yb 4
Tritolg. **88** Yb 5
Uchatiusg. **88** Yb 5
Waldg. **88** Ya 4
Wattg. **86** Ya 5
Weideng. **87** Yb/Yc 3
Wiener Str. **86/88** Ya/Yb 4/5
Wiesenäckerg. **88** Yb 5
Ziehrerg. **88** Yb 4

Wichtige Adressen

Feuerwehr, Bahnstr. 5,
  ☎ 711 22
Gemeindeamt, Hauptpl. 1,
  ☎ 712 10-0
Postamt, Hauptpl. 1,
  ☎ 712 60

Das Gemeindegebiet umfaßt Möllersdorf, Oeynhausen, Traiskirchen und Tribuswinkel.

A

Ackerg. **79** Zn 7
Adlerg. **74/78** Zk/Zl 6
Adlitzer-Str., Karl- **75** Zj 7/8
Adolf-Weber-G. **79** Zn 7
Afritsch-G., Anton- **78** Zl 6
Ahorng. **79** Zn 7/8
Akazienweg **79** Zn 8
Albert-Schweitzer-G. **75** Zj 8
Alois-Jirovetz-Str. **75** Zh 8
Alois-Lutter-Str. **75/79** Zk/Zl 7
Alphons-Petzold-Str. **75** Zj 7
Altenberg-G., Peter (P.-A.-G.)
    75 Zj 7
Amselg. **75** Zj 7
Andreas-Hofer-Str. **79** Zl 7
Angerg. **78** Zl 6
Anningerstr. **75** Zh/Zj 8
Anton-Afritsch-G. **78** Zl 6
Anton-Heilegger-Str. **75** Zj/Zk 7
Anton-Hermann-Str. **75** Zh/Zj 8
Anton-Probst-Pl. **75** Zk 7
Arkadiaweg **75** Zk 7
Aug. **79** Zl 7

B

Bachg. **75/79** Zl 7
Bachmann-G., Ingeborg (Ing.)-
    75 Zj 7
Badener Str. (Traiskirchen)
    74/75 Zh 7, Zj 6/7
Badener Str. (Tribuswinkel)
    78 Zl 6
Badg. **75/79** Zk 7/8
Bahng. **75** Zk 7/8
Bahnhofspl. **75** Zk 7
Bahnzeile **78** Zl 6
Bartensteinpl. **78** Zl 6
Bauernstr. **79** Zl 7
Berghold-Str., Josef- **75** Zh/Zj 8
Bertha-von-Suttner-Str. **75** Zj 7
Betriebsstr. **79** Zn/Zo 6/7
Birkenweg **79** Zn 7
Blum-Str., Robert (R.-Bl.-Str.)
    75 Zk 7
Bräuhausg. **75** Zk 7
Broschek-Pl., Franz- **75** Zj 8
Brückeng. **75** Zj 8
Bruna-Str., Josef- **79** Zl 7
Bründelg. **78/79** Zm/Zn 6/7
Bruno (Br.)-Jungfern-G. **75** Zj 7
Buchberger-Str., Martin
    (M.-B.-Str.) **75** Zk 7
Buschstr. **75** Zj 7

D

Dahm-Str., Eugen- **75** Zj 7
Deitzer-Str., Josef (J.)-
    75 Zh/Zj 8
Doblhoffg. **78** Zl 6
Dorag. **78** Zk/Zl 6
Dr.-Adolf-Schärf-Str. **75** Zk 8
Dr.-Bruno-Kreisky-Str. **75** Zk 7
Dr.-Jonas-G. **75** Zj 8
Dr.-Josef-Folk-G. **74** Zj 6
Dr.-Karl (K.)-Renner-Pl. **75** Zk 7
Dr.-Sigmund (S.)-Freud-G. **75** Zk 6/7
Dr.-Stumpf-G. **78** Zl 6
Drosselg. **75** Zj 7

E

Ebreichsdorfer Str. **79** Zn 7/8
Eckes-Str., Peter- **75** Zj 7
Edelfeldg. **79** Zl 7
Eduard-Meder-G. **75** Zk 7

Eduard-Schwab-G. (E.-Sch.-G.)
    75 Zk 7
Egon-Schiele-G. **75** Zj/Zk 7
Eichendorffweg (Eichend.-wg.)
    75 Zj 7
Eichend.-wg. = Eichendorffweg
Eigenheimstr. **75** Zg 8
Einödstr. **75** Zj/Zk 6/7
Enteng. **75/76** Zg 8
Erlenweg **78** Zl 6
Elsterng. **75** Zj 7
E.-Sch.-G. = Eduard-Schwab-G.
Eugen-Dahm-Str. **75** Zj 7
Europapl. **75** Zj 7

F

Fabriksg. **75** Zk 7
Falkeng. **75** Zj 7
Färbereig. **75** Zj 8
Fasang. **75** Zg 8
Feldg. **78** Zl 5/6
Felsinger-Str., Richard **79** Zn 7/8
Ferdinand-Raimund-Str. **75** Zj 7
Ferschner-Str., Josef- **75** Zj/Zk 7
Figl-G., Ing.- Leopold- **75** Zj 8
Finkeng. **75** Zj 7
Fischerg. **75** Zg 8
Flurg. **79** Zl 7
Foissner-Str., Johann
    (J.-Foi.-Str.) **75** Zk 7
Folk-G., Dr.-Josef- **74** Zj 6
Franz-Broschek-Pl. **75** Zj 8
Franz (F.)-Kafka-Str. **75** Zj 7
Franz-Liszt-Str. **75** Zj 7
Freiheitsstr. **75** Zj/Zk 7
Freud-G., Dr.-Sigmund (S.)-
    75 Zk 6/7
Friedhofstr. **79** Zn 7
Friedrich-Schiller-Str. **75** Zj 7
Fuchseng. (Fu.-g.) **75** Zg 8
Fu.-g. = Fuchseng.
Fuhrmann-G., Leopold- **78** Zk/Zl 6

G

Ganglbergerstr. **75/79** Zk 7
Gartenstr. **78** Zl 5
Gerberg. **75** Zh 7
Gewerbestr. **79** Zn/Zo 7
Glöckel-Str., Otto- **75** Zk 7
Goethestr. **75** Zj/Zk 7
Grabeng. (Gr.-g.) **75** Zk 7
Gregor-Mendel-Str. **79** Zk/Zl 7
Grenzg. **78** Zl 5/6
Gr.-g. = Grabeng.
Grillenweg (Gr.-wg.) **75** Zg 8
Grillparzerstr. **75** Zj 7
Grundwieseng. **75** Zh/Zj 7/8
Grüneg. **76** Zj 9
Gr.-wg. = Grillenweg
Gumpoldskirchner Str.
    (Gumpoldsk. Str.) **75** Zn 7/8
Gumpoldsk. Str. = Gumpolds-
    kirchner Str.
Guntramsdorfer Str. **75** Zg/Zj 8
Gürtelstr. **75** Zk 7
Gustav-Klimsch-G. **75** Zk 7
Gußwerkstr. **75** Zh 8
Gutenbergstr. (Gut.-str.) **75** Zk 7
Gut.-str. = Gutenbergstr.

H

Haberlg. **79** Zn 7
Handelsstr. **79** Zo 6/7
Hans-Sachs-Str. **75** Zj 7
Hartfeldau **78** Zm 5

Hartfeldg. **78** Zm 6
Haseng. **75** Zg 8
Hauptpl. **75** Zk 7
Hauptstr., Wienersdorfer **75/79** Zl 7
Hausbergg. **75** Zj 8
Haydn-Str., Josef- **75** Zj 7/8
Heidestr. **75** Zj 7
Heilegger-Str., Anton- **75** Zj/Zk 7
Helmer-Str., Oskar- **75** Zj 7
Hermann-Str., Anton- **75** Zh/Zj 8
Hilber-Str., Karl- **75** Zj/Zk 7
Hirschäckerg. **79** Zm 8
Hirschhofer-G., Manfred- **79** Zn 7
Hochmühlg. **75** Zj 7/8
Hofer-Str., Andreas- **79** Zl 7
Hörmg. **78/79** Zm 6
Hubertusweg **75** Zj 8
Hürdeng. **75/76** Zg 8

I

Igelg. **75** Zg 8
Industriestr. **75** Zj 7
Ingeborg (Ing.)-Bachmann-G.
    75 Zj 7
Ing.-Leopold-Figl-G. **75** Zj 8

J

J.-Foi.-Str.=Johann-Foissner-Str.
Jirovetz-Str., Alois- **75** Zh 8
Jochäckerg. **79** Zn/Zo 7
Johann-Foissner-Str. (J.-Foi.-Str.)
    75 Zk 7
Johann-Nestroy-Str. **75** Zj 7
Johann-Schuster-G. **75** Zj 7
Johann-Strauß-Str. **75** Zj 8
Jonas-G., Dr.- **75** Zj 8
Josef-Berghold-Str. **75** Zh/Zj 8
Josef-Bruna-Str. **79** Zl 7
Josef (J.)-Deitzer-Str. **75** Zh/Zj 8
Josef-Ferschner-Str. **75** Zj/Zk 7
Josef-Folk-G., Dr.- **74** Zj 6
Josef-Haydn-Str. **75** Zj 7/8
Josef-Lanner-G. **75** Zj 8
Josef-Lichtenegger-G. **78** Zl 6
Josefsthal **74** Zk 6
Josefsthaler Str. **74/78** Zk/Zl 6
Josef-Weinheber-Str. **75** Zj 7
Jungfern-G., Bruno (Br.)- **75** Zj 7

K

Kafka-Str., Franz (F.)- **75** Zj 7
Kaiser-Franz-Josef-Str. **75/79** Zk 7
Kanalg. **78** Zl 5
Kapellengasse **79** Zl 7
Karl-Adlitzer-Str. **75** Zj 7/8
Karl-Hilber-Str. **75** Zj/Zk 7
Karl-Komzak-G. **75** Zj 8
Karl-Luyderer-Str.
    (K.-Luyd.-Str.) **75** Zk 7
Karl-Theuer-Str. **75** Zk 7
Karl (K.)-Ziehrer-G. **75** Zj 8
Kircheng. **75** Zk 7
Kirchenpl. **78** Zl 6
Kleingartenstr. **75** Zj 7
Klimesch-G., Leopold- **79** Zn 7
Klimsch-G., Gustav- **75** Zk 7
Klubg. **74/78** Zk 6
K.-Luyd.-Str. = Karl-Luyderer-Str.
Kokoschka-G., Oskar- **75** Zj/Zk 7
Komzak-G., Karl- **75** Zj 8
Konsumg. **78/79** Zm/Zn 6
Körner-Str., Theodor- **75** Zj 8
Kornfeldg. **78** Zn 6
Kräheng. **75** Zg 8
Krautgartenweg (Kr.-w.) **75** Zj 7

Kreisky-Str., Dr.-Bruno- **75** Zk 7
Krugg. **79** Zn/Zo 7
Kr.-w. = Krautgartenweg
Kupfelzipfg. **76** Zj 8/9
Kubernatstr. **79** Zn 7
Kurt-Tucholsky-G. **75** Zj 7

L

Lammersfeldg. **79** Zn 7
Lanner-G., Josef- **75** Zj 8
Laubenweg (Lau.-wg.) **75** Zj 7
Laurent-G., St.- **79** Zn/Zo 7
Lau.-wg. = Laubenweg
Leesdorfer Str. **78/79** Zl 6/7
Lenaug. (L.-g.) **75** Zj 7
Leopold-Fuhrmann-G. **78** Zk/Zl 6
Leopold-Klimesch-G. **79** Zn 7
Leo-Tolstoj-Str. **75** Zj 7
Lercheng. **75** Zj 7
Lessingweg (Les.-wg.) **75** Zj 7
Les.-wg. = Lessingweg
L.-g. = Lenaug.
Libellenpl. **75** Zg 8
Lichtenegger-G., Josef- **78** Zl 6
Lindeng. **75** Zj/Zk 8
Linke Uferg. **78** Zm 5
Liszt-Str., Franz- **75** Zj 7
Lutter-Str., Alois- **75/79** Zk/Zl 7
Luyderer-Str., Karl
   (K.-Luyd.-Str.) **75** Zk 7

M

Manfred-Hirschhofer-G. **79** Zn 7
Margarethenstr. (Ma.-str.) **75** Zj 7
Martin-Buchberger-Str.
   (M.-B.-Str.) **75** Zk 7
Martin-Preihs-G. **75/79** Zk 7
Ma.-str. = Margarethenstr.
Mayerhoferstr. **75** Zn 8
M.-B.-Str. = Martin-Buchberger-Str.
Meder-G., Eduard- **75** Zk 7
Meiseng. **75** Zj 7
Melker G. **75** Zk 7/8
Mendel-Str., Gregor- **79** Zk/Zl 7
M.-g. = Mörikeg.
M.-g. = Mühlbergg.
Michael-Willixhofer-Str.
   (M.-W.-Str.) **75** Zh 8
Mittelg. **78** Zn 6
Mittelweg **74/87** Zk 6
Mörikeg. (M.-g.) **75** Zj 7
Mozart-G., Wolfgang (W.)-
   Amadeus (A.)- **75** Zh/Zj 8
Mühlbachg. **75** Zk 7
Mühlbergg. (M.-g.) **75/79** Zk 7
Mühlenweg **79** Zl 7
Mühlg. **75** Zj 8
Münchendorfer Str. **75/76** Zn 8, Zj 8
Musil-G., Robert- **75** Zj 7
M.-W.-Str. = Michael-Willixhofer-Str.

N

Nestroy-Str., Johann- **79** Zj 7
Neubaug. **78** Zl 5/6
Neuburgerg. **79** Zn 7/8
Neug. **74/78** Zl 6
Neurißg. **78** Zn 6
Neustädter Str., Wiener (Wr.)
   75/79 Zk/Zl 7/8

O

Oberwaltersdorfer Str.
   78/79 Zl 6, Zm 5/6, Zn 6
Oeynhausner Str. **78** Zl 6
Olof-Palme-Pl. **75** Zk 7

Oskar-Helmer-Str. **75** Zj 7
Oskar-Kokoschka-G. **75** Zj/Zk 7
Otto-Glöckel-Str. **75** Zk 7

P

P.-A.-G. = Peter-Altenberg-G.
Palme-Pl., Olof- **75** Zk 7
Parkstr. **75** Zk 7
Pestalozzig. (Pest.-g.) **75** Zj 8
Pest.-g. = Pestalozzig.
Peter-Altenberg-G. (P.-A.-G) **75** Zj 7
Peter-Eckes-Str. **75** Zj 7
Petzold-Str., Alphons- **75** Zj 7
Pfaffstättner Str. **74/75** Zk 6/7
Pfarrg. **78** Zl 6
Postg. **75** Zk 7
Preihs-G., Martin- **75/79** Zk 7
Probst-Pl., Anton- **75** Zk 7
Prof.-Dr.-Erwin (E.)-Ringel-G.
   75 Zk 6/7
Prof.-Dr.-Hans-Strotzka-G.
   75 Zk 6

R

Raimund-Str., Ferdinand- **75** Zj 7
Randsiedlungsstr. **76** Zj/Zk 9
R.-Bl.-Str. = Robert-Blum-Str.
Rebeng. **79** Zn/Zo 7
Rebuhng. **75** Zh 8
1. Reihenstr. (1. R.-str.) **75** Zk 7
2. Reihenstr. (2. R.-str.) **75** Zj 7
3. Reihenstr. (3. R.-str.) **75** Zj 7
4. Reihenstr. (4. R.-str.) **75** Zj 7
Renner-Pl., Dr.-Karl (K.)- **75** Zk 7
Richard-Felsinger-Str. **79** Zn 7/8
Riedenweg **78** Zl 6
Ringel-G., Prof.-Dr.-Erwin (E.)-
   75 Zk 6/7
Ringofeng. **75** Zg/Zh 8
Robert-Blum-Str. (R.-Bl.-Str.)
   75 Zk 7
Robert-Musil-G. **75** Zj 7
Rohrg. **78** Zl 5
Römerstr. **75** Zh/Zj 7
Roseggerg. **78/79** Zm/Zn 6
Roseng. **75** Zg 8
1. R.-str. = 1. Reihenstr.
2. R.-str. = 2. Reihenstr.
3. R.-str. = 3. Reihenstr.
4. R.-str. = 4. Reihenstr.

S

Sachs-Str., Hans- **75** Zj 7
Sackg. **78** Zl 6
Sängerhofg. **78** Zm 6
St.-Laurent-G. **79** Zn/Zo 7
Schaff.-g.=Schafflerhofg.
Schafflerhofg. (Schaff.-g.) **78** Zm 6
Schärf-Str., Dr.-Adolf- **75** Zk 8
Schiele-G., Egon- **75** Zj/Zk 7
Schiller-Str., Friedrich- **75** Zj 7
Schleheng. **78** Zm 5
Schloßallee **78** Zl 6
1. Schloßg. **78** Zl 6
2. Schloßg. **78** Zl 6
3. Schloßg. (3.) **78** Zl 6
4. Schloßg. (4.) **78** Zl 6
5. Schloßg. (5.) **78** Zl 6
Schloßseestr. **79** Zm/Zn 7/8
Schlüsseläckerg. **78** Zn 6
Schneebergstr. **79** Zl 7
Schöffelstr. **79** Zl 7
Schreberweg (Schr.-wg.) **75** Zj 7
Schr.-wg. = Schreberweg
Schulenburgstr. **79** Zn 7/8
Schulg. **75** Zj 8

Schuster-G., Johann- **75** Zj 7
Schwab-G., Eduard
   (E.-Sch.-G.) **75** Zk 7
Schwalbeng. **75** Zj 7
Schwechatstr. **76** Zj 9
Schwechatzeile **79** Zl 7
Schweitzer-G., Albert- **75** Zj 8
Segerbachg. **78** Zn 6
Semperitstr. **75** Zk 7
Siedlerg. **78/79** Zm 6
Skrianzpl. **79** Zl 7
Sochorg. **79** Zn 7
Sperlingg. **75** Zj 7
Spinnereig. **75** Zh 8
Sportplatzstr. (Sportpl.-str.)
   75 Zj 7
Sportpl.-str.=Sportplatzstr.
Steinfeldg. **75** Zk 6/7
Stifterstr. **75** Zj 7
Strandzeile **75** Zg 8
Strauchg. **79** Zn 7
Strauß-Str., Johann- **75** Zj 8
Strotzka-G., Prof.-Dr.-Hans-
   75 Zk 6
Stumpf-G., Dr.- **78** Zl 6
Südbahnweg **75** Zj 6/7, Zk 7
Süddruckg. **79** Zn/Zo 7
Südtiroler Str. **75** Zj 7
Suttner-Str., Bertha-von **75** Zj 7
3. = 3. Schloßg.
4. = 4. Schloßg.
5. = 5. Schloßg.

T

Tattendorfer G. **78** Zn 6
Tattendorfer Str. **79** Zn/Zo 6
Teichg. **75** Zg 8
Theodor-Körner-Str. **75** Zj 8
Theuer-Str., Karl- **75** Zk 7
Tolstoj-Str., Leo- **75** Zj 7
Traiskirchner Str. **78** Zl 6
Traubeng. **79** Zo 7
Tribuswinkler Str. **75/79** Zk 7
Triester Str. **79** Zn 7
Trumauer Str. **79** Zk/Zl 8
Tucholsky-G., Kurt- **75** Zj 7

U

Uferg., Linke **78** Zm 5
Ulmenweg **78** Zl 6

V

Vinsdorfstr. **79** Zl 7
Vogelweide-Str., Walther-v.-d.-
   75 Zj/Zk 7/8

W

Walther-v.-d.-Vogelweide-Str.
   75 Zj/Zk 7/8
Wasserg. (W.-g.) **75** Zk 7
Weber-G., Adolf- **79** Zn 7
Weideng. **78** Zm 5
Weinbergg. **75** Zk 7
Weingartenstr. **79** Zn 7
Weinheber-Str., Josef- **75** Zj 7
Werksg. **79** Zn 7
W.-g. = Wasserg.
W.-g. = Wildgansg.
Wienerbergstr. **75** Zg 8
Wiener Neustädter Str.
   75/79 Zk/Zl 7/8, Zn/Zo 7
Wienersdorfer Hauptstr.
   75/79 Zk/Zl 7
Wiener Str. **75** Zn 8, Zj 7/8, Zk 7
Wiesenfeldstr. **79** Zn/Zo 7/8

Wieserg. (Wies.-g.) **75** Zk 7
Wies.-g. = Wieserg.
Wildgansg. (W.-g.) **75** Zj 7
Willixhofer-Str., Michael
(M.-W.-Str.) **75** Zh 8
Winzerg. **79** Zl 7

Wohnparkstr. **75** Zj 8
Wolfgang (W.)-Amadeus (A.)-
Mozart-G. **75** Zn/Zj 8
Wolfstr. **75** Zh/Zj 8

Z

Ziehrer-G., Karl (K.)- **75** Zj 8
Zinswieseng. **78** Zn 6
Zubringerstr. **78** Zm 5/6

Wichtige Adressen, bezahlte Anzeigen

Arbeitersamariterbund,
Karl-Adlitzer-Str. 4
☎ 537 00, 521 44, Notruf 144
Feuerwehren:
Traiskirchen I,
Martin-Buchberger-Str. 5,
☎ 521 22-0
Traiskirchen II,
Karl-Adlitzer-Str. 45,
☎ 526 22
Traiskirchen III, Schöffelstr. 7
☎ 527 22
Oeynhausen, Triester Str. 45,
☎ 419 22
Tribuswinkel, Oeynhausner
Str.10, ☎ 896 22
Gemeindeamt, Hauptpl. 13,
☎ 526 11-0, 569 24
Gendarmerie,
Josef-Ferschner-Str. 38,
☎ 521 33
Autobahnposten, Tribuswinkel,
☎ 803 43-0, 803 44-0

Postämter:
2514 Traiskirchen, Hauptpl. 17,
☎ 522 60
2513 Möllersdorf, Franz-
Broschek-Pl. 2,
☎ 522 70
Poststelle Oeynhausen,
Triester Str. 43, ☎ 803 95

BUCHBERGER JOHANN
Internationale Transporte
Triester Straße 131
2514 Traiskirchen
☎ 02252/803 41
79 Zo 7 ❷

DAHM EUGEN Ges. m. b. H.
(Papierrollen)
Eugen-Dahm-Str.1
2514 Traiskirchen
☎ 02252/52 781, FAX: 52 728
75 Zj 7 ❶

**EISENGIESSEREI
MÖLLERSDORF GMBH**
Gußwerkstr. 7
2513 Möllersdorf
☎ 02252/526 55
75 Zh 8 ❶

MULTILIFT TRANSPORTGERÄTE
(LKW-Aufbauten)
Handelsstr. 7
2512 Tribuswinkel
☎ 02252/825 88
79 Zo 6/7 ❶

**SÜDDRUCK Kalender-
herstellungs-Buchbinderei-
u. Verarbeitungs Ges.m.b.H.**
Süddruckgasse 4
2512 Tribuswinkel
☎ 02252/805 34-0
79 Zn 7 ❶

TRIBUSWINKEL   siehe Traiskirchen

TRUMAU   PLZ, 2521, Vorwahl 02253

Anningerstr. **80** Zl/Zm 10
Bachg. **80** Zm/Zn 10
Bahnstr. **80** Zm 10
Bahnweg **80** Zm 10
Bruckner-Str., Robert- **80** Zl/Zm 10
Dr.-Karl-Renner-Str. **80** Zm 10
Dr.-Leopold-Figl-Str. **80** Zm/Zn 10
Dr.-h.-c.-Theodor-Körner-Str.
80 Zm 10
Europastr. **80** Zm 10
Feldg. **80** Zm 10
Ferdinand-Hanusch-G. **80** Zm 10
Figl-Str., Dr.-Leopold- **80** Zm/Zn 10
Fliederg. 80 Zl/Zm 10
Friedrich-Wilhelm-Raiffeisen-Str.
(F.-W.-Raiff.-Str.) **80** Zm 10
F.-W.-Raiff.-Str. = Friedrich-
Wilhelm-Raiffeisen-Str.
Garteng. **80** Zm/Zn 10
Gmoser-Weg, Pater-Alois-
80 Zm 10

Grillparzerstr. **80** Zl 10
Halterzeile **80** Zm 1Q
Hanusch-G., Ferdinand- **80** Zm 10
Hauptpl. **80** Zm 10
Johann-Kainz-G. **80** Zm 10
Josef-Lanner-Str. **80** Zm 10
Josef-Strauß-G. **80** Zm 10
Kainz-G., Johann- **80** Zm 10
Kircheng. **80** Zm 10
Körner-Str., Dr.-h.-c.-Theodor-
80 Zm 10
Kronepl. **80** Zm 10
Lanner-Str., Josef- **80** Zm 10
Lilieng. **80** Zm 10
Luise-Weber-Str. **80** Zm 10
Moosbrunner Str. **80** Zm 10
Mozartstr. **80** Zl/Zm 10
Mühlg. **80** Zm 10
Nelkeng. **80** Zl/Zm 10
Neug. **80** Zm 10
Neurißstr. **80** Zm 10

Neustädter Str., Wiener **80** Zn 10
Oberwaltersdorfer Str. **80** Zn 10
Parkstr. **80** Zm 10
Pater-Alois-Gmoser-Weg **80** Zm 10
Peter-Rosegger-Str. **80** Zl/Zm 1 Q
Raiffeisen-Str., Friedrich-Wilhelm
(F.-W.-Raiff.-Str.) **80** Zm 10
Renner-Str., Dr.-Karl- **80** Zm 10
Robert-Bruckner-Str. **80** Zl/Zm 10
Rosegger-Str., Peter- **80** Zl/Zm 10
Roseng. **80** Zm 10
Scheibenackerstr. **80** Zl 10
Schloßg. **80** Zm 10
Schneeweißstr. **80** Zm 10
Stiftsg. **80** Zm 10
Strauß-G., Josef- **80** Zm 10
Traiskirchner Str. **80** Zm 9/10
Tulpeng. **80** Zm 10
Ungerg. **80** Zm 10
Weber-Str., Luise- **80** Zm 10
Wiener Neustädter Str. **80** Zn 10

Wichtige Adressen, bezahlte Anzeigen

Feuerwehr, Friedrich-Wilhelm-
Raiffeisen-Str. 4,
☎ 75 30 (keine Brandmeldung)
Gemeindeamt, Dr.-Karl-Renner
Str. 1 a, ☎ 245
Gendarmerie, Dr.-Karl-Renner-
Str. 1 ☎ 233
Postamt, Moosbrunner Str. 2,
☎ 270

BERGER KARL KG
(Stahl- + Alubau)
Dr.-h.-c.-Th.-Körner Straße 51
2521 Trumau
☎ 02253/82 01-0
80 Zl 10 ❶

KRONE Ges.m.b.H.
Kronepl. 1
2521 Trumau
☎ 02253/75 21-0
80 Zn 10 ❶

In diesem Straßenverzeichnis scheinen **ausschließlich** jene Straßen, Gassen, Wege und Plätze auf,
die im Kartenteil 1:20 000 dargestellt werden.

Am Haidegrund **55** V 9
Am Petersbach **55** X 10
Angerg. **55** X 10
Anningerblick **67** Z 11
Anton-Benya-Str. **65/66** X/Y S/9
Anton (A.)-Bruckner-G. **65** Y 8
Bachg. **55** X 10
Baslerg. **55** W 9
Benya-Str., Anton- **65/66** X/Y 8/9
Birkenweg **55** X 10
Böheimg. **55** V 9
Brauneder-G., Stefan (St.)- **55** W 9
Bruckner-G., Anton (A.)- **65** Y 8
Brunner Str. **65** Y 8
Brunner Weg **55** X 9/10
Deutsch-G., Otto (O.)- **55** X 9
Dr.-Karl (K.)-Renner-G. **55** W/X 9
Dr.-Pertich-G. **55** W 9
Dr.-Robert-Firneis-G. **55** W/X 9
Eisgrubeng. **65** Y/Z 8
Firneis-G., Dr.-Robert- **58** W/X 9
Fischerstr. **67** Y 10/11
Föhreng. **55** X 10
Franz (Fr.)-Gruber-G. **55** W 9
Franz (Fr.)-Schubert-G. **55** W 9
Franz (Fr.)-Spiegel-G. **55** V/W 9
Freiheitsstr. **55/66** X/Y 9
Friedhofstr. **55** X 10
Fritz (Fr.)-Schmerold-G. **55** V/W 9
Gruber-G., Franz (Fr.)- **55** W 9
Hafenscher-G., Wilhelm (W.)-
     55 X 9
Haidegrund, Am **55** V 9
Haidfeldstr. **55** V/W 9
Heinrich (H.)-Tröber-G. **55** W 9
Hutweidenweg **66** Y 9

Ind.-str. = Industriestr.
Industriestr. (Ind.-str.) **65** Y 8
Janischg. **55** V 9
Johannisweg **55/56** X 10/11
Jordanstr. **55** X 9/10
Karl (K.)-Weiss-G. **55** W 9
Kindbergstr. **55/56** X/Y 10
Klauseng. **55** X 9/10
Konsumstr. **55** W 9
Kreuzg. **55** X 10
Laaer-Weg **55/56** X 10/11
Laxenburger Allee **67** X/Y 11
Laxenburger Str. **56/67** W–Z 11
Leopold (L.)-Mandl-G. **55** X 9
Leopold (L.)-Stipcak-G. **55** X 9
Lindeng. **55** X 10
Mandl-G., Leopold (L.)- **55** X 9
Marktstr. **55** W/X 9
Meiseng. (M.-g.) **66** Y 9
M.-g. = Meiseng.
M.-g. = Muschelg.
Mitterbergg. **55** X 9
Mühlfeldg. **55** X 9/10
Mühlg. **55** X 9/10
Muschelg. (M.-g.) **55** X 9
Nordring, Vösendorfer **66** X/Y 9
Ötzelg. **65** Y 8
Ortsstr.
     55/56, 66, 67, X 9/10, Y 10/11
Otto (O.)-Deutsch-G. **55** X 9
Parkallee **65** Y 8
Pertich-G., Dr.- **55** W 9
Petersbach, Am **55** X 9
Raimundg. **55** W 9
Renner-G., Dr.-Karl (K.)- **55** W/X 9
Ringofeng. **55** X 9

Roßdorfstr. **55** X 10
Rossödeng. **55** X 9
Schloßpl. **55** X 10
Schmerold-G., Fritz (Fr.)- **55** V/W 9
Schönbrunner Allee
     55 W/X 9, **66** Y 10
Schubert-G., Franz (Fr.)- **55** W 9
Schweizerg. **55** W 9
Seeparkstr. **67** Y 11
Seeweg **67** Y 10
Sperlingg. **55** W 9
Spiegel-G., Franz (Fr.)- **55** V/W 9
Stefan (St.)-Brauneder-G.
     55 W 9
Stipcak-G., Leopold (L.)- **55** X 9
Strandstr. **67** Y 10/11
Südring, Vösendorfer
     65/66 Y 5/9, Z 9
Taubeng. **55** X 9
Triester Str. **55** V–X 9,
     65/66 Y 8/9,Z 9
Tröber-G., Heinrich (H.)- **55** W 9
Vösendorfer Nordring **66** X/Y 9
Vösendorfer Südring
     65/66 Y 8/9, Z 9
Weinbergg. **55** X 9
Weiss-G., Karl (K.)- **55** W 9
Wieseng. **67** Y 11
Wilhelm (W.)-Hafenscher-G. **55** X 9
Zeisigg. (Z.-g.) **66** Y 9
Z.-g. = Zeisigg.
Ziegelg. **55** X 9
Ziegelteichg. **55** X 9

Wichtige Adressen, bezahlte Anzeigen

WEIDLING   siehe Klosterneuburg

Blätterstr. **89** Yh 97
Blinde Zeile **89** Yh 97
Brunner Weg **89** Yh 97
Fohlenweg **89** Yh 97
Frauenbachg. **89** Yh 98
Hauptpl. **89** Yh 97
Hauptstr. **89** Yh 97

Krautgartweg **89** Yh 97/98
Industriestr. **90** Yh 99
Minifeldweg **89** Yh 97
Nußbaumg. **89** Yh 97
Obere Trift **89** Yj 97
Ortsstr., Untere **89** Yh 97
Puchberger Str. **89** Yh 97/98

Trift, Obere **89** Yj 97
Trift, Untere **89** Yj 98
Untere Ortsstr. **89** Yh 97
Untere Trift **89** Yh 98
Wieseng. **89** Yh 98
Zeile, Blinde **89** Yh 97

Wichtige Adressen

Feuerwehr, Feuerwehrhaus
 ☎ 20 28
Gemeindeamt, Am Steinfelde 115
 ☎ 22 26, 21 70

Anninger Str. **70** Zb/Zc 8
Aug. **66** Zb 9, **71** Zc 9
Bahnstr. **65** Zb 8
Beethoveng. (B.-g.) **65** Zb 8
B.-g. = Beethoveng.
Billastr. **71** Zc 9
Brauhausstr. **65** Zb 8
Brown-Boveri-Str. **70** Zc 8
Bründlg. **65** Zb 8
Buchenweg **66** Zb 9, **71** Zc 9
Europapl. **66** Zb 9
Eumigweg **65/66** Za 9, Zb 8/9
Fabriksg. **70** Zc 8
Ferdinandsg. **65** Zb 8
Franz (F.)-Schubert-G. **66** Zb 9
Friedhofstr. **66** Zb 9
Garteng. **65** Zb 8
Gaswerkg. **66** Zb 9
Gewerbestr. **71** Zc 9
Griesfeldstr. **66** Zb 9, **71** Zc 9
Grillparzerg. **66** Zb 9
Grüne G. **65/66** Zb 8/9
Hauptstr. **66** Zb 9
Haydn-G., Josef- **66** Zb 9
Herzfelderg. **65** Zb 8
Hondastr. **71** Zc S/9

Isovoltastr. = Straße 3
Johann-Strauß-G. **66** Zb 9
Josef-Haydn-G. **66** Zb 9
Klosterg. **66** Zb 9
Laxenburger Str. **65/66** Zb/Zc 8/9
Lindenweg **66** Zb 9, **71** Zc 9
Linkeg. **66** Zb 9
Mitterfeldg. **66** Zb 9
Mozartg. **66** Zb 9
Mühlfeldg. **66** Zb 9
Mühlg. **66** Zb 8
Nestroyweg **66** Za/Zb 9
Ortsende **66** Zb 9
Palmersstr. **66** Za/Zb 9
Parkstr. **65/66** Zb 8/9
Raimundweg **66** Za/Zb 9
Rathausg. (R.-g.) **65** Zb 8
Rathauspl. **65** Zb 8
R.-g. = Rathausg.
Reisenbauer Ring **65** Za/Zb 8
Ricoweg **70/71** Zc 8/9
Ro.-g. = Roseggerg.
Roseggerg. (Ro.-g.) **65** Zb 8
Schillerstr. **65** Zb 8
Schloßmühlg. **66** Za/Zb 9
Schloßmühlpl. **66** Zb 9

Schubert-G., Franz (F.)- **66** Zb 9
Siedlerstr. **65** Zb 8, **70** Zc 8
Steinfeldstr. **65** Zc 9/10
Straße 1 **71** Zc 9/10
Straße 2 **71** Zc/Zd 9
Straße 2a **70/71** Zc 8/9
Straße 2b **70** Zc 8
StraBe 2c **70** Zc 8
Straße 2d **71** Zc 9
Straße 2e **70** Zc 8
Straße 3 **70/71** Zc 8/9, Zd 9
Straße 4 **71** Zc/Zd 9
Straße 6 **71** Zc/Zd 9
Strauß-G., Johann- **66** Zb 9
Tennisstr. **66** Za/Zb 9
Triester Str. **70** Zb/Zc 8
Volksheimg. **66** Zb 9
Waldmüllerweg (Waldm.-wg.)
　　66 Zb 9
Waldm.-wg. = Waldmüllerweg
Wehrg. **66** Zb 9
Weidenweg **66** Zb 9, **71** Zc 9
Wiener Str. **65** Za/Zb 8
Wieseng. **66** Zb 9
Wildgansg. **66** Zb 9

Wichtige Adressen, bezahlte Anzeigen

Feuerwehr, Parkstr. 6,
　☎ 622 22, Notruf 122
Gemeindeamt, Europapl. 2,
　☎ 625 01-0, 625 02,
　625 03
Gendarmerie, Europapl. 2,
　☎ 622 33, Notruf 133
Postämter:
　2351, Europapl. 1,
　☎ 622 68-0
　2355, Industriezentrum
　NÖ-Süd, Str. 3
　☎ 629 75-0

AKUSTIK-BLASCH
(Schall- u. Wärmedämmung)
Straße 10, Objekt 42 **
2355 Wiener Neudorf
☎ 02236/626 20-0
71 Zd 9 ❸

AMIDO Handelsges. m. b. H.
(Großhandel)
IZ, NÖ-Süd, Str. 2 D/Obj. M 16
2355 Wr. Neudorf
☎ 02236/616 20
71 Zc/Zd 9 ❺

**CENTRAL-APOTHEKE-
DROGERIE**
Mag. Cornelia Klieber
Bahnstr. 2/Ecke Wiener Str.
(= Triester Str.)
2351 Wiener Neudorf
☎ 02236/441 21
FAX: 02236/417 90
65 Zb 8

CONTAINEX
(Containerhandel, -vermietung,
-reparatur, Depot)
IZ, NÖ-Süd, Str. 14
2355 Wiener Neudorf
☎ 02236/601-0
FAX: DW 1234
71 Zd 10 ❷

M.R.DROTT KG
(Bau- u. Industriemaschinen)
Laxenburgerstr.
2351 Wr. Neudorf, IZ, NÖ-SÜD
☎ 02236/61 81-0
71 Zc 9 ❹

ECO PLUS Betriebsansiedlung
u. Regionalisierung in NÖ
Industriezentrum NÖ-SÜD,
Straße 3,
2355 Wiener Neudorf
☎ 02236/616 26-0
71 Zc 9 ❷

FARM GOLD HANDELS GMBH
(Trockenfrüchte und Kerne)
Straße 10, Objekt 40 **
2355 Wiener Neudorf
☎ 02236/62 62 20
71 Zd 9 ❷

HARTMANN PAUL GMBH
(Verbandstoffe)
Straße 3, Objekt M 22
2355 Wiener Neudorf
☎ 02236/646 30-0
71 Zc 9 ❸

INDUSTRIA-DOHMEN
(Werkzeugmaschinen,
Präzisionswerkzeuge)
IZ-NÖ-SÜD, Str. 10, Obj. 60
2355 Wiener Neudorf
☎ 02236/624 70
71 Zd 9 ❼

ISOVOLTA Österr. Isolierstoff-
werke AG (MAX-Möbelplatten,
Elektro-Isolierstoffe)
Straße 3, Objekt 1
2355 Wiener Neudorf
☎ 02236/605-0
71 Zc 9 ❶

KLÖCKNER-MOELLER
(Elektrizitätsges. m. b. H.)
Straße 2a, Objekt M 10
2355 Wiener Neudorf
☎ 02236/63 60 70
70/71 Zc 8 ❶

LKW WALTER
(Spedition)
IZ, NÖ-Süd, Str. 14
2355 Wiener Neudorf
☎ 02236/606-0,
FAX: DW 2501
71 Zd 10 ❷

PIPELIFE-Rohrsysteme
IZ, NÖ-Süd, Str. 1/Obj. 27
2355 Wiener Neudorf
☎ 02236/64 580-0
FAX: DW 264 od. 670
71 Zc 9 ❹

STILCENTER C. Neuhold GmbH
(Möbelhaus)
IZ, NÖ-Süd, Str. 1/Obj. 3
2351 Wiener Neudorf
☎ 02236/623 45
71 Zc 9 ❺

WIENER PAPIER
(Papiergroßhandel)
Straße 6, Objekt 28 **
2355 Wiener Neudorf
☎ 02236/602
71 Zd 9 ❶

---

* Straße liegt im Gemeindege-
biet von Biedermannsdorf
** Straße liegt im Gemeindegebiet
von Guntramsdorf

A

A.-A.-G. = Am Auge Gottes
Ackerg. **88** Ye 5
Adalbert-Stifter-G. **91** Yg 3
Adele-Sandrock-G. **88** Yd 4
Adlerg. **92** Yg 4
Afritsch-G., Anton- **91** Yh 3
A.-g. = Augustinerg.
Ah.-g.=Arbeiterheimg.
A.-H.-G. = Alfred-Hochstätter-G.
Albrecht-Dürer-G. **91** Yg 3
Alfred-Bischof-G. **91** Yf 3
Alfred-Hochstätter-G. (A.-H.-G.)
　91 Yf 3
Alfred-Neubauer-G. **92** Yf 5
Allerheiligeng. (Allerhlg.-g.)
　92 Yg 4
Allerhlg.-g. = Allerheiligeng.
Alois-Wrubel-G. **91** Yg 2
Alramsg. **92** Yg 5
Altabachg. **92** Yf 5
Am Auge Gottes (A.-A.-G.) **92** Yf 4
Am Dreidrescher Teich
　(Am Dreidr.T.) **91** Yh 3
Am Dreidr.-T. =
　Am Dreidrescher Teich
Am Fischaufer **92** Yg 4
Am Fohlenhof **92** Yj 4
Am Haidbrunnen **91** Yj 2/3
Am Kanal **92** Yg 5
Am kleinen Lazarett **92** Yg 5
Am Krebsenbachl **92** Yf/Yg 5
Am Reitweg **91** Yg 3
Am Schlachthof **91** Yh/Yj 4
Am Tiefen Weg **91** Yh/Yj 2/3
Am Triangel **92** Yg 6
An der Hohen Brücke **92** Yg 5
An der Zeiselmauer **92** Yj 4
Andraeg. **92** Yf 4
Anemonenseestr. **91** Yg/Yh 2
Annag. **92** Yf 4
Anna-Rieger-G. **92** Yf 4/5
Anton-Afritsch-G. **91** Yh 3
Anton-Bruckner-G. **92** Yf/Yg 5
Anton-Woller-G. **91** Yh/Yj 3
Anzengruberg. **91** Yg 3
Arbeiterg. **88** Ye 4
Arbeiterheimg. (Ah.-g.) **92** Yg
Arndtg. **91** Yh 3
Arnold-Schönberg-G.
　(A.-Sch.-G.) **92** Yf/Yg 5
A.-Sch.-G. = Arnold-
　Schönberg-G.
Aspangzeile **91/92** Yj 3/4
Auer-G., Georg (G.)- **92** Yf 5
Auf der Heide **88** Yd 4
Aug. **92** Yf 4
Auge Gottes, Am (A.-A.-G.)
　92 Yf 4
Augustinerg. (A.-g.) **92** Yg 4
Äußere Bahnzeile **88/92** Ye/Yf 4
Äußere Dammg. **92** Yg 4
Äußere Maximiliang. **91/92** Yh 4
Auwinkel **91** Yg 3
Aviatikerg. **91** Yf 3

B

Babenbergerring **92** Yg 4
Badener Str. **88/92** Yd/Yf 4
Bahng. **92** Yh 4
Bahnhofspl. **92** Yh 4
Bahnzeile, Äußere **88/92** Ye/Yf 4
Barbarag. **91** Yf/Yg 4
Bartholomeusg. **91** Yh 3
Bauerg. **92** Yf 4
Baumgartg. (B.-g.) **92** Yg 4
Baumkirchnerring (Baumk.-rg.)
　92 Yg 4
Baumk.-rg. = Baumkirchnerring
Baurat-Schwarz-G. **92** Ye/Yf 5

Beethoveng. **92** Yg/Yh 4
Bei den (d.) Scheuern **91** Yh 3
Beirer-G., Dr.- **88** Yd 4
Berninig. **91** Yh 3
Bertha-von Suttner-G. **88** Yd 4
B.-g. = Baumgartg.
Bierenz-G., Josef- **92** Yf 5
Birbaumer-G., Franz- **91** Yg 3
Birkeng. **91** Yg 3
Bischof-G., Alfred- **91** Yf 3
Blätterstr. **85/87** Ya/Yb 2
Bleriotg. **91** Yf 3
Blumauer Weg **88** Yd 4
Blumeng. **92** Yg 5
Blum-G., Robert- **92** Ye 5
Böheimg. (Bö.-g.) **92** Yg 4
Bö.-g. = Böheimg.
Boomsg. **91** Yf 3
Bösendorferg. **92** Yh/Yj 4
Bräuhausg. **92** Yh 4
Bräunlichg. **91/92** Yh 4
Breitenauer G. **91/92** Yj/Yk 4
Brodinger-G., Franz- **92** Yg 5
Broditschg. **92** Yg/Yh 4
Brücke, An der Hohen **92** Yg 5
Brückeng. **92** Yf 5
Bruckner-G., Anton- **92** Yf/Yg 5
Brüder-Renner-G. **91** Yf 3
Brunner Str. **91** Yg/Yh 2/3
Burgenlandg. **92** Yg 5
Bu.-g. = Burgg.
Bürgermeister (Bgm.)
　Dr.-Haberl-G. **91** Yg 3
Bürgermeister (Bgm.)-Jakob-
　Hayden-G. **91** Yh 3
Burgg. (Bu.-g.) **92** Yh 4
Burgpl. **92** Yh 4
Burkhardg. **92** Yg 4

C

Cente-G., De (D.-C.-G.) **91** Yh 3
Cignarolig. **91** Yg 2
Collig. **92** Yf 4
Corvinusring **92** Yg 4/5
Cramerweg **91** Yf 3
Csokor-G., Franz (Fr.)-
　Theodor (Th.)- **92** Yh

D

Dachsteing. **91** Yg/Yh 3
Daimlerg. **88** Ye 5/6
Dammg. **92** Yf/Yg 4
Dammg., Äußere **92** Yg 4
Dänklg. **92** Yg 5
Deutschg. **92** Yg 4
Dexelg. **91/92** Yk 4
D.-g. = Domg.
Diesel-Str., Rudolf- **88** Ye 5
Dietrichg. **92** Yh 4
Direktor (Dir.)-Dr.-Mayer-G.
　91 Yg 3
Direktor (Dir.)-Schau-G. **88** Ye 5
Dr.-Alexander-Schärf-Str. **88** Ye 4
Dr.-Arthur-Hochstetter-Pl. **92** Yg 5
Dr.-Beirer-G. **88** Yd 4
Dr.-Eckener-G. **91/92** Yf 3/4
Dr.-Habermayer-G. (Dr.-H.-G.)
　92 Yg 4
Dr.-H.-G.= Dr.-Habermayer-G.
Dr.-Ludmilla-Weippl-G.
　(Dr.-L.-W.-G.) **91** Yj 3
Dr.-L.-W.-G. = Dr.-Ludmilla-
　Weippl-G.
Dr.-Oertel-G. **88** Yd 4
Dr.-Richard-Fröhlich-G. **91** Yg 3
Dr.-Waldstein-G. **88** Yd 4
Domg. (D.-g.) **92** Yg 4

Dompl. **92** Yg 4
Döttelbachg. **88** Ye 6
Dreidrescher Teich, Am
　(Am Dreidr.T.) **91** Yh 3
Dreipappelstr. **91** Yf/Yg 2/3
Dreisporeng. **91** Yg 3
Dreherg. **92** Yf 4
Dürer-G., Albrecht- **91** Yg 3

E

Ebereschenweg **91** Yh 3
Eberhardg. **91** Yh 3
Ebner-G., Ferdinand- **92** Yg 5
Eckener-G., Dr.- **91/92** Yf 3/4
Eckg. **88** Yd 4
Eduard-Fischer-G. **92** Yf 5
Eichbüchler G. **91** Yj 3
Eiseng. **88** Ye 5/6
Elektrikerweg (E.-w.) **92** Yf 4
Elfriede-Jellinek-G. **92** Yf 5
Emil (E.)-Ertl-G. **92** Yg 5
Emmerbergg. **91** Yg/Yh 3
Emmerich-Kalman-G.
　92 Yf/Yg 5
Engelbrechtg. **92** Yh 4
Erlacher G. **92** Yj 4
Erleng. **92** Yf/Yg 4
Ernst-Wurm-G. **92** Yg 5
Ertl-G., Emil **92** Yg 5
Escheng. **91** Yg 3
Etrichg. **92** Ye 4
Europaallee **92** Yf 5
E.-w. = Elektrikerweg
Eyerspergring **92** Yg 4
Eziling. **91** Yh 3

F

Fahringerg. **91** Yg 2
Fasang. **91** Yj/Yk 3
Felberg. **91** Yg 3
Felixdorfer G. **88** Yd 4
Ferdinand-Ebner-G. **92** Yg 5
Ferdinand-Porsche-Ring
　92 Yg/Yh 4
Festenberg-G., Gustav-
　92 Yh 5
Feuerwerkerg. **87** Yb 2
Feuergassl (F.-g.) **92** Yh 4
F.-g.=Feuergassl
F.-H.-G. = Friedrich-Holzer-G.
Fischabachg. **91/92** Yg 3/4
Fischapromenade, Linke **92** Yf 5
Fischapromenade, Rechte **92** Yf 5
Fischauer G. **91/92** Yf 2–4
Fischauer Grenzweg **91** Yf/Yg 2
Fischaufer, Am **92** Yg 4
Fischelg. **91** Yh 3
Fischer-G., Eduard- **92** Yf 5
Fliederg. **91** Yh 2
Fliegerg. **81/92** Ye/Yf 4
Flotowg. **92** Yg 5
Flugfeldgürtel **87/88/91** Ye/Yf 3/4
F.-M.-G. = Franz-Mannsbarth-G
Fohlenhof, Am **92** Yj 4
Föhrenseestr. **91** Yg/Yh 1/2
Föhrenwaldg. **91** Yj 3
Formerweg (Fo.-w.) **92** Yf 4
Fourlanig. **92** Yg 5
Fo-w. = Formerweg
Franz-Birbaumer-G. **91** Yg 3
Franz-Brodinger-G. **92** Yg 5
Franz-Gruber-G. **92** Yf 5
Franz-Josef-Leitner-G. **91** Yf 3
Franz-Kober-G. **91/92** Yj 4
Franz-Lehár-G. **92** Yg 5
Franz-Liszt-G. **92** Yf/Yg 5
Franz-Mannsbarth-G. (F.-M.-G.)
　91 Yf 3
Franz-Reimspieß-Weg **92** Yf 5

Franz-Schubert-G. **92** Yg 5
Franz (Fr.)-Theodor (Th.)-
 Csokor-G. **92** Yh 5
Franz-von-Furtenbach-Str.
 93 Yh 6
Franz-Zihlar-G. **88** Ye 5
Fräserweg (F.-w.) **92** Yf 4
Fraueng. **92** Yg 4
Freiligrathg. **92** Yg/Yh 5
Friedrichg. **92** Yg 4
Friedrich-Holzer-G. (F.-H.-G.)
 92 Yg 4
Friedrich (F.)-Ludwig (L.)-
 Jahn-G. **92** Yg 5
Fritz-Heindl-G. **91** Yj/Yk 3/4
Fritz-Kuhn-G. **92** Yf 5
Fritz-Radel-G. **92** Yf/Yg 5
Fröhlich-G., Dr.-Richard- **91** Yg 3
Frohsdorfer Str. **92** Yj/Yk 4
Fronner-G., Johann-Nepomuk-
 91 Yj/Yk 3
Furtenbach-Str., Franz-von-
 93 Yh 6
F.-w. = Fräserweg

G

Gabelsbergerg. (Ga.-g.) **92** Yg 4
Ga.-g. = Gabelsbergerg.
Ganglberger-G., Johann (J.)-
 Wilhelm (W.)- **92** Yg 5
Gärberg. **91/92** Yg 4
Garteng. **92** Yg 5
Gauermanng. **91** Yg/Yh 3
Gendarmerie, Straße der
 87/91 Yc–Yf 2/3
Georg (G.)-Auer-G. **92** Yf 5
Gerasdorfer G. **91** Yh 2
G.-g. = Grübelg.
Ghegag. **92** Yf 4
Giefing-Str., Johann- **88** Yd/Ye 4
Gießerg. **92** Yf 4
Gießhübelg. **91** Yj 3
Gilmg. **91** Yh 3
Giltschwertg. **92** Yf/Yg 4/5
Ginsterg. **91** Yh 2
Gottfriedg. **92** Yh 4
Götz-G., Rudolf- **91** Yf 3
Grabeng. **92** Yf/Yg 4
Graf-G., Karl- **91** Yh 3
Grandlg. **91/92** Yj 4
Grazer Str. **92** Yg/Yh 4
Grenzweg, Fischauer **91** Yf/Yg 2
Grillparzerg. **91** Yh 3
Gröhrmühlg. **92** Yf/Yg 4
Große Querallee **92** Yh/Yj 4/5
Grübelg. (G.-g.) **92** Yg 4
Grubeng. **88** Ye 6
Gruber-G., Franz- **92** Yf 5
Grünangerg. **92** Yg 4
Grünbeckg. **92** Yf/Yg 5
Günser Str. **92** Yh–Yk 4
Güntherg. **92** Yf 4
Gustav-Festenberg-G. **92** Yh 5
Gustav-Mahler-G. **92** Yf 5
Gutenberg-Str., Johannes-
 88 Ye 4/5
Gutensteiner Str. **85** Ya 3
Gymelsdorfer G. **92** Yh/Yj

H

Haberl-G., Bürgermeister
 (Bgm.)-Dr.- **91** Yg 3
Habermayer-G., Dr. (Dr.-H.-G.)
 92 Yg 4
Haggenmüllerg. **92** Yg 4
Haidbrunnen, Am **91** Yj 2/3
Haidbrunng. **91** Yg–Yh 3/4
Haideng. **92** Yf 5
Halleng. **92** Yh 4

Hans-Otto-Stagl-G. (H.-O.-S.-G.)
 91 Yf 3
Hammerlingg. **91** Yh 3
Hammerbachg. **92** Yf/Yg 4
Hans-Kudlich-G. **92** Ye/Yf 5
Hans-Sachs-G. **91** Yg 3
Hardlg. **91** Yj 3/4
Hartlg. **92** Yg 4
Hauer-G., Josef-Matthias- **92** Yg 5/6
Hauptallee **92** Yh 5
Hauptpl. **92** Yg 4
Hautmann-G., M.- **91** Yf 3
Hawel-G., Rudolf- **91** Yh 3
Hayden-G., Bürgermeister
 (Bgm.)-Jakob- **91** Yh 3
Heide, Auf der **88** Yd 4
Heideg. **87** Ya 2
Heidemühlg. **87** Yb 2
Heimkehrerg. (Hmk.-g.) **92** Yg 4
Heindl-G., Fritz- **91** Yj/Yk 3/4
Heine-G., Heinrich- **92** Yh 5
Heinrich-Heine-G. **92** Yh 5
Heinrich-Pichler-G. **92** Yf 4/5
Heinrich-Sauer-G. **91** Yf 3
Heinrich-von-Neustadt-G.
 91 Yg 2/3
Heinzelg. **91** Yj 3
Heizerg. **88** Ye 5
Hermanng. **92** Yg 5
Hernsteinerweg **88** Yd 4
Herreng. **92** Yg 4
Herzog (H.)-Leopold-Str. **92** Yg 4
Heug. **91** Yg 3
Heunog. **91** Yh 3
Himmelbachg. **91** Yg 3l4
Hinter der Zeiselmauer
 92 Yh/Yj 5
Hinterstoisserg. **91** Yf 3
Hmk.-g. = Heimkehrerg.
Hochburgg. **92** Yf/Yg 5
Hochstätter-G., Alfred
 (A.-H.-G.) **91** Yf 3
Hochstetter-Pl., Dr.-Arthur- **92** Yg 5
Höfelg. **91** Yg 3
Hofrat-Dr.-Rudolz-G. **92** Yf 5
Höggerlg. **91** Yh 3
Hohe Wand G. **91** Yh 3
Hohen Brücke, An der **92** Yg 5
Höllesweg **88** Yd 4
Holzer-G., Friedrich (F.-H.-G.)
 92 Yg 4
H.-O.-S.-G. =Hans-Otto-Stagl-G.
Hubertusg. **91** Yj 3
Hübsteing. **92** Yg 5
Hussarg. **92** Yg 5

I

Illnerg. **92** Yf 4
In der Schmuckerau **91** Yg 3
Industrieg. **92** Yf 4

J

Jahn-G., Friedrich (F.)-
 Ludwig (L.)- **92** Yg 5
Jellinek-G., Elfriede **92** Yf 5
J.-g. = Johannesg.
J.-L.-Kinner-G. **91** Yf 3
Johannesg. (J.-g.) **92** Yg 4
Johannes-Gutenberg-Str.
 88 Ye 4/5
Johannes-von-Nepomuk-Pl.
 (Joh.-v.-Nep.-Pl.) **92** Yg 4
Johann-Giefing-Str. **88** Yd/Ye 4
Johann-Nepomuk-Fronner-G.
 91 Yj/Yk 3
Johann-Patzelt-G. (J.-P.-G.)
 91 Yg 4
Johann-Schandl-G.
 92 Yg 5

Johann-Strauß-G. **92** Yf/Yg 5
Joh.-v.-Nep.-Pl. = Johannes-
 von-Nepomuk-Pl.
Johann (J.)-Wilhelm (W.)
 -Ganglberger-G. **92** Yg 5
Josef-Bierenz-G. **92** Yf 5
Josef-Kuckertz-G. **91** Yj/Yk 3
Josef-Matthias-Hauer-G. **92** Yg 5/6
Josef-Mohr-G. **88** Ye 4
Josef-Schrammel-G. **92** Yf/Yg 5
J.-P.-G. = Johann-Patzelt-G.
Julia (J.)-Rauscha-G. **92** Yf 4
Julius-Willerth-G. **91** Yf 3/4

K

Kaisersteing. **91** Yh 3
Kalman-G., Emmerich- **92** Yf/Yg 5
Kammanng. **91/92** Yh 4
Kanal, Am **92** Yg 5
Kanalzeile, Linke (L.-Kz.) **92** Yg 5
Kanalzeile, Rechte **92** Yg 5
Karl-Graf-G. **91** Yh 3
Karl-Rabe-G. **92** Yf 5
Kaiserbrunng. **92** Yg 4l5
Karolineng. (K.-g.) **92** Yg 4
Kaserng. **92** Ye/Yf 4
Katzelsdorfer Str. **92** Yj 4
Kernstockg. **91** Yg 3
Keßlerg. **92** Yg/Yh 4
Khlesl-G., Melchior (M.-K.-G.)
 92 Yg 4
K.-g. = Karolineng.
Kindlerg. **92** Yh 4
Kinner-G., J.-L.- **91** Yf 3
Kinskyallee **92** Yh/Yj 4/5
Kischingerg. **88** Ye 5
Kleine Tour Allee **92** Yh 4/5
Kleng. **91** Yh 3
Kober-G., Franz- **91/92** Yj 4
Kohlg. **91** Yg 3
Köhlg. **92** Yf 4
Kollonitschg. **92** Yg 4
Kolowratg. **91** Yf 3
Komarig. **92** Yg 5
Komzakg. **92** Yg 5
Koren-Str., Prof.-Dr.-
 Stephan- **88** Yd/Ye 4
Kranzlg. **91/92** Yj 3/4
Krebsenbachl, Am **92** Yf/Yg 5
Kreßg. **91** Ye/Yf 3/4
Kreuzg. **92** Yf 4
Krumpöckg. **92** Yg 5
Kuckertz-G., Josef- **91** Yj/Yk 3
Kudlich-G., Hans- **92** Ye/Yf 5
Kuhn-G., Fritz- **92** Yf 5
Kumbeln-G., Rudolf- **92** Yf 5
Kupelwieserg. **91** Yf/Yg 2
Kurzeg. **92** Yg/Yh 4

L

Lachteng. **91/92** Yj/Yk 3/4
Lackiererweg (L.-wg.) **92** Yf 4
Lagerg. **88** Ye 4/5
Lambert-Pöcher-G. **92** Yf 5
Landwehr-Weg, Ottokar- **92** Yf 5
Langeg. **92** Yg 4
Laubeg. **92** Yg/Yh 5
Lannerg. **92** Yg 5
Lazarettg. **92** Yg 5
Lazarett, Am kleinen **92** Yg 5
Ledererg. **92** Yh 4
Lehár-G. Franz- **92** Yg 5
Leithafeldg. **93** Yh/Yj 6
Leithakoloniestr. **93** Yj 6
Leithamühlg. **93** Yj 6
Leithasandg. **93** Yj 6
Leitner-G., Franz-Josef- **91** Yt 3
Lenaug. **92** Yg 5
Leopold-Str., Herzog (H.)- **92** Yg 4
Leubleing. **91** Yh 3

Leutoldg. (L.-g.) **91** Yh 3
L.-g.=Leutoldg.
Libelleng. **91** Yf 3
Lilienthalg. **91/92** Yf 2
Lilly-Steinschneider-G. **91** Yf 3
Lindberghg. **91** Yf 3
Linke Fischapromenade **92** Yf 5
Linke Kanalzeile (L.-Kz.)
 92 Yg 5
Liszt-G., Franz- **92** Yf/Yg 5
L.-Kz. = Linke Kanalzeile
Locatellig. **92** Yg 4
Lokomotivstr. **92** Yf 5
Lorenzg. **92** Yf/Yg 5
Luchspergerg. **91** Yg 2/3
L-wg. = Lackiererweg

M

Mahleiteng. **91** Yh 3
Mahler-G. Gustav- **92** Yg 5
Maireg. **88** Ye 5
Mandlingg. **91** Yg 3
Mannsbarth-G., Franz (F.-M.-G.)
 91 Yf 3
Margariteng. **91** Yg/Yh 2
Maria-Theresien-Ring **92** Yh 4
Marktg. **92** Yh 4
Martinsg. **92** Yg 4
Matthias-Schönerer-G. **88** Ye 4
Matzendorfer G. **88** Yd 4
Mayer-G., Direktor (Dir.)-Dr.-
 91 Yg 3
Maximiliang. **92** Yh 4
Maximiliang., Äußere
 91/92 Yh 4
Melchior-Khlesl-G. (M.-K.-G.)
 92 Yg 4
Menschenrechte, Platz der **92** Yf 4
Merbotog. **91** Yh 3
Messenhauserg. **92** Ye 5
M.-Hautmann-G. **91** Yf 3
Miesenbachg. **91** Yh 3
Mießlg. **92** Yf 4
Millerg. **91** Yf 3
Millöckerg. **92** Yg 5
Mittelweg **91** Yf 3
Mitterfeldg. **87** Ya 2
Mittlere G. **92** Yh 4
M.-K.-G.=Melchior-Khlesl-G
Mohnblumeng. **91** Yh 2
Mohr-G., Josef- **88** Ye 4
Molkereistr. **91** Yj/Yk 3
Mollramg. **91** Yh 2/3
Mondhacklweg **91** Yk 3
Monheimerg. **88** Yd 4
Moorg. **91** Yg 3
Moosg. **91** Yg 3/4
Möringg. **88** Ye 6
Morse-Str., Samuel- **88** Ye 4/5
Mozart-G., Wolfgang-
 Amadeus- **92** Yg 5/6
Muthmannsdorfer G. **91** Yh 3

N

Narzisseng. **91** Yh 2
Nepomuk-Pl., Johannes-von
 (Joh.-v.-Nep.-Pl.) **92** Yg 4
Nestroystr. **92** Yg/Yh 5
Neubauer-G., Alfred- **92** Yf 5
Neubaug. **88** Ye 5
Neudörfler Str. **92/93** Yh 5/6
Neue Welt G. **91** Yg 3
Neuklosterg. **92** Yg/Yh 4
Neuklosterpl. (Nkl.-pl.) **92** Yg 4
Neunkirchner Str. **92** Yg–Yk 2–4
Neurissg. **91** Yh 3
Neustadt-G., Heinrich-von-
 91 Yg 2/3

Nikolaus-August-Otto-Str.
 88 Yd/Ye 4/5
Nittnerg. **91** Ye/Yf 3/4
Nkl.-pl. = Neuklosterpl.
Nungesserg. **92** Yf 4

O

Obstg. **91** Yg 3/4
Oertel-G., Dr.- **88** Yd 4
Ottokar-Landwehr-Weg **92** Yf 5
Otto-Str., Nikolaus-August-
 88 Yd/Ye 4/5

P

Parsevalg. (P.-g.) **91** Yf 3
Patzelt-G., Johann (J.-P.-G.)
 91 Yg 4
Paul-Troger-G. **91** Yg 2
Pecherg. **92** Yj 4
P.-g.=Puchheimg.
Peischinger G. **91** Yj 3
Pernerstorfer Str. **92** Yf 4
Peter-von-Pusika-G. **91** Yh 3
Petersg. **92** Yg 4
Petzoldg. **92** Yh 5
P.-g. = Parsevalg.
Pichler-G., Heinrich- **92** Yf 4/5
Piestinger Weg **88** Yd 4
Plankeng. **92** Yg 5
Platz der Menschenrechte
 92 Yf 4
Plätzg. **92** Yj 4
Pleyerg. **91** Yg/Yh 3
Pöcher-G., Lambert- **92** Yf 5
Pöckg. **92** Yg 4
Polletg. **92** Ye 5
Porsche-Ring, Ferdinand-
 92 Yg/Yh 4
Pottendorfer Str. **88/92** Ye/Yf 4/5
Prochg. **91** Yg 3
Prof.-Dr.-Stephan-Koren-Str
 88 Yd/Ye 4
Promenade **92** Yh 4
Puchberger Str. **91** Yh 2/3
Puchheimg. (P.-g,) **92** Yg 4
Pulverg. **87** Yb 2
Purgleitnerg. **92** Yg 4
Pusika-G., Peter-von- **91** Yh 3

Q

Querallee, Große **92** Yh/Yj 4/5

R

Rabe-G., Karl- **92** Yf 5
Radegundg. **91** Yj 3
Radel-G., Fritz- **92** Yf/Yg 5
Raimundg. **92** Yh 5
Raketeng. **87** Ya/Yb 2
Raug. **92** Yf/Yg 4
Rauscha-G., Julia (J.)- **92** Yf 4
Raxg. **91** Yg/Yh 3
Rebeng. **92** Yh/Yj 4
Rechte Fischapromenade **92** Yf 5
Rechte Kanalzeile **92** Yg 5
Reimspieß-Weg, Franz- **92** Yf 5
Reitweg, Am **91** Yg 5
Rennbahng. **92** Yg 5
Renner-G., Brüder- **91** Yf 3
Resselg. **91/92** Yf 3/4
Reyerg. **92** Yg 4
Richard-Wagner-G. **92** Yf/Yg 5
Richard-Waldemar-G. **88** Yd 4
Richterg. **92** Yj 4
Rieger-G., Anna- **92** Yf 4/5
Robert-Blum-G. **92** Ye 5
Rosaliag. **93** Yj 6
Roseggerg. **91** Yg 3

Roseng. **92** Yg 4
Rottg. **87** Yb 2
Rudgerg. **91** Yh 3
Rudolf-Diesel-Str. **88** Ye 5
Rudolf-Götz-G. **91** Yf 3
Rudolf-Hawel-G. **91** Yh 3
Rudolf-Kumbeln-G. **92** Yf 5
Rudolz-G., Hofrat-Dr.-
 92 Yf 5

S

Sachs-G., Hans- **91** Yg 3
Salzermühlg. **92** Yf 4/5
Samuel-Morse-Str. **88** Ye 4/5
Sandrock-G., Adele- **88** Yd 4
Saubersdorfer Str. **91** Yh/Yj 3
Sauer-G., Heinrich- **91** Yf 3
Schandl-G., Johann- **92** Yg 5
Schärf-Str., Dr.-Alexander-
 88 Ye 4
Schau-G. Direktor (Dir.)- **88** Ye 5
Schelmerg. **92** Yg 5/6
Schenkg. **92** Yh 4
Scheuchensteing. (Sch.-g.)
 91 Yh 3
Scheuern, Bei den (d.) **91** Yh 3
Sch.-g.=Scheuchensteing.
Schilfg. **92** Yg 4
Schlachthof, Am **91** Yh/Yj 4
Schleifererg. **88** Ye 5/6
Schleiferweg (S.-w.) **92** Yf 4
Schleifmühlg. **92** Yf 4/5
Schlögelg. **92** Yg 4
Schlosserg. **92** Yf 4
Schmiedg. **92** Yf 4
Schmuckerau, In der **91** Yg 3
Schneebergg. **91** Yg/Yh 3
Schnotzendorfer G. **91** Yj 3
Schönberg-G., Arnold
 (A.-Sch.-G.) **92** Yf/Yg 5
Schönerer-G., Matthias- **88** Ye 4
Schönthalg. **88** Yd 4
Schrammel-G., Josef- **92** Yf/Yg 5
Schrattensteing. **91** Yg/Yh 3
Schreyerg. **92** Yg 4
Schubert-G., Franz- **92** Yg 5
Schulg. **92** Yg 4
Schulgarteng. **91** Yg/Yh 3
Schützeng. **91** Yg 3
Schwarzenseeg. **92** Yf 4/5
Schwarz-G., Baurat- **92** Ye/Yf 5
Schwimmbadg. **92** Yg/Yh 5
Sebald-Werpacher-G. **91** Yh/Yj 3
Semmeringg. **91** Yg/Yh 3
Sibotg. **91** Yh 3
Siglg. **92** Yf 4
Singerg. **92** Yg/Yh 4
Sonnklarweg **91** Yf/Yg 3
Sonnleitnerg. **92** Yf 4
Sonnwendg. **91** Yg/Yh 3
Sparkasseng. (Spk.-g.) **92** Yg 4
Spenglerweg (Sp.-w.) **92** Yf 4
Spinnerin, Zur (Z.-Sp.) **92** Yf 4
Spitalg. **92** Yg 4/5
Spk.-g. = Sparkasseng.
Sp.-w. = Spenglerweg
Stadionstr. **92** Yf 4/5
Stadlg. **92** Yh 4
Stagl-G., Hans-Otto
 (H.-O.-S.-G.) **91** Yf 3
Stahlg. **88** Ye 5
Stampfg. **92** Yf 5/6
Starhembergg. **91** Yg/Yh 3
Steinabrückler G. **88** Ye 4
Steinfeldg. **92** Yf 4
Steinschneider-G., Lilly- **91** Yf 3
Stifter-G., Adalbert- **91** Yg 3
Stohanzlg. **91** Yf 3
Straße der Gendarmerie
 87/91 Yc–Yf 2/3
Strauchg. **91** Yf 3/4

Strauß-G., Johann- **92** Yf/Yg 5
Strelzhofg. **91** Yg/Yh 3
Südbahng. **91** Yj 3
Sudetendeutscherpl. **92** Yf 4
Südtiroler Pl. **92** Yh 4
Suppég. **92** Yg 5
Suttner-G., Bertha-von-
88 Yd 4
S.-w. = Schleiferweg

T

Technikerweg (Tech.-w.)
92 Yf 4
Tech.-w. = Technikerweg
Teichg. **91/92** Yf 4
Theresienfelder G. **88** Yd 4
Tiefeg. **92** Yf 5
Tiefen Weg, Am **91** Yh/Yj 2/3
Tirolerbachg. **87** Yb 2
Tischlerg. **92** Yf 4
Tour Allee, Kleine
92 Yh 4/5
Triangel, Am **92** Yg 6
Tritremmelg. **92** Yg 5
Troger-G., Paul- **91** Yg 2
Trostg. **91/92** Yg 4
Tulpeng. **91** Yg/Yh 2

U

Ulschalkg. **91** Yh 3
Ungarfeldg. **93** Yh 6
Ungarg. **92** Yg/Yh 4/5

V

Vereinsg. **92** Yf 4
Vidosichg. **92** Yf/Yg 5
Volksbadg. **88/92** Ye/Yf 5

W

Wagner-G., Richard- **92** Yf/Yg 5
Waisenhausg. **92** Yg 5
Waldegger G. **91** Yf 3
Waldschulg. **91** Yj 3
Waldstein-G., Dr.- **88** Yd 4
Waldemar-G., Richard- **88** Yd 4
Wallyg. **91/92** Yf 3/4
Waltherg. **92** Yh 4
Wand G., Hohe **91** Yh 3
Warchalowskig. **91** Yf 3
Waßhuberg **92** Yg 4
Wasserg. **91** Yg 3
Wattg. **92** Yf 4
Waxriegelg. **91** Yh 3
Weideng. **91** Yg 3
Weikersdorfer Str. **91** Yh 3
Wein.-g. = Weinwurmg.
Weinheberg. **92** Yg 5
Weinwurmg. (Wein.-g.) **92** Yf 4
Weippl-G., Dr.-Ludmilla
(Dr.-L.-W.-G.) **91** Yj 3
Werftg. **88/92** Ye/Yf 5
Werkstr. **88** Yd 4
Werpacher-G., Sebald- **91** Yh/Yj 3
Wetzsteing. **92** Yg 5
Weyprechtg. **88** Ye 6
Wielandg. **91** Ye 3/4

Wiener Str. **88/92** Yd–Yg 4
Wiesenbachg. **87/88** Ye 4
Wieseng. **91** Yh 3
Wildgansg. **92** Yh 5
Willendorfer G. **91** Yh 3
Willerth-G., Julius- **91** Yf 3/4
Winzendorfer G. **91** Yh 3
Wohlfahrtg. **91/92** Yf/Yg 3/4
Wolfgang-Amadeus-
Mozart-G. **92** Yg 5/6
Woller-G., Anton- **91** Yh/Yj 3
Wöllersdorfer Str. **88** Ye 4
Wopfinger Weg **88** Yd/Ye 4
Wrubel-G., Alois- **91** Yg 2
Wurm-G., Ernst- **92** Yg 5

Z

Zehnerg. **91** Yg 3/4
Zehnergürtel **91** Yf–Yh 2/3
Zeiselmauer, An der **92** Yj 4
Zeiselmauer, Hinter der
92 Yh/Yj 5
Zellerg. **92** Yf 5
Zemendorfer G. **92** Yg 5
Zihrerg. **92** Yg 5
Zihlar-G., Franz- **88** Ye 5
Zimmermannweg (Z.-w.) **92** Yf 4
Z.-Sp. = Zur Spinnerin
Zulingerg. **91** Yh 3
Zur Spinnerin (Z.-Sp.) **92** Yf 4
Z.-w. = Zimmermannweg

Wichtige Adressen, bezahlte Anzeigen

In diesem Straßenverzeichnis scheinen **ausschließlich** jene Straßen, Gassen, Wege und Plätze auf,
die im Kartenteil 1 : 20 000 dargestellt werden.

Das Gemeindegebiet umfaßt Steinabrückl und Wöllersdorf.

Ahorng. **85** Ya 2	Getreideg. **85** Ya 3	Lindeng. **87** Yc 2
Ahornpl. **85** Ya 2	Glanzg. **85** Ya 1/2	Maierhofg. **87** Yc 2
Annaparkg. **85** Ya 1/2	Gutensteiner Str. **85** Ya 2	Michaelag. **85** Ya 2
Aug. **85** Ya 1/2	Haselnusserg. **85** Ya 2	Mitterweg **85** Ya 3
Badener Str. **85** Zz 3	Hauptpl. **85** Ya 2	Nelkeng. **85** Ya 2
Bahng. **85** Ya 2	Hauptstr. **85** Ya 2	Neubaug. **87** Yc 2
Bahng., Untere **85** Ya 1/2	Heideweg **87** Yc 2	Neug. **85** Ya 3
Bauhofg. **87** Yc 2	Heimg. **87** Yc 2	Paradiesgartl, Im **85** Ya 2
Bergg. **85** Ya 2	Hernsteinerg. **85** Ya 1/2	Römerstr. **87** Yb 1/2
Berstlg. **85** Ya 2	Höllesstr. **85** Ya 2	Roseng. **85** Ya 2
Birkeng. **85** Ya 2	Im Forst **85** Ya 2	Rothg. **85** Ya 3
Blätterstr. **87** Yb 2	Im Paradiesgartl **85** Ya 2	Stahlg. **87** Yb/Yc 2
Blumeng. **85** Ya 2	Industriestr. **87** Yb/Yc 1/2	Stampfg. **85** Ya 3
Daimlerstr. **85** Ya 2	Josefstal **85** Ya 2	Steiermark, Zur kleinen (kl.)
Feldg. **85** Ya 2	Kircheng. **85** Ya 2	**85** Ya 2
Fichtenweg **87** Yc 2	Kirchenpl. **85** Ya 2	Steinfeldweg **87** Yb/Yc 2
Fliegerg. **87** Yc 2	Kochg. **87** Yc 2	Triftweg **87** Yb 2
Flugfeldstr. **87** Yc 1/2	Korng. **85** Ya 3	Untere Bahng. **85** Ya 2
Flurg. **87** Yc 2	Lehner-G., Leopold- **85** Zz/Ya 2/3	Wasserg. **85** Ya 2
Föhreng. **85** Ya 2	Leopold-Lehner-G. **85** Zz/Ya 2/3	Zur kleinen (kl.) Steiermark **85** Ya 2
Forst, Im **85** Ya 2	Lercheng. **87** Yc 1/2	

Wichtige Adressen, bezahlte Anzeigen

Wöllersdorf:
Feuerwehr, Piestinger Str. 7,
☎ 428 88
Gemeindeamt, Marktzentrum 1,
☎ 423 24-0
Gendarmerieposten, Kircheng. 2
☎ 423 17
Postamt, Marktzentrum 2,
☎ 423 15

Steinabrückl:
Plz. 2751, Vorwahl 02628
Feuerwehr, Wasserg. 6
☎ 629 90
Postamt, Hauptstr. 11
☎ 621 60

RICHTER Ing. Josef & Co KG
(Aluminium-Profile)
Blätterstr. 9-11
2751 Steinabrückl
☎ 02628/623 29
85/87 Ya 2 ❶

SAMER Ges. m. b. H.
Hygienische Wäsche-
und Textilreinigung
Badener Str. 1
2751 Steinabrückl
☎ 02628/621 25
FAX: 02628/621 25 17
85 Zz 3 ❶

In diesem Straßenverzeichnis scheinen **ausschließlich** jene Straßen, Gassen, Wege und Plätze auf,
die im Kartenteil 1:20 000 dargestellt werden.